Brown / Lawrence / Pope

Welches Tier ist das?

**Spuren und Fährten
europäischer Tiere**

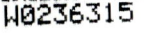

**Kosmos · Gesellschaft der Naturfreunde
Franckh'sche Verlagshandlung Stuttgart**

Aus dem Englischen übersetzt und bearbeitet von Dr. Hilde Nittinger
Titel der Originalausgabe „The Country Life Guide to Animals of Britain and Europe, their tracks, trails and signs", erschienen bei Newnes Books, a Division of the Hamlyn Publishing Group Ltd., Feltham 1984, unter ISBN 0 600 35282 X und ISBN 0 600 38804 2.
© 1984 Newnes Books, a Division of The Hamlyn Publishing Group Ltd., Feltham

Mit 105 Farbfotos, 1 Schwarzweiß-Foto, 1 zweifarbigen Karte, 126 Farbzeichnungen von R. Gorringe (53), K. Oliver (17), D. Thompson (56), 260 Schwarzweißzeichnungen von M. Golte-Bechtle (1), M. Lawrence (16), R. Mathias (211), K. Oliver (11), W. Weigel (13), aus dem Archiv (8) und 110 einfarbigen Fährten- und 544 mehrfarbigen Spurenzeichnungen von R. Mathias.

Umschlag von Edgar Dambacher unter Verwendung einer Farbzeichnung von Gerhard Kohnle

CIP-Kurztitelaufnahme der Deutschen Bibliothek

Brown, Roy:
Welches Tier ist das? : Spuren u. Fährten europ.
Tiere / Brown ; Lawrence ; Pope. [Aus d. Engl.
übers. u. bearb. von Hilde Nittinger]. –
Stuttgart : Franckh, 1985.
   (Kosmos-Naturführer)
   Einheitssacht.: The country life guide to animals
   of Britain and Europe, their tracks, trails and
   signs ⟨dt.⟩
   ISBN 3-440-05465-9
NE: Lawrence, Mike:; Pope, Joyce:; Nittinger, Hilde
[Bearb.]

Franckh'sche Verlagshandlung, W. Keller & Co., Stuttgart / 1985
Für die deutschsprachige Ausgabe:
© 1985, Franckh'sche Verlagshandlung, W. Keller & Co., Stuttgart
Printed in Spain / Imprimé en Espagne / LH 14 Ste / ISBN 3-440-05465-9
Satz: G. Müller, Heilbronn
Herstellung: Artes Gráficas Toledo, S.A.
D. L. TO: 1742 -1984

Welches Tier ist das?

3

Diese leeren, in der Borke einer Eiche festgeklemmten Haselnüsse sind Fraßspuren eines Kleibers (siehe Seite 212).

Einleitung

Von den Tieren, die bei uns noch in freier Wildbahn vorkommen, bemerken wir in erster Linie die Angehörigen der Wirbellosen wie Insekten, Spinnen, Spinnentiere, Würmer und Schnecken. Von den Wirbeltieren sind es hauptsächlich die Vögel, die unseren Beobachtungen relativ gut zugänglich sind. Das liegt zum einen daran, daß diese Tiere fast alle wie auch wir Menschen tagaktiv sind, zum andern daran, daß die allermeisten von ihnen Laute von sich geben, die auf ihre Anwesenheit aufmerksam machen.

Säugetiere dagegen bekommt man in freier Natur recht selten zu Gesicht. Sie sind vorwiegend nachtaktiv und leben im Verborgenen, und sie geben kaum oder nur sehr schwache Laute von sich – ausgenommen zur Paarungszeit. Doch da es kein Lebewesen gibt, das nicht irgendwelche Spuren seiner Anwesenheit hinterläßt, seien es Fußabdrücke, Fraßspuren, Losungen, Markierungen, Spuren von Körperpflege oder Balzkämpfen, kann man mit Geduld, scharfen Augen und einigen Kenntnissen der Lebensräume und Lebensweisen der bei uns vorkommenden Tiere aus vorhandenen Spuren auf die Anwesenheit einer bestimmten Art, ja manchmal sogar eines bestimmten Geschlechtes schließen.

Die meisten Tiere leben in einem bestimmten Territorium, d. h. einem bestimmten Wohngebiet, das sie für sich beanspruchen und gegen jeden Eindringling verteidigen. Die Grenzen des Territoriums werden in typischer Weise markiert – meistens visuell oder mit Duftstoffen – und gegenüber arteigenen Rivalen, selten gegen artfremde Tiere, verteidigt. Innerhalb des Reviers befindet sich das Heim, der Bau oder das Nest, das oft nichts weiter als eine geschützte Mulde zum Abliegen ist, aber auch ein kompliziertes Bauwerk sein kann.

Wildtiere müssen den Schutz ihres Heimes verlassen, wenn sie Nahrung und Wasser suchen, Nistmaterial sammeln, einen Partner gewinnen oder wenn sie spielen wollen. Viele Tiere leben in engen Unterschlupfen, so daß sie sich erst einmal kratzen und putzen, wenn sie im Freien auftauchen. Das geschieht meistens durch Rubbeln und Scheuern an einem ausgewählten Baum oder Pfosten. Dabei gehen die Haare oft büschelweise aus – besonders zur Zeit des Haarwechsels (Mauser) – und bieten einen guten Hinweis auf das Tier selbst. Einige Tiere wetzen ihre Krallen und Zähne an Bäumen und Steinen. Dies dient sowohl dem Markieren des Reviers als auch dem Reinigen der Krallen. Ist die Morgentoilette beendet, so schüttelt sich das Tier vielleicht noch kurz oder leckt sich. Dann wird es meist noch einem inneren Bedürfnis nachgehen und den Darm entleeren. Tiere, die ein Lager bewohnen, sind im allgemeinen sehr reinlich und setzen ihre Ausscheidungen abseits vom Wohnbereich ab. Bei vielen Tieren dient der Kot auch zur Markierung der Reviergrenzen. Einige Arten haben regelrechte Kotplätze (Latrinen), andere setzen den Kot wahllos ab, wieder andere verscharren ihn. Sobald das Tier sich auf diese Weise zurechtgemacht hat, geht es endgültig auf Futtersuche.

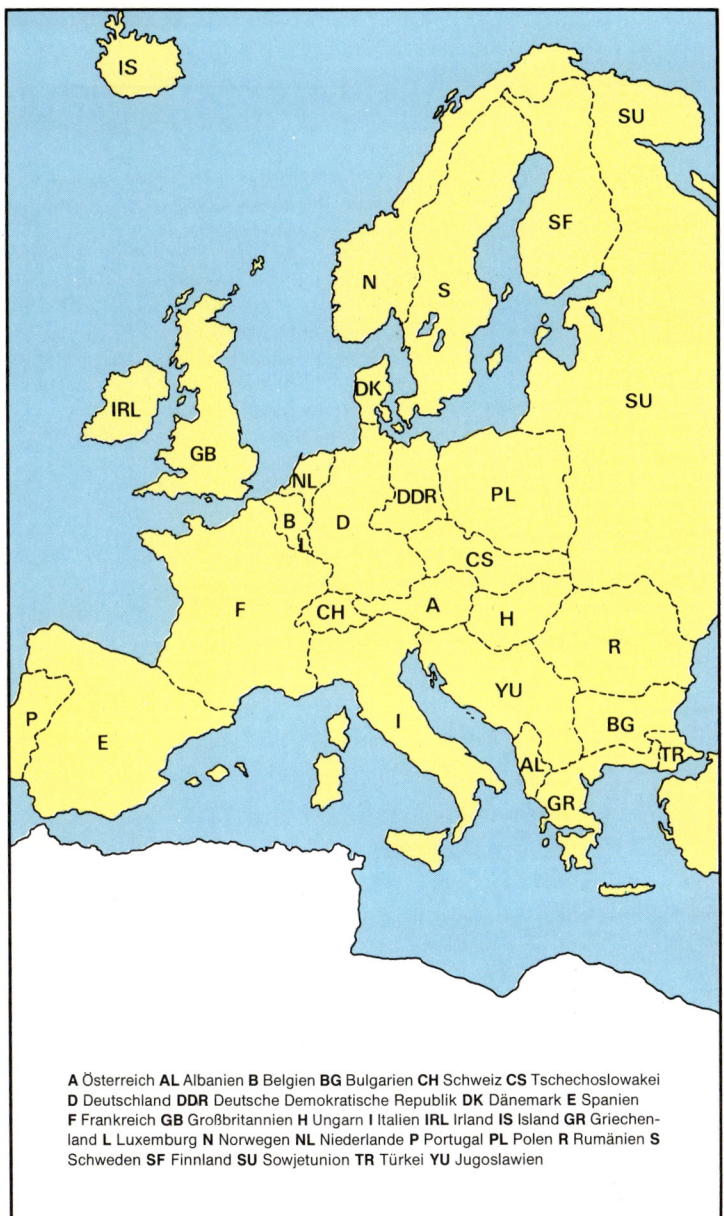

A Österreich **AL** Albanien **B** Belgien **BG** Bulgarien **CH** Schweiz **CS** Tschechoslowakei
D Deutschland **DDR** Deutsche Demokratische Republik **DK** Dänemark **E** Spanien
F Frankreich **GB** Großbritannien **H** Ungarn **I** Italien **IRL** Irland **IS** Island **GR** Griechen-
land **L** Luxemburg **N** Norwegen **NL** Niederlande **P** Portugal **PL** Polen **R** Rumänien **S**
Schweden **SF** Finnland **SU** Sowjetunion **TR** Türkei **YU** Jugoslawien

Für Pflanzenfresser ist das einfach, da ihre Nahrung nicht davonlaufen kann. Sie haben meist bevorzugte Plätze zum Äsen und Weiden, und da zu verschiedenen Jahreszeiten verschiedene Futterpflanzen aufgenommen werden, kann das Territorium optimal genutzt werden. Die Fraßspuren bleiben als Bißstellen an Knospen und Trieben zurück, sind als Zahnmarken an Bäumen und Sträuchern, Beeren, Früchten und Pilzen sichtbar oder bleiben einfach als abgegraste Stellen zurück. Angenagte Pflanzenteile und bestimmte Fraßtechniken lassen oft keinen Zweifel daran, wer hier gespeist hat.

Die Raubtiere müssen im allgemeinen größere Entfernungen zurücklegen, bis sie einer Beute habhaft werden, und sie müssen sich auch mal mit Schnecken oder Würmern oder Insekten begnügen. Sehr oft lassen sie Schalen, Knochen, Haare oder Federn zurück. Die Identifizierung des Beutetieres und die Art, wie es geschlagen wurde, reichen meist aus, um den Jäger zu ermitteln.

Die Anwesenheit von Insektenfressern kann manchmal aus den Insektenbeinen und -flügeln, die unter ihren Sitzplätzen herumliegen, erschlossen werden.

Sogar die Freßgewohnheiten von kleinen Tieren wie Spinnen oder Insekten dienen dem Spurenlesen. Die Larven vieler Insekten fressen nur von einer einzigen Pflanzenart und zeigen durch charakteristische Fraßmuster ihre Gegenwart an.

Manchmal legen Tiere Futtervorräte an, wenn ihre Nahrung nicht das ganze Jahr über zur Verfügung steht. Die Eichhörnchen und Hamster sind für diese Angewohnheit sprichwörtlich bekannt, aber auch viele andere Nagetiere sammeln Vorräte, die im allgemeinen vergraben oder in Erdlöchern gesammelt werden.

Auch einige Vögel legen Vorräte an. Vom Eichelhäher weiß man z. B., daß er Eicheln oder Bucheckern kilometerweit von der Sammelstelle entfernt vergräbt; es ist aber nicht leicht, solche Vorratskammern nachzuweisen, es sei denn, man findet auf freiem Feld, weit entfernt vom nächsten Elternbaum, eine Gruppe von Buchen oder Eichen.

Auch die Raubtiere legen Vorräte an. Füchse, Wölfe und Bären kommen an ihren Riß zurück, wenn sie ihn nicht auf einmal fressen können. Sie verstecken dann die Überreste vor Räubern, indem sie Erde darüber scharren oder Harn darauf verspritzen. Loses Erdreich ist meist der beste Hinweis auf solche Vorratslager.

Wenn ein Tier sich sattgefressen hat und die Überreste verstaut hat, wird es möglicherweise heimwärts ziehen, wobei es durchaus von Duftspuren geleitet werden kann, die es beim Herkommen hinterlassen hat. Der Heimweg kann durch Spielhandlungen unterbrochen sein, auch wenn sich diese nicht in besonderen Spuren anzeigen – außer den Rutschbahnen, wie sie manchmal Fischotter im Schlamm oder Schnee hinterlassen.

Die Gewohnheit, den gleichen Weg für die täglichen Gänge zu nehmen, liefert den ersten Hinweis auf die Anwesenheit dieser Wildtiere, Gras und Gebüsch wird niedergetreten, und mit der Zeit entstehen regelrechte Wege, sogenannte Wechsel. Die Wechsel ziehen meist in Windungen quer durch Feld und Flur, durch Wald und Wiesen. Bei guter Beobachtungsgabe sind sie recht leicht auszumachen, weniger leicht dagegen ist es herauszufinden, welches Tier diese Pfade benutzt. Hier helfen dann aber Fußabdrücke und Losungen. Abdrücke von Schalen oder Klauen weisen auf Huftiere hin, Pfoten- und Krallenspuren auf kleinere Raubtiere, Nager oder Insektenfresser. Oft führen die Wechsel durch Büsche und Sträucher, so daß man aus der Durchlaßhöhe auf die Größe des Tieres schließen kann.

Kleine Säugetiere benutzen auf dem Weg von oder zu ihren Schlupflöchern bzw. Futterplätzen ebenso regelmäßige Wege, die aber oft tunnelartig unter schützendem Grasbewuchs bzw. im Winter unter der Schneedecke verborgen liegen.

Einige Aktivitäten sind saisonbedingt, z. B. die Balz und die Paarung, der Nestbau zur Jungenaufzucht, das Errichten eines Winterquartieres.

Die Säugetiere Europas

Zwergfledermaus

Igel

Maulwurf

Braunes Langohr

Wasserspitzmaus

Waldspitzmaus

Pyrenäen-Desman

Hausspitzmaus

Wasserfledermaus

Großhufeisennase

Etruskerspitzmaus

Insektenfresser

Braunbär

Luchs

Marderhund

Wolf

Rotfuchs

Mangente

Raubtiere

Die Säugetiere Europas

Vielfraß

Mauswiesel

Dachs

Iltis

Baummarder

Hermelin

Fischotter

Raubtiere

Biber

Waldmaus

Feldhase

Ostblindmaus

Schneehase

Berg-Lemming

Zwergmaus

Haselmaus

Wanderratte

Rötelmaus

Eichhörnchen

Erdmaus

Nagetiere und Hasentiere

Die Säugetiere Europas

Elch

Rothirsch

Reh

Ren

Wildschwein

Mufflon

Huftiere

Spuren und Fährten europäischer Säugetiere

Läuft ein Tier über weichen Untergrund, wie z. B. feuchten Boden, Schlamm, Sand oder Schnee, so hinterlassen die Füße Eindrücke, die man Spuren nennt. Diese Spuren geben Bau und Form der Fußsohle wieder und zeigen die Richtung an, in die das Tier lief. Man versteht unter Spuren sowohl den einzelnen Fußabdruck als auch deren gesamte Abfolge (Spurenbahn, Fährte), die häufig durch Schleifspuren des Schwanzes, Haar- oder Federabdrücke vervollständigt wird.

Spuren im engeren Sinne werden nur von Säugetieren mit Pfoten abgesetzt, die Fußabdrücke der klauen- oder schalentragenden Tiere nennt man Tritte oder Trittsiegel, die Spurenfolge Fährte. Bei Vogelspuren spricht man vom Geläufe.

Eine Fußspur ist gekennzeichnet durch Anzahl der Zehen, Zahl der Zehen-, Haupt- und Fersenballen, Vorhandensein oder Fehlen von Krallen, Stellung der Zehen zueinander, Form und Größe der Spur, Vorhandensein oder Fehlen von Schwimmhäuten, Hautlappen oder Haarabdrücken. Aber nicht nur die Einzelspur, sondern auch ihre Gruppierung geben den Spurenleser eine Menge Hinweise. So ist es möglich, nicht nur die Tierart zu bestimmen, die die Spur hinterlassen hat, sondern auch das ungefähre Alter und das Geschlecht des Tieres, seine Gangart und eventuelle Mißbildungen zu ermitteln.

Spurenlesen will jedoch gelernt sein und erfordert viel Geduld und Kenntnisse der Lebens- und Verhaltensweisen der Tiere.

Die besten Bedingungen zum Spurenlesen bietet feuchter Boden und frisch gefallener Schnee auf hartem Untergrund. Zu nasser Boden und Tiefschnee verzerren die Spuren und erschweren das Bestimmen.

Die in diesem Buch aufgeführten Spuren sind in 5 Größenklassen eingeteilt:

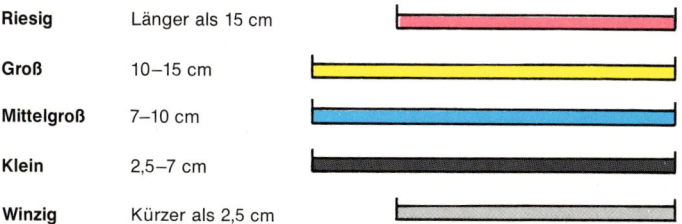

Riesig	Länger als 15 cm	
Groß	10–15 cm	
Mittelgroß	7–10 cm	
Klein	2,5–7 cm	
Winzig	Kürzer als 2,5 cm	

Alle Meßlatten entsprechen, unabhängig von ihrer Farbe und dem Maßstab ihrer Wiedergabe, einer Länge von 5 cm, so daß man im Vergleich Meßlatte – Spur die Größe der Spur ungefähr schätzen kann. Da die Größe einer Spur abhängig ist von Alter und Geschlecht des Tieres, können bei einigen Tieren zwei verschiedene Meßlatten aufgeführt sein.

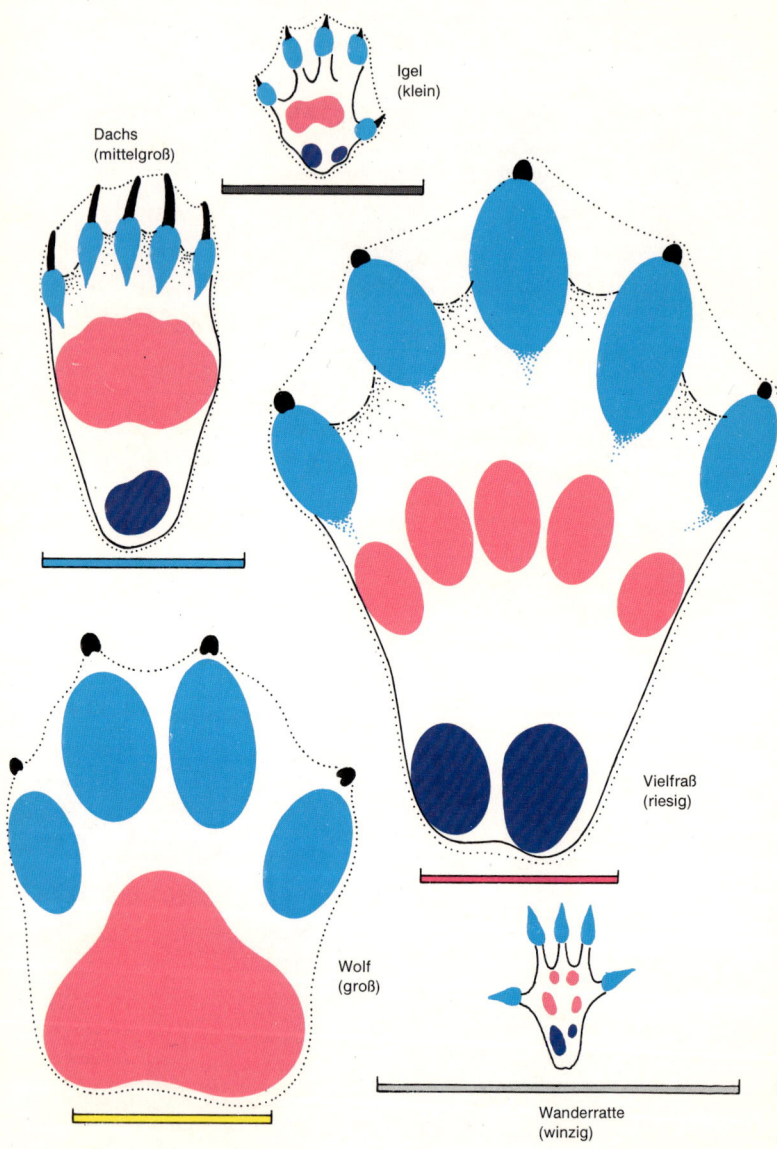

Igel
(klein)

Dachs
(mittelgroß)

Vielfraß
(riesig)

Wolf
(groß)

Wanderratte
(winzig)

Der Säugetierfuß

Um die Fußspur eines Säugetieres bestimmen zu können, sollte man etwas über den Bau und das Aussehen der verschiedenen Säugetierfüße wissen. Die ursprünglichen Säugetiere haben Füße mit 5 Zehen und treten mit der ganzen Sohle auf (Sohlengänger). Aus dieser Fußform entwickelten sich andere Formen, die vor allem schnelleren Fortbewe-

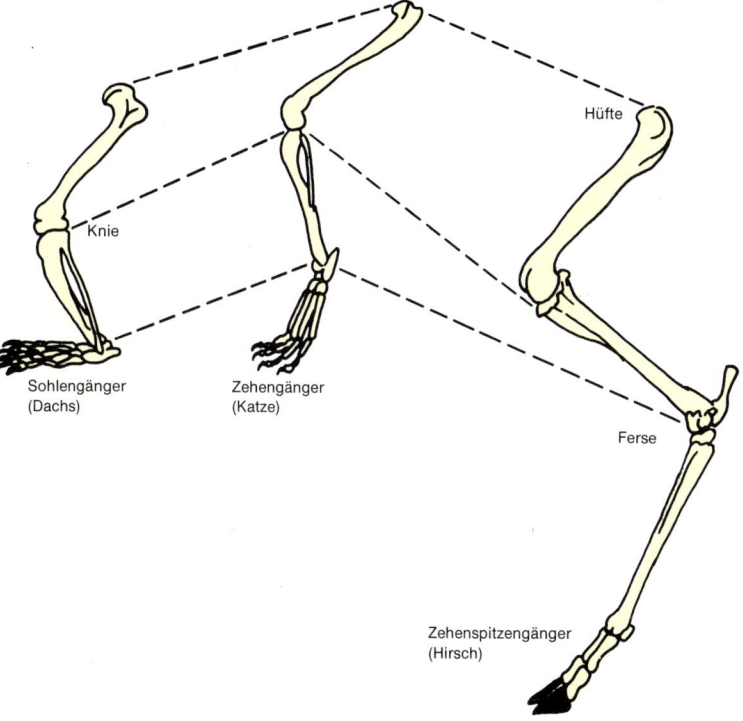

Hüfte

Knie

Sohlengänger
(Dachs)

Zehengänger
(Katze)

Ferse

Zehenspitzengänger
(Hirsch)

gungsarten angepaßt sind. Es sind dies die Zehengänger, die nur auf den Zehen laufen, und die Zehenspitzengänger, deren Fuß so umgeformt ist, daß sie nur mit den Zehenspitzen auftreten. Zum Schutz sind die Zehenspitzen mit einer harten Hornschicht (Huf, Schale oder Klaue) umgeben.
Sohlen- und Zehengänger besitzen Pfoten oder Pranken bzw. Tatzen, die zum Schutz auf der Unterseite mit hornigen Trittpolstern (Ballen) versehen sind.

Spuren von Pfotentieren

Ein Pfotentier drückt auf weichem Untergrund die Strukturelemente seiner Fußsohlen ab. Man unterscheidet hier zwischen fünfzehigen und vierzehigen Spuren. Die Zehen werden von innen nach außen durchnumeriert, wobei die Innenzehe dem Daumen entspricht und stets die kürzeste Zehe am Fuß ist. Anhand dieses Merkmals läßt sich ein Pfotenabdruck gleich als rechter oder linker Fußabdruck erkennen.
Jede Zehe besitzt einen Zehenballen (blau) und trägt an ihrem Vorderende eine Kralle (schwarz). Am Zehenende schließen sich 4 Mittelballen (Interdigitalballen, rosa) an, die je nach Tierart mehr oder weniger stark miteinander verschmolzen sind. Mittelballen, die zu einem einzigen Ballen verschmolzen sind, nennt man Haupt- oder Pfotenballen. Bei einigen Tieren drücken sich in der Vorderfußspur 1 oder 2 Handwurzelballen [Fersenballen (lila) oder Proximalballen] ein, je nach Beschaffenheit des Untergrundes oder Art des Auftretens. Manche Spuren zeigen auch die Umrisse der Zehen oder der Sohle. Bei den meisten Tieren sind die Ballenzwischenräume behaart. Auch diese Haare bilden sich in der Spur ab, verwischen aber auch manche Einzelheit. Trägt ein Tier Schwimmhäute zwischen den Zehen, so sind auch diese in der Spur mehr oder weniger deutlich zu erkennen.

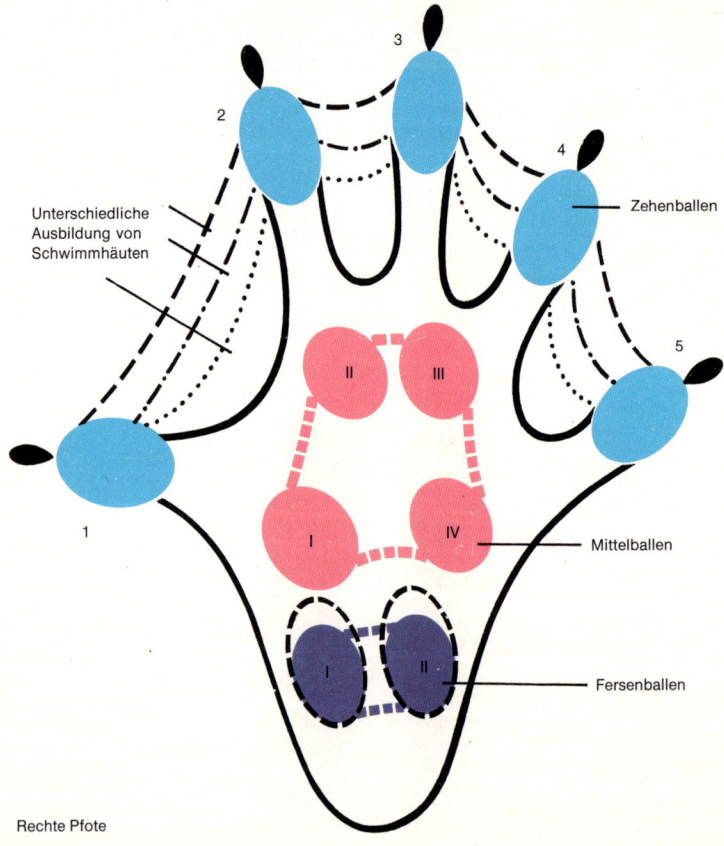

Unterschiedliche
Ausbildung von
Schwimmhäuten

Zehenballen

Mittelballen

Fersenballen

Rechte Pfote

Fußsohle eines Dachses.
Deutlich zu erkennen die
5 Zehenballen, der große
Hauptballen und die langen
Krallen.

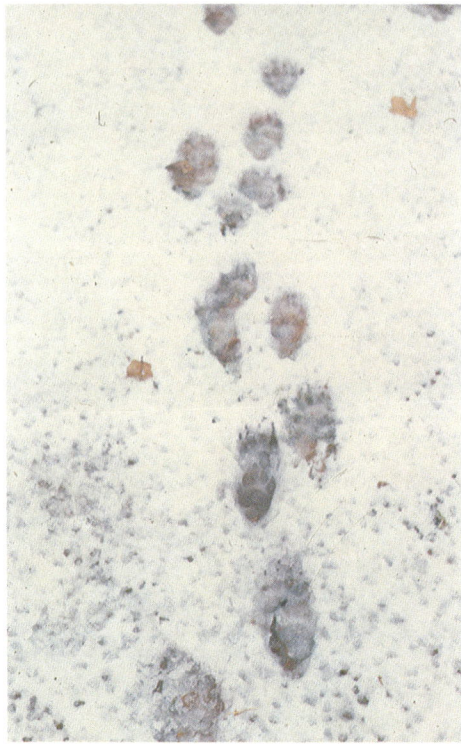

Spur eines Dachses im
Schnee. Die Einzelspuren
überdecken sich teilweise
und sind deutlich gespreizt.

Spuren von Pfotentieren

Die folgenden Abbildungen demonstrieren, wie die Zahl und die Form der Trittballen sowie ihre Anordnung auf der Fußsohle je nach Tierart und Untergrund variieren können. Das Schlüsselmerkmal ist die Anzahl der Zehenballen, nämlich 5 oder 4. Einige Tierarten sind in beiden Kategorien aufgeführt, weil eine fünfzehige Pfote auch manchmal eine Spur mit 4 Zeheneindrücken hinterläßt.

Spuren mit 5 Zehen

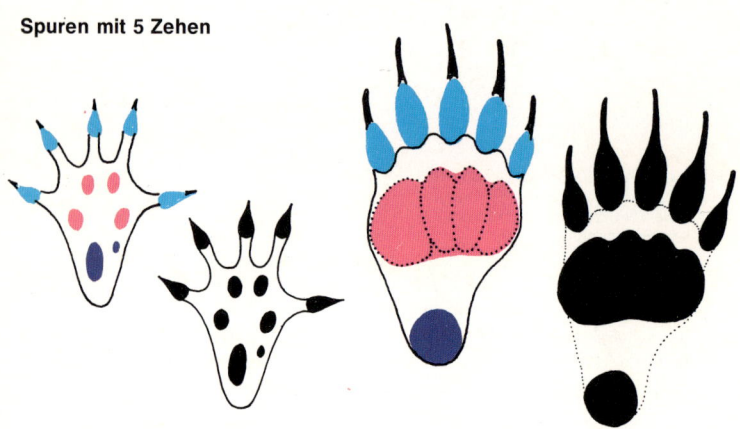

Vier kleine, getrennte Mittelballen; 2 Handwurzelballen, davon einer langgestreckt; Pfotenumriß sichtbar (Ratte).

Lange, mit den Zehenballen verbundene Krallen, sehr großer verschmolzener Hauptballen und 1 Handwurzelballen; Prankenumriß deutlich (Dachs).

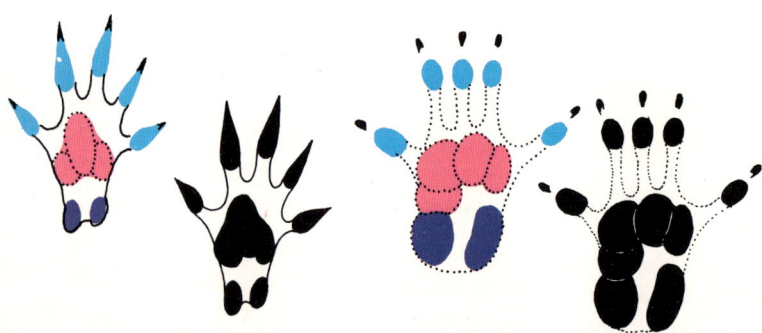

Großer, verschmolzener, dreieckiger Hauptballen, zwei ovale, symmetrisch liegende Handwurzelballen; Pfotenumriß sichtbar (Igel).

Lange, von den Zehenballen getrennte Krallen, 4 rundliche, teils verschmolzene Mittelballen, die in Form eines „L" angeordnet sind, einer berührt einen der beiden großen Handwurzelballen, Pfotenumriß undeutlich (Siebenschläfer).

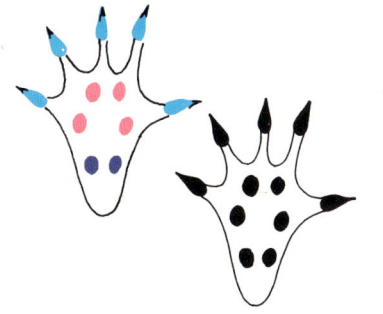

6 etwa gleich große Sohlenballen; 4 Mittelballen und 2 symmetrisch angeordnete Handwurzelballen, Pfotenumriß deutlich (Spitzmaus).

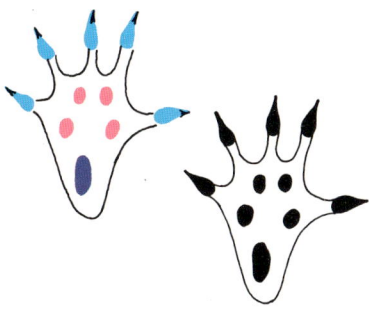

4 kleine, getrennte Mittelballen, 1 großer, länglicher Handwurzelballen, Pfotenumriß deutlich (Schermaus).

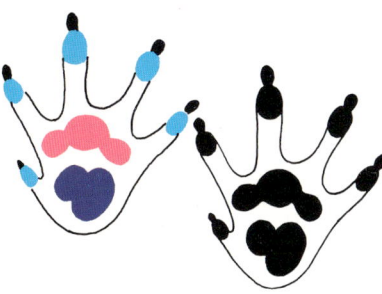

Innenzehe sehr verkürzt, 3 rundliche, mittelgroße, teilweise verschmolzene Mittelballen, 2 verschmolzene, ungleiche Handwurzelballen, Pfotenumriß sichtbar (Nutria-Vorderpranke).

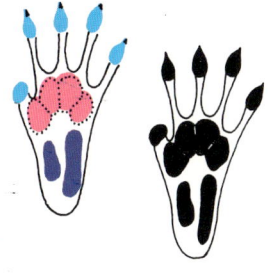

Innenzehe stark verkürzt, 4 größtenteils verschmolzene Mittelballen, 2 langgestreckte Handwurzelballen, Pfotenumriß deutlich (Bilch).

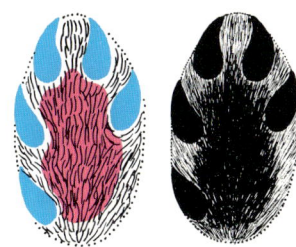

Nur Zehenballen sichtbar, Sohle vollständig behaart, undeutlicher Umriß (Kaninchen, Hase).

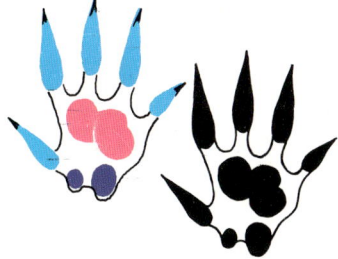

3 rundliche, teilweise verschmolzene Mittelballen, 2 ungleiche Handwurzelballen, Pfotenumriß vorhanden (Igel-Vorderpfote).

Spuren mit 4 Zehen

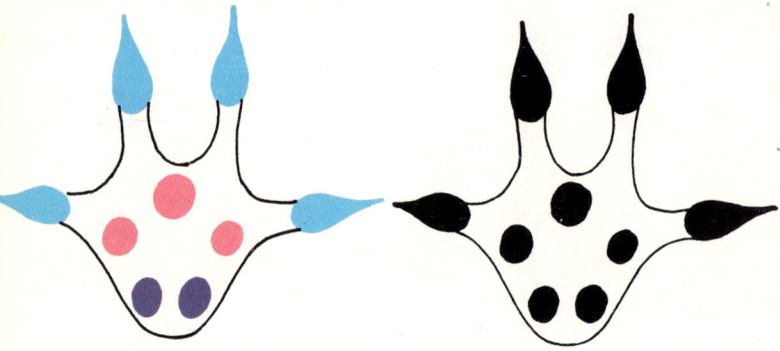

3 kleine Mittelballen, 2 ungefähr gleich
große Handwurzelballen, Pfotenumriß
sichtbar (Ratte).

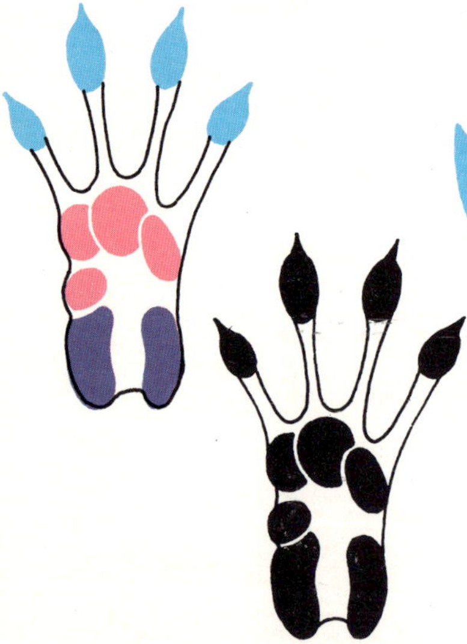

3 teilweise verschmolzene, in einer Linie
angeordnete Mittelballen, ein 4., nach
hinten verlagerter Mittelballen, der teils
mit einem der 2 langen Handwurzelballen verschmolzen ist, Pfotenumriß deutlich (Bilch).

1 kleiner, fast dreieckiger, an den Enden
abgerundeter Mittelballen, zwischen Zehen- und Mittelballen behaart. Pfotenumriß undeutlich (Fuchs).

Großer, dreieckiger, gelappter Mittelballen, kein Pfotenumriß (Hund).

Lange, von den Zehen getrennte Krallen, 4 teilweise verschmolzene Mittelballen (einer ist mit einem der beiden kleinen symmetrischen Handwurzelballen verschmolzen, mittlerer Mittelballen vergrößert), 2 runde, gleich große Handwurzelballen, Pfotenumriß undeutlich (Siebenschläfer).

Nur Zehenballen vorhanden, verschwommene Ränder mit Abdrücken der dichten Behaarung (Kaninchen, Hase).

Abhängigkeit einer Pfotenspur von Alter und Geschlecht des Tieres

Der Dachs (*Meles meles*) ist ein gutes Beispiel dafür, wie sehr Größe und Gestalt eines Fußabdruckes in verschiedenen Altersstufen und Geschlechtern innerhalb einer Art variieren können. Sehr gute Spurenleser können bei nahezu vollständigen Spuren relativ leicht auf Geschlecht und Alter des betreffenden Tieres schließen. So sind die Spuren erwachsener Männchen stets breiter als die der Weibchen. Werden nur die Ballen abgebildet, ist die Gesamtlänge der Spur beim Männchen wegen der längeren und schwereren Krallenabdrücke größer.

Charakteristisch für die Pfotenabdrücke bei Jungtieren ist der unvollständige Abdruck oder das Fehlen eines Walls vor den Mittelballen, der bei erwachsenen Tieren stets sichtbar ist. Ein weiteres Erkennungsmerkmal der Spuren von Jungtieren ist das Verhältnis von Breite zu Länge, das größer ist als 1:1 – gemessen vom Hinterrand der Mittelballen bis zur Spitze der Zehenballen bzw. der Krallen (falls vorhanden). Spuren ganz junger Tiere sind leicht an ihrer geringen Größe und den fehlenden oder nur sehr kleinen Krallenabdrücken zu erkennen.

Erwachsenes Männchen
nur Mittel- und Zehenballen

Erwachsenes Männchen
vollständige Spur

Erwachsenes Weibchen
nur Mittel- und Zehenballen

Erwachsenes Weibchen
vollständige Spur

Oben: Beigetretene Spur eines Dachses in schlammigem Boden. Deutlich zu erkennen sind die 5 Zehenballen und der große Hauptballen, weniger deutlich die Krallenabdrücke.

Welpe
nur Zehen- und Mittelballen

Welpe
vollständige Spur

Jungtier
nur Zehen- und Mittelballen

Jungtier
vollständige Spur

Spuren von Pfotentieren

Unvollständige oder entstellte Spuren

Trotz der Variationen in Größe und Deutlichkeit des Abdruckes haben die Spuren vieler Tiere ganz bestimmte Baueigentümlichkeiten, die sogar bei unvollständigen Spuren ein sicheres Erkennen erlauben. Der Fischotter und die Nutria sind anschauliche Beispiele hierfür:

Fischotter (*Lutra lutra*)

Der Fischotter hat am Vorder- und Hinterfuß 5 Zehen. Die Abdrücke unten sind vollständig und zeigen alle charakteristischen Spurenelemente eines Pfotengängers mitsamt der undeutlichen Umrißlinie. Wichtig ist, daß Innenzehe (Zehe 1) und Außenzehe (Zehe 5) nicht auf einer Linie liegen. Das ist bei vielen anderen Tieren zwar auch der Fall, aber in Verbindung mit der bekannten Größenordnung von Otterspuren ist dies ein sicheres Erkennungsmerkmal dieser Art.

Die Mittelballen variieren beträchtlich: Manchmal kommen 4 verschmolzene Mittelballen von unterschiedlicher Gestalt vor, während ein andermal nur 3 verschmolzene Mittelballen auftreten, wobei die Spitze von Ballen 2/3 gebildet wird (oft wird nur diese Spitze abgedrückt).

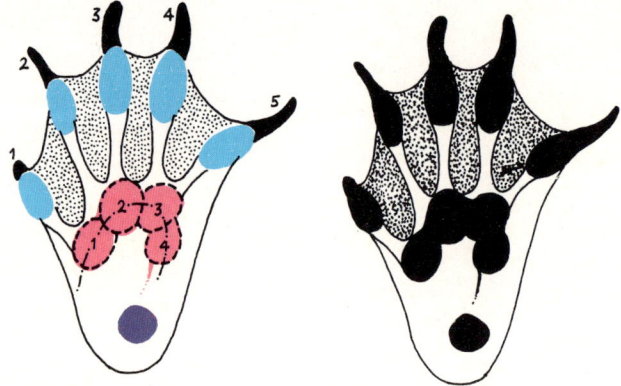

5 Zehenballen, Innen- und Außenzehe (1 und 5) liegen nicht auf einer Linie, 4 verschmolzene Mittelballen, 1 Handwurzelballen, Krallenmarken an allen Zehen, Schwimmhäute zwischen allen Zehen, Sohlenabdruck und -umriß deutlich.

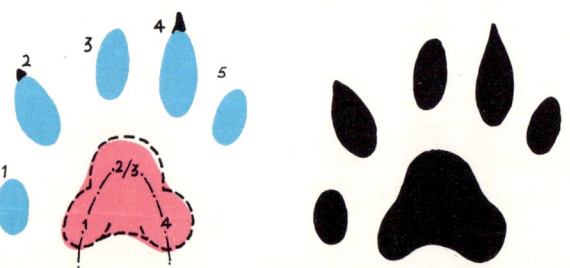

5 Zehenballen, Innen- und Außenzehe (1 und 5) nicht auf einer Linie liegend, 3 verschmolzene Mittelballen (1, 2/3 und 4), Handwurzelballen, Schwimmhäute und Sohlenfläche fehlend.

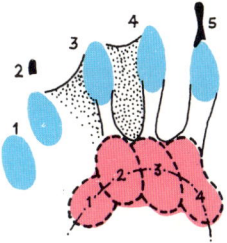

5 Zehenballen, Außen- und Innenzehe nicht in einer geraden Linie, 4 verschmolzene Mittelballen, Handwurzelballen fehlen, Krallenabdruck nur an der Außenzehe deutlich, Schwimmhaut zwischen der 2., 3. und 4. Zehe. Sohlenabdruck an den Zehen 3, 4 und 5.

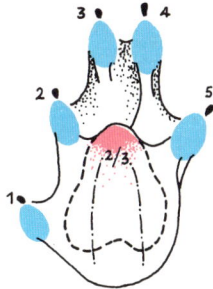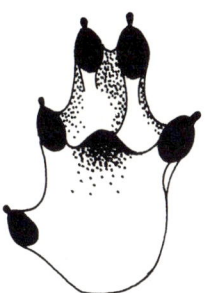

5 Zehenballen, Außen- und Innenzehe nicht in einer geraden Linie, nur Vorderteil des Mittelballens 2/3, Handwurzelballen fehlend, Krallenmarken an allen Zehen, Schwimmhaut zwischen allen Zehen vorhanden, Sohlenabdruck unvollständig.

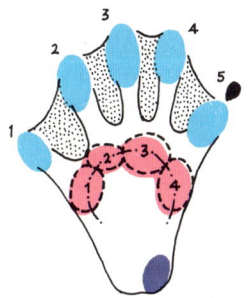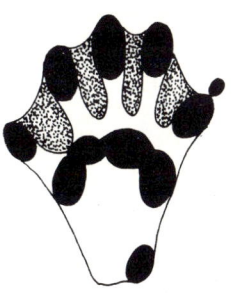

5 Zehenballen, Außen- und Innenzehe nicht in einer geraden Linie, 4 verschmolzene Mittelballen, 1 Handwurzelballen, Krallenabdruck nur an der Außenzehe, Schwimmhaut zwischen allen Zehen, Sohlenabdruck und -umriß vorhanden.

Spuren von Pfotentieren

Nutria (*Myocastor coypus*)
Die Nutria hat fünfzehige Vorder- und Hinterpfoten, die in Form und Größe voneinander abweichen. Erkennungsmerkmale für den Hinterfußabdruck sind die 4 bogenförmig angeordneten Mittelballen und die runden Zehenballen. Die Vorderfußspur ist durch 5 runde Zehenballenabdrücke und das Fehlen von Schwimmhäuten gekennzeichnet (Schwimmhäute sind nur am Hinterfuß zwischen der 2. und der 5. Zehe ausgebildet).

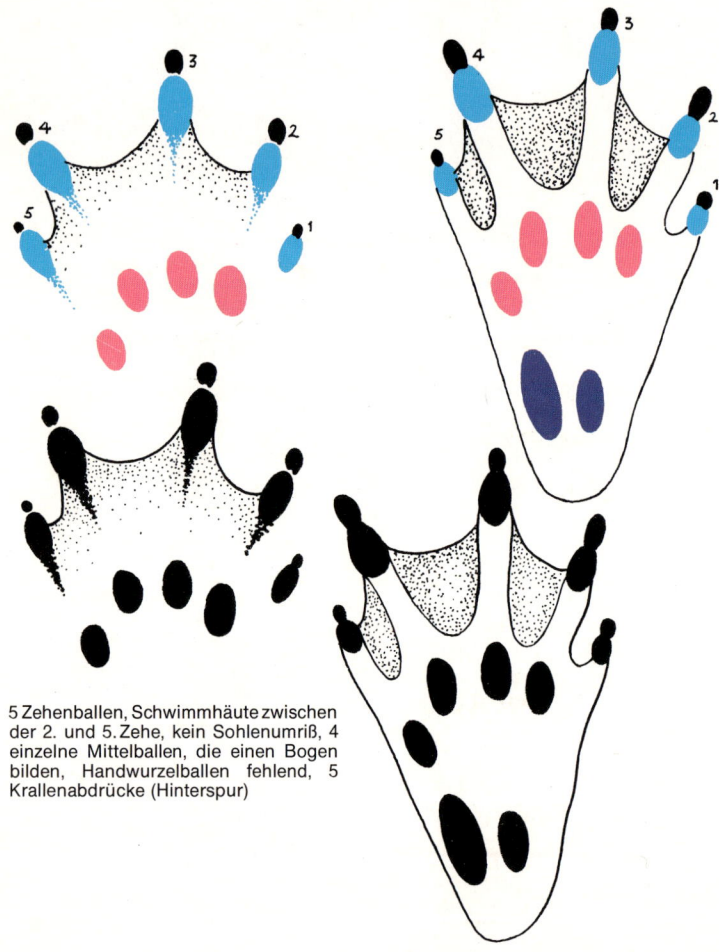

5 Zehenballen, Schwimmhäute zwischen der 2. und 5. Zehe, kein Sohlenumriß, 4 einzelne Mittelballen, die einen Bogen bilden, Handwurzelballen fehlend, 5 Krallenabdrücke (Hinterspur)

5 Zehenballen, Schwimmhäute zwischen 2. bis 5. Zehe, vollständiger Sohlenumriß, 4 einzelne, bogenförmig angeordnete Mittelballen, 2 ungleiche, einzelne Fersenballen, 5 Krallenmarken (Hinterspur)

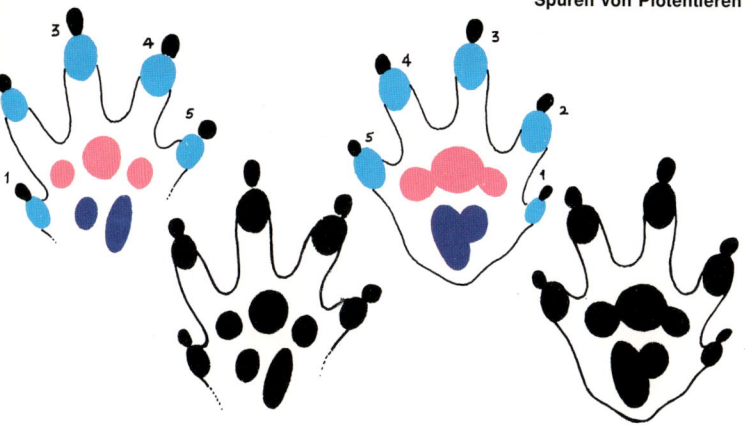

5 Zehenballen, Sohlenumriß unvollständig, 3 einzelne Mittelballen, 2 getrennte Handwurzelballen, 5 Krallenmarken (Vorderspur)

5 Zehenballen, vollständige Sohlenfläche, 3 teilweise verschmolzene Mittelballen, 2 ungleiche, verschmolzene Handwurzelballen, 5 Krallenmarken (Vorderspur)

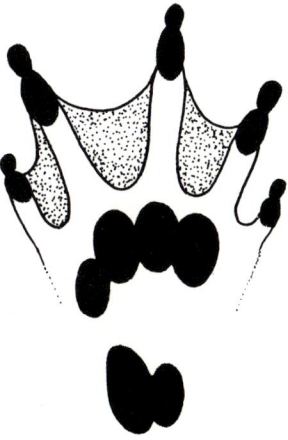

5 Zehenballen, Schwimmhäute zwischen den Zehen 2 bis 5 vorhanden, Sohlenumriß fehlend, 4 teilweise verschmolzene, bogenförmig angeordnete Mittelballen, Fersenballen fehlend, 5 Krallenmarken (Hinterspur)

5 Zehenballen, Schwimmhäute zwischen den Zehen 2 bis 5 vorhanden, Sohlenumriß unvollständig, 4 verschmolzene, bogenförmig angeordnete Mittelballen, 2 verschmolzene Fersenballen, Krallenmarken 1 bis 5 vorhanden (Hinterspur)

Die beigetretene Spur

Zum Beitritt kommt es, wenn der Hinterfuß mehr oder weniger genau in den Abdruck des Vorderfußes gesetzt wird. Das kann zum völligen Auslöschen der Vorderfußspur führen, meist überdecken sich aber die Spuren nur partiell, und es entsteht ein komplexes Spurenbild aus beiden Abdrücken. Die verschiedenen Möglichkeiten des Beitritts hängen von der Gangart und der Geschwindigkeit eines Tieres ab und sind im Kapitel „Spurenbahnen und Fährten" (Seite 41–46) sowie bei den einzelnen Tierarten erläutert.

Die Untersuchung beigetretener Spuren kann sich schwierig gestalten, daher soll anhand einiger Beispiele mit verschiedenen Typen des Beitritts die Sache erleichtert werden. Bei der Interpretation solcher Spuren ist es wichtig, Vorder- und Hinterspur zu identifizieren, bevor man sich dem Gesamtbild zuwendet.

Als Beispiel seien wieder die Spuren des Dachses (*Meles meles*) gewählt:

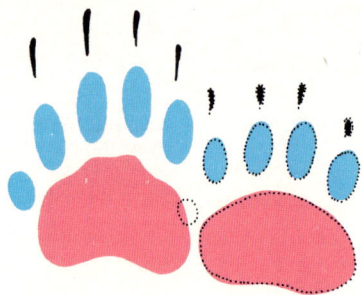

Seitlich berührende Spur: Vorder- und Hinterspur liegen Seite an Seite, beide Spuren berühren sich seitlich kaum, diese Form der Doppelspur ist ungewöhnlich und läßt darauf schließen, daß das Tier krank oder beinverletzt ist.

Seitlich beigetretene Spur: Eine Spur liegt rechts bzw. links der anderen und überdeckt sie teilweise – das ist vor allem bei Jungtieren nicht ungewöhnlich. Diese Form des Beitritts ist ansonsten selten, meist liegt der eine Abdruck etwas vor oder hinter dem anderen und selten genau in gleicher Höhe.

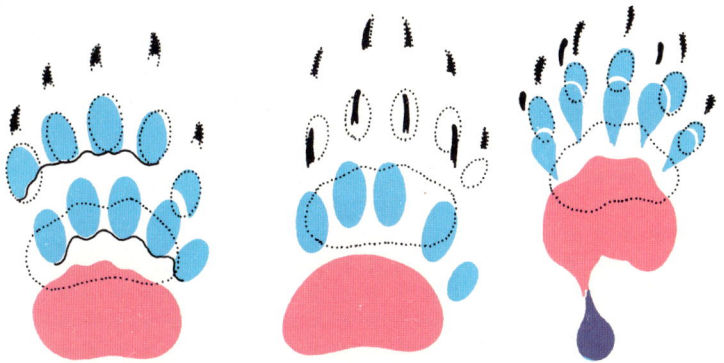

Verschiedene Kombinationen des zurückbleibenden Beitritts bei erwachsenen Tieren: Die Spur des Hinterfußes bleibt stets etwas hinter dem Vorderabdruck zurück.

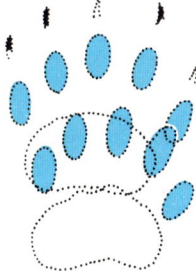

Zurückbleibende beigetretene Spur eines Jungtieres: Sie zeigt komplexe Verhältnisse an den Mittelballen und häufig eine Doppelreihe aus Zehenballen oder Krallen.

Übereilende beigetretene Spur: Die Spur des Hinterfußes überholt den Vorderabdruck etwas, das kann dazu führen, daß die Mittelballen der Hinterspur die Zehenballen der Vorderspur völlig auswischen.

Muntjak-Wechsel an einem schlammigen Flußufer. Da der Boden sehr weich ist, sind die Tritte sehr tief eingedrückt.

Spuren von Huftieren

Huftiere besitzen pro Fuß 4 Zehen: 2 kräftige, meist gleich große Hauptzehen, die je von einer hornartigen Schale (Huf) umhüllt sind, und 2 kleinere Nebenzehen oder Afterklauen (Geäfter), die an die Rückseite des Fußes gerückt sind und meist so hoch an den Läufen sitzen, daß sie bei normaler Gangart (Ziehen) den Boden nicht berühren. Die beiden Hauptzehen entsprechen den Zehen 3 und 4, die Afterklauen den Zehen 2 und 5 eines Pfotentieres.
Die Spuren (Trittsiegel) der Huftiere, zu denen Schweine, Hirsche und Hornträger zählen, zeichnen sich durch einen recht einheitlichen Aufbau aus. Die Klaue oder Schale, die im

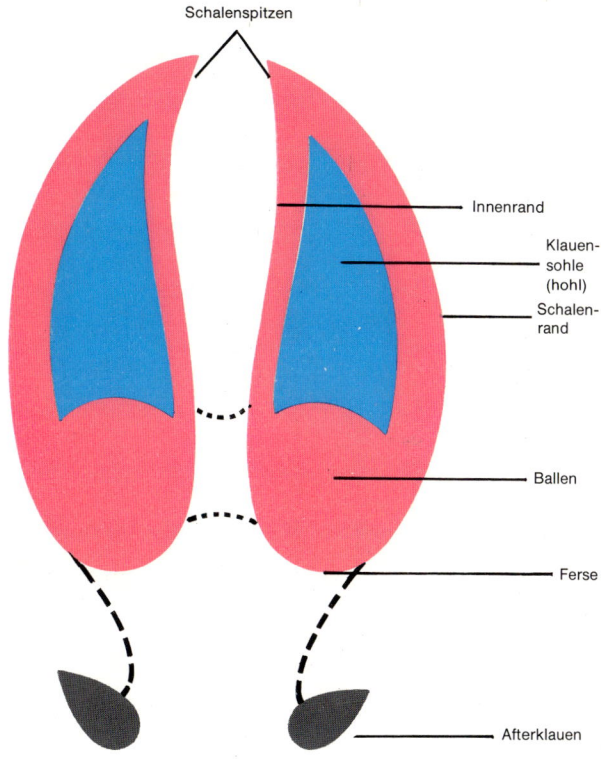

Schalenspitzen

Innenrand

Klauen-
sohle
(hohl)

Schalen-
rand

Ballen

Ferse

Afterklauen

wesentlichen eine umgebildete Kralle ist, besteht aus der Klauensohle auf der Unterseite und der Klauenplatte an der abgerundeten Oberseite. Der Schalenabdruck setzt sich zusammen aus dem Ballen, den beiden Schalenspitzen, den beiden hohlen Klauensohlen und dem Schalenrand. Auf weichem Untergrund oder im Trab oder Sprung drücken sich die Afterklauen ebenfalls ab.

Spuren von Huftieren

Auch für die Spuren der Huftiere (Seite 152—171) gelten die 5 Größenordnungen unseres einfachen Bestimmungsschlüssels von Seite 15. Die Maßangaben gelten dabei stets von der Afterklaue bis zur Schalenspitze.

Riesig	Länger als 15 cm	
Groß	10—15 cm	
Mittelgroß	7—10 cm	
Klein	2,5—7 cm	
Winzig	Kürzer als 2,5 cm	

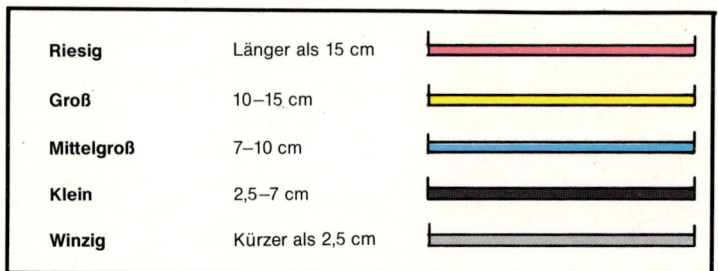

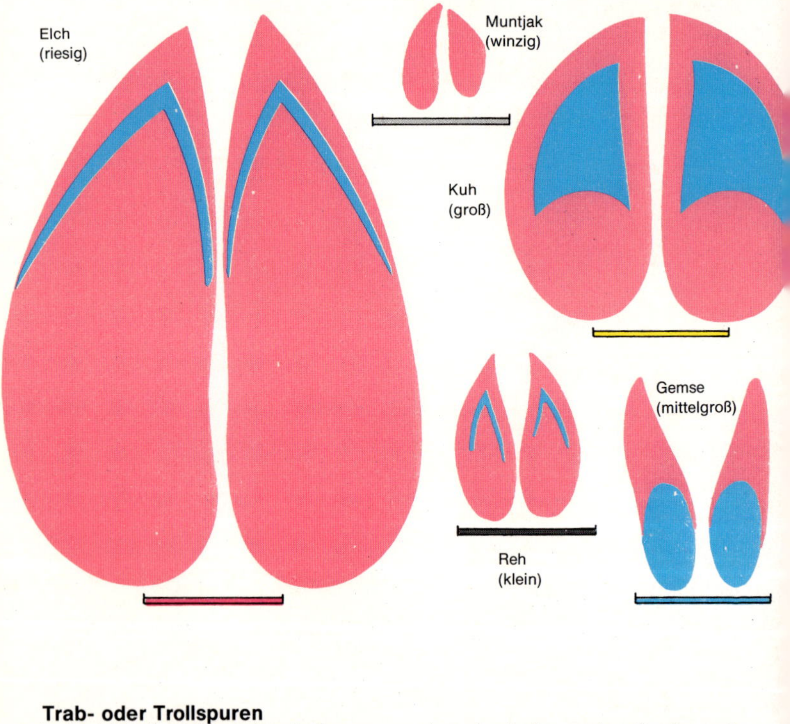

Elch
(riesig)

Muntjak
(winzig)

Kuh
(groß)

Gemse
(mittelgroß)

Reh
(klein)

Trab- oder Trollspuren

Im Trab (Troll) zeichnen sich die Spuren zum einen durch eine gewisse Spreizung der Schalen aus, zum andern zeigen sich häufig Abdrücke der Afterklauen, die bei normaler Gangart bei vielen Huftieren fehlen.
Lage und Form der Afterklauen und Art und Grad der Spreizung sind artspezifisch und ein wichtiges Bestimmungsmerkmal.

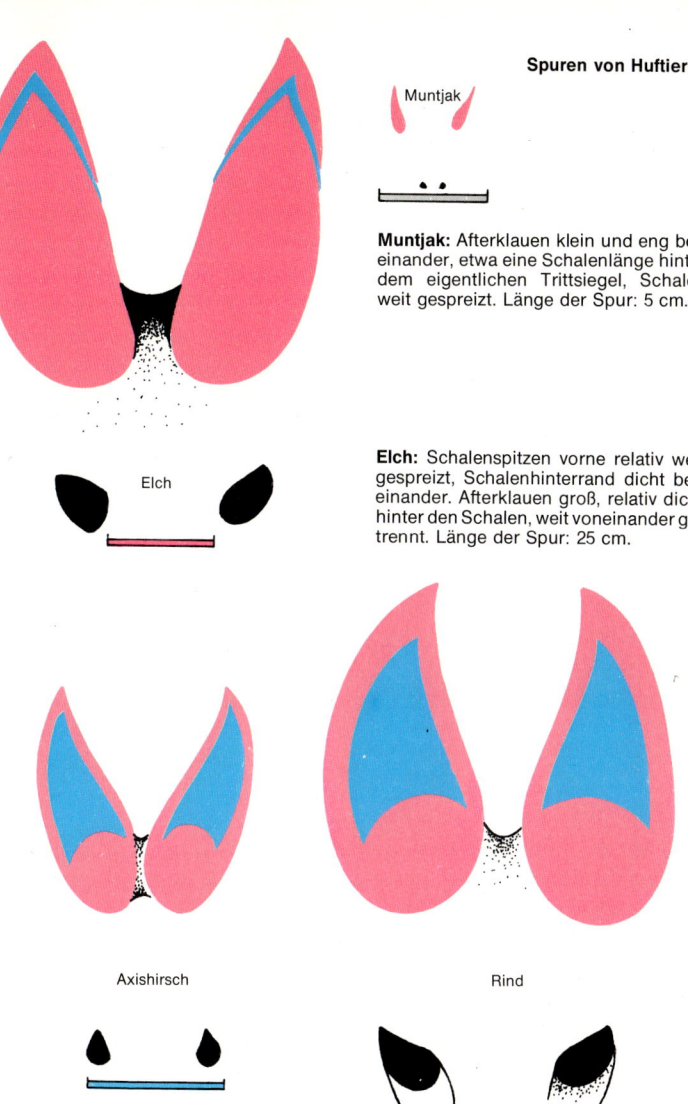

Muntjak

Muntjak: Afterklauen klein und eng beieinander, etwa eine Schalenlänge hinter dem eigentlichen Trittsiegel, Schalen weit gespreizt. Länge der Spur: 5 cm.

Elch

Elch: Schalenspitzen vorne relativ weit gespreizt, Schalenhinterrand dicht beieinander. Afterklauen groß, relativ dicht hinter den Schalen, weit voneinander getrennt. Länge der Spur: 25 cm.

Axishirsch

Rind

Axishirsch: Schalen im mittleren Abschnitt am dichtesten beisammen, so daß die Ballenabschnitte frei sind. Afterklauen klein, weit hinter den Schalen, weit auseinanderliegend. Länge der Spur: 13 cm.

Hausrind: Afterklauenabdrücke selten, falls vorhanden, sehr groß, nahe an den Schalen und weit gespreizt. Schalen weichen eher seitlich auseinander, als daß sie sich vorne spreizen. Länge der Spur: 18,5 cm.

Spuren von Huftieren

Die Trittsiegel schalentragender Tiere zeigen nicht so viele verschiedene Formen wie die Spuren pfotentragender Tiere. Man kann aber auch sie – sofern sie gut abgedrückt sind – in mehrere Gruppen einteilen:

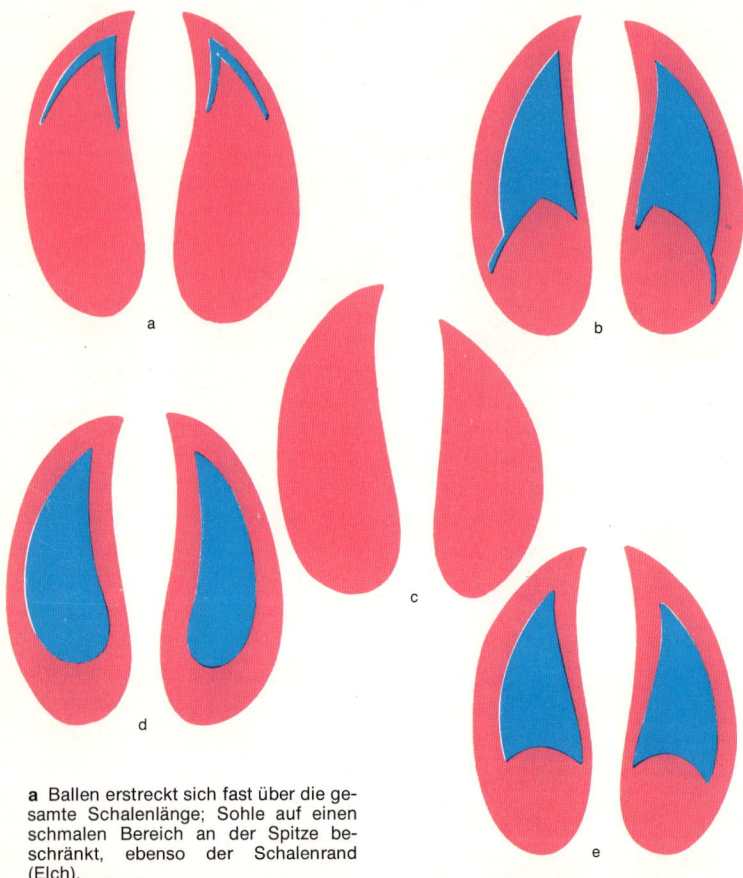

a Ballen erstreckt sich fast über die gesamte Schalenlänge; Sohle auf einen schmalen Bereich an der Spitze beschränkt, ebenso der Schalenrand (Elch).

b Ballen nur so lang oder kürzer als die Schale, Sohle erhaben, länger als die Hälfte des Trittsiegels; Ballen konvex und lanzenförmig (Wildschwein, Reh).

c Trittsiegel ohne besondere Strukturmerkmale (Muntjak).

d Ballen kürzer als die Hälfte des Trittsiegels, konkav; Sohle sehr groß, Schalenränder gut ausgebildet (Rentier).

e Ballen halb so lang oder kürzer als die Länge des Trittsiegels, konvex und rundlich, Sohle erhaben (Axishirsch).

Altersabhängige Verschiedenheiten einer Elch-Spur

Die wichtigste Veränderung der Spur eines heranwachsenden Elches ist die Abnahme des Breiten-Längen-Verhältnisses, d. h., die Trittsiegel werden mit fortschreitendem Alter länglicher – abgesehen von der absoluten Längenzunahme.

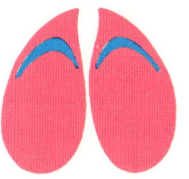

Elch-Kalb
(Trittsiegel wesentlich kleiner als beim erwachsenen Tier, Umriß breit und rundlich, Schaleninnenränder an der Spitze konkav eingedellt.)

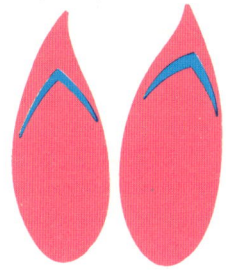

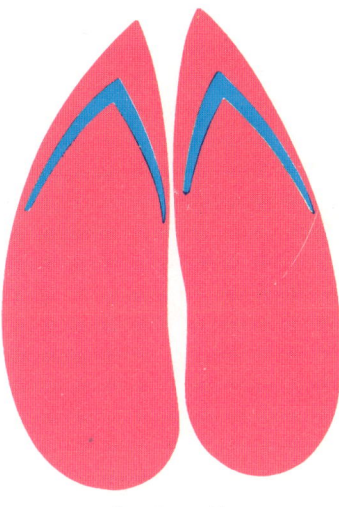

Erwachsenes Tier

Jungtier
(Trittsiegel deutlich verlängert. Fersen noch nicht voll ausgebildet, konkave Einkerbung an der Spitze der Innenränder erst undeutlich ausgebildet.)

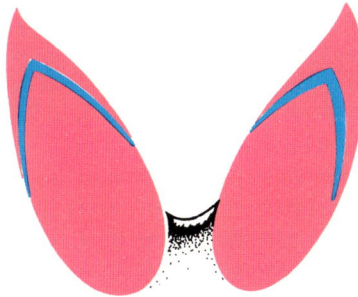

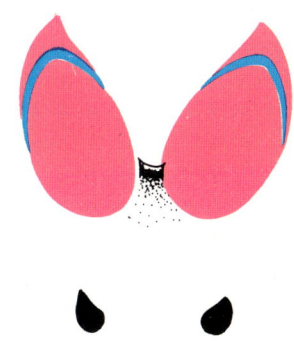

Erwachsenes Tier
Im Lauf zeigen sowohl die Trittsiegel des Jungtieres (links) als auch die des Kalbes (oben) eine Spreizung der Schalen oder Abdrücke der Afterzehen. (Die Schalenspreizung ist beim erwachsenen Tier nicht mehr so stark, auch die Afterklauen werden seltener abgedrückt.)

37

Verschiedene Spuren des Muntjaks

Je nach Untergrund, Gangart, Geschlecht, Alter und Kondition eines Huftieres können die Spuren beträchtliche Unterschiede aufweisen, stets jedoch sind die artspezifischen kennzeichnenden Merkmale vorhanden.

Die Trittsiegel des Muntjaks (*Muntiacus reevesi*) sind z. B. stets daran zu erkennen, daß eine Schale länger ist als die andere (entweder an der Spitze oder an der Ferse gemessen).

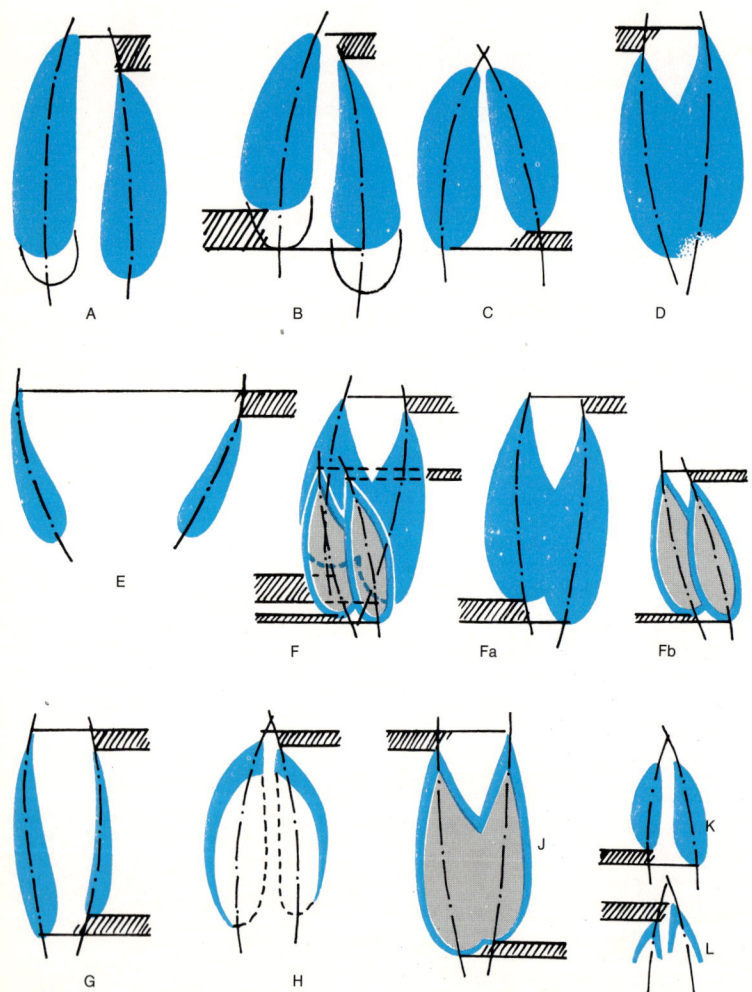

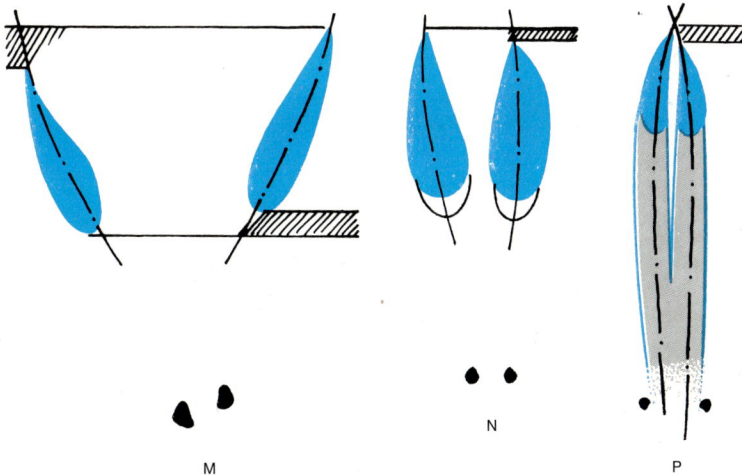

M   N   P

A Trittsiegel eines erwachsenen Tieres auf weichem Untergrund: Schalen parallel, linker Lauf leicht abgerutscht, Differenz an der Spitze.
B Trittsiegel eines erwachsenen Tieres auf weichem Untergrund: An der Spitze leicht zusammenlaufend, mit beiden Läufen nach vorne gerutscht, Differenz an Spitze und Ferse.
C Trittsiegel eines Jungtieres auf weichem Untergrund: Spur breit, Differenz an der Ferse.
D Trittsiegel eines erwachsenen Tieres auf weichem Untergrund: Schalen verschmolzen, leicht geöffnet, Differenz apikal.
E Trittsiegel eines erwachsenen laufenden Tieres auf hartem Untergrund: Schalenränder und Teile der Sohlen sichtbar, Schalen weit geöffnet, Differenz an der Ferse.
F Komplexer Abdruck, der von zwei verschiedenen Tieren stammt. **Fa** ältere Spur eines erwachsenen Tieres auf weichem Untergrund: Schalen vollständig, Differenz an der Ferse. **Fb** Spur eines Jungtieres, als der Untergrund getrocknet war; nur Schaleninnen- und -außenränder, Differenz an Spitze und Ferse.
G Trittsiegel eines erwachsenen Tieres auf hartem Untergrund: Nur Schalenaußen- und -innenränder, Differenz an Spitze und Ferse.
H Trittsiegel eines Jungtieres auf hartem Untergrund: Nur Schaleninnen- und -außenränder, Differenz an der Spitze.
J Trittsiegel eines erwachsenen Tieres auf weichem Untergrund: Schalen verschmolzen, an der Spitze leicht auseinandergehend, Differenz an Spitze und Ferse.
K Trittsiegel eines Jungtieres auf weichem Untergrund: Differenz an der Ferse.
L Trittsiegel eines Jungtieres auf hartem Untergrund: Nur Schalenspitzen, Differenz an der Spitze.
M Fast vollständiger Abdruck eines erwachsenen Tieres: Schalen weit gespreizt, Afterklauen abgedrückt, Differenz an Spitze und Ferse.
N Trittsiegel eines rennenden erwachsenen Tieres; Schalen an der Spitze etwas auseinandergehend, Afterklauen vorhanden, beide Schalen abgerutscht, Differenz an der Spitze.
P Trittsiegel eines erwachsenen Tieres auf weichem Boden: Stark abgerutscht, aber Schalen nicht gespreizt, Afterklauen abgedrückt, Differenz nicht sichtbar, Art jedoch durch die Größe der Abdrücke gekennzeichnet.

Spuren verschiedener Hirsch-Arten
Die im folgenden abgebildeten Trittsiegel verschiedener Hirsch-Arten lassen sich trotz teilweiser Entstellung bei genauer Betrachtung bestimmen und geben Aufschluß über Bewegungsart und Untergrundbeschaffenheit.

A Sikahirsch
Das Trittsiegel auf weichem Boden zeigt kleine beieinanderliegende Afterklauen. Die parallel ausgerichteten Schalen sind nach vorwärts geglitten und haben einen verlängerten Abdruck hinterlassen.
Da die Schalen keine Spreizung zeigen und auch die Afterzehen geschlossen sind, darf man annehmen, daß sich das Tier langsam auf weichem, schlüpfrigem Boden bewegte.

B Axishirsch
Trittsiegel leicht verlängert, Schalen parallel ausgerichtet, nicht gespreizt, keine Afterklauen.
Das Tier schritt langsam auf feuchtem Boden.

C Damhirsch
Trittsiegel stark vergrößert, abgerutscht und gespreizt, Afterklauen gespreizt, Hautabdruck zwischen den Schalenhälften.
Das Tier lief mit hoher Geschwindigkeit über weichen Grund.

D Weißwedelhirsch
Spur gespreizt und abgerutscht, Afterzehen weit gespreizt, Hautabdruck zwischen Schalen und Afterzehen, Tritt leicht deformiert.
Das Tier lief mit hoher Geschwindigkeit über einen sehr weichen Boden.

E Reh
Schalen parallel, seitlich auseinanderweichend mit Hautabdruck, Afterklauen vorhanden.
Das Tier ist vermutlich seitlich abgerutscht.

F Rothirsch
Leicht gerutschtes und etwas gespreiztes Trittsiegel mit Afterklauen und Hautabdruck zwischen den Schalen.
Das Tier lief schnell über ziemlich festen Grund.

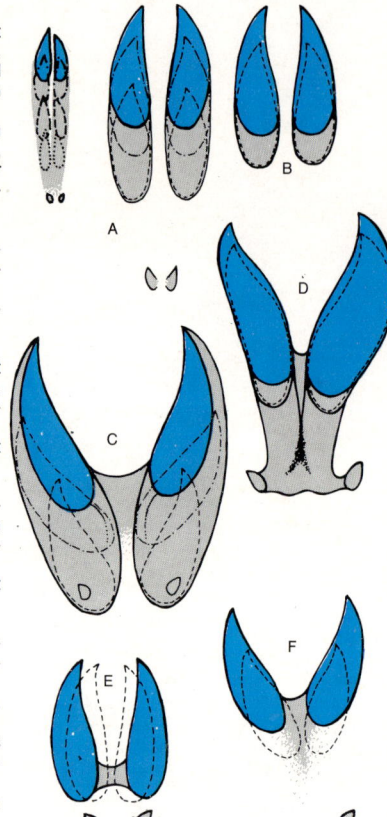

Spurenbahnen und Fährten

Bei der Spurenordnung genügt es meist nicht, Größe und Struktur einer Einzelspur oder eines Trittsiegels zu berücksichtigen, sondern man muß auch die Gruppierung beachten, d. h., welche Spurenstellung und welche Spurenbahn bzw. Fährte die Einzelspuren bilden. Oft sind diese Spurenbilder so charakteristisch, daß sich eine genaue Untersuchung der Einzelspur erübrigt.

Will man eine Spurengruppe beurteilen, so bezieht man sich stets auf eine gedachte Linie in der Mitte zwischen den Spuren der rechten und der linken Seite, der Mittel- oder Grundlinie. Der Abstand zwischen linker und rechter Spur wird Schränkungsbreite oder **Schränkung** genannt. Der Winkel, den eine Spur oder ein Trittsiegel mit der Mittellinie bildet, heißt **Ausstellwinkel;** er gibt Aufschluß über die Bewegungsart. Auch die **Schrittlänge,** d. h. der Abstand zweier Spuren, die vom selben Fuß stammen, läßt Rückschlüsse auf die Gangart zu.

Die Spurenstellung, d. h. die Anordnung der Spuren zueinander, ändert sich mit der Bewegungsart. So hinterläßt ein hoppelnder Hase ein anderes Spurenbild als ein laufender. Die Grundbewegungsarten sind: Gang (Schritt), Trab (Troll), Lauf (Galopp) und Sprung. Diese Klassifikation wurde der Übersichtlichkeit halber geschaffen, sie läßt sich aber nicht immer und auf alle Tierarten exakt anwenden. Schreiten (Gehen) können beispielsweise nur Tiere mit langen Beinen (z. B. Huftiere), während Kleinsäuger mit gewölbtem Rücken das nicht können und sich hüpfend oder springend fortbewegen. Für die folgenden Illustrationen wurden nur ganz typische und häufig vorkommende Gangarten bzw. ihre Spurenstellungen ausgewählt.

Schritt (Ziehen)
Beim Gehen werden die 4 Füße nacheinander zu verschiedenen Zeiten gehoben und wieder auf den Boden gesetzt. Die Schrittlänge ist kurz, der Hinterfuß wird dicht an, auf oder vor die Spur des Vorderfußes gesetzt, es entstehen sogenannte Doppelspuren. Bei kurzbeinigen Säugern bilden sich häufig Schleifspuren des Schwanzes oder des Bauches ab. Eine Spurenbahn im Schritt läßt darauf schließen, daß ein Tier ruhig dahinzog oder mit Äsen beschäftigt war.

Trab und beschleunigter Schritt
Mit zunehmendem Tempo heben je 2 Gliedmaßen fast gleichzeitig ab, und zwar je eine vordere und eine hintere an der entgegengesetzten Körperseite (z. B. rechts vorn und links hinten). Die Schrittlänge wächst, der Hinterlauf wird selten auf die Spur des Vorderlaufes gesetzt, sondern meist davor. Es kommt zur Übereilung oder zu übereilten Beitritten. Die Schränkung nimmt beim Schalenwild ab, während die Spreizung der Schalen zunimmt und die Afterklauen häufiger abgebildet werden. Bei Pfotentieren werden Schleifspuren des Körpers und des Schwanzes seltener oder verschwinden ganz. Der Trab ist die gebräuchlichste Gangart der katzen- und hundeartigen Raubtiere, der beschleunigte Schritt eine übliche Bewegungsart bei Insektenfressern und Nagern.

Lauf (Galopp)
Der Lauf wird mit höchster Geschwindigkeit ausgeführt, dabei bewegen sich beide Vorder- und Hinterläufe gleichzeitig, so daß für einen kurzen Moment kein Huf den Boden berührt. Die Hinterläufe setzen stets vor den Spuren der Vorderläufe auf, aber nicht parallel, sondern schräg hintereinander, zur Deckung der Spuren kommt es nie. Das Spurenbild zeigt meist unregelmäßige Vierertritte, die sich auf der Spurenbahn wiederholen, sie sind um so weiter voneinander entfernt, je höher die Geschwindigkeit ist. Der Lauf (Galopp) ist eine relativ seltene Gangart, er wird vor allem vom Wild bei Flucht oder Angriff benutzt.

Springen und Hüpfen
Im Sprung befindet sich das Tier ebenfalls für einen kurzen Moment ganz in der Luft. Die Kraft des Abstoßes liegt ganz bei den Hinterläufen, die Vorderläufe setzen schräg hintereinander auf, weit vor ihnen setzen die Hinterläufe auf, stets seitlich etwas versetzt. Eine ganz andere Art des Springens sind die Hüpfer oder Sprünge, die kleine Säuger – wie z. B. die Wiesel – ausführen. Ihre kurzen Hinterbeine können sich nicht weit vor die vorderen schieben. Der Abstoß erfolgt sowohl mit den Hinter- als auch mit den Vordergliedmaßen. Die Vorderpfoten drücken sich nebeneinander oder leicht schräg versetzt ab, die Hinterpfoten landen meist mehr oder weniger in den Vorderspuren. Greifen die Hinterpfoten genau in die Vorderspuren, kommt es zu Doppelspuren, greift ein Hinterlauf daneben, gibt es eine Dreierspur, wenn sie sich nicht decken, entsteht eine Viererspur. Die Sprünge oder Hüpfsprünge sind je nach Geschwindigkeit kürzer oder länger.

Auf den folgenden Seiten werden charakteristische Fährten und Spurenstellungen der gebräuchlichen Gangarten zum einen als Schema (links), zum anderen als tatsächliches Spurenbild (rechts) wiedergegeben.

Spurenbahnen und Fährten

Spurenstellung verschiedener Gangarten

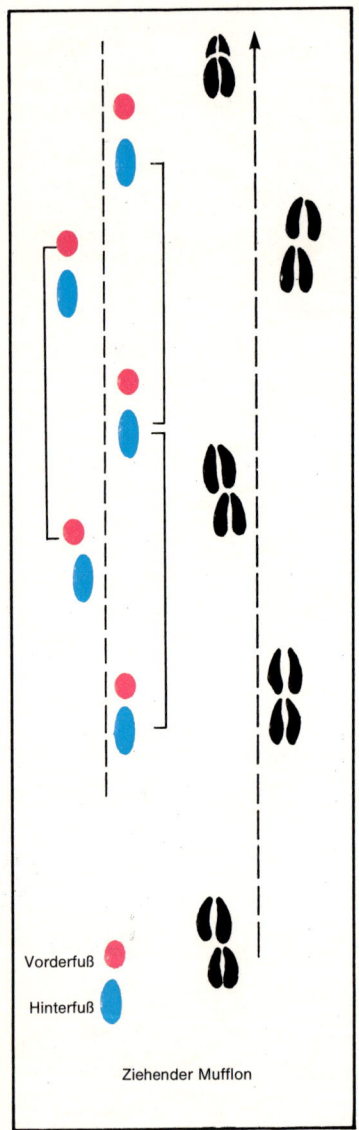

Vorderfuß

Hinterfuß

Ziehender Mufflon

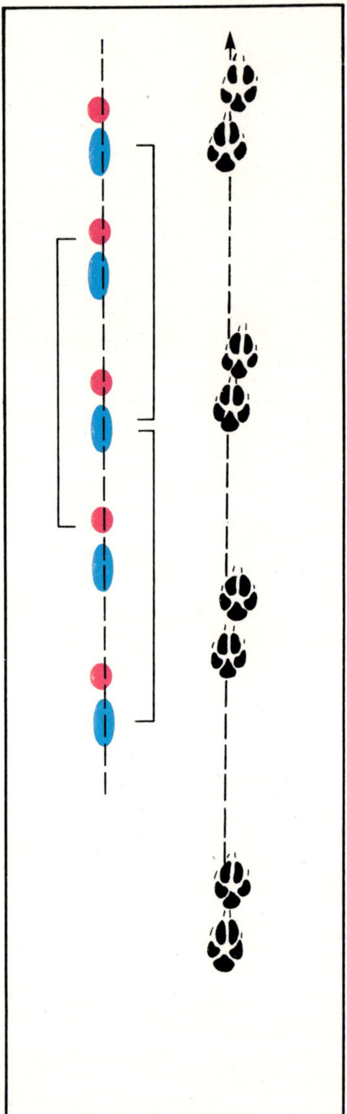

Schnürender Fuchs

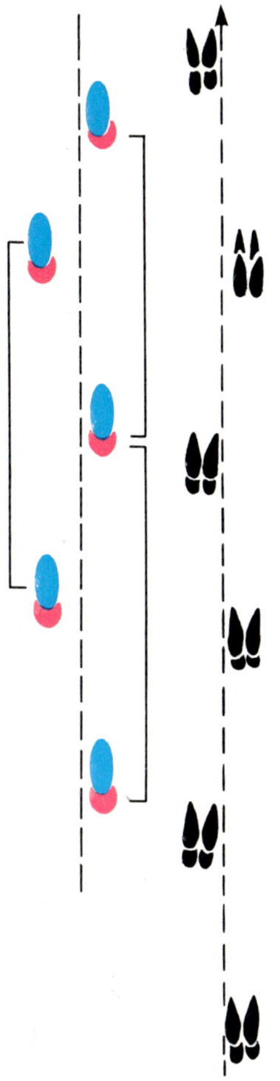

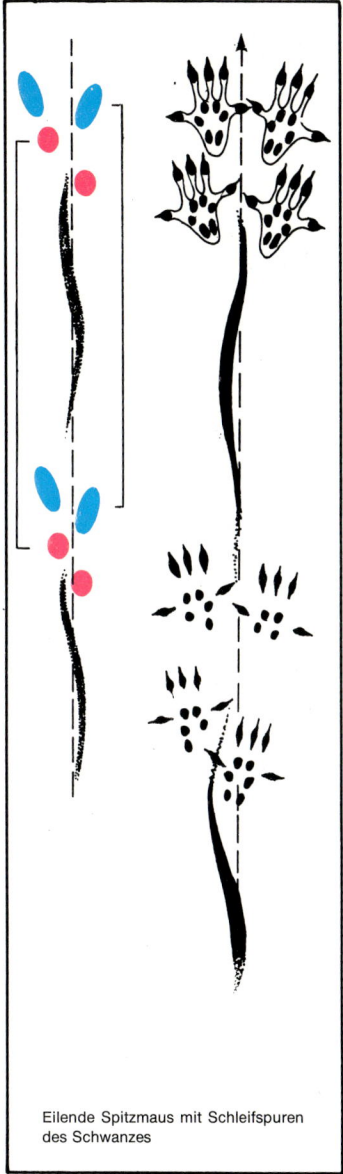

Gemse, übereilte Doppeltritte

Eilende Spitzmaus mit Schleifspuren des Schwanzes

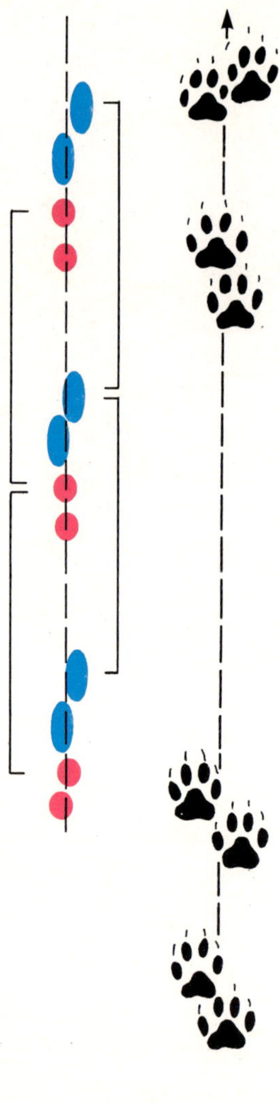

Spurenbahnen und Fährten

Rennender Hund

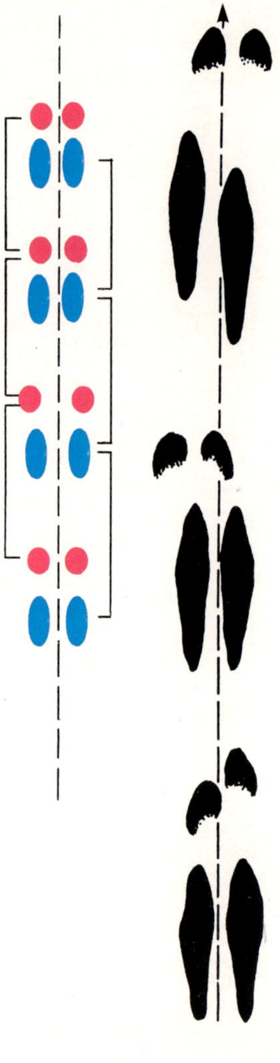

Hoppelnder Hase

Beigetretene Spuren

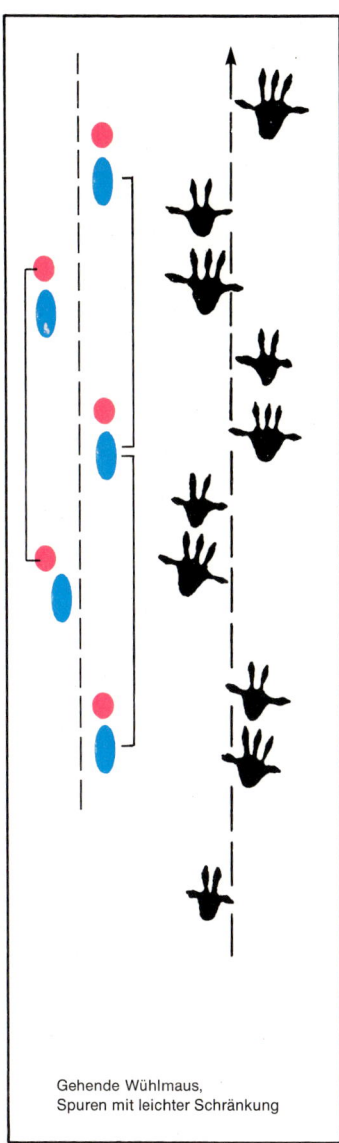

Gehende Wühlmaus,
Spuren mit leichter Schränkung

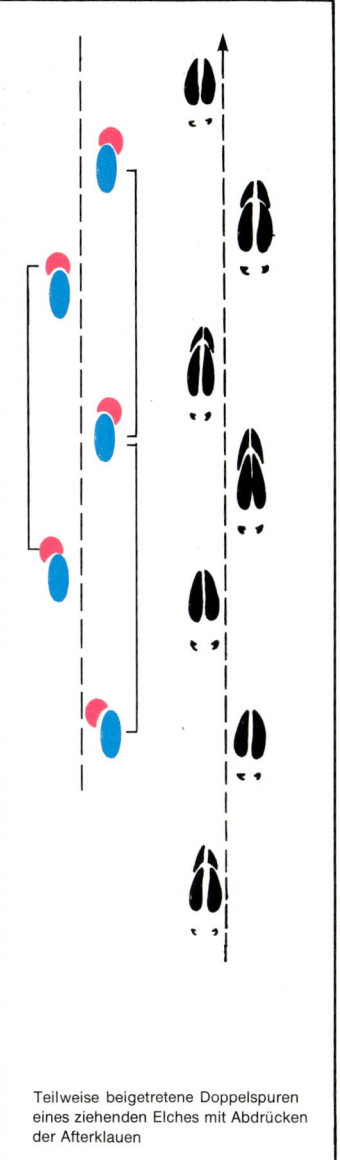

Teilweise beigetretene Doppelspuren
eines ziehenden Elches mit Abdrücken
der Afterklauen

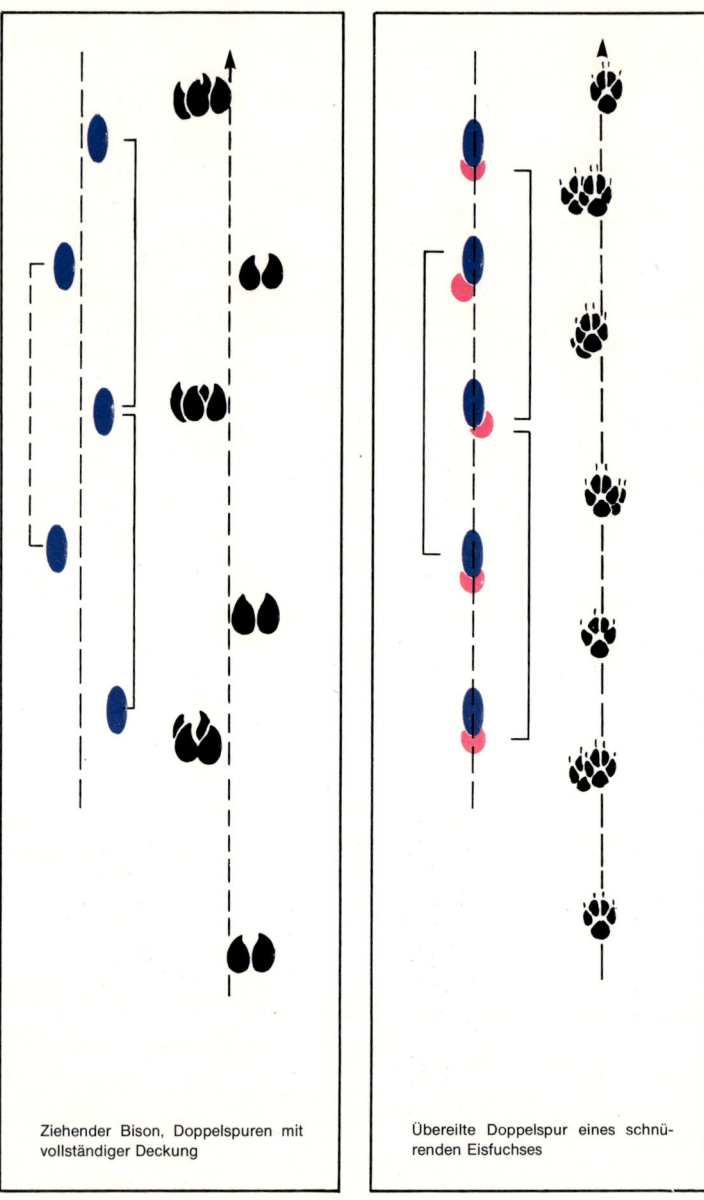

Ziehender Bison, Doppelspuren mit vollständiger Deckung

Übereilte Doppelspur eines schnürenden Eisfuchses

Schränkung

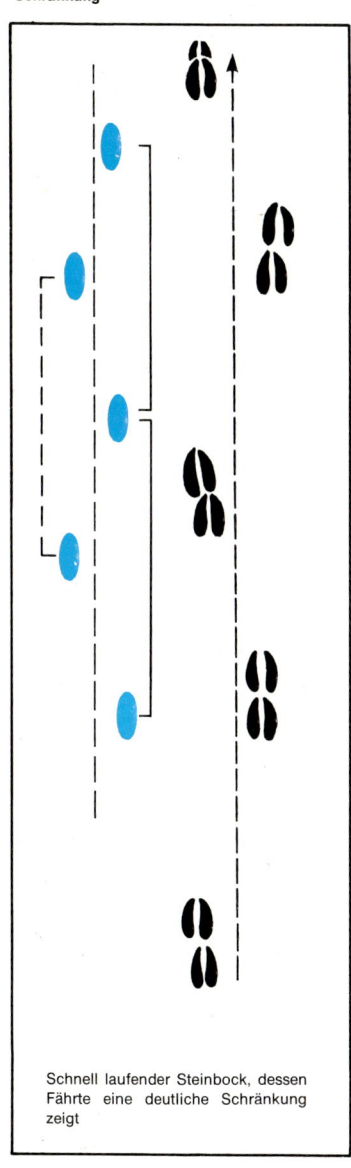

Schnell laufender Steinbock, dessen Fährte eine deutliche Schränkung zeigt

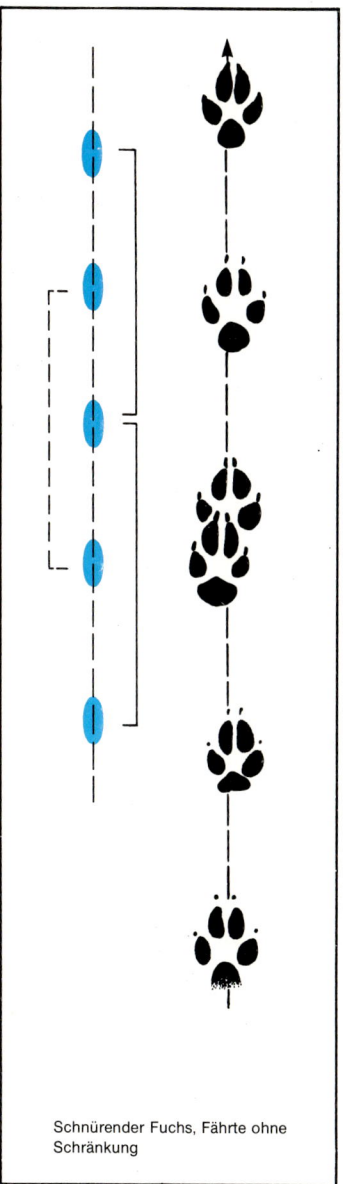

Schnürender Fuchs, Fährte ohne Schränkung

Spurenbahnen und Fährten

Ausgestellte Spuren

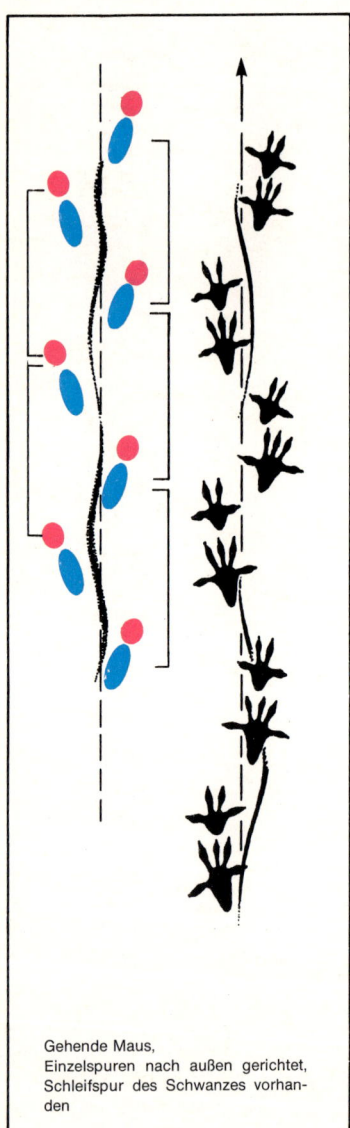

Gehende Maus,
Einzelspuren nach außen gerichtet,
Schleifspur des Schwanzes vorhanden

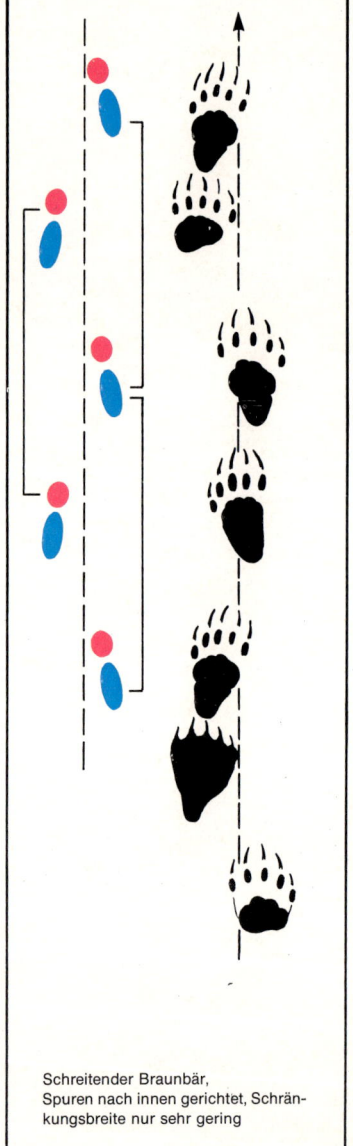

Schreitender Braunbär,
Spuren nach innen gerichtet, Schränkungsbreite nur sehr gering

Schwanzabdrücke

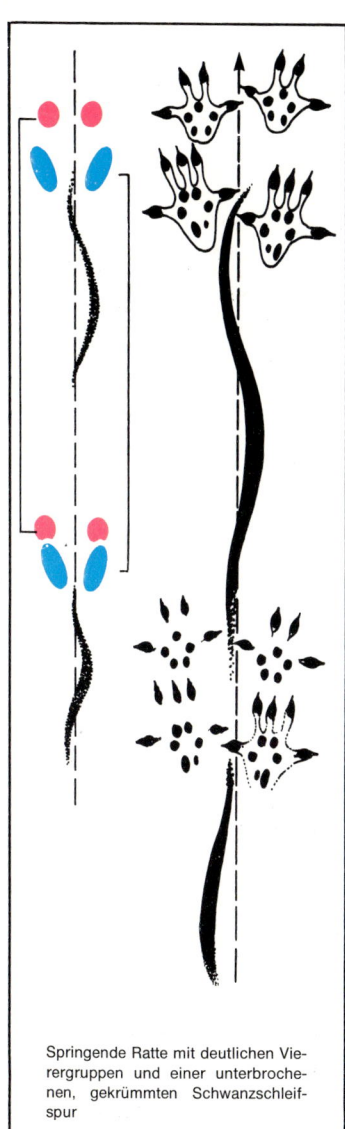

Springende Ratte mit deutlichen Vierergruppen und einer unterbrochenen, gekrümmten Schwanzschleifspur

Hüpfendes Benett-Känguruh mit fortlaufender, gekrümmter Schwanzschleifspur

Spuren und Fährten europäischer Säugetiere – Bestimmungsteil

Im folgenden Kapitel werden nun die Spuren und Fährten der europäischen Säugetiere im einzelnen vorgestellt. Um dem Leser das Bestimmen zu erleichtern, wurden die Spuren in drei morphologische Gruppen und 5 Größenklassen unterteilt:
– Spuren von Pfotentieren mit 5 Zehen (Seite 52–117)
– Spuren von Pfotentieren mit 4 Zehen (Seite 118–135)
– Spuren von Huftieren (Seite 152–171)
Die Größenklassen reichen von riesig (länger als 15 cm) bis winzig (kürzer als 2,5 cm). Außer einer vollständigen Spur- und Fährtenbeschreibung finden Sie noch weitere Angaben, mit deren Hilfe man eine Spurenbestimmung absichern kann. Verbreitung, Lebensraum und Lebensweise schließen oft von vornherein bestimmte Tiere aus oder helfen, undeutliche Spuren und Spurenstellungen zumindest der Gattung zuordnen zu können.
Trotz all dieser Hinweise gehören zum Spurenlesen und -erkennen eine Menge Geduld und Erfahrung.

Links: Kaninchenspur in frisch gefallenem Schnee

Erklärung der Symbole

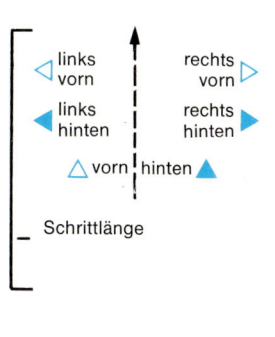

🔵 Vollständige Spur

🔵 Unvollständige Spur

◯ Spur auf hartem Boden (z. B. nur Zehenballen und Krallen)

🔵 Spur auf normalem Untergrund (z. B. Krallen, Zehen- und Mittelballen, manchmal Proximalballen)

🔵 Spur auf sehr weichem Untergrund oder im Schnee (z. B. Krallen, alle Ballen, Sohlenumriß, Haut oder Haare)

🔵 Völlig beigetretene Spur (Doppelspur)

🔵 Seitlich beigetretene Spur

🔵 Zurückbleibende beigetretene Spur (Vorderspur vor Hinterspur)

🔵 Übereilende beigetretene Spur (Hinterspur vor Vorderspur)

✳ Beigetretene Spur ohne erkennbare Details

links vorn ◁   **rechts vorn** ▷

links hinten ◀   **rechts hinten** ▶

△ vorn | hinten ▲

Schrittlänge

A Abgerutschte Spur
B Spur mit Schränkung
C Entstellte Spur

Spuren von Pfotentieren

Fünf- und vierzehige Pfotenabdrücke

Braunbär *Ursus arctos*

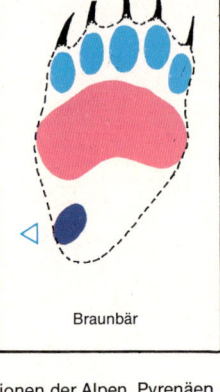

Braunbär

Kennzeichen: Raubtier; wird bis zu 2,5 m groß und ist massig gebaut. Ohren kurz und rundlich, überragen den Kopfumriß gerade noch. Schnauze in einem Winkel von der Stirn abgesetzt, Schwanz nicht sichtbar. Fell entweder gelblichweiß, braun in allen Variationen, grau oder schwarz.

Lebensweise: Einzelgänger, vorwiegend nachtaktiv. Klettert und schwimmt gut. Hält in Höhlen Winterruhe. Zu dieser Zeit werden auch die 2–3 Jungen zur Welt gebracht. Allesfresser. Lebt von Beeren, Wurzeln, Honig, Mäusen, Fisch, Aas etc.

Lebensraum: Laub- und Nadelwald; im hohen Norden auch in der offenen Tundra und im Gebirge auf Matten oberhalb der Baumgrenze.

Verbreitung: Ursprünglich in ganz Europa, heute nur noch in Restbeständen in schwer zugänglichen Gebirgsregionen der Alpen, Pyrenäen, Karpaten, Abruzzen, Balkanländer sowie in Norwegen, Finnland und der Sowjetunion.

Spur: Riesig, Vorderspur 23–30×17 cm, Hinterspur 25–30×17 cm (einschließlich der langen Krallen), Haarabdrücke meist vorhanden, vollständiger Sohlenabdruck, Spuren breit und fünfzehig, Hauptballen ungeteilt und nierenförmig, davor bogenförmig aufgereiht 5 kräftige Zehenballen.

Spurenstellung: Die normale Gangart des Bären ist der Schritt, bei dem die Pranken, vor allem die vorderen, schräg nach innen zur Mittellinie gesetzt werden; normalerweise kein Beitritt. Schrittlänge im allgemeinen 80–110 cm. Bei schnellerem Gehen wird die Hinterpranke vor der Vorderpranke aufgesetzt. Im Lauf, der selten vorkommt, liegen die Spuren dicht beisammen oder überdecken sich. Sprungweite bis zu 150 cm.

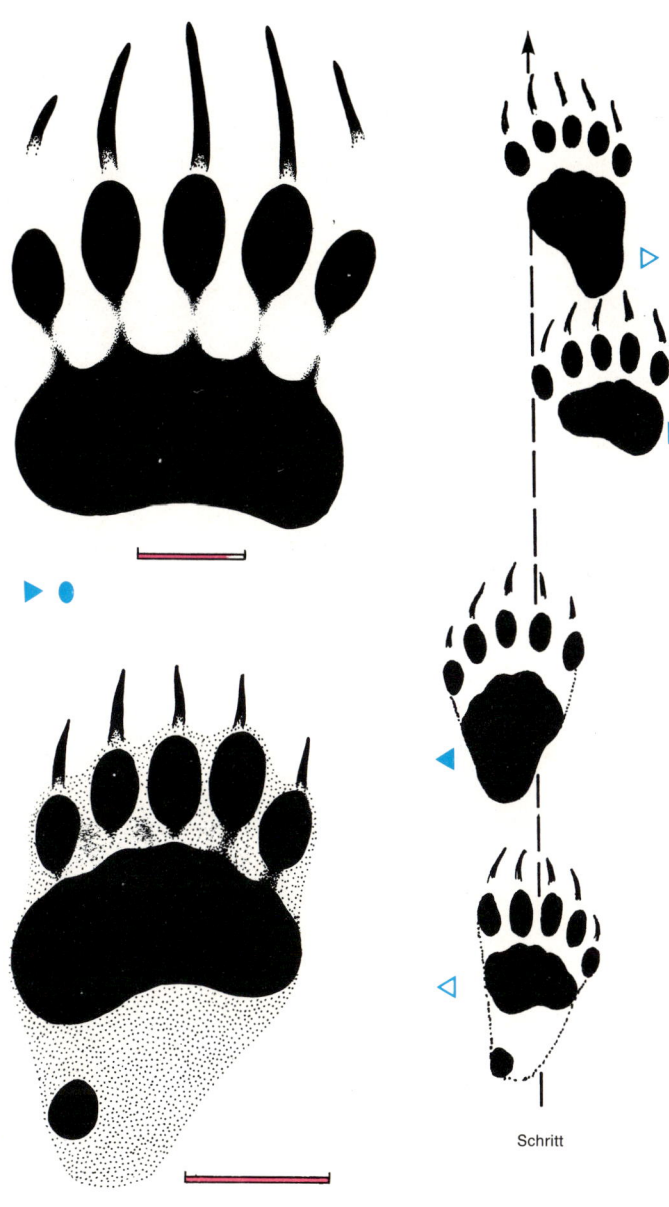

Schritt

Eisbär *Thalarctos maritimus*

Kennzeichen: Raubtier; etwa so groß wie der Braunbär, jedoch schlanker gebaut. Ohren klein, rund, ragen nicht über die Kopfumrißlinie.
Schnauze nicht von der Stirn abgesetzt. Fell gelblich-weiß, weiß oder grau.

Lebensweise: Einzelgänger, tagaktiv, mit dem Treibeis über weite Entfernungen triftend. Nur das Weibchen überwintert in Schneehöhlen, in denen es seine Jungen – meist 2 – zur Welt bringt. Die meiste Zeit verbringen sie am offenen Wasser. Lebt von Robben, Seevögeln, Fisch, Beeren und Moos.

Lebensraum: Arktische Küstenregionen.

Verbreitung: Spitzbergen, erreicht gelegentlich mit dem Treibeis das nördliche Norwegen und Island.

Spur: Riesig, oft mehr als 30 × 17 cm messend, ähnlich der Braunbärspur, Krallenmarken jedoch kurz und stumpf. Die kräftige Sohlenbehaarung drückt sich meistens gut ab, ebenso ein einziger Handwurzelballen.

Spurenstellung: Normal bewegt sich der Eisbär im Schritt und hinterläßt leicht nach innen geneigte Spuren, die sich manchmal überdecken. Schrittlängen von etwa 100 cm sind normal. Im Lauf liegen die Spuren in Gruppen dicht beieinander; Abstand ca. 200 cm.

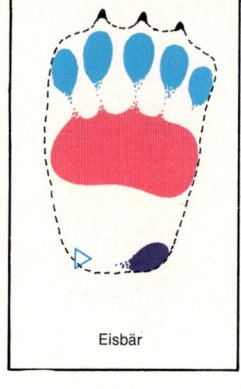

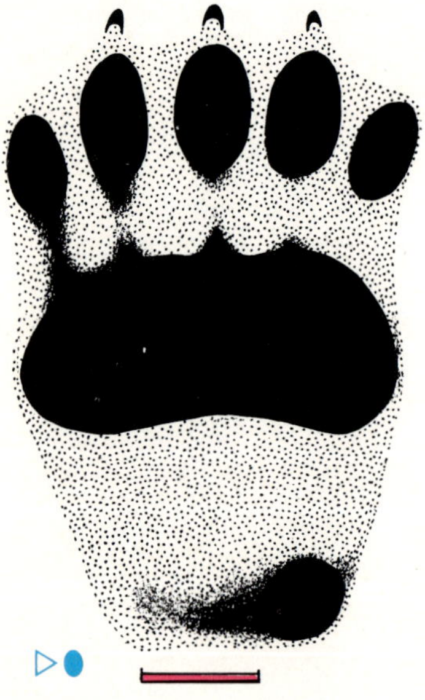

Eisbär

Eisbär-Spuren in frisch gefallenem Schnee. Die Spuren verraten, daß das Tier hier eine Robbe geschlagen und fortgeschafft hat.

Vielfraß *Gulo gulo*

Kennzeichen: Größter Raubmarder, Körper bis 80 cm lang, Schwanz bis 25 cm, Körper massig, relativ lange Beine mit breiten Tatzen, buschiger Schwanz, Fell dunkelbraun mit hellen Binden über Stirn und Wangen und an den Flanken.

Lebensweise: Einzelgänger, hauptsächlich nachtaktiv, keine Winterruhe, Bodenbewohner, der jedoch gut klettert. Lager in Felsnischen, unter Baumwurzeln oder in Schneehöhlen. Lebt hauptsächlich von Lemmingen und Beeren.

Lebensraum: Boreale Nadelwälder und Tundra.

Verbreitung: In den arktischen Regionen von Norwegen, Schweden, Finnland und der Sowjetunion.

Spur: Hinterspur riesig, Vorderspur groß (12 × 11 cm), der Hauptballen ist fünflappig, die Zehenballen sind getrennt oder berühren sich, je nachdem ob das Tier auf den Zehen oder auf der Sohle läuft, Krallenabdrücke kurz, stumpf.

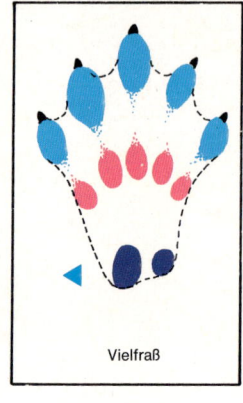

Vielfraß

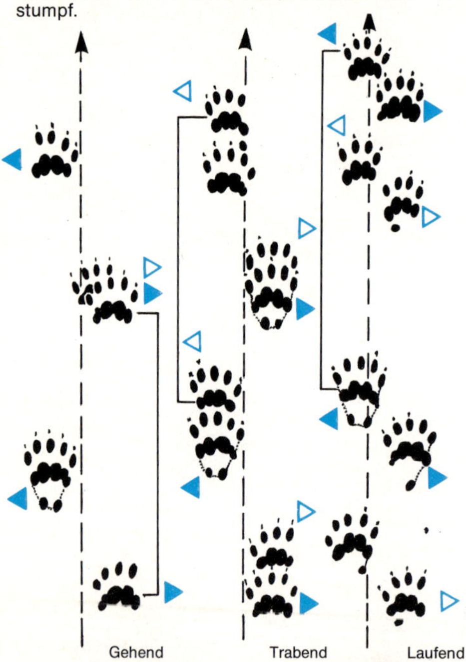

Gehend Trabend Laufend

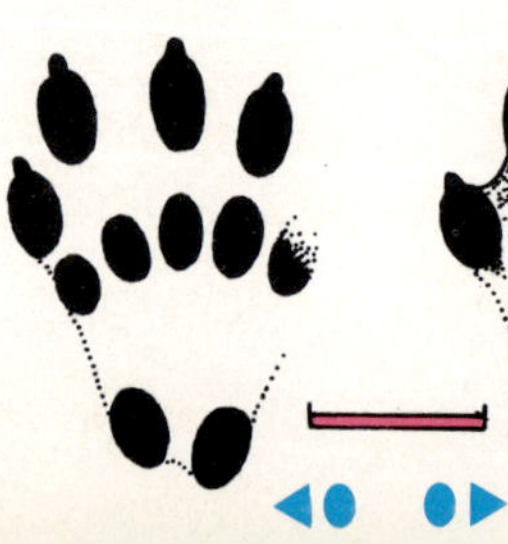

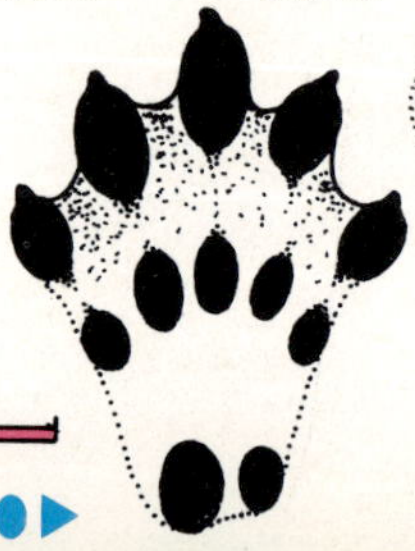

und an die Zehenballen anschließend, Sohlenabdruck meist vollständig, sehr breite, lange Spur.
Spurenstellung: Der Vielfraß wechselt die Gangart oft. Im Gang setzt er den Hinterfuß meist ganz in die Spur des Vorderfußes, Schrittlänge 15−60 cm, im Trab hinterläßt er teilweise beigetretene Doppelspuren, Schrittlänge 35−50 cm. Im Galopp entsteht eine Spurenbahn aus Vierertritten im Abstand von 90 cm.

Benettkänguruh *Macropus rufigriseus*
Kennzeichen: Feldhasengroßes Beuteltier mit kurzen Vorderläufen und langen, kräftigen Hinterläufen. Schwanz lang, rund, zugespitzt, behaart. Fell grau-braun.
Lebensweise: Einzeln oder in kleinen Gruppen lebend, tagaktiv, ohne Winterschlaf. Lebt von Pflanzen und Gras.
Lebensraum: Buschland, lichter Wald.
Verbreitung: In zwei kleinen Arealen in England, ursprüngliche Heimat Australien, es wurde auch in Kontinentaleuropa ausgesetzt, diese Populationen sind aber erloschen.
Spur: Vorderspur klein (7 × 7 cm), Hinterspur groß (12 × 5 cm) mit 3 Zehen, davon ist die erste sehr groß, die zweite kleiner, die dritte verkümmert. Wenn das Känguruh sitzt, bildet sich der ganze Fuß bis zur Ferse ab (Gesamtlänge bis zu 25 cm).
Spurenstellung: Beim Gehen bzw. Hoppeln bildet sich eine Viererspur, wobei der Hinterlauf vor der Vorderspur liegt, Schwanzabdruck deutlich, Schrittlänge etwa 50 cm. Beim Springen oder Hüpfen – der üblichsten Bewegungsart – drücken sich nur die Hinterläufe ab, Schwanzmarken fehlen, Sprungweite 35−60 cm, gelegentlich 100 cm.

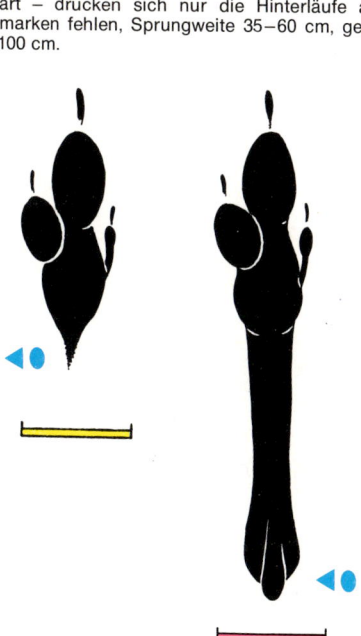

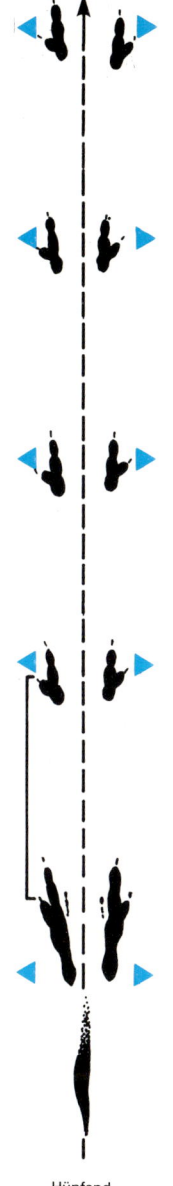

Hüpfend

Biber *Castor fiber*
Kennzeichen: Größtes europäisches Nagetier. Körper bis
100 cm lang, Schwanz 40 cm, unbehaart. Beine kurz,
Vorderfuß mit 5fingriger Greifhand, Hinterfuß mit
Schwimmhäuten. Im Wasser leicht mit dem Otter zu ver-
wechseln, während an Land sein platter, schuppiger
Schwanz ein untrügliches Kennzeichen ist. Fell dunkel-
braun.
Lebensweise: Umherstreifend, in Familien lebend,
hauptsächlich nachtaktiv nur in abgelegenen Gegenden
auch tagaktiv, kein Winterschlaf. Sehr guter Schwimmer.
Baut Dämme, Kanäle und „Biberburgen", in denen er
schläft, seine 2–4 Jungen aufzieht und Wintervorrat hortet.
Lebensraum: Seen und Flüsse in Auwäldern mit Eschen,
Birken, Weiden, Ulmen und Pappeln.
Verbreitung: Außer in der Sowjetunion nur in inselartigen
Restbeständen, in den letzten Jahren zahlreiche Wieder-
einbürgerungen, Biberkolonien gibt es in allen mittel-
und nordeuropäischen Ländern. In Finnland wurde auch
der Kanadische Biber (*Castor canadensis*) eingeführt.
Spur: Hinterspur groß (bis zu 15 × 9,6 cm), Vorderspur viel
kleiner (bis zu 9 × 8 cm), je 5 Zehen an Vorder- und Hinterfuß. Vorderspur mit 5 Zehenballen, gelegentlich mit
stumpfen Krallenmarken, Hauptballen aus teilweise verschmolzenen Trittpolstern, 1. und 5. Zehe gegen den
Hauptballen zurückversetzt. Manchmal wird auch die

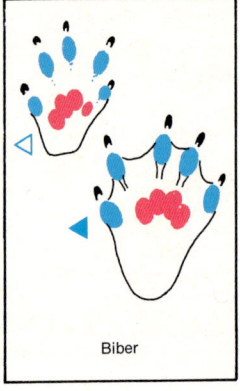

Biber

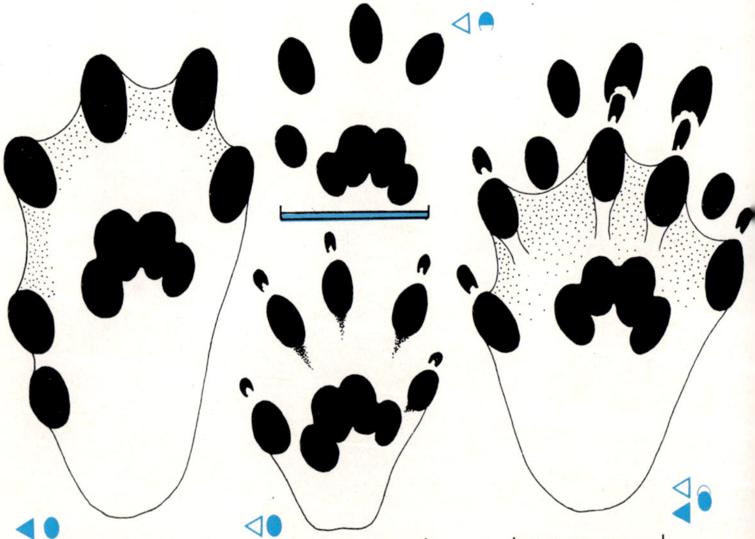

Ferse abgedrückt. Die Hinterspur zeigt 5 Zehenballen, Krallenmarken sind selten. Der 5. Zehenballen liegt mehr oder weniger hinter dem kleinen Hauptballen, der aus 4 Einzelballen verschmolzen ist. Zwischen den Zehen bildet sich die Schwimmhaut ab, auf weichem Untergrund auch die Ferse mit einem einzigen Fersenballen.

Spurenstellung: Die normale Bewegungsart an Land ist der Gang. Die Spuren sind nach innen zur Mittellinie gestellt, die Hinterpfote wird an die Innenseite der Vorderspur gesetzt, manchmal überdeckt sie diese auch. Der Schwanz hinterläßt zickzackförmige Schleifspuren, die mit den linken und rechten Fußspuren abwechseln. Schrittlänge etwa 30 cm, beim Trab vergrößert sie sich, Vorder- und Hinterspur überdecken sich kaum mehr. Trägt ein Biber Nahrung oder ein Junges, kann er auf den Hinterbeinen aufrecht gehen, das Spurenbild zeigt dicht aufeinanderfolgende, schlurfende, 15 cm lange Hinterfußabdrücke mit abwechselnden Schwanzmarken.

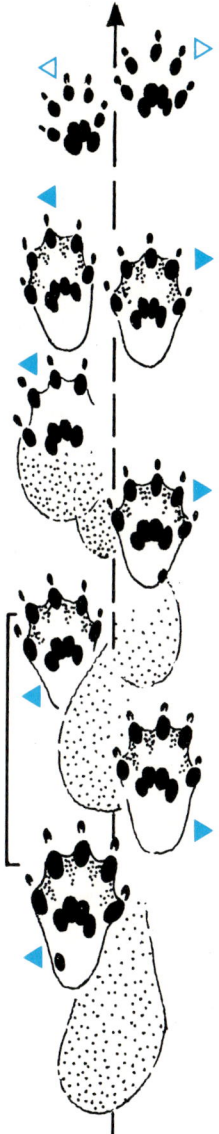

Nagespuren eines Bibers an einer Birke. Die Zahnmarken sind deutlich zu erkennen.

Gehend (mit Abdrücken des flachen Schwanzes)

Spuren fünf- und vierzehiger Pfotentiere

Nutria, Biberratte *Myocastor coypus*

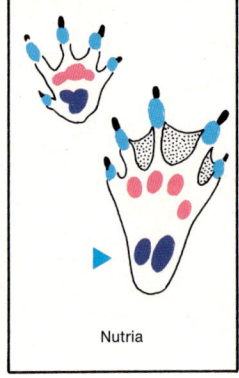

Nutria

Kennzeichen: Großes Nagetier. Körper 45–50 cm lang, Schwanz ca. 45 cm, drehrund, geschuppt. Hinterfüße mit Schwimmhäuten. Fell kastanienbraun.

Lebensweise: Umherwandernd, nacht- und dämmerungsaktiv, kein Winterschlaf, bauen Schilfnester am Ufer, in denen sie ruhen und ihre bis zu 10 Jungen aufziehen; Pflanzenfresser.

Lebensraum: Flüsse und Seen, Kanäle und Sümpfe.

Verbreitung: Ursprünglich nur in Südamerika, in Europa nur kurzlebige, auf entlaufene Farmtiere zurückgehende Populationen, vor allem in England und Frankreich, aber auch in anderen mitteleuropäischen Ländern.

Spur: Hinterspur groß (bis zu 15 × 8 cm), Vorderspur klein bis mittelgroß (6 × 6 cm), beide recht variabel. Vorn und hinten je 5 Zehen. Vom Vorderfuß sind der 1. und 5. Zehenballen sehr klein und werden nicht abgedrückt; die übrigen Zehenballen treten mitsamt den kräftigen Krallen deutlich hervor. Der Hauptballen besteht aus 3 verschmolzenen kleinen Ballen; 2 Handwurzelballen, die zum Teil verschmolzen sind. Die Hinterspur zeigt 5 Zehenballen, 4 kleine getrennte Mittelballen und 2 teilweise verschmolzene Fersenballen. Sohlenumriß normalerweise vorhanden, die Zehen II bis V sind durch eine Schwimmhaut verbunden, ein Merkmal, das bei keinem anderen europäischen Tier vorkommt.

Spurenstellung: Im allgemeinen zeigt die Spurenbahn stark beigetretene Spuren, die nahe an der Mittellinie liegen, breite Schwanzspuren schwingen von Seite zu Seite.

Im Wasser kann man die Nutria vom Biber anhand des zylindrischen Schwanzes und der runden Ohren unterscheiden.

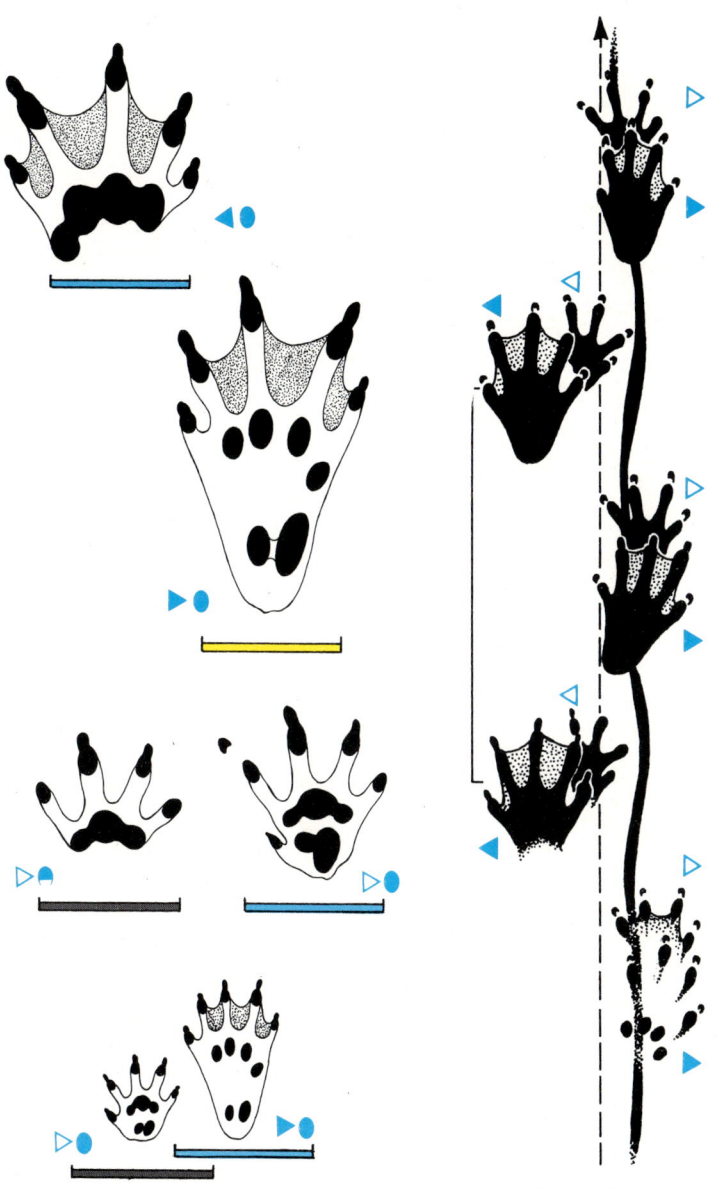

Gehend (mit Schleifspur des Schwanzes)

Stachelschwein *Hystrix cristata*

Kennzeichen: Großes Nagetier; Körper 65 cm, Schwanz ca. 10 cm. Leicht an den schwarzweiß geringelten Stacheln auf Rücken und Flanken zu erkennen. Mit aufrichtbarer Nackenmähne aus langen, biegsamen Borsten.

Lebensweise: Lebt in kleinen Gruppen, dämmerungs- und nachtaktiv; kein Winterschlaf, schläft tagsüber in Höhlen oder Erdbauen, zieht hier auch die Jungen auf. Lebt von Wurzeln, Rinde, Blättern und Pflanzen.

Lebensraum: Offenes Wald- und Buschland, Macchie.

Verbreitung: Italien südlich des Apennin und Sizilien.

Spur: Mittelgroß, fünfzehig. Die Vorderspur zeigt 5 Zehenballen mit Krallen; der Hauptballen besteht aus 3 verschmolzenen kleinen Ballen. Bei einem vollständigen Abdruck sind 2 Handwurzelballen sichtbar. Die Hinterspur zeigt normalerweise nur 4 Zehenballen und einen dreiteiligen Hauptballen sowie 2 ungleich große Fersenballen.

Stachelschwein

Spurenstellung: Das Stachelschwein bewegt sich normalerweise im Gang, die Spuren sind zum Teil beigetreten, sie zeigen geradeaus. Schrittlänge 30 cm. Schleifspuren der Stacheln nur auf weichem Untergrund.

Himalaya-Stachelschwein *Hystrix hodgsoni*

Kennzeichen: Ähnelt dem gewöhnlichen Stachelschwein *H. cristata,* ist jedoch etwas kleiner und ohne Nackenkamm aus Borstenhaaren.

Lebensweise und **Lebensraum:** Ähnlich wie *H. cristata.*

Verbreitung: In verschiedenen Ländern aus dem Zoo entlaufene Tiere zu finden.

Spur: Mittelgroß, fünfzehig. Die Vorderspur zeigt 4 große Zehenballen, einen vierteiligen Hauptballen und 2 ungleiche Handwurzelballen. Der ganze Fuß wird nur auf weichem Untergrund abgedrückt. Hinterspur mit 5 Zehenballen, breitem Hauptballen und sehr großen Fersenballen.

Spurenstellung: Ähnlich wie *H. cristata.*

Spuren fünf- und vierzehiger Pfotentiere

Gehend

Waschbär *Procyon lotor*

Kennzeichen: Mittelgroßes Raubtier. Körper bis 60 cm, Schwanz bis 25 cm lang. Fell braungrau; mit schwarz-weißer Gesichtsmaske und kurzem, buschigem, hell-dunkel geringeltem Schwanz.

Lebensweise: Einzelgänger, nachtaktiv. Kein Winter-schlaf, aber lange Winterruhe. Lebt die meiste Zeit am Boden, ist aber ein guter Kletterer und Schwimmer. Ruht in Baum- oder Felshöhlen. Bringt hier auch seine 2—4 Jungen zur Welt. Allesfresser.

Lebensraum: Laubwälder in Gewässernähe.

Verbreitung: Ursprünglich Nordamerika, Populationen in beiden Teilen Deutschlands, Niederlande, Belgien und westlicher Sowjetunion, die auf entwichene Farmtiere zurückgehen.

Spur: Mittelgroß, Hinterspur 8,5 × 6,5 cm, Vorderspur 7,5 × 6,5 cm. Mit 5 Zehenballen und Zehenumriß, kurzen, scharfen Krallenmarken und Sohlenabdruck.

Spurenstellung: Die Spuren überdecken sich ein wenig, sie sind von der Mittellinie ab gespreizt und etwas nach außen geneigt; Schrittlänge etwa 35 cm.

Gehend

Baummarder, Edelmarder *Martes martes*

Kennzeichen: Der Baummarder ist ein schlanker, wendiger Marder. Körper bis zu 55 cm, Schwanz bis 27 cm lang. Fell dunkelbraun, Schwanz buschig. Fußsohlen behaart. Kennzeichnend ist ein weißgelblicher bis orangefarbener Kehlfleck und im Unterschied zum Steinmarder eine schwarze Nase.

Lebensweise: Tag- und nachtaktiver Einzelgänger; kein Winterschlaf. Typisches Baumtier. Geschickter Kletterer. Lebt u. a. von Eichhörnchen, Bilchen, Eichelhähern, Vögeln, Mäusen, Obst. Ruht tagsüber in Baumhöhlen und Felsnischen. Bringt hier auch seine 3–5 Jungen zur Welt.

Lebensraum: Laub- und Nadelwälder, auch in felsigem Gelände.

Verbreitung: In weiten Teilen Europas, in England und Irland nur lokal, fehlt in Griechenland und auf der Iberischen Halbinsel.

Spur: Mittelgroß, Hinterspur 8,5 × 6 cm, Vorderspur 8 × 6 cm. Der Hauptballen ist kompakt und rechteckig oder aus 4–5 teils miteinander verschmolzenen Handwurzelballen zusammengesetzt; normalerweise sind 5 Zehenballen mit kurzen, stumpfen Krallenmarken sichtbar. Die Sohlenumrisse sind meist vorhanden, oft auch die Abdrücke der Fersen und Haarspuren.

Spurenstellung: Im Schritt bewegt sich der Baummarder nur selten, er hinterläßt dann einzelne Pfotenabdrücke von wechselnder Schrittlänge (etwa 50 cm). Die bevorzugte Gangart sind wellenartige Sprünge (sog. Mardersprünge), bei denen eine Viererspur entsteht. Oft steht eine der beiden Hinterspuren in den Vorderspuren, so daß Dreiergruppen oder Doppelspuren resultieren. Die Spurenbilder ändern sich ständig, weil der Marder die Sprungart und die Sprungweite laufend ändert. Die Schrittlänge liegt zwischen 60–90 cm. Schwanzmarken sind selten.

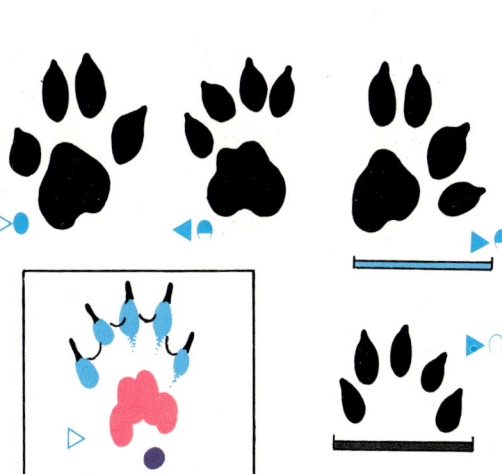

Baummarder

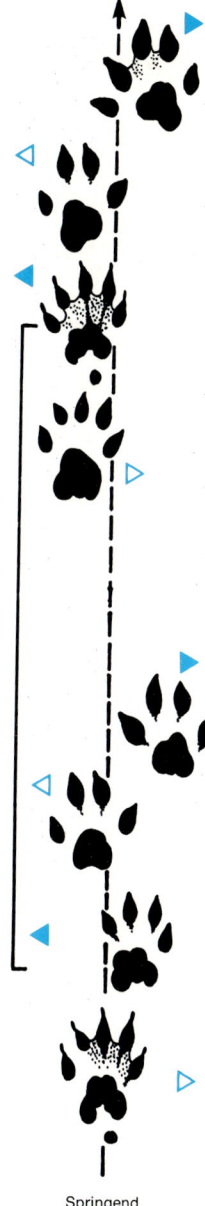

Springend

Gut geschütztes Versteck eines Baummarders in einer Felskluft

Haus- oder Steinmarder *Martes foina*

Kennzeichen: Mittelgroßer, schlanker Marder. Körper bis zu 48 cm lang, Schwanz bis zu 26 cm. Fell bräunlich. Unterscheidet sich vom Baummarder durch kürzeren, plumperen Körper, die Form des weißen bis gelblichen Kehlflecks, der meist größer und am Hinterende oft gesprenkelt ist, eine fleischrote Nase und unbehaarte Fußsohlen.

Lebensweise: Einzelgänger, hauptsächlich nachtaktiv. Das ganze Jahr über aktiv, meist am Boden lebend, jedoch guter Kletterer, der seine Unterschlüpfe häufig auf Dachböden, in Gartenhäusern und altem Gemäuer hat, aber auch in Baumhöhlen und Felsnischen. 3–5 Junge. Lebt u. a. von Obst, Mäusen, Vögeln (u. a. Geflügel).

Lebensraum: Laubwälder, waldlose Halden im Gebirge, meist in der Nähe menschlicher Siedlungen.

Verbreitung: Ganz Europa, außer Skandinavien und Britische Inseln.

Spur: Klein bis mittelgroß, Hinterspur 5,5 × 6 cm, Vorderspur 5 × 4,5 cm. Der Hauptballen ist kompakt und viereckig oder besteht aus 4–5 kleinen, teils verschmolzenen Handwurzelballen; 1 Fersenballen. Die 5 Zehenballenabdrücke haben im Vergleich zum Baummarder schlanke Krallenmarken, überhaupt ist die Spur deutlicher abgedrückt und weniger behaart.

Spurenstellung: Beim Gehen hinterläßt der Steinmarder Spurenpaare, die manchmal beigetreten sind. Schrittlänge etwa 30 cm. Im typischen Mardersprung, der normalen Bewegungsart, ergibt sich eine Spur aus unregelmäßigen Vierertritten im Abstand von 40–60 cm.

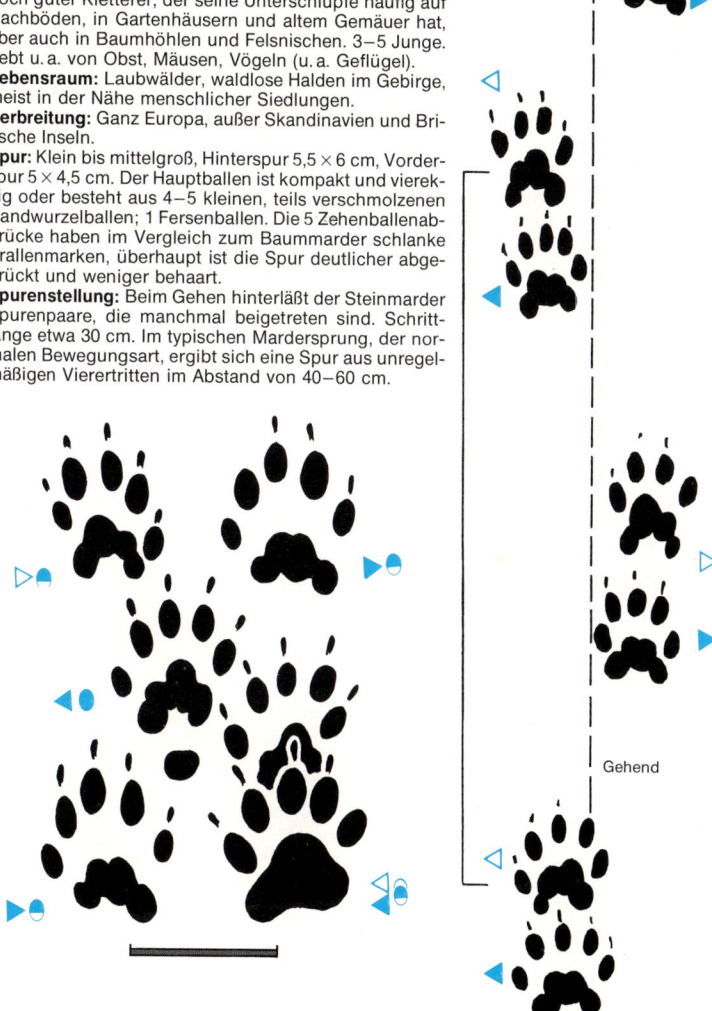

Gehend

Fischotter *Lutra lutra*

Kennzeichen: Großer Wassermarder. Körper bis zu 80 cm lang, Schwanz 45 cm, dick, sich zum Ende hin verjüngend. Kopf flach, Schnauze rund, Füße mit Schwimmhäuten. Fell dunkelbraun, Kehle und Kinn weiß. Im Wasser, wo oft nur der Kopf sichtbar ist, unterscheidet er sich von Biber und Nutria durch seine Schnelligkeit.
Lebensweise: Einzelgänger, nachtaktiv. Das ganze Jahr über aktiv. Der Otter ist sehr gut ans Wasserleben angepaßt, dennoch kann er an Land schnell laufen. Er ruht und schläft in Erdhöhlen an Uferböschungen oder in felsigen Steilufern und im Röhricht. Hier zieht er auch seine 2–4 Jungen auf. Lebt von Fischen, Wasserratten, kleinen Wasservögeln, Fröschen.
Lebensraum: Flüsse, Seen, Sümpfe und Küsten.
Verbreitung: Ursprünglich in ganz Europa, außer Island, heute in weiten Teilen Europas – von wenigen Schutzgebieten abgesehen – ausgerottet, in der Bundesrepublik nur noch 300–350 Tiere.
Spur: Mittelgroß, Hinterspur $8,5 \times 6$ cm, Vorderspur $6,5 \times 6$ cm; die Spuren sind quadratisch mit 3 oder 4 Hauptballen. 5 Zehenballen an Vorder- und Hinterlauf, von denen sich meist nur je 4 abdrücken. In deutlichen Spuren ist ein einzelner Fersenballen sichtbar. Die kurzen, stumpfen Krallenmarken direkt an den Zehenballen sind oft gut erkennbar, ebenso wie Schwimmhäute, die alle 5 Zehen verbinden. Vollständige Spuren sind nur auf ganz weichem Schnee sichtbar.
Spurenstellung: Beim Gehen wird der Hinterfuß in die Vorderspur gesetzt, Schrittlänge etwa 35 cm. Beim Lauf, der gebräuchlichen Fortbewegungsart, entstehen lockere Gruppierungen aus 4 einzelnen Spuren im Abstand von 80 cm. Im charakteristischen Sprung ergibt sich eine Viererspur, bei der alle 4 Spuren in einer schrägen Linie stehen; Abstand der Gruppen 80 cm. Die Spurenstellung ändert sich häufig. Schwanz, Krallen und Körper hinterlassen nur bei langsamer Fortbewegung ihren Abdruck. Vgl. Seite 26–27.

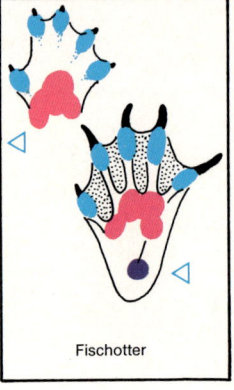

Fischotter

Spuren fünf- und vierziger Pfotentiere

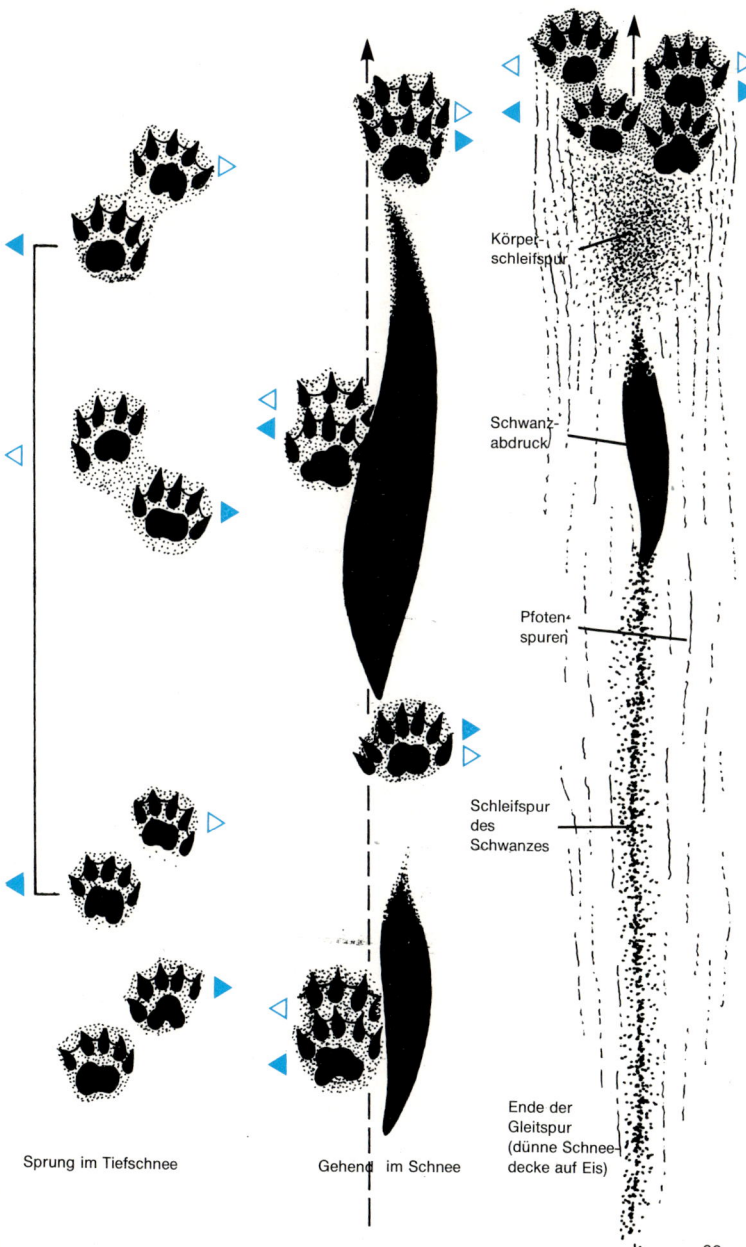

Körperschleifspur

Schwanzabdruck

Pfotenspuren

Schleifspur des Schwanzes

Ende der Gleitspur (dünne Schneedecke auf Eis)

Sprung im Tiefschnee

Gehend im Schnee

69

Bisamratte *Ondatra zibethica*

Kennzeichen: Großes Nagetier. Körper bis zu 40 cm, Schwanz bis 27 cm lang. Fell hellbraun, Schwanz unbehaart, lang, seitlich zusammengedrückt.

Lebensweise: Einzeln oder in kleinen Gruppen lebend, das ganze Jahr über aktiv, sowohl nacht- wie tagaktiv. Lebt weitgehend im Wasser, hervorragender Schwimmer und Taucher. Gräbt Gänge in die Uferböschung und legt im Schilfgürtel Burgen an. Bringt 5–10 Junge zur Welt.

Lebensraum: An stehenden und fließenden Gewässern.

Verbreitung: Aus Nordamerika eingebürgert, in 2 Arealen verbreitet: von Nordfrankreich über Zentraleuropa bis zum Schwarzen Meer, in Nordeuropa von Nordschweden über Finnland bis in die nördliche Sowjetunion.

Spur: Klein, Hinterspur 6 × 6,5 cm, Vorderspur 3,5 × 3,5 cm, fünfzehig. Der Ballen der 1. Zehe fehlt meist in der Spur. Krallen lang, spitz und deutlich. 3 fast verschmolzene Handwurzelballen, 2 fast gleiche Fersenballen. Gewöhnlich ist der ganze Pfotenumriß zu sehen. Die Hinterspur zeigt 5 kleine, ovale Zehenballen mit langen, spitzen Krallen, 4 gleichgroße ovale, mehr oder weniger verbundene Handwurzelballen und 2 asymmetrische Fersenballen. Normalerweise wird die ganze Pfote abgedrückt. Kennzeichnend sind die kleinen Zehen- und Mittelballen und der Abstand zwischen ihnen.

Spurenstellung: Die Fortbewegung im Schritt zeigt Spurenpaare, bei denen die Hinterspur mehr oder weniger die Vorderspur überdeckt, Schrittlänge etwa 10 cm. Der Schwanz hinterläßt eine Rille zwischen den Spurenpaaren. Im Trab bildet sich eine Viererspur ab, wobei die Hinterspuren vor den Vorderspuren liegen, in der Mitte der Spurenfolge liegt die rillenförmige Schwanzspur. Schrittlänge bei höherer Geschwindigkeit ca. 40 cm.

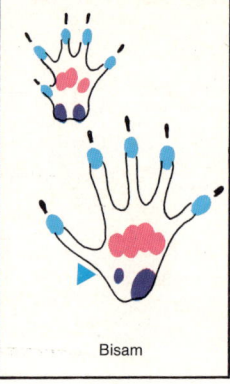

Bisam

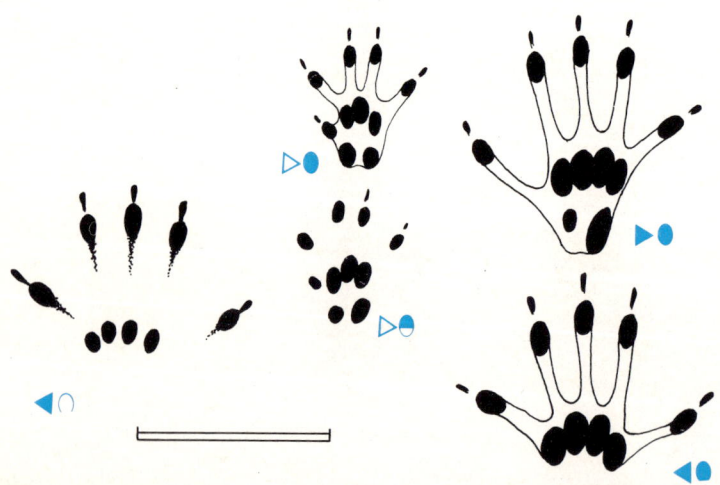

Bisamburg

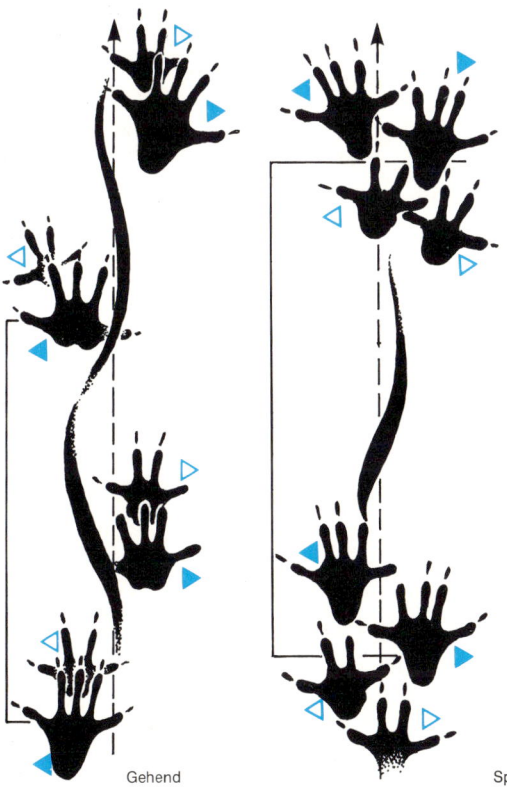

Gehend   Springend

Dachs *Meles meles*

Kennzeichen: Großer Marder. Körper bis zu 80 cm, Schwanz bis zu 19 cm lang. Fell schwarzgrau mit auffälliger schwarzweißer Gesichtszeichnung und hellem Schwanz.

Lebensweise: Vorwiegend nachtaktiv, umherstreifend, kein Winterschlaf, bleibt in dieser Zeit jedoch oft tage- oder wochenlang im Bau. Gräbt weit verzweigte, bis 30 m lange Höhlen mit mehreren Eingängen, in denen er tagsüber ruht und das Weibchen (Fähe) die 3–5 Jungen großzieht. Allesfresser.

Lebensraum: Mischwald, Wiesenlandschaft mit Gehölzen und Waldinseln.

Verbreitung: In ganz Europa außer Island und nördliches Skandinavien.

Spur: Klein bis mittelgroß, Hinterspur 6 × 5 cm, Vorderspur 6 × 5,5 cm (einschließlich der langen Krallen).

Der Dachs ist ein typischer Sohlengänger, und da er meist schwer auftritt, hinterläßt er von allen Mardern die deutlichsten Spuren. Im Gegensatz zu anderen Marderspuren liegen die 5 Zehenballen alle in einem leichten Bogen vor dem großen Hauptballen. Die kräftigen, langen Krallen, die von den Zehenballen getrennt sind, werden stets gut abgedrückt. Gelegentlich erscheint auch ein Handwurzelballen in der Spur. Normalerweise tritt der Dachs aber nur mit dem vordersten Teil des Vorderfußes auf, während der Hinterfuß häufiger vollständig abgedrückt wird. Vgl. auch Seiten 24–25.

Spurenstellung: Normalerweise bewegt sich der Dachs im Gang und setzt den Hinterfuß genau in die Spur des Vorderfußes. Die Spuren sind leicht nach hinten gedreht, die Schrittlänge beträgt 15 cm und mehr. Bei langsamem Gehen berührt der Bauch fast den Boden, so daß die Haare im lockeren Schnee Schleifspuren hinterlassen. Im Trab wird der Hinterfuß etwas vor die Vorderspur gesetzt, überdeckt sie aber weitgehend, die Schrittlänge beträgt etwa 30 cm. Im schnellen Lauf resultiert eine typische Viererspur, die Hinterpfoten setzen vor den Vorderpfoten auf, der Abstand zwischen den Spurengruppen beträgt 40 cm.

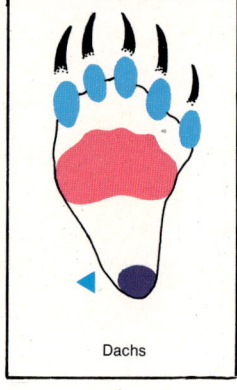

Dachs

Diese Spur weist auf eine Verletzung des Tieres an der Pfote hin (beschädigter Hauptballen, sehr lange Krallen).

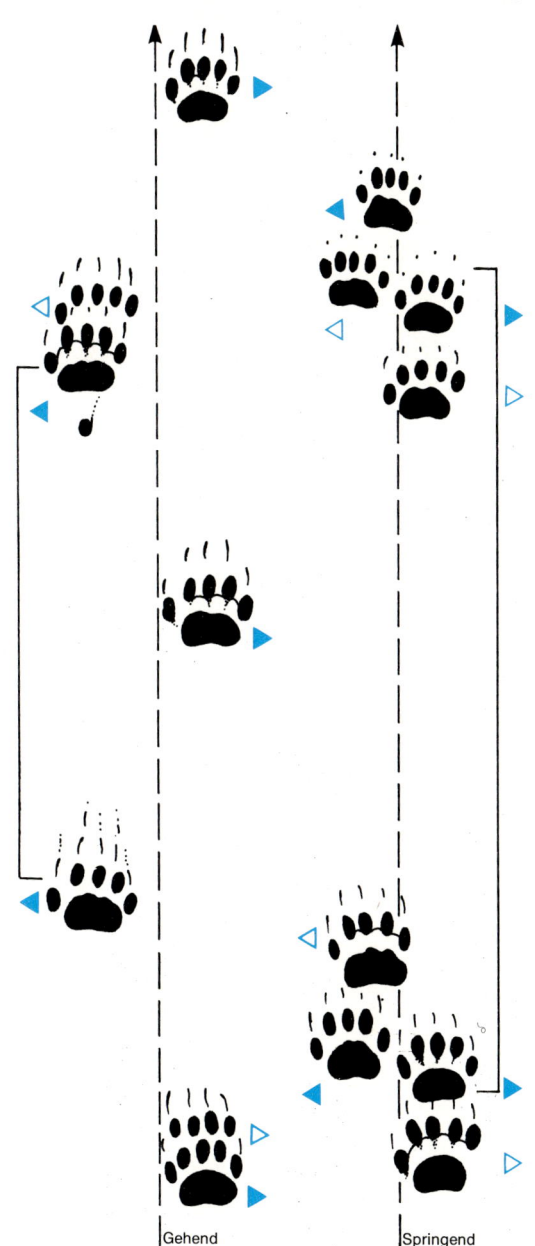

Gehend

Springend

Alpenmurmeltier *Marmota (Arctomys) marmota*

Kennzeichen: Großes, hörnchenartiges Nagetier. Körper bis 58 cm, Schwanz bis 19 cm lang. Gedrungene Gestalt. Fell braungrau, dicht und rauh. Schwanz kurz und dicht behaart.

Lebensweise: In Familiengruppen lebend, tagaktiv, langer Winterschlaf (Oktober bis April). Gräbt tiefe Baue, in denen es lebt und seine 2–6 Jungen großzieht. Lebt von Kräutern und Wurzeln.

Lebensraum: Alpine Matten und offene Gebirgshänge bis in die Felsregion, wo der Wald fehlt, auch in tieferen Lagen.

Verbreitung: In weiten Teilen der Alpen und in der Tatra.

Spur: Klein, Hinterspur 5,5 × 4 cm, Vorderspur 5 × 3,5 cm, eine vollständige Hinterspur mißt 8,5 cm. Vorderpfote vierzehig, Hinterpfote fünfzehig. Zehenballen klein und oval, Krallenabdrücke kurz und von den Zehenballen getrennt, Handwurzelballen am Vorderfuß groß, vierteilig, meist ganz verschmolzen und unregelmäßig geformt. Die Hinterspur hat ebenfalls einen großen vierteiligen Handwurzelballen, der regelmäßig geformt ist und weniger stark verschmolzen. 1 oder 2 Fersenballen, von denen einer besonders groß ist und den Handwurzelballen berührt, woran eine Murmeltierspur leicht zu erkennen ist. Vollständige Spuren sind selten, manchmal sind aber die Umrisse der Zehen sichtbar.

Spurenstellung: Beim Gehen erfolgt fast vollständiger Beitritt, weil der Hinterfuß in die Spur des Vorderfußes gestellt wird. Die Spuren liegen nahe der Mittellinie in abwechselnden Paaren und sind nach vorn gerichtet. Schrittlänge etwa 20 cm. Im Sprung entsteht eine Viererspur, wobei die Hinterspuren vor den Vorderspuren liegen. Sprungweite bis zu 50 cm.

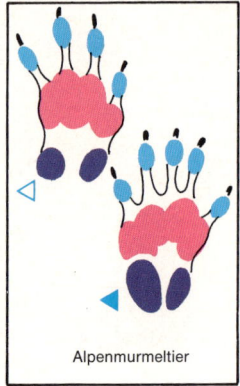

Alpenmurmeltier

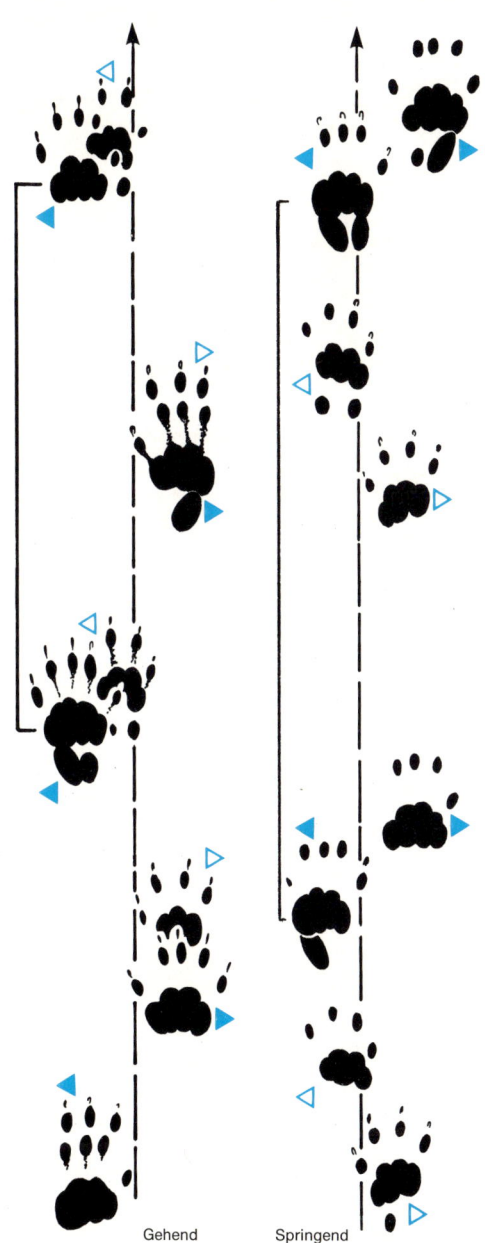

Gehend   Springend

Eichhörnchen *Sciurus vulgaris*

Kennzeichen: Mittelgroßes Nagetier. Körper bis zu 25 cm, Schwanz bis zu 20 cm lang. Fellfärbung reicht von Hellgrau über Rot bis Braunschwarz, im Winter stets dunkler. Schwanz buschig, Ohren groß, im Winter mit Haarbüscheln.

Lebensweise: Meist Einzelgänger, tagaktiv, im Sommer jedoch besonders in der Morgen- und Abenddämmerung aktiv. Kein Winterschlaf, zu dieser Zeit jedoch Aktivitäten reduziert, lebt dann von angesammelten Vorräten. Hält sich vorwiegend auf Bäumen auf, wo es geschickt klettert und springt. Baut kugelförmige Nester (sog. Kobel), in denen 3–7 Junge aufwachsen. Lebt von Rinde, Knospen, Beeren, Pilzen, Vogeleiern und Jungvögeln.

Lebensraum: Nadel- und Laubwälder.

Verbreitung: Fast ganz Europa; fehlt in Island und weiten Teilen der Iberischen Halbinsel sowie auf allen Mittelmeerinseln, ist in England durch das Grauhörnchen stark zurückgedrängt.

Spur: Klein, Hinterspur 4,5 × 3,5 cm, Vorderspur 3,5 × 2,5 cm. Vorderfuß vierzehig, Hinterfuß fünfzehig, Vorderspur mit 4 Zehenballen und großem dreiteiligem Handwurzelballen. Zehenspuren lang, mit daran anschließenden oder getrennten Krallenmarken, gelegentlich ein einziger oder ein doppelter, symmetrischer Handwurzelballen. Die Hinterspur hat 5 Zehenballen, Handwurzelballen groß mit 4 fast vollständig verschmolzenen Ballen. Manchmal

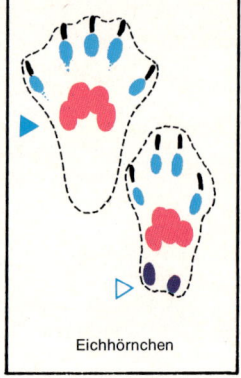

Eichhörnchen

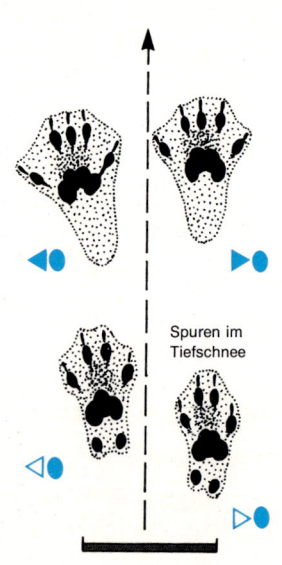

Spuren im Tiefschnee

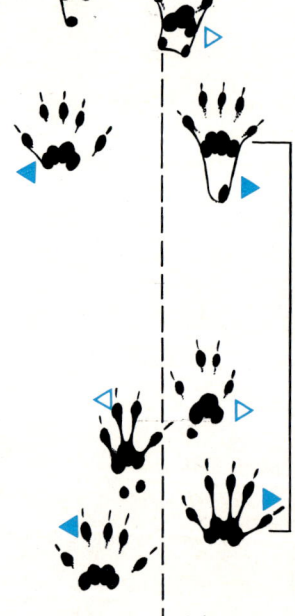

Langsames Hoppeln

Sohlenumriß und ein einzelner länglicher Fersenballen sichtbar.

Spurenstellung: Charakteristisch und kaum verwechselbar. Meist hoppelt das Eichhörnchen und hinterläßt eine typische Viererspur, bei der die Vorderläufe vor die Spuren der Hinterläufe aufgesetzt werden. Die Vorderspuren liegen dicht nebeneinander, während die Hinterspuren einen größeren Abstand voneinander haben. Die Sprungweite beträgt 45 cm, bei größeren Sätzen auch bis zu 1 m. Der Schwanz berührt den Boden nicht.

Oben: Spuren eines hoppelnden Grauhörnchens. Deutlich zu erkennen die 3 mittleren, gleich langen Zehenballen und der vierteilige Hauptballen, Krallenspuren mehr oder weniger undeutlich.

Grauhörnchen *Sciurus carolinensis*

Kennzeichen: Größer als Eichhörnchen. Körper bis zu 30 cm lang, Schwanz bis 24 cm. Fell im Winter grau, im Sommer rotbraun; Ohren immer ohne Haarbüschel, Schwanz meist weiß gesäumt.

Lebensweise: Wie Eichhörnchen, hält sich jedoch häufiger am Boden auf.

Lebensraum: Ursprünglich Laubwaldbewohner, hat sich aber auch in Nadelwäldern angesiedelt.

Verbreitung: Ursprünglich in Nordamerika, in England und Irland eingebürgert.

Spur und Spurenstellung: Ähnlich dem Eichhörnchen, Spuren aber häufiger vollständig, Schrittlänge etwas größer.

Iltis, Waldiltis *Mustela (Putorius) putorius*
Kennzeichen: Mittelgroßer Marder. Körper bis 44 cm, Schwanz bis 18 cm lang. Fell dunkelbraun mit gelblicher Unterwolle, die durchscheint. Kopf mit weißer Schnauze und weißer Stirn.
Lebensweise: Nächtlich aktiver Einzelgänger, das ganze Jahr über aktiv. Klettert und schwimmt gut, hält sich jedoch meist am Boden auf. Zieht in Erdlöchern 4–7 Junge auf. Ernährt sich von Geflügel, Eiern, Kleinsäugern, Würmern und Käfern.
Lebensraum: Feuchte Wälder, Moore und Wiesen.
Verbreitung: Ganz Europa mit Ausnahme der Balkanländer und Mittelmeerinseln; in England nur in Wales, fehlt in Mittel- und Nordskandinavien.
Spur: Klein, Vorderspur 3,5 × 3,5 cm, Hinterspur 4,5 × 4 cm. Jeder Fuß hat 5 Zehenballen, die bogenförmig um den vierteiligen Handwurzelballen angeordnet liegen. Hinter dem Handwurzelballen liegen der 1. und 5. Zehenballen. Die Krallenabdrücke sind lang und stumpf und schließen direkt an die Zehenballen an. Kleiner Fersenballen vorhanden. Sohlenabdrücke nur bei tiefen Spuren.
Spurenstellung: Üblich ist eine Fortbewegung in Sprüngen mit Spuren in Vierergruppen im Abstand von 60 cm. Bei langsamen Sprüngen werden die Spuren etwas beigetreten, Schrittlänge etwa 25 cm. Auf weichem Untergrund sind Abdrücke der Schwanzhaare sichtbar. Im Lauf liegen die Spuren weiter auseinander als bei einzelnen Sprüngen.

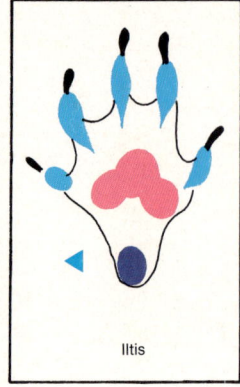

Iltis

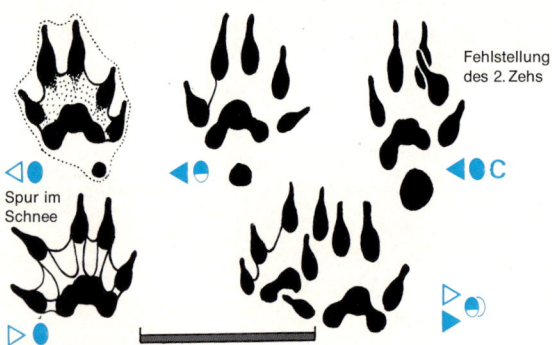

Fehlstellung des 2. Zehs

Spur im Schnee

Steppeniltis *Mustela eversmanni*
Kennzeichen: Ähnelt dem Iltis, aber Rücken und Flanken sandfarben.
Lebensweise: Einzelgänger, tagaktiv, hält keinen Winterschlaf, lebt in erweiterten Hamster- oder Zieselbauen.
Lebensraum: Steppen, Felder, Brachland.
Verbreitung: Osteuropa und Südrußland, im Westen bis Niederösterreich und CSSR.
Spur und Spurenstellung: Wie Waldiltis.

Tigeriltis *Vormela peregusna*
Kennzeichen: In Größe und Gestalt dem Itlis ähnlich.

Rechts: Iltisspur auf weichem Untergrund

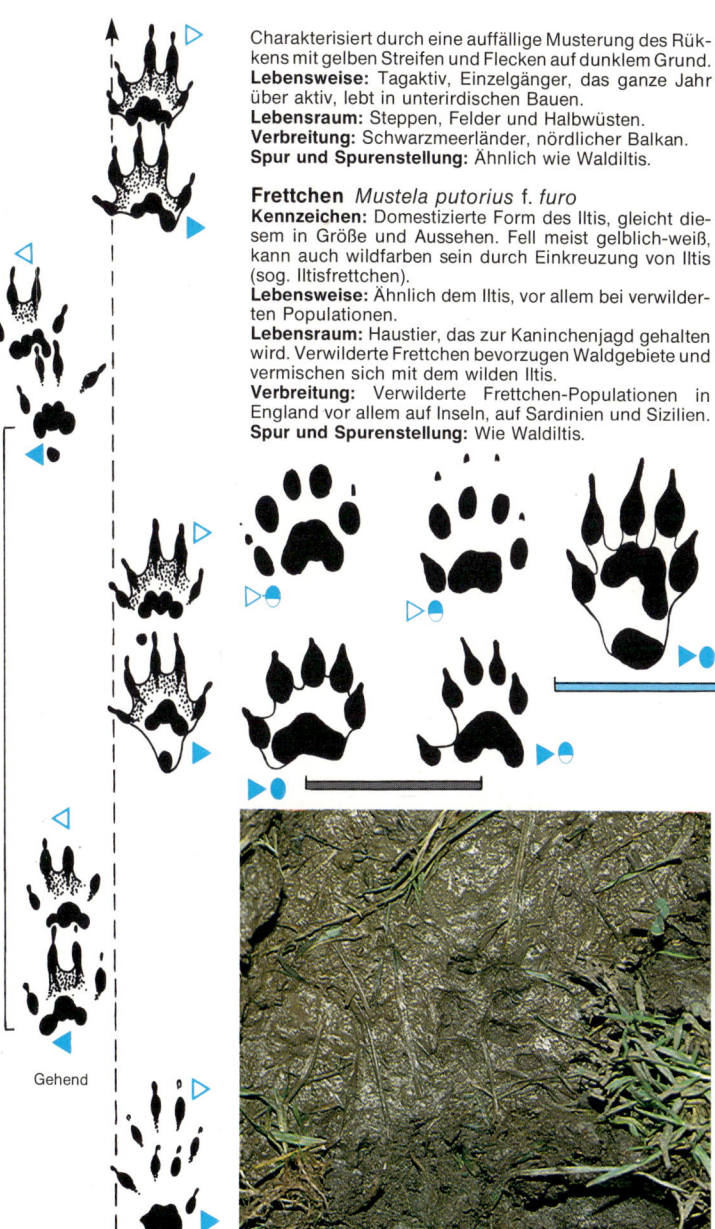

Charakterisiert durch eine auffällige Musterung des Rükkens mit gelben Streifen und Flecken auf dunklem Grund.
Lebensweise: Tagaktiv, Einzelgänger, das ganze Jahr über aktiv, lebt in unterirdischen Bauen.
Lebensraum: Steppen, Felder und Halbwüsten.
Verbreitung: Schwarzmeerländer, nördlicher Balkan.
Spur und Spurenstellung: Ähnlich wie Waldiltis.

Frettchen *Mustela putorius* f. *furo*

Kennzeichen: Domestizierte Form des Iltis, gleicht diesem in Größe und Aussehen. Fell meist gelblich-weiß, kann auch wildfarben sein durch Einkreuzung von Iltis (sog. Iltisfrettchen).
Lebensweise: Ähnlich dem Iltis, vor allem bei verwilderten Populationen.
Lebensraum: Haustier, das zur Kaninchenjagd gehalten wird. Verwilderte Frettchen bevorzugen Waldgebiete und vermischen sich mit dem wilden Iltis.
Verbreitung: Verwilderte Frettchen-Populationen in England vor allem auf Inseln, auf Sardinien und Sizilien.
Spur und Spurenstellung: Wie Waldiltis.

Gehend

Amerikanischer Nerz, Mink *Mustela vison*

Kennzeichen: Mittelgroßer Marder. Körper 40 cm, Schwanz 45 cm. Fell dunkelbraun. Hat im Unterschied zum Europäischen Nerz nur eine weiße Unterlippe, die Oberlippe ist dunkel. (Farmnerze werden in mehreren Farbvarietäten gezüchtet.)

Lebensweise: Einzelgänger, nachtaktiv, das ganze Jahr über aktiv. Hält sich am und im Wasser auf, sehr guter Taucher und Schwimmer. Legt Baue in der Uferböschung an. Hier werden auch die 2–5 Jungen aufgezogen. Lebt von Fischen, Wasservögeln, Wasserratten, Geflügel.

Lebensraum: Sümpfe, Seen und Flüsse, besonders in bewaldeten Gegenden.

Verbreitung: Ursprünglich in Nordamerika, in vielen europäischen Ländern durch absichtliche Ansiedlung oder entwichene Farmtiere fest eingebürgert.

Spur: Klein. Vorderspur 3 × 4 cm, Hinterspur 4,5 × 3,5 cm. Beide Spuren haben einen vierteiligen, verschmolzenen Handwurzelballen mit 2 großen, zentralen Läppchen. Die 5 Zehenballen umgeben den Handwurzelballen bogenförmig, Krallenabdrücke meist deutlich. In der Regel sind auch die kurzen Schwimmhäute zwischen den Zehen abgedrückt. Hinterspur häufig mit Fersenballenabdruck. Minkspuren ähneln denen des Hermelin, können aber am großen Handwurzelballen unterschieden werden.

Spurenstellung: Die bevorzugte Gangart ist der Sprung; die Vorderspuren sind nahezu völlig von den Hinterspuren überdeckt, Sprungweite 30–40 cm. Auch bei langsamen Hüpfern resultieren Vierergruppen mit einem Abstand von 40 cm. Schwanzmarken sind nur in weichem Schlamm oder Schnee sichtbar. Im schnellen Lauf liegen die Viererritte weiter auseinander als bei hüpfenden Sprüngen.

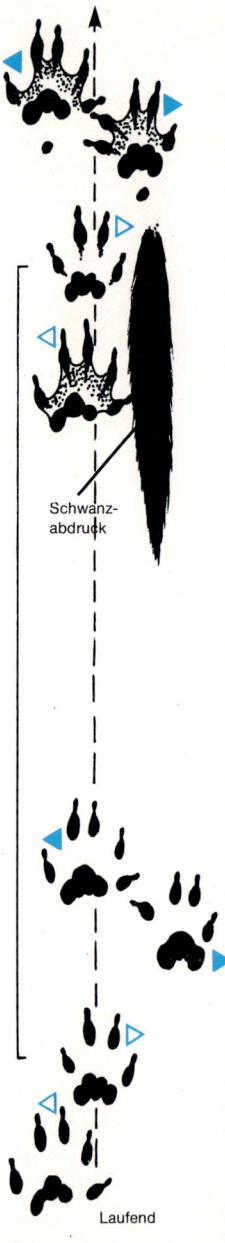

Schwanz-abdruck

Mit Zweigabdruck
unter der Innenzehe

Laufend

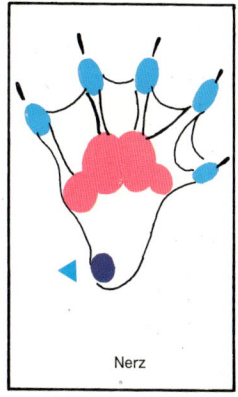

Nerz

Unten: Nerze halten sich sehr gerne in Wassernähe auf.

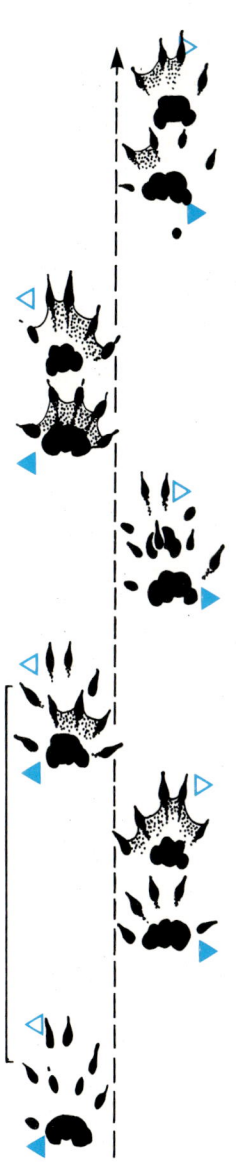

Europäischer Nerz *Mustela lutreola*

Kennzeichen: Unterscheidet sich vom Amerikanischen Nerz nur durch eine weiße Ober- und Unterlippe. Fell stets dunkelbraun, keine Farbvarietäten.

Lebensweise: Einzelgänger, manchmal umherwandernd, dämmerungs- und nachtaktiv, das ganze Jahr über anzutreffen. Schwimmt und taucht gut. Die 2–5 Jungen werden in Bauen, die in die Uferböschungen gegraben werden, großgezogen.

Lebensraum: Sümpfe, See- und Flußufer.

Verbreitung: Osteuropa, isolierte Population in Westfrankreich, in Zentraleuropa ausgerottet.

Spur und Spurenstellung: Identisch der des Amerikanischen Nerzes.

Paßgang

Westigel, Braunbrustigel
Erinaceus europaeus
Kennzeichen: Insektenfresser. Körper 20−27 cm lang. Igel sind durch ihr Stachelkleid gekennzeichnet. Etwa 5000 graubraune, 2−3 cm lange Stacheln bedecken Rükken und Kopfoberseite, die Bauchseite ist braun behaart. Lange Schnauze, Beine kurz, Sohlengänger.
Lebensweise: Einzelgänger, überwiegend nachtaktiv, am Boden lebend, hält Winterschlaf in einem Nest unter Laub- und Reisighaufen. Die 2−7 Jungen werden in einem Nest in Erdlöchern oder unter Baumwurzeln aufgezogen. Lebt von Insekten, Würmern, Schnecken, Jungmäusen, Beeren, Fallobst.
Lebensraum: Wälder, Kulturland, abwechslungsreiches Gelände, in der Nähe menschlicher Siedlungen.
Verbreitung: West- und Zentraleuropa, Finnland und nördliche Sowjetunion, Überlappungszone mit dem Ostigel von der Ostsee über die ČSSR bis zur Adria.
Spur: Klein, Hinterspur 4,5 × 2,5 cm, Vorderspur 4 × 2,5 cm. Sohlengänger mit 5 Zehen und verhältnismäßig langen Krallen, die sich als Fortsetzung der rundlichen Zehenballen gut abzeichnen. 3 verschmolzene, asymmetrische Handwurzelballen, 2 ungleiche Fersenballen; Pfotenumriß deutlich.
Spurenstellung: Im allgemeinen bewegt sich der Igel im Gang, wobei die Hinterspur hinter oder etwas in der Vorderspur steht. Die Füße sind leicht auswärts gestellt, Schrittlänge etwa 10 cm. Marken der Stacheln können auftreten. Bei Gefahr läuft der Igel schneller, die Hinterpfote tritt in die Vorderspur oder überholt sie ein wenig, die Schrittlänge wächst auf 15−20 cm, Fersenabdrücke und Stachelspuren fehlen.

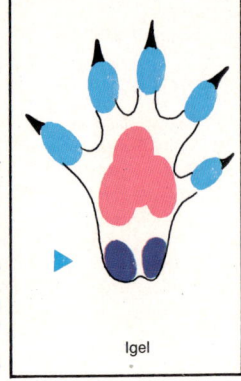

Igel

Ostigel, Weißbrustigel
Erinaceus concolor
Kennzeichen: Ähnelt dem Westigel, besitzt jedoch eine weiß behaarte Brust, die sich deutlich von der restlichen, dunkel gefärbten Unterseite abhebt.
Lebensweise und Lebensraum: Ähnlich Westigel.
Verbreitung: Osteuropa, Balkan, Kreta, Überlappungszone mit dem Westigel von Polen bis Istrien.
Spur und Spurenstellung: Identisch der des Westigels.

Algerischer Igel, Mittelmeerigel
Erinaceus algirus
Kennzeichen: Körperlänge maximal 25 cm. Unterseite einheitlich hell, stachelfreier Scheitel auf der Kopfoberseite.
Lebensweise: Einzelgänger, nachtaktiv, kein Winterschlaf, ruht in Bauen.
Lebensraum: Kulturland, Buschwald, Macchie.
Verbreitung: Mittelmeerküste Spaniens und Frankreichs, Balearen und eine Population in der Dordogne (Frankreich).
Spur und Spurenstellung: Wie vorige Arten.

Gehend

Igelspuren auf weichem Untergrund.

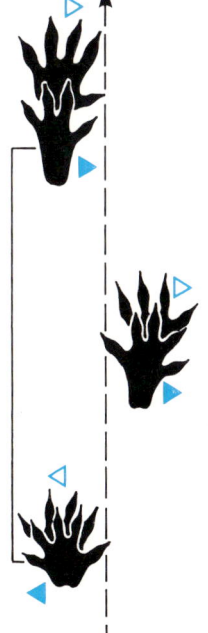

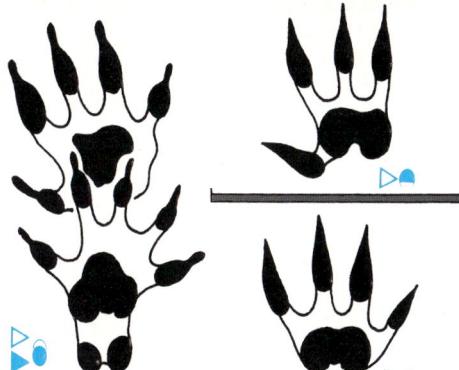

Rennend

Pyrenäen-Desman, Bisamrüßler
Galemys pyrenaicus

Kennzeichen: Mittelgroßer, zu den Maulwürfen gehörender Insektenfresser. Körper 13,5 cm, Schwanz 14 cm lang. Fell oben rötlichbraun, unten weißlich-grau. Hinterfüße groß und mit Schwimmhäuten versehen. Lange, abgeplattete, äußerst bewegliche Rüsselschnauze.

Lebensweise: Einzelgänger, tagaktiv, kein Winterschlaf, verbringt viel Zeit im Wasser, schwimmt und taucht gut, nestet in Höhlungen, unter Steinen, Felsen oder Baumwurzeln am Ufer. 2–7 Junge. Lebt von Wasserinsekten, Schnecken und kleinen Fischen.

Lebensraum: Gebirgsbäche, klare Flüsse im Bergland.

Verbreitung: Pyrenäen und südlich angrenzendes Bergland in Portugal und Spanien.

Spur und Spurenstellung: Winzig, Vorder- und Hinterspur mit 5 Zehen, ähnlich der Wasserspitzmaus.

83

Gartenschläfer *Eliomys quercinus*

Kennzeichen: Kleines Nagetier aus der Gruppe der Bilche. Körper 17 cm lang, Schwanz 12 cm. Fell oben rötlichbraun, unten gelblich-weiß. Große Ohren, schwarze Gesichtsmaske, behaarter Schwanz mit buschiger, schwarzweißer Spitze.

Lebensweise: Einzelgänger, nachtaktiv, geschickter Kletterer, den man aber häufig am Boden sehen kann. Hält Winterschlaf, wird aber an milden Wintertagen munter. Unterschlupf in Baumhöhlen, Gesteinsspalten, Felshöhlen und gelegentlich auf Dachböden. Bringt in oberirdischen Kugelnestern 2–7 Junge zur Welt. Sehr stimmfreudig (keckernde Rufe). Lebt in der Hauptsache von Pflanzen, Beeren und Nüssen, aber auch von Insekten, Schnecken und kleinen Wirbeltieren.

Lebensraum: Laub- und Nadelwald, aber auch in Buschland und Obstgärten mit Steinwällen oder Stallungen.

Verbreitung: West- und Zentraleuropa, westliche Mittelmeerländer, fehlt in Norddeutschland, den Britischen Inseln und Skandinavien sowie auf dem Balkan (Dalmatien ausgenommen), kommt in Osteuropa bis zum Ural vor.

Spur: Klein, Hinterspur 4 × 3 cm, Vorderspur 3 × 3 cm, ähnelt der Eichhörnchenspur, ist aber zarter. Vorderfuß vierzehig, Hinterfuß fünfzehig. Vorderspur mit 4 kleinen Zehenballen und schwachen Krallenabdrücken, Hauptballen dreiteilig, die beiden Fersenballen werden normalerweise durch den Beitritt ausgelöscht. Die Hinterspur zeigt 5 Zehenballen, oftmals mit vollständigen Zehenabdrücken, der Hauptballen besteht aus 4 gleichen, verschmolzenen Handwurzelballen und 2 Fersenballen. Ganze Pfotenabdrücke sind selten.

Spurenstellung: Der Gang zeigt abwechselnde Spurpaare entlang der Mittellinie im Abstand von 10 cm. Die Spuren zeigen etwas nach außen und sind etwas beigetreten. Im Sprung zeigt die Bahn Vierergruppen im Abstand von 15 cm. Schwanzspuren sind nicht immer vorhanden.

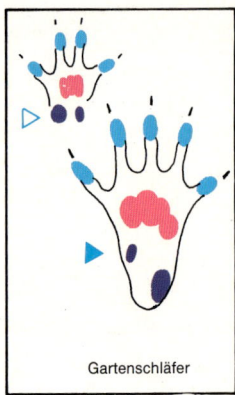

Gartenschläfer

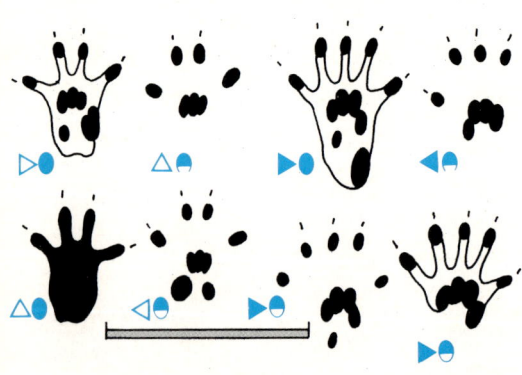

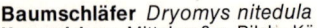

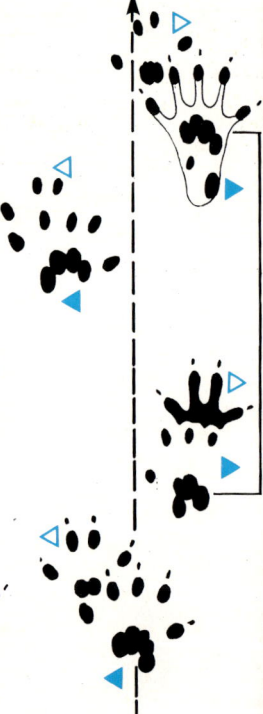

Gehend

Baumschläfer *Dryomys nitedula*

Kennzeichen: Mittelgroßer Bilch. Körper 13 cm lang, Schwanz 9,5 cm. Fell oben graubraun, unten weißlich.

Mit schwarzem Augenring. Schwanz gleichmäßig buschig behaart.

Lebensweise: Einzelgänger, nachtaktiv, geschickter Kletterer, überwintert in kugelförmigen Baumnestern, in denen er auch seine 2–7 Jungen zur Welt bringt.

Lebensraum: Laubwälder mit dichtem Unterholz, im Bergvorland.

Verbreitung: Alpenländer, Balkan, Osteuropa; isolierte Populationen im Fichtelgebirge und im Bayerisch-Böhmischen Wald.

Spur und Spurenstellung: Etwas kleiner als die des Gartenschläfers.

Hermelin *Mustela erminea*

Kennzeichen: Mittelgroßes, marderartiges Raubtier. Körper 30 cm, langgestreckt und schlank, Schwanz 12 cm, mit schwarzer Spitze. Sommerfell zimtbraun mit heller Unterseite, Winterfell weiß.

Lebensweise: Einzeln oder in Familiengruppen, nacht- und tagaktiv, ohne Winterschlaf. Ruht und zieht seine 4–7 Jungen in Felshöhlen, Steinhaufen oder ähnlichen Verstecken groß. Lebt von Kleinsäugern, Vögeln und Eiern.

Lebensraum: Wald, Felder und Gärten, sofern sie genügend Deckung bieten.

Verbreitung: Ganz Europa außer Island und Mittelmeerraum.

Spur: Vorderspur winzig, 2 × 2,2 cm, Hinterspur 4 × 2,5 cm. Spuren meist sehr undeutlich, nur auf weichem Untergrund kann man in der Vorderspur den dreiteiligen Hauptballen und die 5 gespreizten Zehenballen mit Krallen sehen. Die Hinterspur hat einen vierlappigen Hauptballen und gelegentlich ein weiteres Trittpolster hinter der 5. Zehe; 5 Zehenballen mit kurzen, scharfen Krallen, 1 Fersenballen. Die Hinterspuren sind meist deutlicher als die vorderen.

Spurenstellung: Das Hermelin bewegt sich nach Marderart in Sprüngen, dabei stehen in der Regel die Hinterpfoten in den Vorderspuren, und es entsteht eine Paarspur mit Abstand von 20 cm. Beim schnellen Springen entstehen Vierergruppen im Abstand von 30–50 cm.

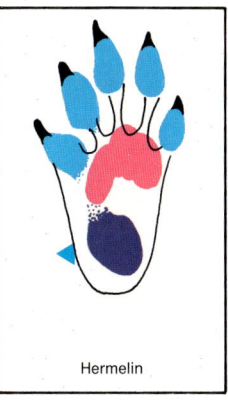

Hermelin

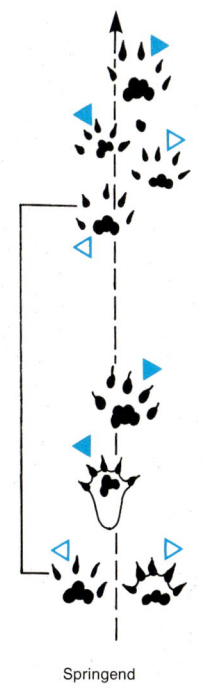

Springend

Gleithörnchen, Flughörnchen
Pteromys volans

Kennzeichen: Kleines, hörnchenartiges Nagetier. Körper 20 cm lang, Schwanz 14 cm, buschig. Fell seidig, fahlbraun. Zwischen Hand- und Fersengelenk spannt sich eine dichtbehaarte Flughaut, die dem Tier einen Gleitflug erlaubt. Sie ist beim sitzenden oder laufenden Tier zusammengelegt und leicht zu übersehen. Große, dunkle Augen.

Lebensweise: Einzelgänger, nachtaktiv, tagsüber in Baumhöhlen verborgen, in denen es auch die 2–3 Jungen großzieht. Aktivitäten im Winter eingeschränkt, aber kein Winterschlaf. Lebt hauptsächlich in Bäumen, gewandter Kletterer. Ernährt sich von Früchten, Knospen und Insekten.

Lebensraum: Mischwälder, hauptsächlich mit Birken und Erlen, gelegentlich Gärten.

Verbreitung: Finnland und nördliche Sowjetunion.

Spur: Hinterspur klein, 2,5–3 × 2,5 cm, Vorderspur winzig, 1,5–2 × 2,3 cm. Vorne vierzehig, hinten fünfzehig, Zehenballen rundlich, sehr klein. Hauptballen aus 3 (vorn) bzw. 4 (hinten) Handwurzelballen zusammengesetzt. Krallenmarken sehr zart, Pfotenumrisse nur auf ganz weichem Untergrund sichtbar, ebenso die Fersenballen.

Spurenstellung: Beim Hoppeln setzt das Gleithörnchen die Hinterfüße vor den Spuren der Vorderfüße auf, und zwar stets nebeneinander. Die Entfernung einer Vierergruppe bis zur nächsten liegt bei 10 cm. Beim schnelleren Hoppeln werden die Abstände länger, bis zu 15 cm. Landet ein Gleithörnchen nach dem „Flug" im Schnee, sind die Spuren recht deutlich, und die Flughaut, manchmal auch der Körper, hinterläßt einen Abdruck.

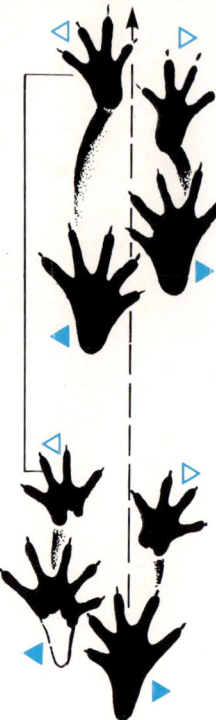

Hüpfend

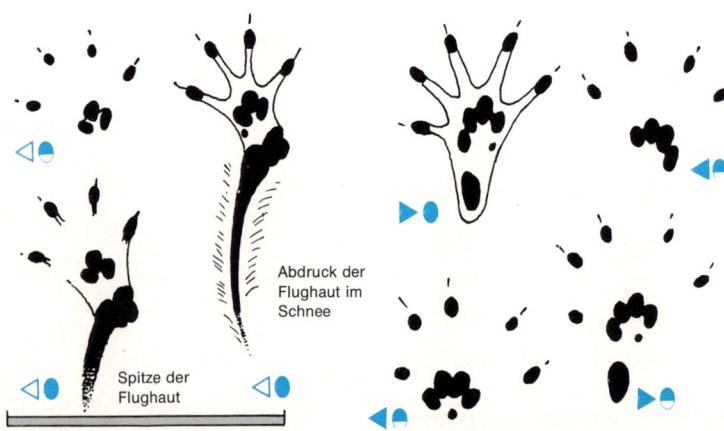

Abdruck der Flughaut im Schnee

Spitze der Flughaut

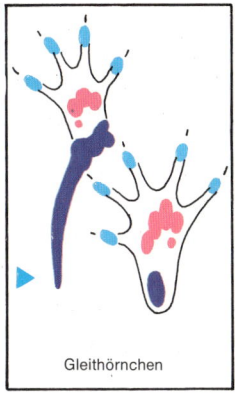

Gleithörnchen

Gleithörnchen

Streifenhörnchen

Streifenhörnchen, Burunduk *Tamias sibiricus*

Kennzeichen: Kleines, erdhörnchenartiges Nagetier. Körper 22 cm, Schwanz 14 cm lang, buschig. Fell hellbraun mit 5 dunkelbraunen Längsstreifen. Große Backentaschen.

Lebensweise: Einzelgänger, Tagtier, hält einen Winterschlaf mit Wachphasen, in denen es sich von den angesammelten Vorräten ernährt. Hält sich bevorzugt am Boden auf, klettert aber gut im Gesträuch und auf Bäumen. Bringt 2–4 Junge zur Welt. Lebt von Beeren, Nüssen, Wurzeln, Insekten und Würmern.

Lebensraum: Mischwälder mit dichtem Unterholz.

Verbreitung: Ursprünglich in der Taigazone der Sowjetunion, Populationen aus entwichenen Heimtieren in Österreich, in der Bundesrepublik (Freiburg/Breisgau), den Niederlanden und in Frankreich.

Spur und Spurenstellung: Wie bei anderen kleinen Hörnchen.

Wanderratte *Rattus norvegicus*

Kennzeichen: Großes, plumpes Nagetier. Körper 26 cm, Schwanz 23 cm, spärlich behaart. Fell oben braungelb, unten gelblich-weiß. Ohren kurz und behaart.

Lebensweise: Gesellig, oft in großen Familienverbänden, vorwiegend nachtaktiv, das ganze Jahr über aktiv. Gräbt unterirdische Gänge mit Nest- und Vorratskammern. Ausgezeichneter Schwimmer und Springer. Bringt 5–15 Junge zur Welt. Allesfresser.

Lebensraum: In von Menschen geschaffenen Lebensräumen wie Müllhalden, Stallungen, Lagerschuppen, Abwasserkanälen, an Meeresküsten, großen Flußmündungen auch außerhalb menschlicher Siedlungen.

Verbreitung: Ganz Europa, ausgenommen die Polargebiete; ursprüngliche Heimat Ostasien.

Spur: Vorderspur winzig 1,8 × 2,5 cm, Hinterspur 3,3 × 2,8 cm. Vorne 4 gut entwickelte, krallenbewehrte Zehen, hinten 5. Die Vorderspur zeigt außer den tief eingedrückten Zehenballen noch 3 Handwurzel- und 2 Fersenballen und manchmal den ganzen Sohlenabdruck. Die Hinterspur hat 5 Zehenballen und 4 Handwurzelballen, 1 länglichen und 1 runden Fersenballen und eine lange Fersenpartie.

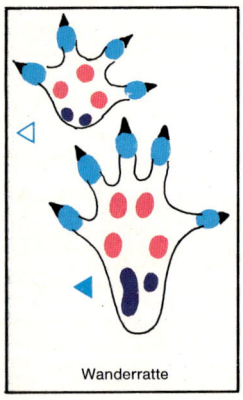

Wanderratte

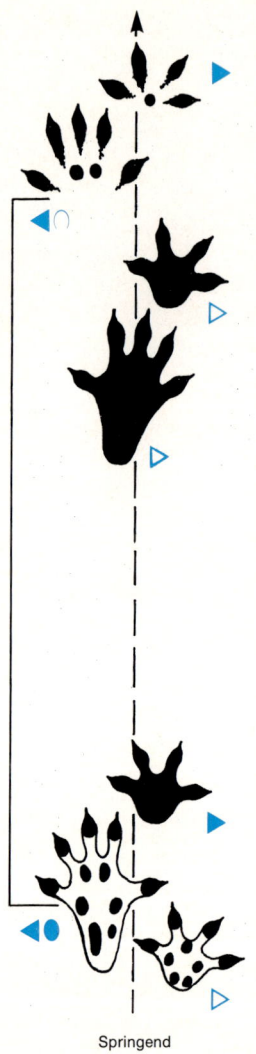

Springend

Spurenstellung: Beim schnellen Lauf werden die Spuren teilweise beigetreten. Die Spuren sind relativ weit von der Mittellinie abgespreizt, Schrittlänge 14–15 cm, Schwanzabdrücke selten. Im Sprung werden Spuren mit Vierergruppen abgesetzt, die einen Abstand von 60 cm haben.

Ostschermaus, Wasserratte, Wühlmaus
Arvicola terrestris

Kennzeichen: Mittelgroßes Nagetier. Körper 19 cm, Schwanz 10 cm. Fell graubraun bis schwärzlich. Unterscheidet sich von anderen Wühlmäusen durch ihre Größe, den relativ langen Schwanz und die dunkle Färbung.

Lebensweise: Einzelgänger oder in kleinen Gruppen lebend, das ganze Jahr über aktiv. Schwimmt und taucht gerne. Wirft Erdhügel auf wie Maulwurf. Legt unterirdisches Röhrensystem an mit Vorrats- und Nestkammern. 2–3 Junge. Lebt vor allem von Pflanzenwurzeln.

Lebensraum: Uferböschungen verschiedener Gewässer mit deckungsreicher Vegetation, in Süddeutschland auch Populationen, die weitab vom Wasser leben, z. B. in Obstgärten oder Wiesen.

Verbreitung: Zentral- und Osteuropa, England und Italien, fehlt in Irland, Griechenland und ganz Westeuropa außer den Pyrenäen.

Spur: Hinterspur 3 × 3 cm, Vorderspur 1,8 × 2,3 cm. Vorderfußabdruck mit 4 Zehenballen, die kurze Krallenmarken haben, 3 Handwurzelballen und 2 Fersenballen, die alle etwa gleich sind; meist ganzer Sohlenabdruck. Hinterspur 5 Zehenballen mit Krallen, 4 Handwurzelballen und 1 verlängerter Fersenballen, Ferse kurz.

Spurenstellung: Beim Gehen und Laufen zeigt das Spurenbild teilweise Beitritt, Schrittlänge 10 cm, keine Schwanzmarken. Im Sprung kommt es zur Bildung von Viergruppen, die einen Abstand von 40 cm haben, Schwanzmarken fehlen.

Westschermaus *Arvicola sapidus*

Kennzeichen: Etwas größer, dunkler und langschwänziger als Ostschermaus. Körper 20 cm, Schwanz 13 cm.

Lebensweise: Wie im Wasser lebende Ostschermäuse.

Lebensraum: Stets in Wassernähe, an Gräben, Flüssen und Sümpfen mit dichter Ufervegetation.

Verbreitung: Westeuropa (Frankreich und Iberische Halbinsel).

Spur und Spurenstellung: Wie Ostschermaus.

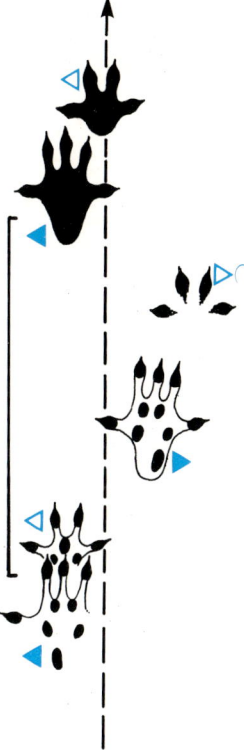

Springend

Deutliche Rattenspuren mit sternförmiger Anordnung der Zehenballen.

Siebenschläfer *Glis glis*

Siebenschläfer

Kennzeichen: Mittelgroßes Nagetier, größte heimische Bilchart. Körper 19 cm, Schwanz 15 cm. Fell oben grau, unten weißlich. Schwanz gleichmäßig buschig behaart.
Lebensweise: Einzelgänger oder gesellig lebend, vorwiegend nachtaktiv, hält Winterschlaf (ca. 7 Monate). Gewandter Kletterer. Sommerschlupfwinkel in selbstgebauten Kobeln, Nistkästen, Baumhöhlen, Winternester in hohlen Bäumen, Erdhöhlen oder Gebäuden. 2–7 Junge. Hauptsächlich Pflanzenfresser.
Lebensraum: Alte Laubwälder, Parkanlagen, Obstgärten, Schuppen.
Verbreitung: Zentral- und Osteuropa, fehlt auf der Iberischen Halbinsel außer in den Pyrenäen, in Nordfrankreich, Skandinavien und den Britischen Inseln, eingebürgerte Populationen in England.
Spur: Hinterspur klein, 3 × 2,5 cm, Vorderspur winzig, 2 × 2 cm. Vorne vierzehig, hinten fünfzehig. Zehenballen der Vorderpfote sehr klein; der Handwurzelballen bildet entweder zusammen mit den Fersenballen einen rechteckigen Block, oder es bestehen 4 einzelne Handwurzelballen und 2 getrennte Fersenballen. Die Hinterspur zeigt 5 Zehenballen und meist vollständige Zehenabdrücke; vierlappiger Handwurzelballen, der mit den beiden Fersenballen verschmolzen ist. Krallenmarken fehlen meist, während der buschige Schwanz oft Abdrücke hinterläßt.
Spurenstellung: Im Gang zeigen die Spuren leicht nach außen. Sie sind teilweise beigetreten und weit von der Mittellinie abgespreizt. Schrittlänge 8 cm, deutliche Schwanzmarken. Im Lauf vergrößert sich die Schrittlänge beträchtlich. Die Fortbewegung im Sprung zeigt Spuren in Vierergruppen im Abstand von 30 cm und hinter jeder Abdrücke des Schwanzes.

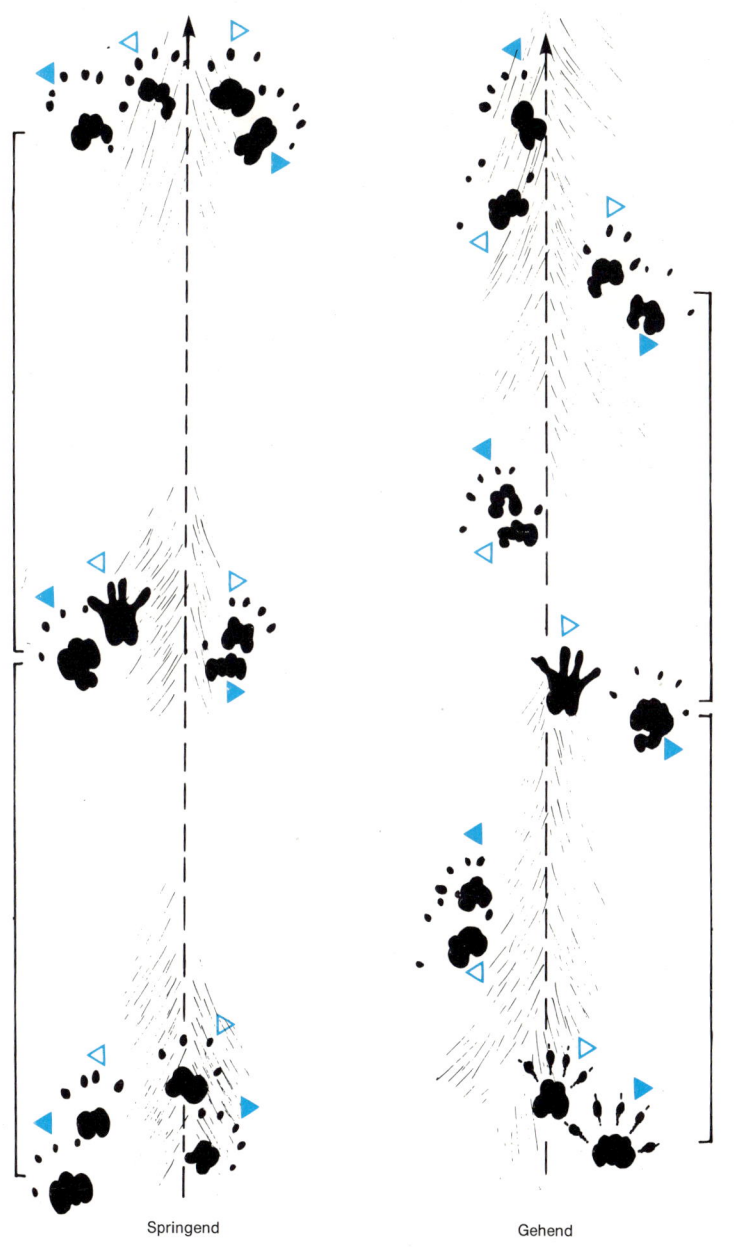

Springend

Gehend

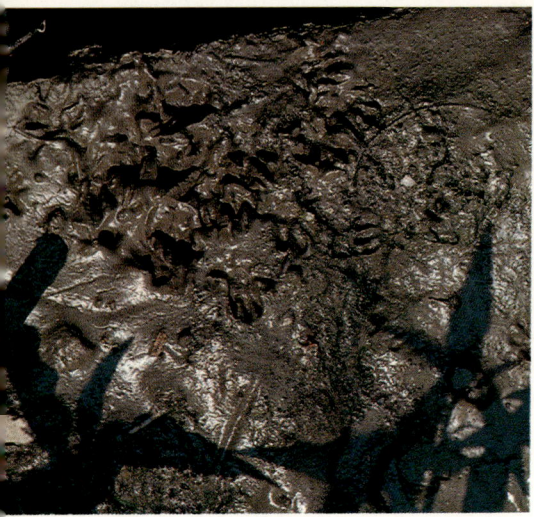

Spuren einer Hausratte auf schlammigem Boden.

Hausratte *Rattus rattus*

Kennzeichen: Schlanker als Wanderratte. Körper 23 cm, Schwanz 25 cm, unbehaart. Ohren groß und fast nackt. Fell grauschwarz.

Lebensweise: Gesellig, nachtaktiv, wo das Tier ungestört ist, auch tagaktiv, kein Winterschlaf. Gräbt Gänge, bewohnt alle möglichen Unterschlupfe in Gebäuden, klettert und schwimmt gut. 5–15 Junge. Allesfresser.

Lebensraum: In Gebäuden, gern auf Dachböden, im Mittelmeergebiet nicht kommensal außerhalb menschlicher Siedlungen, hinterläßt deutlich Spuren ihrer Anwesenheit.

Verbreitung: In ganz Europa, stark eingeschränkt in Skandinavien, der nördlichen Sowjetunion und den Britischen Inseln, in Mitteleuropa selten geworden, nur in Hafenstädten.

Spur: Winzig, Hinterspur 2,5 × 2,5 cm, Vorderspur 1,5 × 2 cm. Vorn vierzehig, hinten fünfzehig. Die Vorderspur hat 4 Zehenballen mit Krallen, 3 Handwurzel- und 2 Fersenballen, die alle gleich sind. Hinterspur 5 kleine Zehenballen, 4 Handwurzelballen und 2 Fersenballen, von denen einer länglich ist. Spurenumrisse meist vollständig.

Spurenstellung: Im Lauf entstehen nahe der Mittellinie rechts und links Spurenpaare, die sich teilweise überdecken, Schrittlänge 10 cm. Kennzeichnend ist eine kräftige Schwanzspur. Im Sprung zeigt das Spurenbild Vierergruppen im Abstand von 50 cm, während beim Hüpfen nur die Hinter- und Schwanzspuren zu sehen sind.

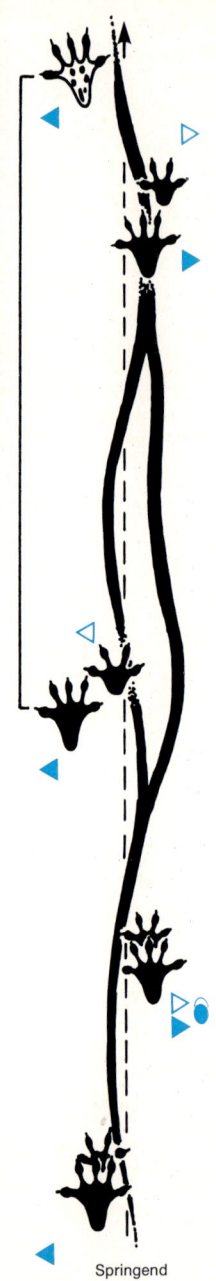
Springend

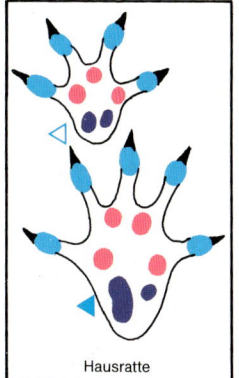

Hausratte

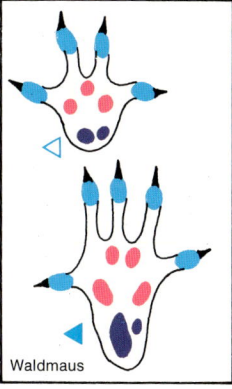

Waldmaus

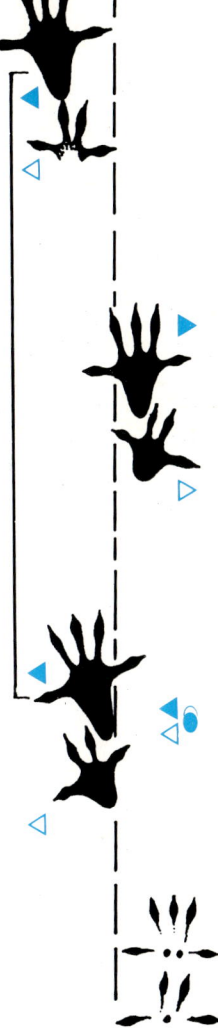

Waldmaus *Apodemus sylvaticus*

Kennzeichen: Kleines Nagetier aus der Familie der Langschwanzmäuse. Körper 11 cm, Schwanz 11,5 cm lang. Fell oben gelb-braun, unten silbrig-grau, mit langgestrecktem, gelbem Kehlfleck.

Lebensweise: Einzeln oder in kleinen Gruppen lebend, vorwiegend dämmerungs- und nachtaktiv, hält keinen Winterschlaf. Hält sich hauptsächlich am Boden auf, klettert aber auch sehr gut. Gräbt Tunnelsysteme, deren Aus- bzw. Eingänge meist unter Baumwurzeln liegen. Bringt 4–8 Junge zur Welt. Lebt hauptsächlich von Sämereien, Beeren, Nüssen, Insekten, Schnecken und Würmern.

Lebensraum: Laubwälder, Felder, Gärten, im Winter auch Schuppen und Kellerräume.

Verbreitung: In ganz Europa außer Mittel- und Nordskandinavien, Finnland und nördliche Sowjetunion.

Spur: Winzig, Vorderspur 1,3 × 1,5 cm, Hinterspur 2,2 × 1,8 cm. Vorne vierzehig, hinten fünfzehig. Die Spuren zeichnen sich nur im Umriß ab und lassen meist keine Einzelheiten erkennen. Vorderspur mit 5 Zehenballen und langen Krallen, 3 kleine Handwurzel- und 2 Fersenballen. Hinterspur mit 5 Zehenballen, 4 kleinen Handwurzel- und 2 Fersenballen.

Spurenstellung: Im Gang zeigt das Spurenbild abwechselnde Spurenpaare nahe der Mittellinie, gelegentlich überdecken sie sich. Schrittlänge 8 cm, keine Schwanzspuren. Die übliche Bewegungsart ist das Springen, die Hinterpfoten werden dabei vor die Vorderspuren gesetzt, so daß typische Vierergruppen im Abstand von 15 cm entstehen. Zwischen den Spurenreihen liegt eine Rille, die vom Schwanz herrührt.

Laufend

Gelbhalsmaus *Apodemus flavicollis*

Kennzeichen: Ähnelt der Waldmaus. Körper 12 cm, Schwanz 13,5 cm lang. Fell oben kastanienbraun, unten gelblich-weiß, mit großem, gelbem Kehlfleck, der oft ein Halsband bildet.
Lebensweise: Ähnlich wie Waldmaus, klettert jedoch häufiger und höher hinauf. 2–8 Junge.
Lebensraum: Laub- und Nadelwälder, auch auf Kahlschlägen.
Verbreitung: Zentral- und Osteuropa, Südskandinavien, Südengland, fehlt in Westeuropa weitgehend, kommt hier nur im Bergland vor.
Spur: Etwas größer als Waldmaus-Spur: Vorderspur 1,6 × 1,8 cm, Hinterspur 2,4 × 1,9 cm.
Spurenstellung: Wie bei der Waldmaus.

Mäusespuren im Schnee (mit Pfoten- und Schwanzabdrücken)

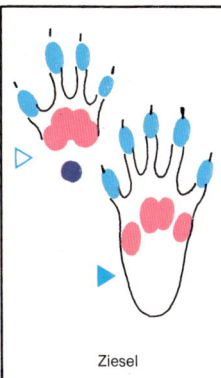

Ziesel

Europäisches Ziesel, Schlichtziesel
Citellus citellus
Kennzeichen: Mittelgroßes Nagetier, zu den Erdhörnchen gehörend. Körper 22 cm, Schwanz 7 cm lang. Fell oben gelbgrau, unten gelblich, Ohren klein und kurz, Augen groß, Schwanz kurz behaart.
Lebensweise: Gesellig, tagaktiv, hält langen Winterschlaf. Lebt am Boden und gräbt ausgedehnte, weitverzweigte unterirdische Gänge. Sehr flink. Pfeift bei Gefahr. Bringt 5–6 Junge zur Welt. Lebt hauptsächlich von Pflanzen, Wurzeln und Sämereien, die es in seinen Bakkentaschen zum Verzehr in den Bau trägt.
Lebensraum: Offene Graslandschaft, Brachland, Kultursteppe.
Verbreitung: Südost-Europa, inselartig von der CSSR bis zum Schwarzen Meer.
Spur: Winzig, Vorderspur 1,8 × 1,2 cm, Hinterspur 2 × 1,3 cm, Hinterspur ohne Fersenballen. Vorne vierzehig, hinten fünfzehig. Zehenballen winzig mit langen Krallen, 4 Handwurzelballen, die am Vorderfuß zu einem Viereck verschmolzen sind. Vorderfuß mit 1 Zehenballen, der jedoch selten abgedrückt wird. Pfotenumriß meist vollständig.
Spurenstellung: Normalerweise zwei Gangarten: Im Lauf abwechselnde Spurenpaare parallel zur Mittellinie, Schrittlänge 10 cm; im Springen Viererguppen, die Vorderspuren liegen dicht hinter den Hinterspuren, Schrittlänge 15 cm. Alle Tritte weisen etwas von der Mittellinie nach außen.

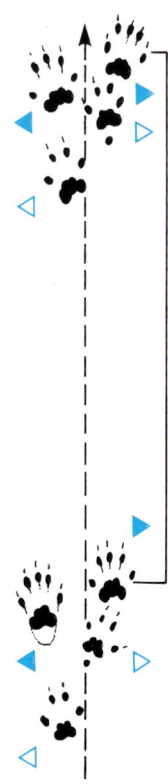

Springend

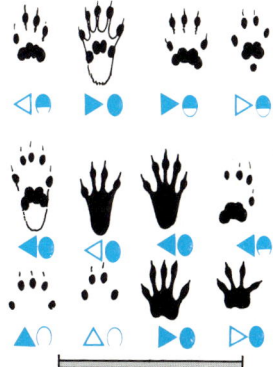

Perlziesel *Citellus suslicus*
Kennzeichen: Etwas größer als Europäisches Ziesel. Körper 25 cm, Schwanz 4 cm lang. Fell oben deutlich gelb-grau gefleckt, unten gelblich.
Lebensweise und Lebensraum: Ähnlich wie Europäisches Ziesel, kommt jedoch auch auf Kulturland vor.
Verbreitung: Steppenzone nördlich des Schwarzen Meeres, westlich bis Polen und Rumänien.
Spur und Spurenstellung: Wie die des Europäischen Ziesels.

Berglemming *Lemmus lemmus*

Kennzeichen: Mittelgroßes Nagetier, größte Lemming-art. Körper 15 cm, Schwanz 2 cm lang. Fell oben schwarz, rotbraun, gelb und weißlich gefleckt, unten gelblich-weiß.

Lebensweise: Gesellig, tag- und nachtaktiv, kein Winter-schlaf. Legt ein weitverzweigtes System von Laufgräben an, die auch im Winter unter der Schneedecke benützt werden. Wanderungen ("Lemmingzüge") ganzer Populationen, vorwiegend nach Massenvermehrung. 3–6 Junge pro Wurf. Ernähren sich in der Hauptsache von Gras, Rinde, Beeren, Knospen und Moos.

Lebensraum: Tundra, Bergheiden, Birkenwald, in Lemmingjahren auch im Nadelwald.

Verbreitung: Bergregionen und arktische Gebiete Skandinaviens.

Spur: Winzig. Vorne vierzehig, hinten fünfzehig. Die Spuren gleichen denen anderer Wühlmausverwandter. Vorderspur mit 4 Zehenballen und 5 etwa gleich großen Sohlenballen (3 Handwurzel- und 2 Fersenballen). Hinterspur mit 5 Zehenballen und 6 Sohlenballen (4 Handwurzel- und 2 Fersenballen). Sohlenumrisse und lange Krallenmarken meist vorhanden.

Spurenstellung: Einmalig unter Nagetieren: Die Mittellinie verläuft wellenförmig. Die normale Bewegungsart ist der Schritt mit teilweisem Beitritt. Schrittlänge etwa 8 cm; Spuren gespreizt. Körperabdrücke häufig vorhanden.

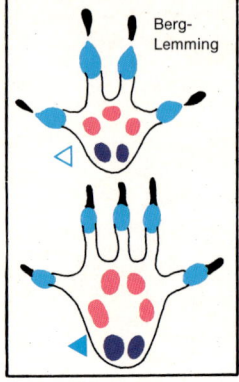

Berg-Lemming

Berg-Lemminge sind an ihrem gemusterten Fell leicht zu erkennen.

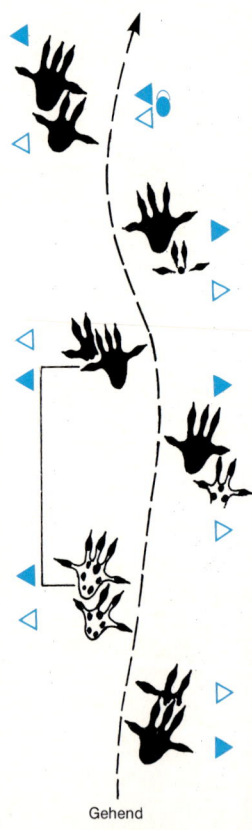

Gehend

Bergmaus *Dinaromys bogdanovi*
Kennzeichen: Kleines Nagetier aus der Gruppe der Wühlmäuse. Körper 14 cm, Schwanz 11 cm lang. Fell langhaarig, hellgrau, sehr weich.
Lebensweise: Eher einzelnlebend; tagaktiv, kein Winterschlaf. Klettert nicht, ruht in Felsspalten oder unter Steinen, legt hier auch ihre Nester an. 2–3 Junge. Lebt von Wurzeln, Pflanzen und Beeren.
Lebensraum: Bergregion oberhalb der Baumgrenze.
Verbreitung: Nur in Jugoslawien und Albanien.
Spur und Spurenstellung: Wie die des Berglemmings.

Von einer Hausmaus angefressene Getreidekörner und Kotpillen.

97

Hausmaus

Stachelmaus

Hausmaus *Mus musculus*

Kennzeichen: Kleines Nagetier. Körper 9,5 cm, Schwanz 9,5 cm lang. Fell oben schiefergrau bis braun-grau, unten etwas heller. Schwanz schwach behaart mit ringförmig angeordneten Schuppen. Füße, Ohren und Augen kleiner als bei Waldmäusen.

Lebensweise: In der Regel Einzelgänger und nachtaktiv bei freilebenden Arten, geselliger und tagaktiv in der Nähe menschlicher Ansiedlungen, kein Winterschlaf. Freilebende Hausmäuse legen verzweigte Baue an mit oberirdischen Laufgängen, im Haus lebende Mäuse leben in Mauerlöchern, Kellern und Dachböden. Bringen bis zu 12mal im Jahr 8–12 Junge zur Welt. Leben von Getreide, Unkraut und Grassamen sowie im Haus von Abfällen und Vorräten.

Lebensraum: Weit verbreitet in Getreidefeldern und Gebäuden.

Verbreitung: In ganz Europa, außer Nordfinnland.
Spur: Winzig, Vorderspur 1 × 1,4 cm, Hinterspur 1,8 × 1,8 cm. Vorne vierzehig, hinten fünfzehig; Zehenballen zart mit Krallen, Sohlenumriß vorhanden. Vorderspur mit 3 kleinen, runden Handwurzel- und 2 Fersenballen. Hinterspur mit 4 Handwurzel- und 2 Fersenballen. 1 Fersenballen größer und verlängert.
Spurenstellung: Im Schritt sind die Spuren einzeln und leicht nach außen gestellt, deutlich zu erkennen sind wellenförmige Schwanzmarken, Schrittlänge 5 cm. Im Lauf kommt es teilweise zum Beitritt, Schrittlänge 7 cm, Schwanzspuren vorhanden. Im Sprung zeigt das Spurenbild Vierergruppen im Abstand von 10 cm – auch Sprünge von 50 cm sind nicht ungewöhnlich.

Ährenmaus *Mus spicilegus (M. hortulanus)*
Kennzeichen: Körper 7–8,5 cm, Schwanz 5,5–7 cm. Fell oben hellbraun, unten gelblich-weiß. Nur an der Bezahnung sicher zu bestimmen.
Lebensweise: Legt ausgedehntes unterirdisches Gangsystem mit Nestkammern und oberirdische Vorratshügel an. Lebt hauptsächlich von Gras- und Getreideähren.
Lebensraum: Grasland und Kultursteppe.
Verbreitung: Südosteuropa, vom Wiener Becken bis zur Wolga, ganzer Balkan.
Spur und Spurenstellung: Wie die der Hausmaus.

Heckenhausmaus *Mus spretus*
Kennzeichen: Körper bis 8,5 cm, Schwanz 7 cm lang. Fell oben gelblich-graubraun, unten weißlich. Nur anhand des Gebisses sicher zu bestimmen.
Lebensweise: Wie Hausmaus.
Lebensraum: Busch- und Kulturland, Gärten.
Verbreitung: Iberische Halbinsel, Südfrankreich.
Spur und Spurenstellung: Wie die der Hausmaus.

Kreta-Stachelmaus *Acomys minous*
Kennzeichen: Relativ große Maus, Körper 12 cm, Schwanz 12 cm. Fell oben grau-braun, unten gelblich-weiß. Rücken mit Stachelhaaren besetzt. Schwanz wenig behaart mit ringförmig angeordneten Schuppen, leicht abbrechend.
Lebensweise: Gesellig, tagaktiv, gräbt Höhlen oder lebt in Felsnischen. Pro Wurf ca. 2 Junge. Lebt von Sämereien, Schnecken und Insekten.
Lebensraum: Zwergbuschsteppe, vorwiegend kluftenreiche Kalkfelshänge, auch in Gärten.
Verbreitung: Nur auf Kreta.
Spur und Spurenstellung: Wie die der Waldmaus.

Felsenmaus *Apodemus mystacinus*
Kennzeichen: Größte Waldmaus. Körper 13 cm, Schwanz 14 cm lang. Fell oben braun-grau, unten weißlich.
Lebensweise: Wie Waldmaus, gräbt jedoch keine eigenen Gänge.
Lebensraum: Hartlaubwälder, offenes, felsiges Gelände mit Gestrüpp.
Verbreitung: Jugoslawien, Albanien, Griechenland, Kreta und einige griechische Inseln.
Spur und Spurenstellung: Wie die der Waldmaus.

Kreta-Stachelmaus

Zwergwaldmaus *Apodemus microps*
Kennzeichen: Kleine Waldmaus. Körper 9,5 cm, Schwanz 9,5 cm lang. Fell oben grau-braun, unten gelblich-weiß, mit kleinem, gelbem Kehlfleck, der mitunter auch fehlen kann.
Lebensweise: Wie Waldmaus. Pro Wurf ca. 4–9 Junge. Lebt hauptsächlich von grünen Pflanzenteilen und Insekten.
Lebensraum: Gras-, Brach- und Kulturland.
Verbreitung: Kontinentales Südosteuropa (Bulgarien, Rumänien, Ungarn, Sowjetunion).
Spur und Spurenstellung: Wie die anderer Waldmaus-Arten, jedoch kleiner.

Brandmaus *Apodemus agrarius*
Kennzeichen: Mittelgroße Waldmaus. Körper 11,5 cm, Schwanz 8,5 cm lang. Fell oben braun-grau mit schwarzem Aalstrich auf dem Rücken, unten gelblich.
Lebensweise: Ähnlich der Waldmaus, jedoch mehr tagaktiv.
Lebensraum: Waldränder, Feldgehölze, Hecken.
Verbreitung: Nordöstliches Mitteleuropa, Osteuropa, Balkan.
Spur und Spurenstellung: Wie die anderer Waldmäuse.

Birkenmaus *Sicista betulina*
Kennzeichen: Kleine Streifen-Hüpfmaus. Körper 7 cm, Schwanz 10,5 cm lang. Fell oben rötlich-braun mit ca. 3 mm breitem, schwarzem Aalstrich.
Lebensweise: Einzelgänger, vorwiegend nachtaktiv, hält Winterschlaf in selbstgegrabenen Erdhöhlen. Klettert gewandt an Grashalmen und dünnen Zweigen. Legt im Sommer oberirdische Grasnester an. 3–5 Junge. Lebt vorwiegend von Grassamen, Beeren, Insekten.
Lebensraum: Im Tiefland in feuchte Wäldern (vor allem Birkenwäldern) mit dichtem Unterwuchs, im Bergland auf Almen und Matten.
Verbreitung: Osteuropa, westlich davon inselartige Restvorkommen in der DDR, in Dänemark, Norwegen, Österreich.
Spur und Spurenstellung: Ähnlich wie die der Zwergmaus. Der lange Schwanz hinterläßt manchmal eine Schleifspur.

Streifenmaus, Steppenbirkenmaus
Sicista subtilis
Kennzeichen: Unterscheidet sich von der Birkenmaus nur durch einen schmäleren (1,5 mm) Aalstrich, der beiderseits von einer hellen Zone begrenzt ist.
Lebensweise: Wie Birkenmaus.
Lebensraum: Waldsteppen, Grasland.
Verbreitung: Südrußland bis Bulgarien und Rumänien.
Spur und Spurenstellung: Wie die der Birkenmaus.

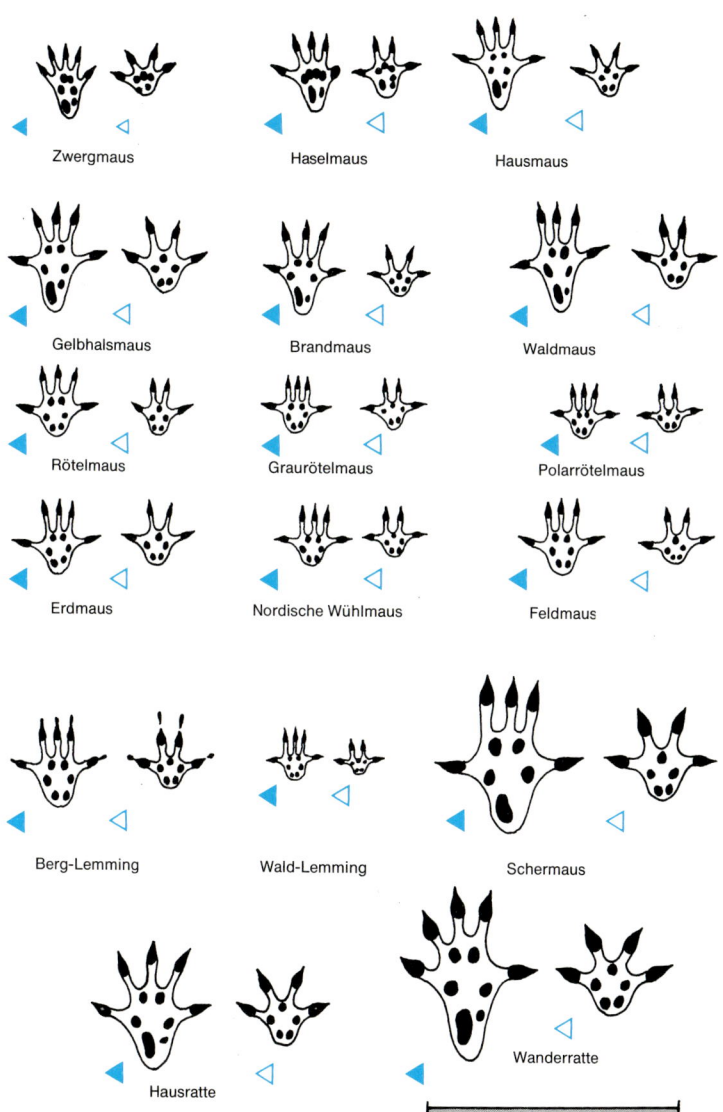

Zwergmaus

Haselmaus

Hausmaus

Gelbhalsmaus

Brandmaus

Waldmaus

Rötelmaus

Graurötelmaus

Polarrötelmaus

Erdmaus

Nordische Wühlmaus

Feldmaus

Berg-Lemming

Wald-Lemming

Schermaus

Hausratte

Wanderratte

Mauswiesel *Mustela nivalis*

Kennzeichen: Kleinstes Raubtier, marderartig. Körper 23 cm, schlank und langgestreckt, Schwanz 5–6 cm, behaart, Fell oben rötlich-braun, unten gelblich-weiß. Männchen stets größer als Weibchen.

Lebensweise: Einzelgänger, zu jeder Tageszeit aktiv, guter Kletterer. Bringt 5–7 Junge zur Welt. Lebt von Mäusen und anderen kleinen Nagetieren, Vogeleiern und nestjungen Vögeln.

Lebensraum: Kahlschläge, Trockenrasen, offene, deckungsarme Biotope.

Verbreitung: Weit verbreitet in ganz Europa außer Island und Irland.

Spur: Winzig, Vorderspur 1,3 × 1 cm, Hinterspur 1,5 × 1,3 cm. 5 halbkreisförmig angeordnete Zehenballen mit scharfen Kralleneindrücken, dreiteiliger, zarter Mittelballen. Fersenballen und vollständige Sohleneindrücke sehr selten zu sehen.

Spurenstellung: Normale Gangart sind die typischen Mardersprünge mit dicht nebeneinanderliegenden oder schräg versetzten Doppelspuren. Sprunglänge 25–30 cm. Bei schnelleren Sprüngen wächst die Sprunglänge auf über 30 cm an, die Einzelspuren gruppieren sich zu einem Viereck. Kann aber auch im Schritt gehen, die Einzelspuren sind dann gut eingedrückt, ohne sich zu überdecken, Schrittlänge ca. 10 cm.

Eurasischer Maulwurf *Talpa europaea*

Kennzeichen: Mittelgroßer Insektenfresser. Körper 10–15 cm, walzenförmig, Schwanz 3–4 cm, dünn, behaart. Vorderfüße zu Grabschaufeln umgebildet. Fell schwarz-braun, samtig, ohne erkennbaren Haarstrich. Augen klein, aber nicht von Haut überwachsen.

Lebensweise: Einzelgänger, tagaktiv, kein Winterschlaf, fast ausschließlich unterirdisch lebend. Gräbt weitverzweigtes unterirdisches Gangsystem mit Vorrats- und Nestkammern. Bringt durchschnittlich 2 Junge zur Welt. Lebt von Insekten, Würmern und Schnecken.

Lebensraum: Tiefgründige Böden ohne Staunässe mit Wiesen, Gärten oder Laubwald.

Verbreitung: Ganz Europa außer Mittel- und Nordskandinavien, Irland und Island. Im Mittelmeerraum nur in den nördlichen Randgebieten sowie im Nordosten der Iberischen Halbinsel.

Spur: Winzig, etwa 1,5 × 1 cm. Der normal ausgebildete Hinterfuß wird mit der ganzen Fußsohle aufgesetzt; die Spur zeigt 5 Zehenballen mit kurzen Krallenmarken, Handwurzel- und Fersenballen sind im einzelnen erkennbar. Die stark umgebildeten Vorderfüße zeigen mit den Sohlen nach außen, und das Tier tritt mit der vorderen Fußinnenhaut auf, so daß sich nur die 5 breiten Zehenballen mit den Krallen als bogenförmige Reihe abdrücken.

Spurenstellung: Selten zu finden. Tritte stark gespreizt – am meisten zwischen den Hinterspuren (große Schränkungsbreite). In der Spurenmitte verläuft eine breite Schleifspur, die vom Körper herrührt. Bei schnellerem Gang ist das Spurenbild ähnlich, die Schrittlänge wächst auf 10–15 cm.

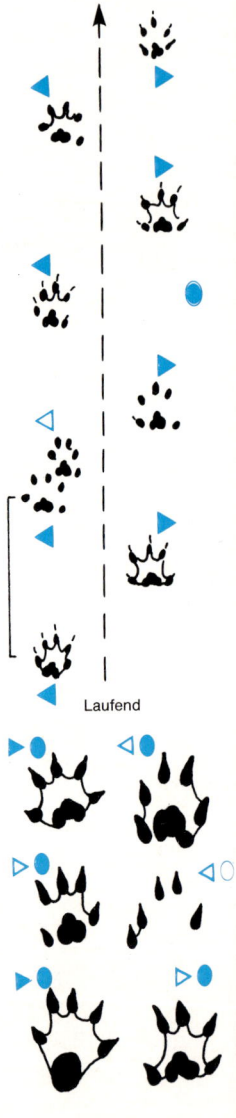

Laufend

Mauswiesel

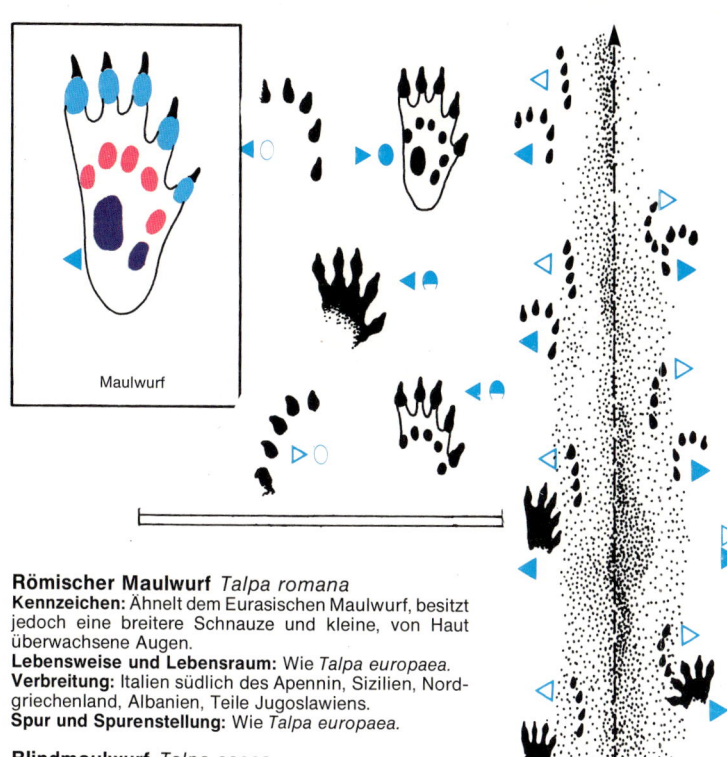

Maulwurf

Schnell laufend

Maulwurf

Römischer Maulwurf *Talpa romana*
Kennzeichen: Ähnelt dem Eurasischen Maulwurf, besitzt jedoch eine breitere Schnauze und kleine, von Haut überwachsene Augen.
Lebensweise und Lebensraum: Wie *Talpa europaea.*
Verbreitung: Italien südlich des Apennin, Sizilien, Nordgriechenland, Albanien, Teile Jugoslawiens.
Spur und Spurenstellung: Wie *Talpa europaea.*

Blindmaulwurf *Talpa caeca*
Kennzeichen: Ähnelt dem Eurasischen Maulwurf, ist jedoch etwas kleiner. Körper 13 cm, Schwanz 3–4 cm. Schnauze schmäler, Augen von Haut überwachsen.
Lebensweise und Lebensraum: Wie *Talpa europaea.*
Verbreitung: Iberische Halbinsel, Provence, Italien nördlich des Apennin, Dalmatien, Griechenland.
Spur und Spurenstellung: Wie *Talpa europaea.*

Ostblindmaus *Spalax microphthalmus*
Kennzeichen: Mittelgroßes Nagetier aus der Familie der Blindmäuse. Schwanzlos. Körper 31 cm lang, walzenförmig. Füße nicht zu Grabschaufeln umgebildet. Augen funktionslos, unter der Haut liegend, Ohrmuscheln fehlend, hervorstehende, breite Schneidezähne. An den Kopfseiten eine Reihe steifer Tastborsten.
Lebensweise: Einzelgänger, nachtaktiv, kein Winterschlaf, zeitlebens unterirdisch lebend, wühlend und grabend. Legt weites, verzweigtes Gangsystem mit Nest- und Vorratskammern an. 1–4 Junge. Lebt von pflanzlicher Nahrung.
Lebensraum: Grassteppe und Kulturland.
Verbreitung: Bulgarien, Rumänien, Sowjetunion.
Spur und Spurenstellung: Selten, Anwesenheit häufig nur durch ausgeworfene Erdhügel erkennbar.

Westblindmaus *Spalax leucodon*
Kennzeichen: Ähnlich wie Ostblindmaus, jedoch kleiner.
Körper 26 cm. Fell samtig weich, oben gelblich- bis röt-
lichbraun, unten dunkelgrau.
Lebensweise und Lebensraum: Ähnlich Ostblindmaus.
Verbreitung: Balkanländer.
Spur und Spurenstellung: Wie die der Ostblindmaus.

Rötelmaus-Spuren im Schnee

Haselmaus *Muscardinus avellanarius*
Kennzeichen: Kleines Nagetier, kleinste Schläferart.
Körper 9 cm, Schwanz 7 cm, buschig behaart. Fell oben
gelblich-braun bis kastanienbraun, unten etwas heller;
Kehle, Brust und Füße weiß. Augen dunkel, groß. Ohren
klein, abgerundet.
Lebensweise: Einzelgänger, dämmerungs- und nachtaktiv, Winterschlaf. Außerordentlich geschickter Kletterer, hält sich die meiste Zeit auf Bäumen und Büschen
auf. Sommernester in Sträuchern, Winternester am Boden zwischen Wurzeln oder Steinblöcken, manchmal
ganzjährig in Vogelnistkästen. 3−5 Junge pro Wurf. Lebt
von Samen, Knospen, Rinde und Früchten.
Lebensraum: Unterholzreiche, feuchte Laubwälder,
buschreiches Gelände.
Verbreitung: Fast ganz Europa, fehlt in Norddeutschland, Dänemark, Skandinavien (außer Südschweden), auf
der Iberischen Halbinsel, in Island, Nordengland und
Schottland.
Spur: Winzig, Vorderspur 1,0 × 0,8 cm, Hinterspur
1,5 × 1,1 cm. Greiffüße mit guter Ballenausbildung, Vorderfuß mit 4 Zehenballen und zarten Krallen, 6 kreisför-

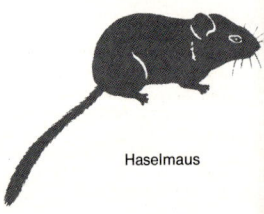

Haselmaus

mig angeordneten Sohlenballen (4 Handwurzel- und 2 Fersenballen), Sohlenumriß vorhanden. Hinterfuß mit 5 Zehenballen. Der 1. Zeh ist kurz, unbekrallt und gegen den Handwurzelballen zurückversetzt. Handwurzelballen mit 4 Trittpölsterchen; die 2 länglichen Fersenballen berühren sie mitunter.
Spurenstellung: Normale Bewegungsart ist der Gang. Die Spuren weisen deutlich nach außen und sind teilweise beigetreten. Zwischen den Spurenpaaren verläuft die Schwanzspur, Schrittlänge 7 cm. Beim Hüpfen entstehen Vierergruppen im Abstand von 15 cm.

Mausschläfer *Myomimus roachi*
Kennzeichen: Kleines Nagetier. Körper 11 cm, Schwanz 8 cm lang, kurz behaart. Fell grau, Ohren kurz, Augen groß.
Lebensweise: Wenig bekannt, am Boden lebend. Lebt von Samen und Kräutern. 3–5 Junge.
Lebensraum: Steppen, trockene Laubwälder, Kulturland.
Verbreitung: Südostbulgarien, Nordostgriechenland.
Spur und Spurenstellung: Ähnlich der der Haselmaus.

Mausschläfer

Rötelmaus, Waldwühlmaus
Clethrionomys glareolus
Kennzeichen: Kleines, zu den Rötelmäusen gehörendes Nagetier. Körper 11 cm, Schwanz 6,5 cm lang. Fell oben rötlich-braun, unten grau-weiß. Ohren relativ lang, abgerundet.
Lebensweise: Gesellig, tag- und nachtaktiv, kein Winterschlaf. Legt ausgedehnte oberirdische Laufgänge und unterirdische Tunnels an, klettert und schwimmt gut. Aufzucht der Jungen (3–5 pro Wurf) in Kugelnest aus Blättern und Heu. Lebt von Wurzeln, Samen, Rinde, Würmern und Insekten.
Lebensraum: Wälder mit dichtem Unterwuchs, Gestrüpp und Farndickichte.
Verbreitung: Fast ganz Europa, fehlt im hohen Norden und in den meisten Mittelmeerländern.
Spur: Winzig, Vorderspur 1,1 × 1,3 cm, Hinterspur 1,5 × 1,7 cm. Vorne vierzehig, hinten fünfzehig. Vorderfuß mit 4 Zehenballen und 5 Sohlenballen (3 Handwurzel- und 2 Fersenballen). Hinterfuß mit 5 Zehen- und 6 Sohlenballen (4 Handwurzel- und 2 Fersenballen); Krallenabdrücke kurz und meist undeutlich.
Spurenstellung: Der Lauf zeigt Einzelspuren, Schrittlänge 6,5 cm; keine Schwanzmarken. Die Spuren liegen dicht an der Mittellinie und zeigen nach vorn, der Sprung zeigt Vierergruppen im Abstand von 15 cm.

Hamster *Cricetus cricetus*
Kennzeichen: Mittelgroßes Nagetier, größte Hamsterart. Körper bis 30 cm, Schwanz bis 6 cm lang. Fell dunkelbraun mit weißen Flecken und schwarzer Unterseite.
Lebensweise: Nachtaktiv, Einzelgänger, Winterschlaf mit Wachphasen; bewohnt unterirdisches Gangsystem mit Schlaf-, Nest- und Vorratskammern. 5–8 Junge pro Wurf. Ernährt sich von Samen, Wurzeln, Kräutern, Insekten, Würmern, Schnecken, jungen Mäusen und Vögeln.
Lebensraum: Ursprünglich russische Trockensteppen, heute im Kulturland, bevorzugt auf Weideland und Feldern, meidet Wälder.
Verbreitung: Osteuropa (in West- und Zentraleuropa unzusammenhängende Populationen).
Spur: Wühlmausartig; Hinterspur bis 3,5 cm lang. Vorne vierzehig, hinten fünfzehig.
Spurenstellung: Paarweise nahe der Mittellinie. Schrittlänge etwa 8–9 cm.

Rumänischer Hamster *Mesocricetus newtoni*
Kennzeichen: Körper 18 cm, Schwanz 2 cm. Färbung ähnlich der des gewöhnlichen Hamsters, Unterseite jedoch hell.
Lebensweise: Ähnlich wie Hamster.
Lebensraum: Steppe und Kulturland.
Verbreitung: Schwarzmeerküste Bulgariens, Rumäniens und der Sowjetunion.
Spur: Winzig, Vorderspur 1 × 1 cm, Hinterspur 1,4 × 1,4 cm. Vorne vierzehig, hinten fünfzehig. Vorderfuß mit 4 Zehenballen mit kurzen Krallen und 5 Sohlenballen (3 Handwurzel- und 2 Fersenballen). Hinterfuß mit 5 Zehenballen mit Krallenmarken und 6 Sohlenballen (4 Handwurzel- und 2 Fersenballen).
Spurenstellung: Paarweise nahe der Mittellinie, Tendenz zu seitlichem Beitritt; Schrittlänge etwa 8,5 cm.

Goldhamster *Mesocricetus auratus*
Kennzeichen: Ähnlich Rumänischer Hamster, Fell jedoch goldbraun.
Lebensweise und Lebensraum: Wie Rumänischer Hamster.
Verbreitung: Libanon und Syrien, in Europa nur entlaufene oder ausgesetzte Tiere.
Spur und Spurenstellung: Wie die des Rumänischen Hamsters.

Grauer Zwerghamster *Cricetulus migratorius*
Kennzeichen: Klein. Körper 11 cm, Schwanz 2,8 cm lang. Fell ohne Musterung, grau bis sandfarben, große Ohren und Augen.
Lebensweise: Ähnlich wie die des gewöhnlichen Hamsters.
Lebensraum: Gras- und offenes Waldland.
Verbreitung: Asien, in Europa nur kleine Areale in Bulgarien, Rumänien und Griechenland.
Spur und Spurenstellung: Wie die kleiner Wühlmäuse (Siehe Seite 114–116).

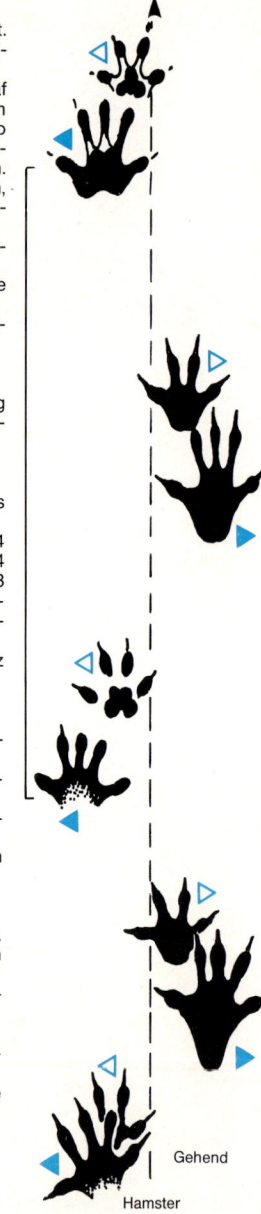

Gehend

Hamster

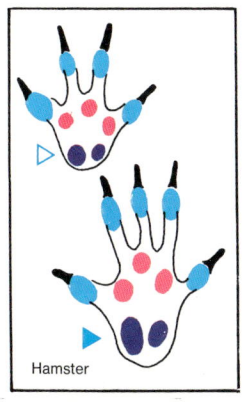

Hamster

Wasserspitzmaus

Wasserspitzmaus *Neomys fodiens*

Kennzeichen: Kleiner Insektenfresser, größte Spitzmausart. Körper bis zu 9 cm, Schwanz bis zu 7 cm lang. Fell oben dunkelbraun bis schwarz, unten hell. Schwanzunterseite und Hinterfußränder mit Schwimmborsten besetzt. Zahnspitzen rötlich-braun.

Lebensweise: Gesellig, vorwiegend dämmerungsaktiv, guter Schwimmer und Taucher, kein Winterschlaf. Nahrungssuche im Wasser, an Land Laufgänge in der Ufervegetation. 5−9 Junge. Lebt von Wasserinsekten, Würmern, Schnecken, kleinen Fischen, Krebsen und Lurchen.

Lebensraum: Uferregionen aller Gewässer, sofern die Vegetation genügend Schutz bietet – auch an Küsten.

Verbreitung: Weit verbreitet, fehlt südlich der Pyrenäen auf den Mittelmeerinseln, in Griechenland, Bulgarien, Irland und Island.

Spur: Winzig, Vorderspur 1,2 × 1 cm, Hinterspur 1,4 × 1 cm, vorne vierzehig, hinten fünfzehig. Hinterspur mit 4 Handwurzel- und 2 Fersenballen. Die Borstenhaare zeigen auf weichem Boden gute Abdrücke.

Spurenstellung: Normale Gangart ist der Lauf mit Einzelabdrücken nahe der Mittellinie. Schrittlänge 4,5 cm. Meist auch eine breite Schwanzspur vorhanden. Im Sprung Vierergruppen im Abstand von 7−8 cm.

Springend

Sumpfspitzmaus *Neomys anomalus*

Kennzeichen: Ähnlich der Wasserspitzmaus, jedoch etwas kleiner. Borstenkiel an der Schwanzunterseite nur im

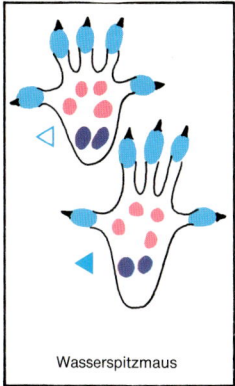

Wasserspitzmaus

Zwergmaus

hinteren Drittel oder ganz fehlend. Borstensaum an den Hinterfüßen schwächer als bei Wasserspitzmaus.
Lebensweise: Ähnlich der Wasserspitzmaus.
Lebensraum: Wie Wasserspitzmaus, aber auch in wasserfernen Biotopen, feuchten Wiesen und Laubwäldern, auch im Bergland.
Verbreitung: Isolierte Areale in den Mittel- und Hochgebirgen Zentral-, Süd- und Osteuropas.
Spur und Spurenstellung: Wie die der Wasserspitzmaus. Bei vollständigen Spuren ist das Fehlen der Hinterfußborsten von diagnostischem Wert.

Zwergmaus *Micromys minutus*
Kennzeichen: Körper 7,5 cm, Schwanz 7 cm lang, dicht behaart. Fell oben ockerfarben bis dunkelbraun, unten heller. Ohren kurz. Füße hell, Zähne mit rötlichen Spitzen.
Lebensweise: Ähnlich der Waldspitzmaus, jedoch mehr tagaktiv. Schwimmt und klettert gut, Schwanz wird zur Unterstützung beim Klettern eingesetzt („Greifschwanz"). Jungenaufzucht in Sommernestern zwischen senkrechten Halmen, Winternester in Erdlöchern und unter Grashaufen. Beutesuche eher oberirdisch. Lebt von Insekten, Würmern, Schnecken und Jungmäusen.
Lebensraum: Grasbewachsenes Ödland, Seggenbestände, Schilfgürtel, Getreidefelder.
Verbreitung: In ganz West-, Zentral- und Osteuropa weit verbreitet; fehlt im Mittelmeerraum, Skandinavien, Schottland, Irland und Island.
Spur: Winzig, Vorderspur 0,8 × 0,8 cm, Hinterspur 1,3 × 1 cm, vorn und hinten fünfzehig. Vorderspur mit 4 Zehenballen, deutlichen Krallenabdrücken, 3 getrennten Handwurzelballen und 2 Fersenballen. Hinterspur mit 5 Zehenballen, langen, abgesetzten Krallenmarken, 4 kleinen, runden Handwurzelballen und 2 Fersenballen.

Spuren fünf- und vierzehiger Pfotentiere

Spurenstellung: Normale Laufspur mit Paarspuren, die geradeaus gerichtet sind, dazwischen drückt sich der Schwanz als geschwungene Linie ab. Schrittlänge 4 cm. Beim Springen Vierergruppen im Abstand von 8 cm.

Erdmaus *Microtus agrestis*

Kennzeichen: Kleines Nagetier aus der Gruppe der Wühlmäuse. Körper bis 13 cm, Schwanz bis 4,5 cm lang. Schwanz oben dunkel, unten hell. Fell oben dunkelgraubraun, unten weißlich-grau.

Lebensweise: Gesellig mit zyklischen Schwankungen der Populationsdichte, tag- und nachtaktiv, kein Winterschlaf. Ausgedehnte Laufgänge und Tunnels im Pflanzenwuchs, Fallaub und Erdboden. Pro Wurf 4–6 Junge. Pflanzenfresser.

Lebensraum: Im feuchten Grasland auf dicht bewachsenen Kahlschlägen, in Seggenbeständen, im Hochgebirge bis zur Schneegrenze (sofern genügend Deckung vorhanden ist).

Verbreitung: In Europa weit verbreitet mit Ausnahme des Mittelmeerraumes und des Balkans, Irlands und Islands.

Spur: Winzig, Vorderspur 1,2 × 1,5 cm, Hinterspur 1,5 × 1,8 cm. Vorne vierzehig, hinten fünfzehig. Vorderspur mit 4 Zehenballen mit kleinen Krallen, 3 Handwurzel- und 2 Fersenballen von gleicher Größe. Sohlenumriß vorhanden. Hinterspur mit 5 Zehenballen, kurzen Krallen, 4 Handwurzel- und 2 Fersenballen von gleicher Größe, Sohlenumriß vorhanden.

Spurenstellung: Normale Bewegungsart ist der Lauf, wobei der Körper dicht am Boden gehalten wird. Die Spuren sind paarweise, in relativ weitem Abstand von der Mittellinie, leicht beigetreten und etwas nach außen gerichtet, Schrittlänge 5,5–6 cm.

Erdmaus

Feldmaus *Microtus arvalis*
Kennzeichen: Körper 12 cm, Schwanz 4,5 cm lang. Fell kurzhaarig, hellbraun bis hellgrau. Ohren wenig behaart.
Lebensweise: Ähnlich der Erdmaus. Gesellig, dämmerungs- und nachtaktiv. Unterirdisches Gangsystem mit Vorrats- und Nestkammern. 4–10 Junge pro Wurf. Lebt von Körnern, Beeren, Obst, Nüssen.
Lebensraum: Gras- und Weideland.
Verbreitung: Weit verbreitet, fehlt auf den Britischen Inseln, in Irland, ganz Skandinavien und weitgehend auch im Mittelmeerraum.
Spur und Spurenstellung: Wie die anderer Feldmäuse.

Nordische Wühlmaus *Microtus oeconomus*
Kennzeichen: Etwas größer als Erdmaus. Körper bis 15 cm, Schwanz bis 6,5 cm. Fell oben schwarzbraun bis schwarz, unten hellgrau.
Lebensweise: Gesellig, dämmerungs- und nachtaktiv, kein Winterschlaf. Legt unterirdische Laufgänge an. (Ist das Erdreich zu naß, werden oberirdisch Nester aus Gras angelegt.) Schwimmt und taucht gut. 5–9 Junge. Pflanzenfresser.
Lebensraum: Sumpfwiesen, Schilfgürtel, Seggenbestände.
Verbreitung: Ostdeutschland und Osteuropa, westlich der Elbe und in Skandinavien Restpopulationen (z. B. in Holland).
Spur: Winzig, Vorderspur 1 × 1,3 cm, Hinterspur 1,2 × 1,6 cm; gattungstypisch.
Spurenstellung: Normale Bewegungsart ist das Gehen mit typischen Paarspuren, die sich nicht überdecken, Schwanzspur vorhanden, Schrittlänge 4,5 cm.

Schneemaus, Alpenwühlmaus
Microtus nivalis
Kennzeichen: Körper 14 cm, Schwanz 7,5 cm. Fell oben gelbgrau, unten heller.
Lebensweise: Vorwiegend tagaktiv, eher einzeln lebend, hält sich häufig im Freien auf. Klettert und springt gut. Oberflächlicher Erdbau und verzweigtes Röhrensystem. 2–7 Junge pro Wurf. Lebt von Kräutern, Gras und Wurzeln.
Lebensraum: Bergmatten, Geröllhalden oberhalb der Baumgrenze.
Verbreitung: Alpenländer und Hochgebirge der Iberischen Halbinsel und des Balkans.
Spur und Spurenstellung: Wie die anderer Feldmäuse, jedoch mit deutlicher Schleifspur des Schwanzes.

Mittelmeer-Feldmaus *Microtus guentheri*
Kennzeichen: Körper 12 cm, Schwanz 3 cm lang. Fell oben gelblich-grau, unten hellgrau. Schwanz und Füße hell.
Lebensweise: Wie die anderer Feldmäuse.
Lebensraum: Gras- und Kulturland.
Verbreitung: Nordgriechenland, Bulgarien.
Spur und Spurenstellung: Gattungstypisch.

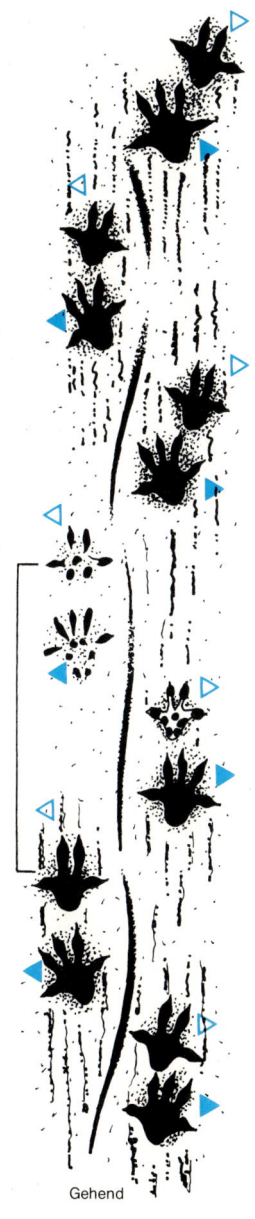

Gehend

111

Spuren fünf- und vierzehiger Pfotentiere

Cabreramaus *Microtus cabrerae*
Kennzeichen: Der Feldmaus sehr ähnlich, aber mit langen Leithaaren auf dem Hinterrücken. Körper 8–11 cm, Schwanz 3,5–4,5 cm lang. Fell oben dunkel graubraun, unten gelblich-grau.
Lebensweise: Wie die der Feldmaus.
Lebensraum: Feuchte Wiesen, Gestrüpp, lichte Wälder mit Unterwuchs.
Verbreitung: Iberische Halbinsel.
Spur und Spurenstellung: Wie Feldmaus.

Kurzohrmaus *Pitymys subterraneus*
Kennzeichen: Körper 10 cm, Schwanz bis 4 cm. Fell oben dunkel graubraun, unten weißlich, Füße hell. Augen und Ohren sehr klein.
Lebensweise: Gesellig, dämmerungs- und nachtaktiv. Nahrungssuche vorwiegend unterirdisch. 2–3 Junge pro Wurf.
Lebensraum: Grasland, Weiden, offenes Waldland.
Verbreitung: West-, Zentral- und Südosteuropa, fehlt in Norddeutschland und allen nordischen sowie den Mittelmeerländern.
Spur und Spurenstellung: Wie die der Feldmäuse.

Fatio-Kleinwühlmaus *Pitymys multiplex*
Kennzeichen: Ähnlich wie Kurzohrmaus, jedoch Fell oben mit rötlichem Anflug, unten heller. Körper 9–10 cm, Schwanz 3,5–4 cm lang.
Lebensweise: Ähnlich wie Kurzohrmaus.
Lebensraum: Wie Kurzohrmaus.
Verbreitung: Alpen und Jura.
Spur und Spurenstellung: Wie die der Feldmäuse.

Tatra-Kleinwühlmaus *Pitymys tatricus*
Kennzeichen: Ähnlich wie Kurzohrmaus, Fell jedoch etwas dunkler. Körper 10–11 cm, Schwanz 3,5–5 cm lang.
Lebensweise und Lebensraum: Wie die der Kurzohrmaus, gräbt jedoch keine eigenen Tunnelsysteme, sondern lebt in den Gängen anderer Kleinsäuger.
Verbreitung: Hohe und Niedere Tatra.
Spur und Spurenstellung: Wie die der Feldmäuse.

Mittelmeer-Kleinwühlmaus
Pitymys duodecimcostatus
Kennzeichen: Ähnlich wie Kurzohrmaus, Fell jedoch oben gelblich, unten silbrig, dicht und weich. Körper bis 10,5 cm, Schwanz bis 3 cm lang.
Lebensweise und Lebensraum: Wie die der Kurzohrmaus; gräbt ausgedehnte Gangsysteme.
Verbreitung: Spanien und Südfrankreich.
Spur und Spurenstellung: Wie die der Feldmäuse.

Savi-Kleinwühlmaus *Pitymys savii*
Kennzeichen: Ähnelt sehr stark der Kurzohrmaus.
Lebensweise und Lebensraum: Wie Kurzohrmaus.
Verbreitung: Apenninenhalbinsel.
Spur und Spurenstellung: Wie die der Feldmäuse.

Graurötelmaus *Clethrionomys rufocanus*
Kennzeichen: Kleines Nagetier aus der Gruppe der Rö-

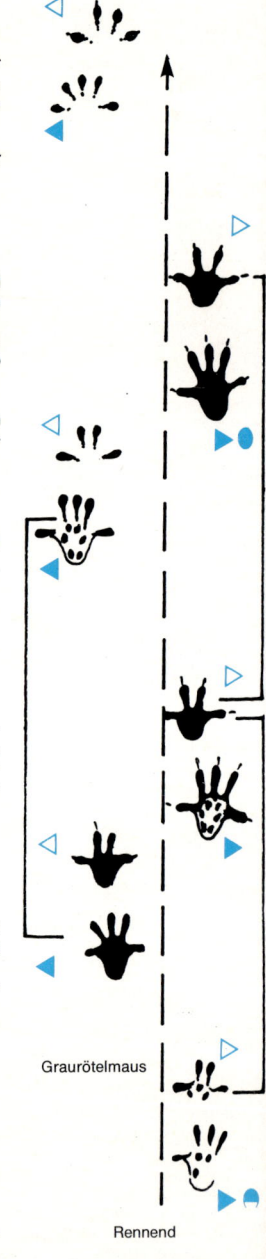

Graurötelmaus

Rennend

telmäuse. Körper 12 cm, Schwanz 4 cm lang. Ähnlich der Rötelmaus, rötlichbraune Färbung jedoch auf ein breites Rückenband begrenzt, Fell sonst grau.
Lebensweise: Dämmerungs- und nachtaktiv, kein Winterschlaf, weniger scheu als Rötelmaus, mehr kletternd. 3–5 Junge pro Wurf. Lebt von Knospen, Trieben und Früchten von Zwergsträuchern.
Lebensraum: Zwergstrauchheiden, Moore und Wälder.
Verbreitung: Gebirgs- und Tundrengebiete Skandinaviens und der nördlichen Sowjetunion.
Spur: Winzig, Vorderspur 1 × 1,4 cm, Hinterspur 1,1 × 1,4 cm; ähnlich der anderer Wühlmäuse.
Spurenstellung: Normale Bewegung ist ein hastiger Lauf. Die Spuren erscheinen in Abständen paarweise auf der Mittellinie, Schrittlänge 6 cm.

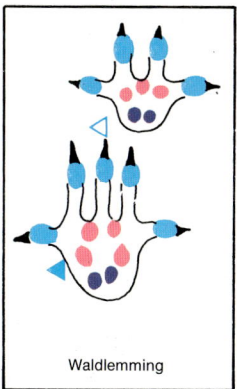

Waldlemming

Waldlemming *Myopus schisticolor*
Kennzeichen: Kleines Nagetier aus der Familie der Wühlmäuse. Körper bis 9,5 cm, Schwanz bis 2 cm lang. Fell schiefergrau mit rostroten Streifen auf dem Hinterrücken.
Lebensweise: Gesellig, vorwiegend nachtaktiv, kein Winterschlaf. Laufgänge in und unter der Moosdecke. 3–8 Junge pro Wurf. Zyklische Populationsschwankungen. Lebt hauptsächlich von Moos, Flechten und Farnen.
Lebensraum: Feuchte Nadelwälder mit dickem Moosteppich, auch an Wasserläufen und Bruchmooren.
Verbreitung: Lokal verbreitet in Skandinavien, Finnland und der nördlichen Sowjetunion.
Spur: Winzig. Vorderspur 0,8 × 1 cm, Hinterspur 1 × 1,1 cm. Vorne vierzehig, hinten fünfzehig. Vorderspur mit 4 Zehen-, 3 Handwurzel- und 2 Fersenballen, Krallenabdrücke undeutlich. Hinterspur mit 5 Zehen-, 4 Handwurzel- und 2 Fersenballen.
Spurenstellung: Normale Bewegungsart ist ein langsames Gehen, wobei eine charakteristische wellenförmige Spurenbahn entsteht, Schrittlänge 4 cm, teilweise überdeckte Spuren, keine Schwanzspuren.

Waldlemming

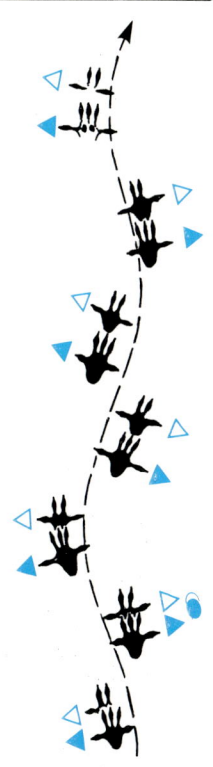

Schnell gehend

Polarrötelmaus *Clethrionomys rutilus*

Kennzeichen: Ähnlich wie Rötelmaus, jedoch heller und leuchtender gefärbt. Körper 10 cm, Schwanz bis 3,5 cm lang, dichter behaart als bei Rötelmaus.
Lebensweise: Dämmerungs- und nachtaktiv, kein Winterschlaf. Geschickter Kletterer. Baut dicht unter der Erde Gangsystem, kommt aber im Winter eher in Häuser und Stallungen. 4–8 Junge pro Wurf. Lebt von Knospen, Blättern, Samen, Beeren, Flechten und Rinde.
Lebensraum: Offene Kiefern- und Birkenwälder, Weidengestrüpp, auch in menschlichen Ansiedlungen.
Verbreitung: Arktische Gebiete Skandinaviens und der Sowjetunion.
Spur: Winzig, Vorderspur 0,9 × 1,4 cm, Hinterspur 1 × 1,4 cm; sonst wie die anderer Wühlmäuse.
Spurenstellung: Bewegt sich normalerweise laufend oder hastend, Spuren nicht überlappend, Schrittlänge ca. 8 cm.

Hausspitzmaus *Crocidura russula*

Kennzeichen: Kleiner Insektenfresser aus der Familie der Spitzmäuse. Körper bis 8,5 cm, Schwanz bis 5 cm lang, mit Wimperhaaren versehen. Fell oben graubraun, unten heller. Ohrmuscheln groß und aus dem Fell hervorragend. Mit 3 einspitzigen weißen Zähnen im Oberkiefer (Weißzahnmaus).
Lebensweise: Einzelgänger, dämmerungs- und nachtaktiv, meidet offenes Terrain, lebt häufig in alten Gebäuden. Pro Wurf 3–9 Junge. Lebt von Insekten, Würmern, Schnecken, Aas.
Lebensraum: Laubwälder, Gras- und Kulturland, menschliche Siedlungen, im Hügelland und in warmen Mittelgebirgslagen.
Verbreitung: West- und Zentraleuropa, Mittelmeerinsel.
Spur und Spurenstellung: Ähnlich wie die anderer Spitzmäuse.

Gartenspitzmaus *Crocidura suaveolens*

Kennzeichen: Ähnlich wie Hausspitzmaus, aber kleiner. Körper 7,7 cm, Schwanz bis 4 cm lang. Fell oben rötlichgraubraun, unten grau-gelb. Schwanz mit weißen Wimperhaaren. Genaue Artbestimmung nur anhand des Zahnmusters möglich (Weißzahnmaus).
Lebensweise und Lebensraum: Wie Hausspitzmaus, jedoch auch in Küstenregionen vorkommend.
Verbreitung: Portugal, Westfrankreich, Südfrankreich, Apenninenhalbinsel, Südosteuropa.
Spur und Spurenstellung: Ähnlich der anderer Spitzmäuse.

Feldspitzmaus *Crocidura leucodon*

Kennzeichen: Körper 8,5 cm, Schwanz 4,5 cm lang. Fell oben dunkelgrau, unten gelblich-weiß mit scharfer Abgrenzung. Schwanz mit Wimperhaaren. Weißzahnmaus.
Lebensweise und Lebensraum: Nacht- und tagaktiv. Lebt in Bauten anderer Kleinsäuger, Mauerritzen und -spalten. Bei Umsiedlung mit Jungen „Karawanenbildung", d. h., die Jungen halten sich am Schwanz der Mutter fest, eines hinter dem anderen. Pro Wurf 3–9 Junge. Lebt von Insekten, Würmern, Schnecken, Aas.

Polarrötelmaus
Schnell gehend

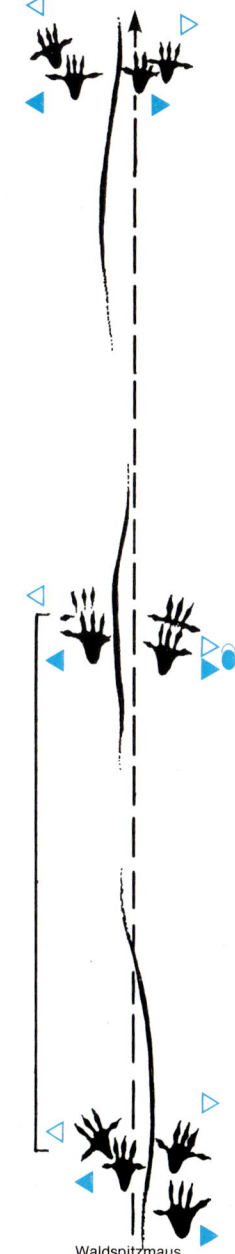

Verbreitung: Nordwest-, Zentral- und Osteuropa, fehlt in Norddeutschland und östlich davon, in allen nordischen Ländern, in Südwestfrankreich und auf der Iberischen und der Apenninhalbinsel (ausgenommen isolierte Populationen in Süditalien).

Spur und Spurenstellung: Ähnlich der anderer Spitzmäuse.

Waldspitzmaus *Sorex araneus*

Kennzeichen: Körper 8,5 cm, Schwanz 3–5 cm lang, kurz behaart. Fell samtig weich, oben schwarzbraun, seitlich hellbraun, unten gelblich-grau. Gehört zur Gruppe der Rotzahnspitzmäuse mit rötlichen Zahnspitzen. Artbestimmung nur anhand der Bezahnung möglich (siehe Seite 285).

Lebensweise: Einzelgänger, tag- und nachtaktiv, kein Winterschlaf. Nistet unter Baumwurzeln oder Pflanzenmaterial. Pro Wurf 4–9 Junge. Nahrungssuche meist in der Bodenstreu. Lebt von Insekten, Würmern, Schnecken, Spinnen und Aas.

Lebensraum: Fast überall, sofern genügend Deckung vorhanden ist.

Verbreitung: Mittel- und Osteuropa (auch in England, Skandinavien und Italien), fehlt in ganz Westeuropa.

Spur: Winzig, Vorderspur 0,8–0,9 cm, Hinterspur 1 × 1 cm. Sohlen mit 6 Schwielen (4 Handwurzel-, 2 Fersenballen). Alle Spuren fünfzehig, Zehenballen mit scharfen Krallen, Sohlenumriß vorhanden. Aufgrund ihrer geringen Größe und ihres geringen Gewichtes sind gute Abdrücke selten!

Spurenstellung: Bei allen Gangarten ist eine zarte Schwanzspur zu erkennen. Normale Bewegungsart ist der Lauf mit Spuren entlang der Mittellinie, Schrittlänge 4 cm. Beim Hüpfen zeigen sich Viergergruppen im Abstand von 5 cm.

Alpenspitzmaus *Sorex alpinus*

Kennzeichen: Ähnelt der Waldspitzmaus. Körper etwa 7,5 cm, Schwanz etwa 7,5 cm, kurz behaart. Fell oben dunkelgrau, unten etwas heller. Zähne mit rötlichen Spitzen. Genaue Artbestimmung nur anhand der Bezahnung möglich (siehe S. 285).

Lebensweise: Wenig bekannt, wahrscheinlich wie die anderer Spitzmäuse. Schwimmt gut.

Lebensraum: Alpine Blockhalden, schattig-feuchte Fichtenwälder, in Gewässernähe.

Verbreitung: Alpenländer und Mittelgebirge Zentral- und Südosteuropas.

Spur und Spurenstellung: Wie die anderer Spitzmäuse.

Etrusker-Spitzmaus *Suncus etruscus*

Kennzeichen: Kleines Säugetier. Körper bis 4,5 cm, Schwanz bis 3 cm lang, mit abstehenden Wimperhaaren. Fell oben graubraun, unten grau. Lange Tasthaare an der Schnauze, weiße Zähne (Weißzahnspitzmaus).

Lebensweise: Scheint Einzelgänger und nachtaktiv zu sein, kein Winterschlaf, jedoch sporadische Kälte-Starre. Pro Wurf 3–4 Junge. Nest in Felsspalten oder unter Baumwurzeln. Lebt von kleinen Insekten und Spinnen.

Lebensraum: Warmes, steiniges Gelände, aber auch Gewässerufer, Macchie, Gärten und Felder.

Waldspitzmaus
Springend

Etrusker-Spitzmaus

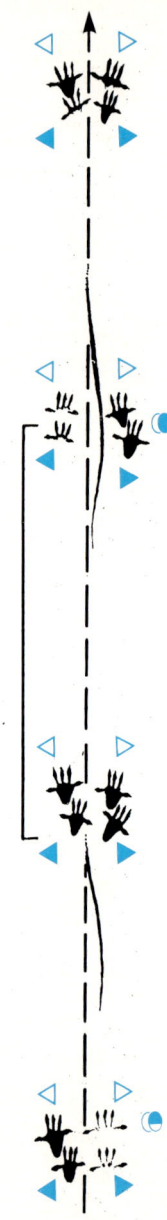

Verbreitung: Küstenländer des Mittelmeeres, Südwest-frankreich, Mittelmeerinseln außer Kreta.
Spur und Spurenstellung: Spuren extrem klein (0,6 × 0,5 cm) und selten, aber typisch für Spitzmäuse; Schwanz-spur vorhanden, Schrittlänge ca. 3 cm.

Zwergspitzmaus *Sorex minutus*
Kennzeichen: Körper 6 cm, Schwanz 6 cm. Fell oben hell graubraun, unten gelblich-grau. Füße weiß. Zähne mit rötlichen Spitzen. Artbestimmung nur anhand der Be-zahnung möglich (siehe Seite 284).
Lebensweise: Einzelgänger, nachtaktiv, kein Winter-schlaf. Lebt in verlassenen Maulwurfs- und Mäusegän-gen. 4–8 Junge pro Wurf. Beutesuche vorwiegend in der Laubstreu. Lebt von Würmern, Insekten, Schnecken, Jungmäusen.
Lebensraum: In vielen Biotopen, anpassungsfähig, auch in wenig deckungsreichem Gelände.
Verbreitung: Ganz Europa, fehlt nur in Irland, den Mit-telmeerinseln und weiten Teilen der Iberischen Halbinsel.
Spur und Spurenstellung: Wie die anderer Spitzmäuse, Spurenlänge 0,4–0,5 cm, Schrittlänge 2–3 cm.

Zwergspitzmaus
Springend

Lapplandspitzmaus, Maskenspitzmaus *Sorex caecutiens*
Kennzeichen: Körper 5−7 cm, Schwanz 3−5 cm. Fell oben braun, unten gelblich-grau mit scharfer Abgrenzung. Zähne mit rötlichen Spitzen. Artbestimmung nur anhand der Bezahnung möglich (siehe Seite 284).
Lebensweise: Einzelgänger, nacht- und tagaktiv, kein Winterschlaf, gräbt keine Gänge, sondern lebt und nestet in der Bodenstreu. Pro Wurf 7−8 Junge. Lebt von Insekten, Schnecken, Würmern, Aas.
Lebensraum: Laub- und Nadelwälder der Taiga und Tundra.
Verbreitung: Finnland, Nordskandinavien, nördliches Osteuropa.
Spur und Spurenstellung: Ähnlich der der Waldspitzmaus, nur kleiner.

Knirpsspitzmaus *Sorex minutissimus*
Kennzeichen: Kleinste nördliche Spitzmaus. Körper 4,5 cm, Schwanz 2−3 cm, mit Haarbüschel am Ende. Fell oben dunkel graubraun, unten hellbraun bis hellgrau, deutliche Abgrenzung. Zahnspitzen rötlich.
Lebensweise: Einzelgänger, tag- und nachtaktiv, kein Winterschlaf, am Boden nestend. 3−6 Junge pro Wurf. Lebt von kleinen Insekten, Würmern und Aas.
Lebensraum: Fichtendickichte in der Tundra.
Verbreitung: Finnland und nördliche Sowjetunion, isolierte Populationen in Norwegen und Schweden.
Spur- und Spurenstellung: Extrem klein und selten. Spuren 0,6 × 0,6 cm. Schwanzspur stets zart vorhanden. Die Spurengruppen beim Hüpfen haben einen Abstand von 6 cm zueinander, trotz der Kleinheit des Tieres.

Taigaspitzmaus *Sorex sinalis*
Kennzeichen: Körper bis 8 cm, Schwanz 4−5 cm lang. Fell oben dunkelbraun, unten etwas heller, keine scharfe Abgrenzung. Zähne mit rötlichen Spitzen.
Lebensweise: Wie die anderer Spitzmäuse.
Lebensraum: Vorwiegend feuchte Nadelwälder.
Verbreitung: Mittelfinnland, Sowjetunion, isolierte Vorkommen in Schweden.
Spur und Spurenstellung: Vorderspur 1 × 1 cm, Hinterspur 1,5 × 1,2 cm, sonst wie die anderer Spitzmäuse. Abstand der Spurengruppen beim Hüpfen bis zu 10 cm.

Tote Zwergspitzmaus

Vierzehige Pfotenabdrücke

Haushund *Canis familiaris*
Kennzeichen: Domestiziertes Raubtier. In vielen verschiedenen Rassen vorhanden.
Lebensweise: Den menschlichen Gewohnheiten angepaßt. Läßt man ihn frei laufen, so läuft er schnuppernd und stöbernd umher.
Verbreitung: Ganz Europa.
Spur: Starke Größenunterschiede je nach Rasse. Normalerweise sind die Spuren vierzehig, der Hauptballen ist dreieckig gelappt und viel größer als die 4 Zehenballen, die weit gespreizt und halbkreisförmig um den Hauptballen angeordnet sind; stets mit Krallenmarken. Bei den ähnlichen Fuchsspuren sind die beiden dicht beieinander. Der Abstand zwischen Zehen- und Hauptballen ist größer als bei Hundespuren.
Spurenstellung: Gehende Haushunde hinterlassen eine Fährte aus Einzelspuren, die etwas rechts bzw. links der Mittellinie liegen. Die wildlebenden Vettern bzw. Vorfahren des Haushundes dagegen bewegen sich schnürend fort, d. h., bei ihnen liegen die Einzelspuren wie auf einer Schnur hintereinander aufgereiht auf einer Linie und haben keinerlei Schränkung.
Im Trab treten charakteristische Doppelspuren aus nebeneinanderliegenden Vorder- und Hinterläufen auf, die zustande kommen, weil der trabende Hund den ganzen Körper schräg dreht. Im Lauf entstehen asymmetrisch zur Mittellinie Viereruppen in großen Abständen.

Hund

Unten: Pfotenabdrücke von
Fuchs (links) und Hund (rechts).

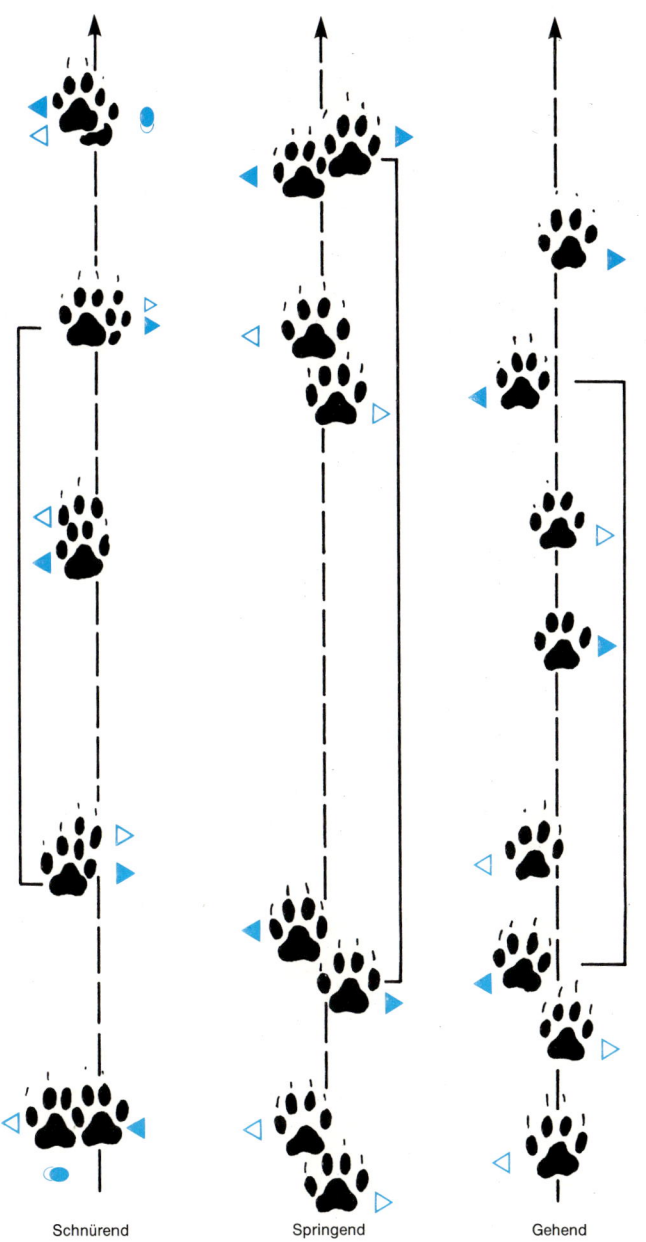

Schnürend

Springend

Gehend

Wolf *Canis lupus*

Kennzeichen: Großes, hundeartiges Raubtier mit schäferhundähnlicher Gestalt. Körper 130 cm, Schwanz 50 cm lang, buschig. Fell einheitlich graubraun. Relativ hochbeinig, Zehengänger, Kopf mit läng!icher Schnauze und dreieckigen, aufrechtstehenden Ohren.

Lebensweise: Gesellig, vorwiegend nachtaktiv, kein Winterschlaf. Im Winter große Rudel bildend, die gemeinsam jagen. Jungenaufzucht in Erdbauen. Pro Wurf 3–6 Junge. Lebt von großen bis kleinen Wirbeltieren.

Lebensraum: Tundra, Bergregionen, offene Waldgebiete, bei Bejagung auch in geschlossenen Laub- und Nadelwäldern.

Verbreitung: Ursprünglich in ganz Europa, jetzt fast völlig ausgerottet, Restvorkommen nur noch in osteuropäischen Ländern, Spanien, Italien und Skandinavien.

Spur: Groß, zwischen 10 × 7,6 cm bis 11 × 9,5 cm. Vorderspur deutlich größer als Hinterspur, beide vierzehig. Zehenballen stets deutlich abgedrückt, oft mit kurzen, stumpfen Krallenmarken. Hauptballen groß, dreieckig gelappt, dazwischen oft Haarspuren sichtbar. Wolfsspuren unterscheiden sich von Hundespuren durch die näher beieinanderliegenden Mittelzehen.

Spurenstellung: Bevorzugte Gangart ist der Trab mit schnürender Trittweise, Hinter- und Vorderspuren liegen auf einer Linie hintereinander, wobei die Hinterpfote mehr oder weniger genau in die Vorderspur gesetzt wird. Schrittlänge ca. 120 cm.

Im Lauf hinterläßt der Wolf Vierergruppen, von denen jeweils zwei Spuren schräg zueinander gelegt sind, Schrittlänge 180 cm. Im Sprung liegen die 4 Spuren nahe beieinander, der Abstand zwischen den Gruppen beträgt 200 cm.

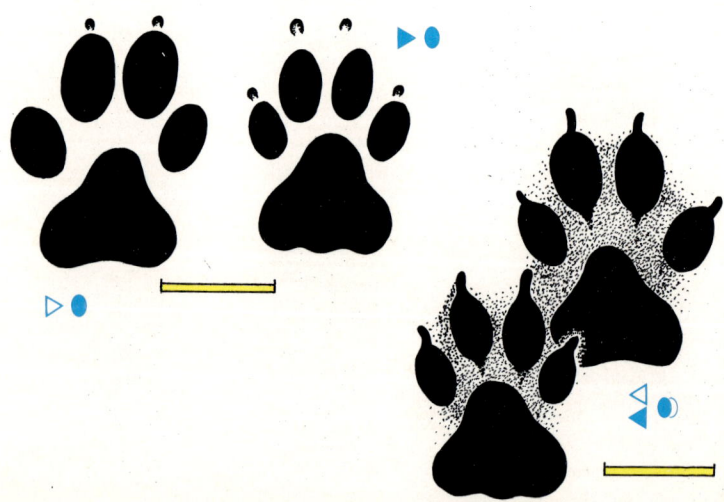

Wolf

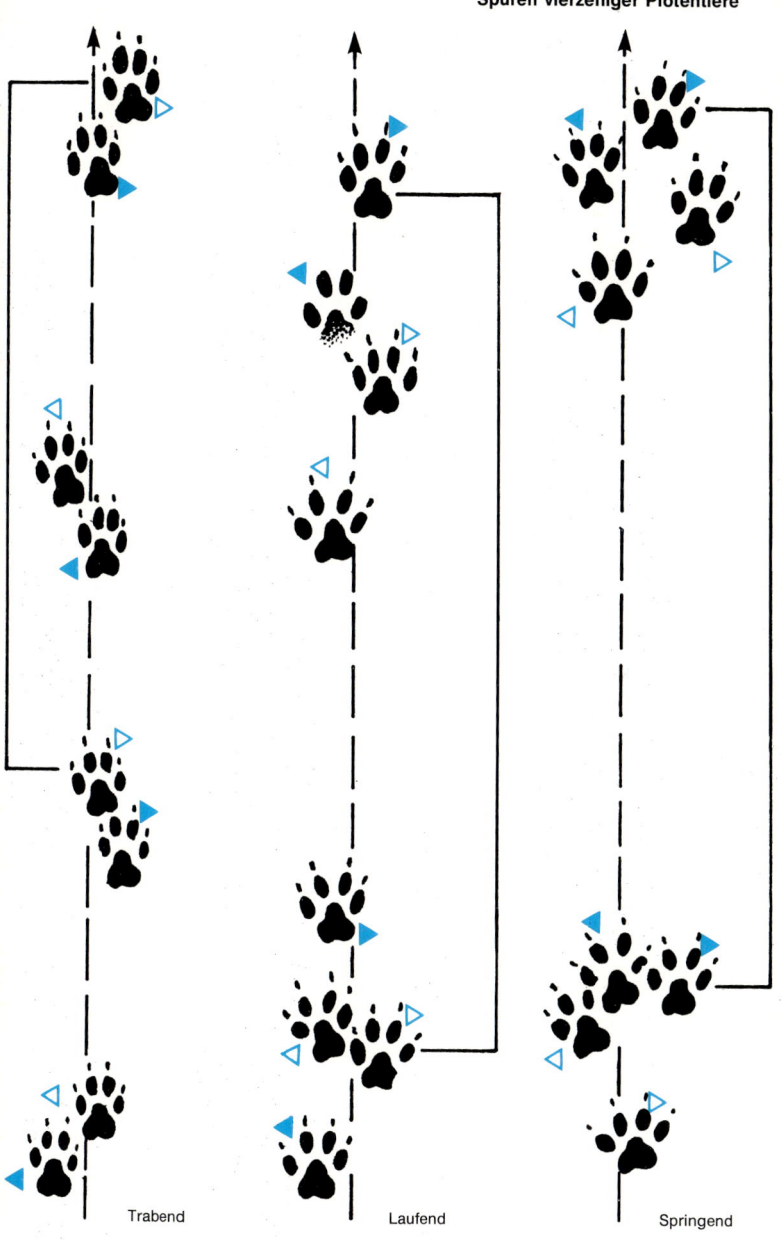

Spuren vierzehiger Pfotentiere

Trabend

Laufend

Springend

Europäischer Feldhase *Lepus capensis*
(Lepus europaeus)

Kennzeichen: Hasentier. Körper bis 65 cm, Schwanz (Blume) 9 cm, oben schwarz, unten weiß, Ohren (Löffel) lang, abgerundet, mit schwarzem Rand. Augen (Seher) groß. Fell oben braungelb, unten weißgrau. Hinterläufe lang. Lippen tief gespalten, beweglich, mit Schnurrhaaren.

Lebensweise: Meist einzeln lebend, bewohnen jedoch zu mehreren gemeinsame Gruppenreviere, vorwiegend dämmerungs- und nachtaktiv, zur Paarungszeit im Frühjahr jedoch auch häufig tagsüber anzutreffen, kein Winterschlaf. Das Lager (Sasse) ist eine flache Mulde im Gestrüpp oder in einer Ackerfurche. Pro Wurf 1–5 Junge. Lebt von Gräsern, Kräutern, Rinde.

Lebensraum: Vorwiegend Wiesen- und Ackerland, Feldgehölze, Laubwald und Heiden.

Verbreitung: In ganz Europa, fehlt in Island, im nördlichen Skandinavien und in den Alpen.

Spur: Hinterspur groß, bis zu 15 × 4,5 cm, pantoffelförmig, meist mit Abdruck einer 5. Zehe. Vorderspur klein, 4 × 4 cm, meist kreisrund. 4 Zehenballen, keine Handwurzel- und Fersenballen. Die ganze Fußsohle und die Zehen sind mit dichten, festen Haaren bedeckt, die deutliche Abdrücke hinterlassen.

Spurenstellung: Der Hase bewegt sich in der Hauptsache mehr oder weniger schnell springend (hoppelnd) fort. Beim langsamen Hoppeln setzen die Hinterläufe dicht hinter den Vorderspuren auf, Schrittlänge 30 cm. Beim schnelleren Hoppeln entsteht das typische Bild der Hasenspur: Parallele, pantoffelförmige Hinterspuren vor fast kreisrunden Vorderspuren hintereinander auf der Mittellinie.

Beim schnellen Lauf vergrößert sich der Abstand dieser Spurenbilder, die Hinterspuren sind leicht gegeneinander versetzt, Sprunglänge ca. 2,5 m.

Schneehase *Lepus timidus*

Kennzeichen: Kleiner als Feldhase. Körper bis 60 cm lang, Schwanz 6 cm, ganz weiß. Ohren kürzer (8 cm), abgerundet, mit schwarzem Rand. Fell im Sommer oben braungrau, unten weißgrau, im Winter ganz weiß.

Lebensweise: Einzelgänger oder kleine Kolonien bildend, dämmerungs- und nachtaktiv, kein Winterschlaf. Lager in flachen Mulden unter Felsen. Jungenaufzucht auch in kurzen Erdhöhlen. Pro Wurf 2–5 Junge. Lebt von Gräsern, Kräutern, Rinde und Flechten.

Lebensraum: Tundra, Wiesen, Weideland, Wälder in gebirgigen Lagen, auch Kulturland.

Verbreitung: Begrenzt auf Nordeuropa und Höhenlagen der Alpen, Irland, Schottland, Skandinavien und Sowjetunion.

Spur: Hinterspur groß, bis zu 13 × 3 cm, pantoffelförmig. Vorderspur klein, 3,5 × 3 cm, kreisrund. Gleicht der Spur anderer Hasenartiger.

Spurenstellung: Typische Spurenstellung aller Hasenartigen: Parallel rechts und links der Mittellinie gesetzte Hinterläufe liegen vor den Spuren der kleinen, hintereinander angesetzten Vorderläufe, Schrittlänge ca. 25 cm. Kaum vom Feldhasen zu unterscheiden.

Sprungweite beim schnellen Hoppeln bis zu 2 Meter.

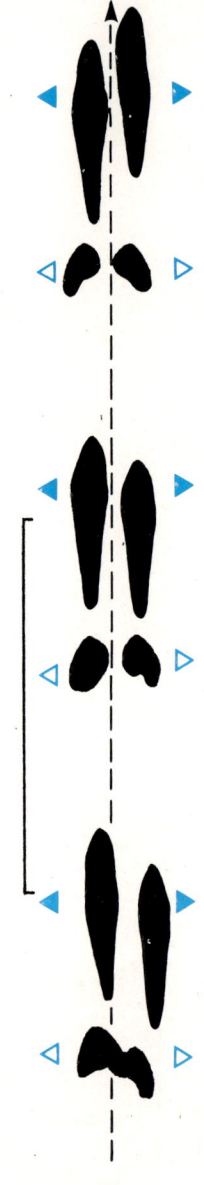

Hoppelnd

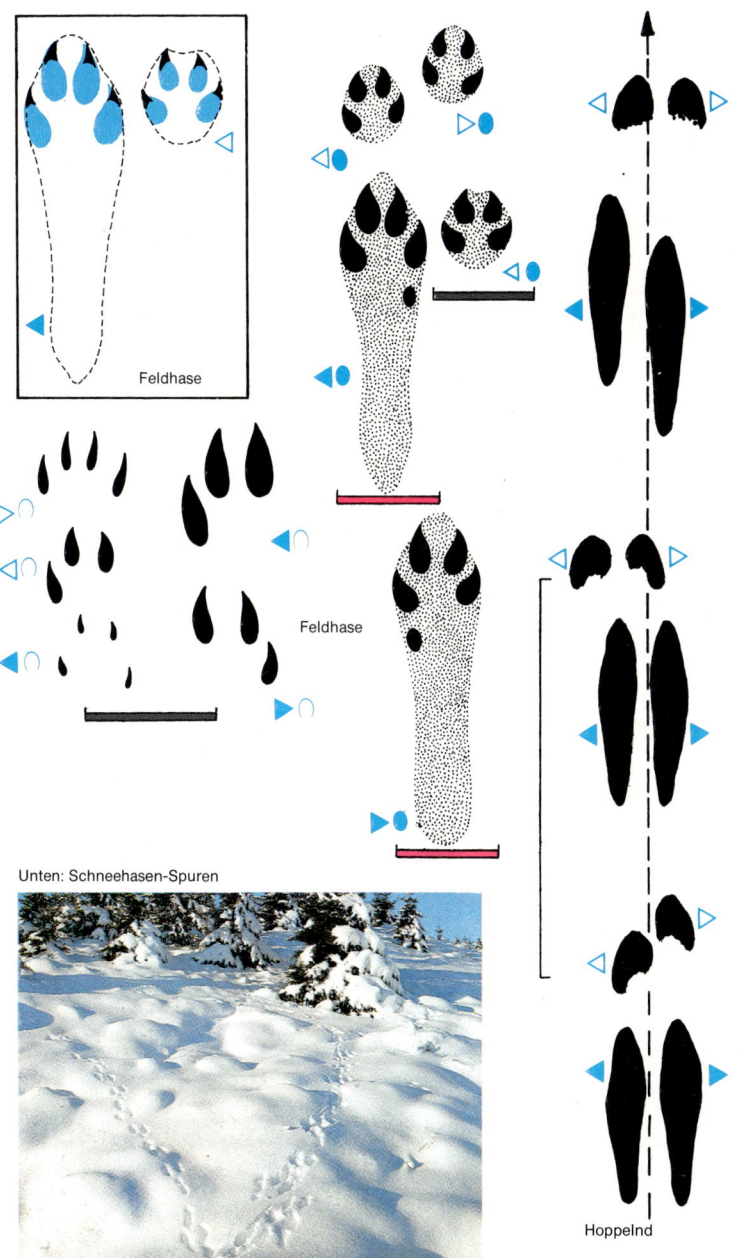

Spuren vierzehiger Pfotentiere

Feldhase

Feldhase

Unten: Schneehasen-Spuren

Hoppelnd

123

Europäisches Wildkaninchen
Oryctolagus cuniculus

Kennzeichen: Hasentier. Körper bis zu 45 cm lang, Schwanz bis 8 cm, oben dunkel, unten hell, buschig. Ohren ca. 7 cm lang, ohne schwarze Spitzen. Fell oben hellbraun bis braunschwarz, unten etwas heller.

Lebensweise: Gesellig, in der Hauptsache dämmerungsaktiv, kein Winterschlaf. Legen weitverzweigte unterirdische Tunnelsysteme an. 4–6 Junge pro Wurf. Lebt vorwiegend von Gräsern, Kräutern, Wurzeln und Rinde.

Lebensraum: Dünen- und Heidelandschaften, Waldränder, Bahndämme, Kulturland.

Verbreitung: Ursprünglich nur Iberische Halbinsel, im frühen Mittelalter in Mitteleuropa eingeführt, fehlt in Südialien, Skandinavien und dem Balkan.

Spur: Klein bis mittelgroß, Vorderspur 3,5 × 2,5 cm, Hinterspur 6 × 2,5 cm. Vorne und hinten 4 längliche Zehenballen, keine Handwurzel- und Fersenballen. Ganze Sohle dicht behaart. Zehen mit Borstenhaaren bedeckt, so daß die Spur nur die Krallenmarken zeigt. Hinterspur oft pantoffelförmig, eine 5. Zehe ist zwar vorhanden, aber sehr klein und drückt sich selten ab.

Spurenstellung: Wie die aller Hasenartigen. Die Spuren überdecken sich in keiner Gangart. Im Hoppeln zeigt das Spurenbild die Vorderläufe in Paaren, dicht dahinter die Hinterlaufabdrücke, Schrittlänge ca. 20 cm.
Im Lauf zeigt die Spur lose Vierergruppen, Abstand ca. 80 cm.
Im schnellen Lauf mit weiten Sprüngen erscheinen zwei nebeneinanderliegende Spuren der Hinterläufe rechts und links der Mittellinie und zwei hintereinanderliegende Spuren der Vorderläufe auf der Mittellinie.

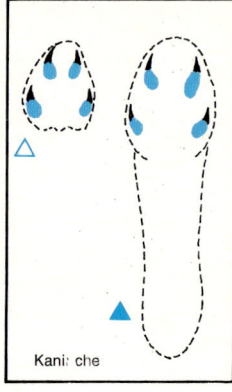

Kaninche

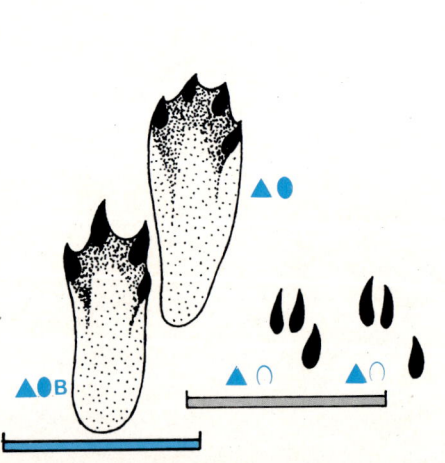

Kaninchen-Spuren

Hoppelnd (Wechsel von hartem Untergrund zu weichem)

Luchs, Nordluchs *Felis lynx*

Kennzeichen: Katzenartiges Raubtier. Körper 125 cm, Schwanz 15 cm, mit schwarzem Ende. Fell helldunkel gefleckt. Relativ hohe Beine, Ohren an der Spitze mit dunklen Haarpinseln, kurze Schnauze und breiter, langhaariger Backenbart.

Lebensweise: Einzelgänger, vorwiegend dämmerungsaktiv, kein Winterschlaf, Bodenbewohner, der geschickt klettert. Lager in Felshöhlen, unter Baumwurzeln oder in hohlen Bäumen. Pro Wurf 2–3 Junge. Ausschließlich Fleischfresser, lebt vorwiegend von Säugetieren bis Ziegengröße.

Lebensraum: Waldgehölze mit Unterholz, im Norden in Nadelwäldern, im Süden in Macchien.

Verbreitung: Ursprünglich alle Waldlandschaften Europas, heute nur noch 3 Restvorkommen in Fennoskandinavien, auf der Iberischen Halbinsel und in den Karpaten; Wiedereinbürgerung in der Schweiz, in Österreich und Jugoslawien.

Spur: Mittelgroß, 7–8 × 8,5–9,5 cm. Großer dreieckiger Sohlenballen mit 4 hufeisenförmig angeordneten gleich großen Zehenballen. Ohne Krallenabdrücke (außer im Schnee).

Spurenstellung: Ähnlich der anderer Katzen. Normale Gangart das Schreiten, dabei hinterläßt der Luchs eine Spurenbahn aus Doppeltritten, da er die Hinterpranken in die Vorderspuren setzt. Nur leichte Schränkung und schnürend aussehende Bahn. Schrittlänge 40 cm, auf der Flucht bis zu 150 cm.

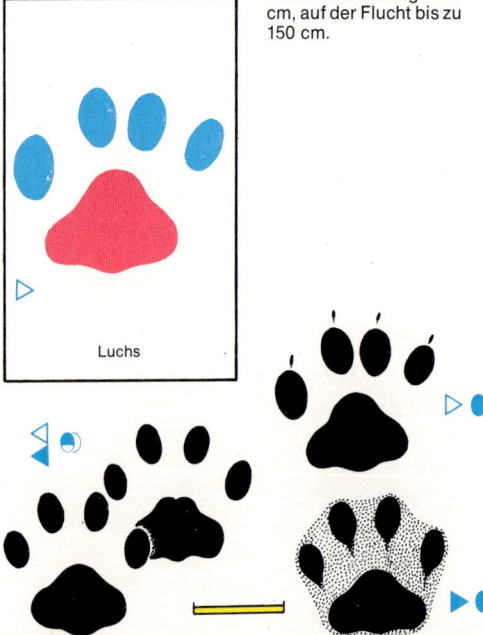

Luchs

Schnürend

Wildkatze *Felis sylvestris*
Kennzeichen: Ähnelt sehr der Hauskatze, Körperbau jedoch kräftiger. Körper bis 80 cm, Schwanz 20–40 cm, dick und buschig, stumpf endend, zum Ende hin kräftig hell-dunkel geringelt.
Lebensweise: Einzelgänger, vorwiegend dämmerungsaktiv, kein Winterschlaf. Am Boden lebend, jedoch sehr guter Kletterer. Lager in Felshöhlen oder Baumwurzeln. Markiert ihr Territorium. Pro Wurf 2–5 Junge. Lebt vorwiegend von Kleintieren (Säugern, Vögeln).
Lebensraum: Laub- und Nadelwälder, Macchie, felsiges Bergland.
Verbreitung: Alpenländer, Karpaten und Balkan, Iberische Halbinsel, Italien südlich des Apennin, Schottland, in Deutschland nur noch in einigen Mittelgebirgen.
Spur: Klein, ca. 6 × 5 cm. Großer dreilappiger, dreieckiger oder rautenförmiger Sohlenballen, vorne und hinten 4 ovale Zehenballen. Wenn die Katze auf weichen Untergrund springt, werden Krallenabdrücke, ein 5. Zehenballen und ein Fersenballen sichtbar, dann ist auch der ganze Pfotenumriß deutlich sichtbar.
Spurenstellung: Normale Gangart ist der Schritt mit einzelnen Trittsiegeln oder teilweise beigetretenen Doppelspuren, Schrittlänge 30 cm und mehr.
Im Trab schnürt die Katze, die Hinterfüße werden genau in die Vorderspuren gesetzt, die Bahn weist keine Schränkung auf.

Der Luchs ist gut an seinen dunklen Ohrpinseln und dem dunkel endenden Stummelschwanz zu erkennen.

Wildkatze

Spuren vierzehiger Pfotentiere

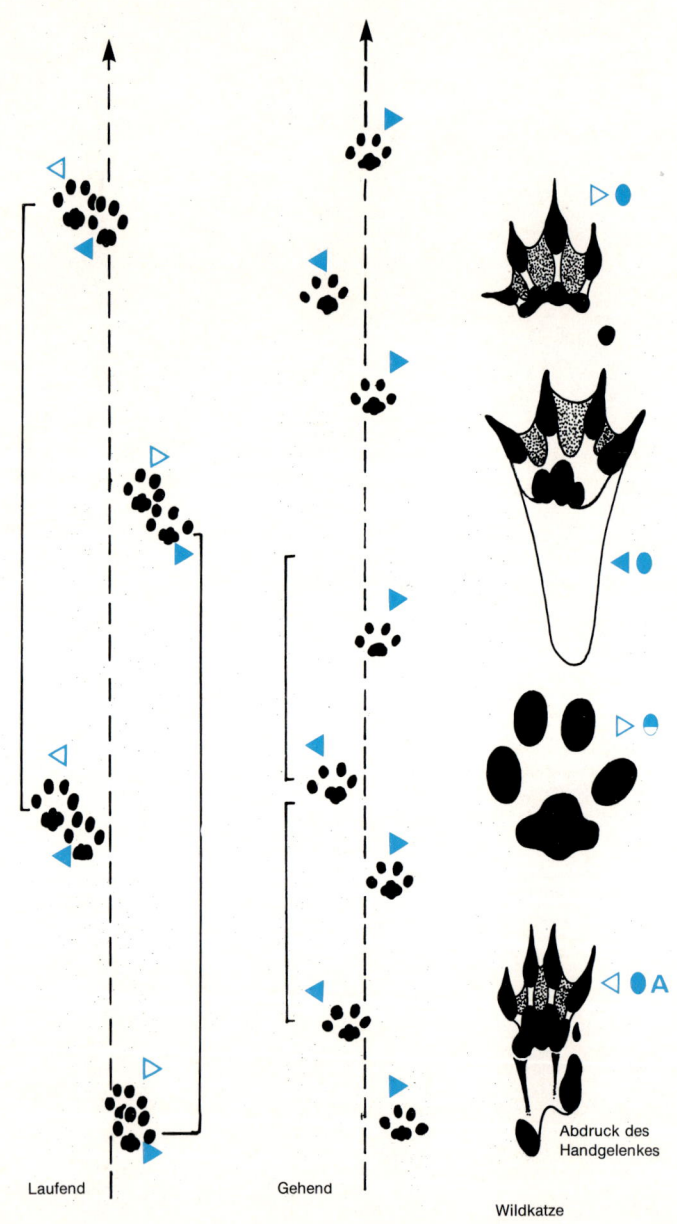

Laufend

Gehend

Abdruck des
Handgelenkes

Wildkatze

Wildkatzen-Spuren im Schnee

Marderhund *Nyctereutes procyonoides*

Kennzeichen: Hundeartiges Raubtier. Körper bis 65 cm, Schwanz 20 cm lang, buschig. Ohren kurz und rund, Beine kurz. Fell oben graubraun bis gelblich, unten dunkler, schwarze Gesichtsmaske.

Lebensweise: Einzelgänger, vorwiegend dämmerungsaktiv, kein Winterschlaf, jedoch ausgedehnte Winterruhe. Ruht in Baum- oder Felshöhlen oder in selbstgebauten Erdhöhlen. 6–10 Junge pro Wurf. Lebt von Kleinsäugern, Vögeln, Fischen, Vogeleiern, Würmern, Beeren und Früchten.

Lebensraum: Wälder, vor allem in der Nähe von Gewässern und Mooren.

Verbreitung: Ursprünglich Ostasien, in osteuropäischen Ländern wegen des Pelzes angesiedelt, hat sich von dort bis Mitteleuropa ausgebreitet.

Spur: Klein, Vorderspur 5 × 4,5 cm, Hinterspur 4,5 × 3,5 cm. Vorn und hinten vierzehig, manchmal drückt sich auch die 1. Zehe in der Vorderspur ab. Sohlenballen dreieckig, gelappt, größer als die 4 Zehenballen. Krallenabdrücke normalerweise vorhanden.

Spurenstellung: Beim Schreiten zeigt das Spurenbild sich teilweise überdeckende Trittsiegel auf oder parallel zur Mittellinie, Schrittlänge 25 cm.

Im Trab entsteht eine deutliche Viererspur mit einem Abstand von 50 cm zwischen den Gruppen.

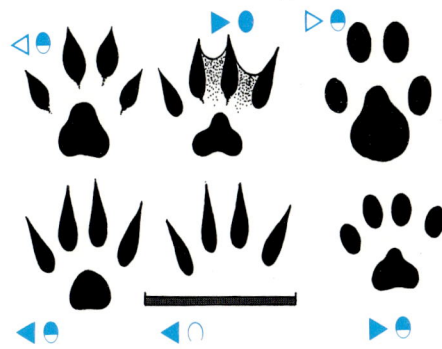

Marderhund
Springend

129

Spuren vierzehiger Pfotentiere

Rotfuchs *Vulpes vulpes*

Kennzeichen: Hundeartiges Raubtier. Körper 75 cm, Schwanz (Rute) 45 cm lang, buschig, mit weißer Spitze. Schnauze lang und spitz, Ohren groß und aufrechtstehend, Fell oben rotbraun, unten weißlich.

Lebensweise: Einzelgänger, normalerweise nachtaktiv, kein Winterschlaf. Jungenaufzucht in selbstgegrabenen Bauen, verlassenen Dachshöhlen oder alten Schuppen, pro Wurf 4–6 Junge. Lebt von kleinen Nagetieren, Vögeln, Insekten, Würmern, Obst und Beeren.

Lebensraum: Nahezu überall anzutreffen, vorzugsweise in Waldbeständen mit dichtem Unterholz, aber auch auf Feldern und sogar in Dörfern und Städten.

Verbreitung: In ganz Europa verbreitet, ausgenommen Island.

Spur: Klein, elliptisch, 5 × 4,5 cm. 4 große Zehenballen, Sohlenballen klein, dreilappig. Zwischen den Ballen Haarabdrücke.

Spurenstellung: Der Fuchs bewegt sich sehr oft schnürend, dabei liegen alle Pfotenabdrücke gerade hintereinander, ohne irgendwelche Schränkung. (Schnürender Haushund mit mehr oder weniger großer Schränkung.) Beim Anschleichen erscheinen die Pfotenabdrücke in 2 Reihen dicht hintereinander in kurzen Abständen.
Im Lauf entsteht eine deutliche Viererspur, wobei der Abstand zwischen den Gruppen 60 cm und mehr beträgt.

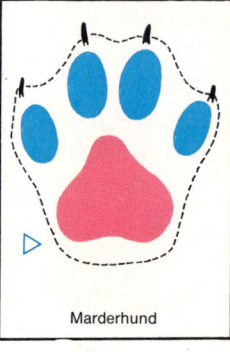

Marderhund

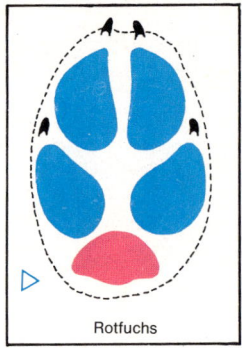

Rotfuchs

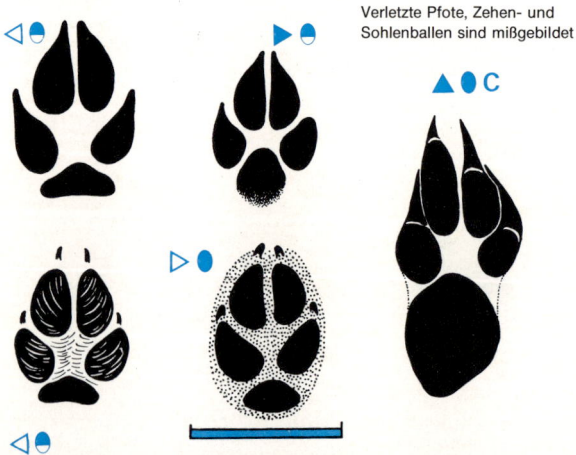

Verletzte Pfote, Zehen- und Sohlenballen sind mißgebildet

Laufend

Fuchs- (unten) und Dachsspuren (oben links und rechts), die sich begegnen.

Fuchspfote. Deutlich zu erkennen die 4 gleich großen Zehenballen, der dreilappige Hauptballen und die dazwischenliegende Behaarung.

131

Polarfuchs, Eisfuchs *Alopex lagopus*

Kennzeichen: Hundeartiges Raubtier. Körper 65 cm, Schwanz 35 cm. Ohren und Schnauze kürzer als beim Rotfuchs. Fell im Sommer braun oder blau-grau, im Winter normalerweise weiß, dichter und langhaariger.

Lebensweise: Einzeln, paarweise oder in kleinen Gruppen lebend, tag- und nachtaktiv, kein Winterschlaf. Mit markiertem Territorium. Jungenaufzucht in Erdbauen, pro Wurf 2–8 Junge (Welpen). Lebt von Kleinnagern, Vögeln, Vogeleiern, Aas, Beeren und Früchten.

Lebensraum: Im Sommer in der offenen Tundra, im Winter entweder südlich in die Waldzone abwandernd oder nach Norden auf Treibeisfelder des Polarmeeres, hier ernährt er sich von den Beuteresten der Eisbären.

Verbreitung: Arktische Zone, Island, Spitzbergen, Gebirge Skandinaviens.

Spur: Klein, etwa 5,5 × 5 cm. Vorderspur größer als Hinterspur. Normalerweise vierzehig, gelegentlich bildet sich die 1. Zehe in der Vorderspur ab. 4 deutliche, relativ kleine Zehenballen. Krallen spitz und vor den Ballen abgesetzt, an den Mittelzehen nach innen gerichtet. Sohlenballen lappig, dreieckig, kaum größer als Zehenballen. Mit deutlichen Haareindrücken.

Spurenstellung: Im Schritt schnürende Spur, d. h. gerade Reihe von Spuren auf der Mittellinie. Die Spuren, die den Eindruck von Einzelabdrücken machen, sind in Wirklichkeit genau ineinanderpassende Doppelspuren. Auf weichem Schnee hinterläßt auch der Schwanz eine Spur.

Im Trab entstehen nahe der Mittellinie Paarspuren, Schrittlänge ca. 80 cm.

Im Lauf werden Trittsiegel in Vierergruppen abgesetzt, Abstand 60–100 cm.

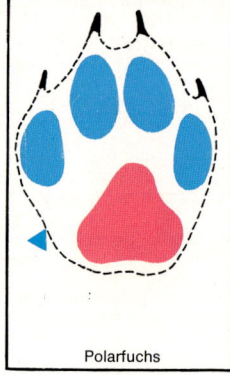

Polarfuchs

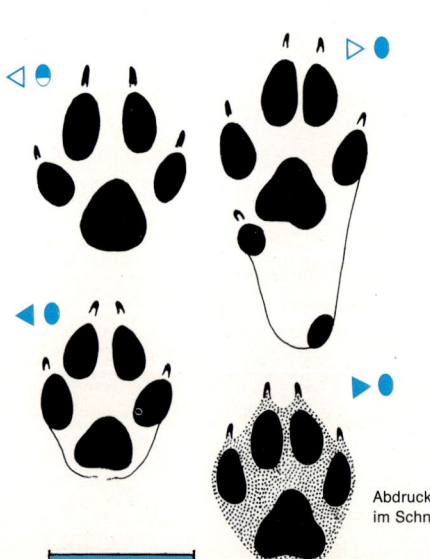

Abdruck im Schnee

Springend

Goldschakal *Canis aureus*
Kennzeichen: Hundeartiges Raubtier. Körper bis 100 cm, Schwanz 40 cm lang, buschig, mit schwarzer Spitze. Fell oben rötlich, unten gelbbraun.
Lebensweise: Einzeln, paarweise oder in Familien lebend, tag- und nachtaktiv, kein Winterschlaf. Gräbt Wurfbau, 3–8 Junge pro Wurf. Heult durchdringend. Lebt von kleinen Säugetieren, Vögeln, Aas und Früchten.
Lebensraum: Deckungsreiches Busch- und Waldland.
Verbreitung: Südosteuropa und Balkan.
Spur und Spurenstellung: Ähnlich der eines Hundes.

Ginsterkatze *Genetta genetta*
Kennzeichen: Schleichkatzenartiges Raubtier. Körper 60 cm, Schwanz 45 cm lang, hell-dunkel geringelt. Schnauze spitz, Ohren groß, dreieckig, Beine kurz. Fell gelblich-grau mit dunklen Flecken.
Lebensweise: Einzelgänger, nacht- und dämmerungsaktiv, kein Winterschlaf. Wurfnest in Bäumen und Felshöhlen. Pro Wurf 2–3 Junge. Lebt von kleinen Nagern, Vögeln, Reptilien, Insekten, Eiern und Beeren.
Lebensraum: Laubwälder, Macchie und Bergweiden.
Verbreitung: Iberische Halbinsel, Südostfrankreich.
Spur: Klein, kaum größer als 4 × 4 cm. 4 kleine Zehenballen an jedem Fuß, Krallenabdrücke häufig sichtbar. Sohlenballen dreilappig, dreieckig.
Spurenstellung: Paarige Spuren, die sich teilweise überdecken und alle auf der Mittellinie liegen, Schrittlänge je nach Geschwindigkeit 20–50 cm.

Ginsterkatze

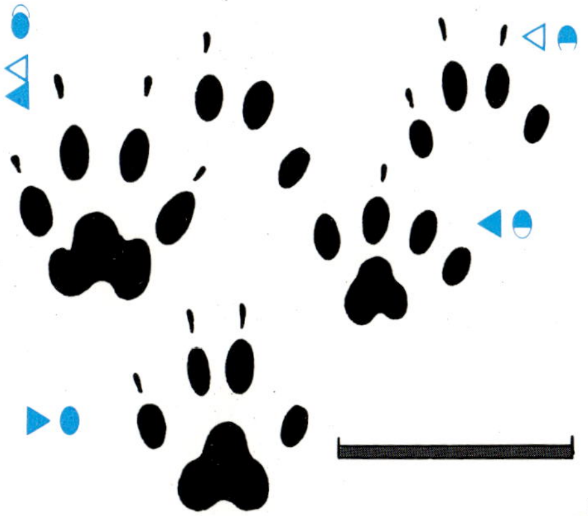

Ginsterkatze

Spuren vierzehiger Pfotentiere

Hauskatze *Felis silvestris* f. *catus*
Kennzeichen: Katzenartiges Raubtier, in vielen Rassen vorhanden.
Lebensweise: Ähnlich der Wildkatze, mit Abwandlungen durch den Haustierstand.
Lebensraum: Überall, wo ausreichende Deckung vorhanden ist.
Verbreitung: Als Haustier in ganz Europa verbreitet, verwildert häufig, neigt nicht zur Bastardbildung mit der Wildkatze, kreuzt sich fruchtbar.
Spur: Klein, rundlich, 3,5−4 × 3,5−4 cm. 4 Zehenballen, Krallenmarken selten, weil sie beim Laufen in die Krallentaschen eingezogen sind. Sohlenballen groß, mehr oder weniger dreieckig, deutlich dreigelappt. Haarabdrücke vorhanden.
Spurenstellung: Schleichend liegen die einzelnen Spuren dicht hintereinander, meist Spitze an Ferse. Schreitend haben sie einen größeren Abstand voneinander.
Beim Trab oder Lauf kommt es zu teilweisen oder vollständigen Doppelspuren durch Beitritt. Im Sprung, der manchmal aus dem Stand heraus ausgeführt wird, ergeben sich Gruppen aus 4 Einzelspuren im Abstand von 90 cm.

Hauskatze

Unten: Katzen- und Fasanenspuren im Schnee (am oberen und unteren Bildrand eine Fuchsspur).

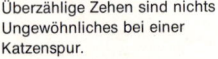

Überzählige Zehen sind nichts Ungewöhnliches bei einer Katzenspur.

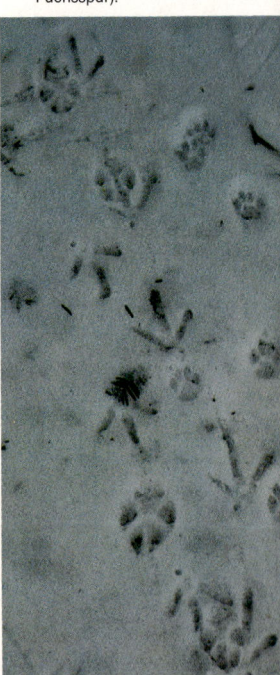

Manguste, Ichneumon *Herpestes ichneumon*

Kennzeichen: Schleichkatzenartiges Raubtier. Körper bis 55 cm, Schwanz bis 45 cm lang, buschig, zum Ende hin dunkel und zugespitzt. Schnauze spitz, Ohren kurz und abgerundet. Beine kurz, Füße klein. Fell graubraun, mit langen, schwarzweiß geringelten, steifen Deckhaaren.

Lebensweise: Einzelgänger, tag- und nachtaktiv, kein Winterschlaf. Bodenjäger, unterirdischer Wurfbau, pro Wurf 2–3 Junge. Lebt von Kleinsäugern, Vögeln, Schlangen, Eiern und Früchten.

Lebensraum: Offenes Waldland, Macchie, felsiges Gelände.

Verbreitung: Ursprünglich nur in Kleinasien und Afrika, im Südwesten der Iberischen Halbinsel und auf der Insel Mljet in Jugoslawien eingeführt.

Spur: Klein. Vorderspur 3 × 3 cm, Hinterspur 3,5 × 3 cm. Sohlenballen asymmetrisch, 3- bis 4lappig (in der Hinterspur hat der Mittelballen einen Lappen, der weit nach hinten reicht). Vorderspur mit 4 Zehenballen, Hinterspur mit 5 und kleinen, scharfen Krallenmarken. Charakteristisch ist, daß die 5. Zehe gegen den Sohlenballen weit zurück-

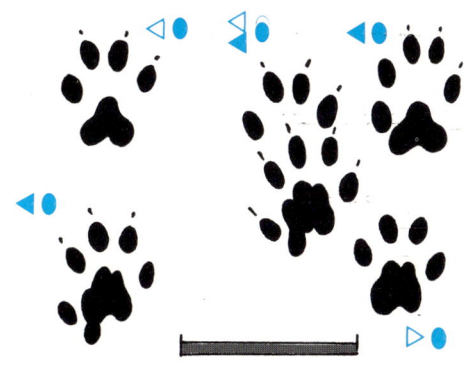

Laufend

versetzt ist. Spur im Verhältnis zur Größe des Tieres ziemlich klein.

Spurenstellung: Normale Gangart ist ein unterschiedlich schneller Lauf mit paarigen Spuren, die sich teilweise überdecken und alle auf der Mittellinie gelegen sind, Schrittlänge 20–50 cm, je nach Geschwindigkeit.

Indische Manguste, Indischer Mungo
Herpestes edwardsi

Kennzeichen: Ähnlich wie Manguste, jedoch kleiner. Körper 45 cm, Schwanz 45 cm lang, Fell gelblich-grau.

Lebensweise und Lebensraum: Ähnlich der Manguste.

Verbreitung: Südwestasien, Indien, in Italien in einem kleinen Gebiet südlich von Rom eingebürgert.

Spur und Spurenstellung: Wie die der Manguste.

Wasserraubtiere (Pinnipedia)

Die 8 regelmäßig in europäischen Gewässern vorkommenden Wasserraubtiere gehören den beiden Familien Hundsrobben (Phocidae) und Walrosse (Odobenidae) an.

Kennzeichen: Körper massig, spindelförmig mit kurzem Hals. Vorder- und Hintergliedmaßen zu Flossen mit Schwimmhäuten zwischen den Zehen umgebildet. Fell kurz und dicht, unter der Haut dicke Fettschicht. Nasen- und Ohrlöcher sind verschließbar, keine Ohrmuscheln, lange Barthaare.

Lebensweise: Einzeln oder in kleinen Gruppen lebend, vorwiegend tagaktiv, kein Winterschlaf. Schwimmen und tauchen sehr gut. Fortbewegung an Land schlecht (robbend). Pro Wurf 1 Junges. Leben von Fischen, Stachelhäutern, Weichtieren, Garnelen und Krebsen.

Lebensraum: Offenes Meer, Küstengewässer, Treibeis, nicht zu steile Sand- oder Felsküsten, Sandbänke.

Verbreitung: Siehe Angaben zu den einzelnen Arten.

Spur: Obgleich Robben sich an Land nicht gut bewegen, sind ihre Spuren auf Schlamm- oder Sandbänken, wo sie ruhen und ihre Jungen großziehen, recht häufig. Die Größe der Spuren variiert je nach Art, die Form ist aber immer ähnlich: 5 Zehenballen mit gut ausgebildeten Krallenmarken und großen, rundlichen Sohlenballen. Die Zehenballen liegen auf einer Geraden parallel zur Fortbewegungsrichtung.

Spurenstellung: Die Vorderflossenabdrücke zeigen sich in der Spurenbahn paarweise gegenüberliegend. Der Abstand zur Mittellinie ist abhängig von der Größe des Rumpfes. Die Schrittlänge ist abhängig von der Größe des Tieres und seiner Geschwindigkeit. Zwischen den Vorderflossen zeigt die Spurenbahn die Schleppspur des Körpers.

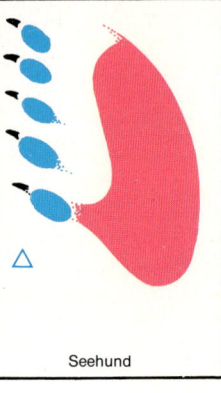

Seehund

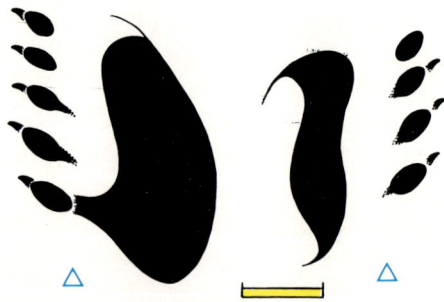

Seehund-Spuren auf einer Sandbank

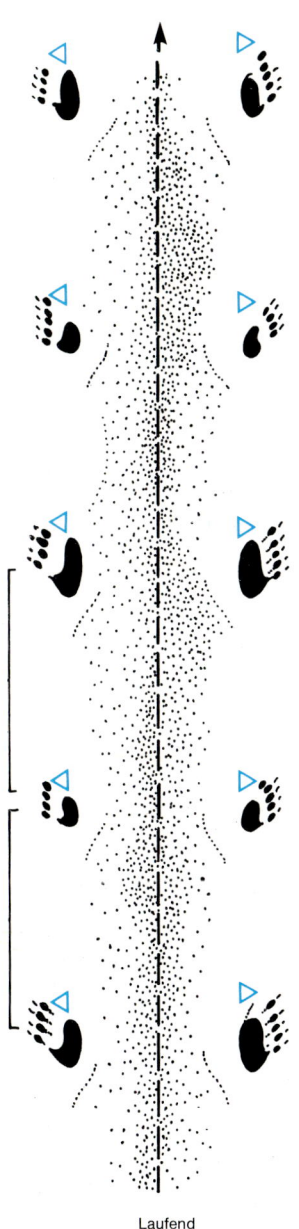

Laufend

Ruhender Seehund

Seehund *Phoca vitulina*
Kennzeichen: Klein, Körper bis 200 cm lang. Schnauze kurz, vom Vorderkopf abgesetzt, die Nasenlöcher berühren sich unten und bilden ein V. Farbe variabel, gelblichgrau bis dunkelbraun mit dunklen Flecken auf dem Rükken.
Verbreitung: Küstenländer der Nordsee, südliche Ostsee, Küsten von Island, Skandinavien und der Britischen Inseln.

Kegelrobbe *Halichoerus grypus*
Kennzeichen: Groß, Männchen bis 320 cm, Weibchen bis 250 cm lang. Schnauze nicht vom Vorderkopf abgesetzt, lang und kegelförmig. Nasenlöcher weit auseinanderliegend. Färbung variabel, mit dunklen oder hellen Flecken, Jungtiere (Heuler) weiß.
Verbreitung: Kolonien in der Nord- und der gesamten Ostsee, Nordmeerküste, Island, Britische Inseln, Atlantikküste bis Nordspanien.

Mittelmeer-Mönchsrobbe
Monachus monachus
Kennzeichen: Mittelgroß, 230–380 cm lang. Fell oben einfarbig braun, unten gelblich-weiß. Jungtiere schwarz oder dunkelbraun.
Verbreitung: Ägäis, Mittelmeerinseln, südliches Schwarzes Meer, Atlantikküste Nordwestafrikas, Kanaren und Madeira.

Eismeer-Ringelrobbe *Phoca hispida*
Kennzeichen: Klein, bis 115 cm lang. Fellfärbung ähnelt der des Seehundes, im Gegensatz zu diesem sind die dunklen Flecken jedoch von hellen Ringen umgeben.
Verbreitung: Arktische Meere, nördliche Ostsee, Nordküste Islands.

Sattelrobbe *Pagophilus groenlandicus*
Kennzeichen: Mittelgroße Robbe, 200 cm lang. Fell gelblich-weiß mit langgestrecktem Fleckenmuster an den Seiten, das am Vorderrücken zusammenstößt und eine Art „Sattel" bildet. Jungtiere weiß.
Verbreitung: Nordküste von Island, Norwegen und der Sowjetunion.

Bartrobbe *Erignathus barbatus*
Kennzeichen: Bis 250 cm lang, Fell oben gelbbraun, unten etwas heller, lange weiße Barthaare.
Verbreitung: Nordküste von Island, Norwegen und der Sowjetunion, sehr selten.

Klappmütze *Cystophora cristata*
Kennzeichen: Groß, Männchen bis 300 cm lang, Weibchen etwas kleiner. Fell gelblich-grau, oben und an den Seiten mit dunklen Flecken. Männchen mit aufblasbarer Blase („Klappmütze") auf dem Kopf.
Verbreitung: Nordküste Islands, Norwegens und der Sowjetunion.

Walroß *Odobenus rosmarus*
Kennzeichen: Große, plumpe Tiere, 3–5 m lang, mit braungrauer, faltiger Haut, kräftigem Oberlippenbart und hauerartigen Eckzähnen. Da die Hintergliedmaßen an Land nach vorn geklappt werden können, entsteht eine andere Spurenstellung als bei den erwähnten Hundsrobben. Da das Walroß jedoch selten an Stellen an Land kommt, an denen sich Spuren abzeichnen können, ist die Spur zu vernachlässigen.
Verbreitung: Küsten von Spitzbergen, Eismeerküste der Sowjetunion, manchmal an den Küsten Nordnorwegens, Islands und bei den Britischen Inseln.

Kleinabendsegler, der sich am Boden bewegt.

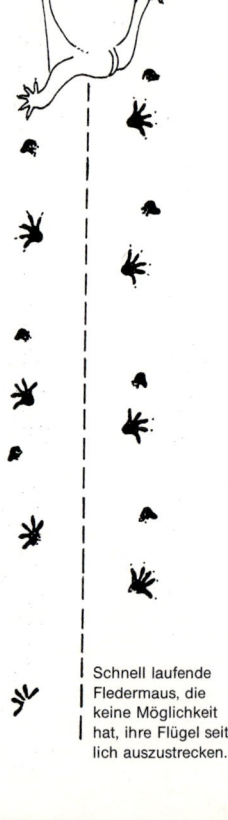

Fledermäuse (Chiroptera)

Fledermäuse sind die einzigen Säugetiere, die zu echtem Fliegen befähigt sind. Die Vordergliedmaßen sind stark verlängert. Zwischen ihnen, dem Rumpf und der Schwanzwirbelsäule liegt die elastische Flughaut, mit deren Hilfe das aktive Fliegen ermöglicht wird.

Man unterteilt die Fledermäuse in die Hufeisennasen (Rhinolophidae) und die Glattnasen (Vespertilionidae).

Spur und Spurenstellung: Wenn Fledermäuse sich am Boden bewegen, so im sogenannten Kreuzgang. Die Vorderspur ist immer ein einfacher Daumenabdruck oder eine Delle, während die Hinterspur fünfzehig ist und gewöhnlich abgesetzte Krallenmarken hat. Sie ist weit auswärts gedreht, bedingt durch den gebogenen Oberschenkel, der es dem Tier ermöglicht, sich kopfunter aufzuhängen.

Im Gang wird der in die Flughaut eingeschlossene Schwanz an den Boden gedrückt, damit das Tier einen besseren Halt bekommt, Vorder- und Hinterspur liegen dicht beieinander.

Im schnellen Gang haben Hinter- und Vorderspur einen ziemlich großen Abstand zueinander. Ist die Fortbewegung seitlich unbehindert, so liegen die Vorderspuren weit von der Mittellinie entfernt, Schwanzspuren fehlen. Eine seltene Fortbewegungsart ist das „Bockspringen", dabei werden beide Vordergliedmaßen vorne aufgesetzt, die Hinterbeine dicht dahinter. Die Abdruckpaare sind

Schnell laufende Fledermaus, die keine Möglichkeit hat, ihre Flügel seitlich auszustrecken.

jeweils parallel, nahe der Mittellinie und in regelmäßigen Abständen angeordnet. Nicht geklärt ist, ob der Schwanz bei dieser Bewegungsweise eine unterstützende Funktion hat, seine Abdrücke finden sich aber auf der Mittellinie.

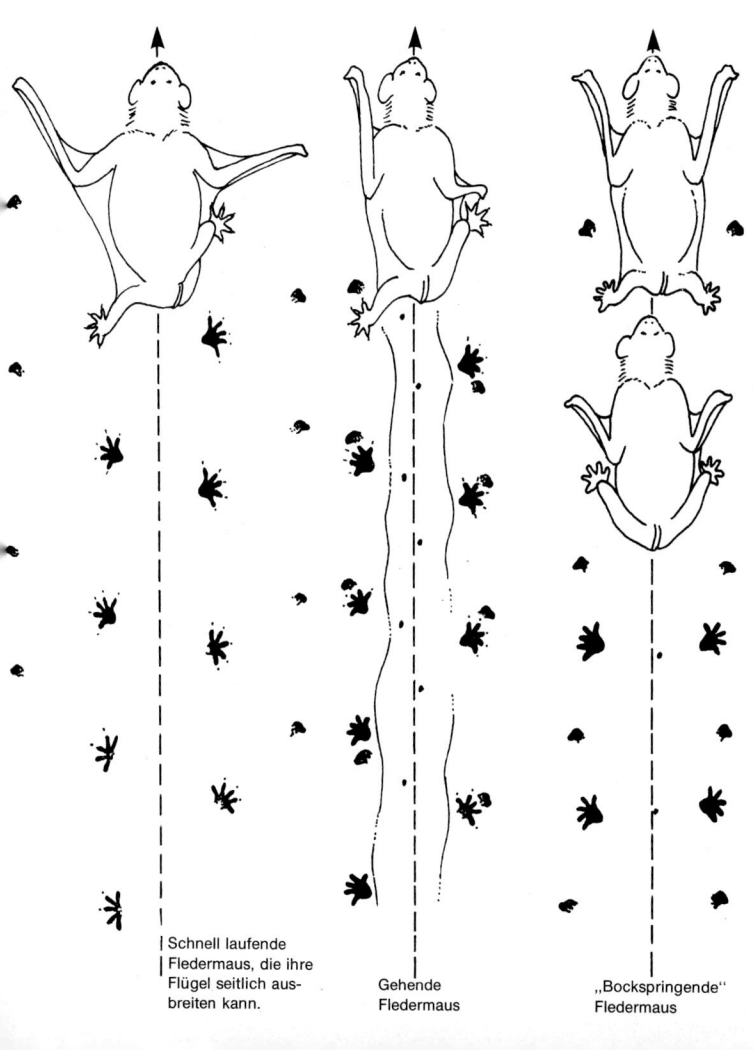

Schnell laufende Fledermaus, die ihre Flügel seitlich ausbreiten kann.

Gehende Fledermaus

„Bockspringende" Fledermaus

Klein- und Großhufeisennasen in Schlafstellung.

Hufeisennasen (Rhinolophidae)

Die Hufeisennasen tragen einen dreiteiligen Nasenaufsatz, der von vorn gesehen aus einem „häutigen" Hufeisen um die Nasenlöcher, einem Längskamm (Sella) und einer lanzettförmigen Spitze besteht und ein wichtiges Unterscheidungsmerkmal der einzelnen Arten ist. Die Ohren sind breit und haben keinen Ohrdeckel (Tragus). Der Schwanz ist kurz und von der Flughaut völlig verdeckt. Flug niedrig und schmetterlingsartig. Hufeisennasen hängen im Winterschlaf frei kopfunter und schlagen die Flughäute um den Körper, verkriechen sich nicht in Spalten.

Großhufeisennase *Rhinolophus ferrumequinum*

Kennzeichen: Größte Hufeisennase. Körper 6,8 cm, Flügelspannweite 39 cm. Längskamm mit abgerundetem rechteckigem Oberfortsatz. Fell weich, oben rötlich-braun, unten gelblich-weiß.
Lebensweise: Gesellig, im Sommer in großen Kolonien, die sich im Winter auflösen, nachtaktiv, Winterschlaf. Flugbeginn erst in der Dunkelheit, Flug langsam. Wochenstuben geräuschvoll, 1 Junges pro Wurf. Lebt vorwiegend von großen Fluginsekten.
Lebensraum: Wald- und Buschland, Winterquartiere in Höhlen und Stollen, Sommerquartiere und Wochenstuben in Kirchtürmen und geräumigen Dachstühlen.
Verbreitung: Mittelmeerländer, Balkan, Westeuropa, Südwestengland, in Mitteleuropa nur lokal an klimatisch günstigen Gebieten.

Kleinhufeisennase *Rhinolophus hipposideros*

Kennzeichen: Kleinste Hufeisennase. Körper 4 cm, Flügelspannweite bis 25 cm. Der Längskamm verjüngt sich nach oben, im Profil mit stumpfem, abgerundetem Ende.
Lebensweise: Gesellig, im Sommer in großen Kolonien versammelt, im Winter nur in kleiner Anzahl. Vorwiegend nachtaktiv. Flugbeginn kurz nach Sonnenuntergang, Flug gewandter als der der Großhufeisennase. Winterquartier in Höhlen, Tunneln und Kellern. 1 Junges pro Wurf. Lebt von kleinen Fluginsekten.
Lebensraum: Waldlandschaften, Wochenstuben in Dachböden, Kirchtürmen, Scheuern; Winterquartiere tief in Felshöhlen.
Verbreitung: Südeuropa, Balkanländer, Westeuropa, Mitteleuropa, außer in Norddeutschland und nördlich und östlich davon gelegenen Gebieten, Teile Mittelenglands und Irlands.

Mittelmeer-Hufeisennase *Rhinolophus euryale*
Kennzeichen: Körper 4,5 cm, Flügelspannweite 33 cm.
Fell oben braunrot, unten beige. Längskamm unten mit
parallelen Rändern, von vorne betrachtet mit schlankem,
zugespitztem Oberfortsatz.
Lebensweise: Gesellig, im Sommer oft in großen Kolo-
nien, im Winter in kleinen Gruppen; im Winterschlaf wer-
den die Flügel nicht um den Körper geschlagen. Im we-
sentlichen ähnlich der Kleinhufeisennase.
Lebensraum: Waldlandschaften, Winterquartiere in
Höhlen, Kellern und Felslöchern.
Verbreitung: Hauptsächlich Mittelmeerländer, Balkan,
Mittelfrankreich.

Blasius-Hufeisennase *Rhinolophus blasii*
Kennzeichen: Ähnlich der Mittelmeer-Hufeisennase, der
Längskamm trägt jedoch oberseits einen langen, spitzen
Fortsatz.
Lebensweise: Kaum bekannt.
Lebensraum: Sommer- und Winterquartiere vorwiegend
in Höhlen.
Verbreitung: Begrenzt auf Istrien, Dalmatien, Griechen-
land, Kreta, inselartiges Vorkommen in Bulgarien, Ru-
mänien, Unteritalien und Sizilien.

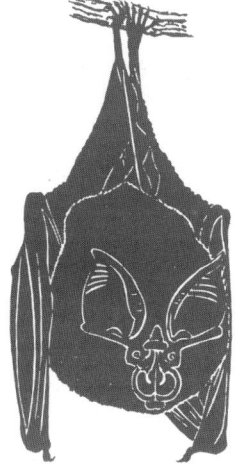

Hufeisennase

Mehely-Hufeisennase *Rhinolophus mehelyi*
Kennzeichen: Körper bis 6 cm, Flügelspannweite 36 cm.
Helles Fell und große Ohren. Der Längskamm verjüngt
sich ab der Mitte zu einer dünnen Spitze.
Lebensweise: Wenig bekannt.
Lebensraum: Hauptsächlich in.Höhlen.
Verbreitung: Inselartiges Vorkommen in Bulgarien, Ru-
mänien, Griechenland, Jugoslawien, Sizilien, Sardinien,
Korsika, Südfrankreich, Westfrankreich, Spanien.

Glattnasen (Vespertilionidae)
Die Glattnasen besitzen keinen Nasenaufsatz, dafür haben die Ohren einen charakteristischen Ohrdeckel (Tragus), der zur Unterscheidung der einzelnen Arten dient.
Schwanz kurz und fast vollständig in die Flughaut einbe-
zogen. Flug meist in 1,5–5 m Höhe.

Bulldoggen-Fledermaus *Tadarida teniotis*
Kennzeichen: Groß. Körper 8–9 cm, Flügelspannweite
45 cm. Gut kenntlich am weit aus der Flughaut ragenden
Schwanz. Fell oben grau, unten heller, weich. Ohren
groß, abgerundet, berühren sich an der Innenseite und
reichen nach vorn bis zur Nasenspitze. Ohrdeckel kurz
und eckig.
Lebensweise: Kolonien im allgemeinen klein, dämmerungsaktiv. Flug schnell, hoch und direkt. Im Winter Aktivitäten eingeschränkt, eigentlicher Winterschlaf kurz.
Quartiere in Spalten an Mauern und Felswänden, in Höhlen. 1 Junges pro Wurf. Lebt von großen Fluginsekten.
Lebensraum: Berg- und Hügellandschaften mit hohen
Felswänden (auch Meeresklippen) ohne Gebäude.
Verbreitung: Mittelmeerländer, Rhônetal.
Spur und Spurenstellung: Von allen anderen Fleder-
maus-Spuren durch eine deutliche Schwanzspur zu unterscheiden.

Wasserfledermaus *Myotis daubentoni*

Kennzeichen: Gehört zur Gruppe der Mausohrfledermäuse (Myotis), die durch einen langen Ohrdeckel gekennzeichnet sind. Körper 5 cm, Flügelspannweite 27 cm. Fell oben rötlich-graubraun, unten grauweiß. Ohren klein, Ohrdeckel gerade mit leicht abgerundeter Spitze.
Lebensweise: Gesellig. Dämmerungsaktiv. Sommerquartiere in Baumhöhlen, Spalten unter Dächern, hinter Fensterläden. Winterschlaf in Höhlen und Stollen, meist in Ritzen versteckt. Jagdflüge schnell und kurvenreich, niedrig über dem Wasser, entlang von Hecken oder Waldrändern; fliegt schon bei Dämmerung aus. 1 Junges. Lebt von Nachtschmetterlingen und über dem Wasser fliegenden Insekten.
Lebensraum: Im allgemeinen in Gewässernähe, aber auch weitab von Wasser in Wäldern.
Verbreitung: Fast ganz Europa, außer im hohen Norden und Südosteuropa.

Kleine Wasserfledermaus *Myotis nathalinae*

Kennzeichen: Gleicht weitgehend der Wasserfledermaus, ist jedoch kleiner und mehr grau als braun gefärbt.
Lebensweise und Lebensraum: Wenig bekannt, scheint Höhlenbewohner zu sein.
Verbreitung: Bislang nur aus der Schweiz, Spanien und Frankreich bekannt.

Langfußfledermaus *Myotis capaccinii*

Kennzeichen: Ähnelt der Wasserfledermaus, besitzt jedoch eine flaumig behaarte Schwanzflughaut.
Lebensweise: Sehr gesellig, kommt in großen Kolonien vor, nachtaktiv, Quartiere in Höhlen, Kellern und Stollen.
Lebensraum: Wasserreiche Gebiete.
Verbreitung: Italien, Südfrankreich, Küstengebiete Spaniens, Dalmatien, Mittelmeerinseln.

Teichfledermaus *Myotis dasycneme*

Kennzeichen: Körper 6 cm, Flügelspannweite 34 cm. Fell oben gelblich-braun, unten weiß-grau. Schwanzflughaut oberseits nackt.
Lebensweise: Gesellig, dämmerungsaktiv. Sommerquartiere in Gebäuden, Winterquartiere in Höhlen, oft einzeln, unternimmt weite saisonale Wanderungen. Lebt von über dem Wasser fliegenden Insekten.
Verbreitung: Belgien, Norddeutschland, Dänemark, osteuropäische Länder.

Große Bartfledermaus, Brandfledermaus
Myotis brandti

Kennzeichen: Körper ca. 5 cm, Flügelspannweite 22,5 cm. Fell oben goldbraun, unten grau-gelb. Ohrdeckel halb so lang wie Ohrmuschel. Unterscheidet sich von der Kleinen Bartfledermaus nur durch ihre Zähne (siehe Seite 289).
Lebensweise: Gesellig, scheint tagaktiv zu sein. Sommerquartiere in Höhlen. Flug langsam, flatternd, niedrig. Lebt von kleinen Nachtschmetterlingen, Mücken und Fliegen.
Lebensraum: Waldlandschaften.

Verbreitung: Sichere Nachweise in Mitteleuropa, Dänemark, Südengland – wird aber leicht mit der Kleinen Bartfledermaus verwechselt.

Kleine Bartfledermaus *Myotis mystacinus*

Kennzeichen: Kleinste Mausohrfledermaus. Körper 5 cm, Flügelspannweite 24 cm. Fell oben graubraun, unten weißlich-grau. Ohrdeckel lang und spitz. Füße klein, Flügel schmal.
Lebensweise: Gesellig, Sommerkolonien in Gebäuden und Baumhöhlen, Winterquartiere in Höhlen. Flugbeginn bei Dämmerung, vielleicht auch tagaktiv. Flug flatternd, saisonal weite Wanderungen. Lebt von kleinen Nachtschmetterlingen, Fliegen und Mücken.
Lebensweise: Wälder und offene Landschaften, Parks, Gärten.
Verbreitung: Ganz Europa, fehlt nur in Island, Schottland, Nordskandinavien, Nordfinnland, Südspanien und Südportugal.

Wimperfledermaus *Myotis emarginatus*

Kennzeichen: Körper 5 cm, Flügelspannweite 30 cm. Flügel breit und klein. Die Armflughaut reicht bis zur Wurzel der Hinterfußzehen. Rand der Schwanzflughaut mit feinen Härchen besetzt („Wimpern"). Äußerer Ohrrand mit rechtwinkeliger Einkerbung. Fell oben rötlichbraun, unten hellbraun.
Lebensweise: Gesellig, dämmerungsaktiv. Sommerquartiere in Dachstühlen und Höhlen, Winterquartiere in Stollen, Kellern, tiefen Felshöhlen.
Lebt von kleinen Nachtschmetterlingen, Mücken und Fliegen.
Lebensraum: Offene Busch- und Waldlandschaften mit entsprechenden Quartieren.
Verbreitung: Vorwiegend in West- und Südosteuropa und den Mittelmeerländern, in Deutschland nur im Süden und Westen, in Spanien und Portugal nur isolierte Vorkommen.

Mausohrfledermaus

Fransenfledermaus *Myotis nattereri*

Kennzeichen: Körper 5 cm, Flügelspannweite 30 cm. Weibchen größer als Männchen. Hinterrand der Schwanzflughaut mit gekrümmten, steifen Haaren („Fransen") besetzt. Ohren außen gebuchtet, Ohrdeckel schmal und spitz. Fell oben graubraun, unten weißlich-grau.
Lebensweise: Gelegentlich große Wochenstuben, im Winter mehr einzeln lebend, Sommerquartiere in Baumhöhlen und Nistkästen, Winterquartiere in feuchten Höhlen und Stollen. Fliegt erst nach Sonnenuntergang aus, in der Nacht mehrere Aktivitätsperioden. Flug langsam, schwirrend. Lebt von kleinen Nachtschmetterlingen, Fliegen und Mücken.
Lebensraum: Wasserreiche Waldgebiete, alte Obstgärten mit hohlen Bäumen.
Verbreitung: Weit verbreitet in Europa, fehlt in allen Balkanländern, Skandinavien (abgesehen von Südschweden), Finnland, Island und Schottland.

Bechstein-Fledermaus *Myotis bechsteini*

Kennzeichen: Körper 5 cm, Flügelspannweite 30 cm. Ohren lang und relativ breit, mit Querfalten am äußeren Rand. Keine steifen Haare am Rand der Schwanzflughaut. Fell oben rötlichbraun, unten weißlich-grau.
Lebensweise: Gesellig in kleinen Gruppen, Sommerquartiere in Baumhöhlen, Winterquartiere auch in Felshöhlen und Stollen. Flug niedrig, langsam, fliegt erst nach Sonnenuntergang aus. Lebt von kleinen Nachtschmetterlingen, Mücken und Fliegen.
Lebensraum: Lichte Waldgebiete, Parks und Obstgärten.
Verbreitung: Von Nordspanien- und Frankreich bis Osteuropa, im Norden bis Südengland und Südschweden, selten (in Deutschland wahrscheinlich ausgestorben).

Mausohr, Riesenfledermaus *Myotis myotis*

Kennzeichen: Körper 8 cm, Flügelspannweite um 45 cm. Ohrdeckel unten breit, oben zugespitzt. Fell oben graubraun, unten weißlich-grau.
Lebensweise: Gesellig, große Sommerkolonien, im Winter in kleinen Gruppen. Sommerquartiere und Wochenstuben in dunklen Dachräumen oder Kirchtürmen, Winterquartiere in feuchte Felshöhlen und Kellergewölben, dabei meist frei hängend. Flug langsam mit rudernden Bewegungen, fliegt erst bei Dunkelheit aus. Lebt vorwiegend von am Boden laufenden größeren Käfern und Nachtschmetterlingen.
Lebensraum: Offene Landschaften in klimatisch günstigen Tallagen.
Verbreitung: Ganz Europa außer im Norden, fehlt in Dänemark, Skandinavien, dem nördlichen Osteuropa, Finnland, Island und Südengland (ausgenommen den Britischen Inseln).

Kleinmausohr *Myotis blythi*

Kennzeichen: Etwas kleiner als Mausohr, diesem sehr ähnlich, Ohrdeckel an der Basis jedoch schmäler, Schnauze schlanker.
Lebensweise: Wie Mausohr.
Verbreitung: Auf Südeuropa beschränkt, auf den meisten Mittelmeerinseln.

Abendsegler *Nyctalus noctula*

Kennzeichen: Relativ große Fledermaus, Flügelspannweite um 39 cm. Flügel lang, schlank und spitz zulaufend. Ohren kurz und rundlich, mit pilzförmig verbreitertem Ohrdeckel, Fell oben seidig goldbraun, unten heller.
Lebensweise: Gesellig, Sommerquartiere in Baumhöhlen, Winterquartiere in hohlen Bäumen und Hohlräumen in Gebäuden (z. B. an Kaminen). Fliegt vor Sonnenuntergang, oft schon am Spätnachmittag, jagt zusammen mit Schwalben. Flug schnell und hoch, kann weite Wanderungen unternehmen. Pro Wurf 1–2 Junge. Lebt von größeren Fluginsekten.
Lebensraum: Parklandschaften, Feldgehölze, Laubwaldgebiete, in oder in der Nähe menschlicher Ansiedlungen.
Verbreitung: Fast ganz Europa außer im hohen Norden.

Spur und Spurenstellung: Schnelles Gehen und Boden-springen sind die üblichen Bewegungsarten. Schritt-länge etwa 5 cm, bis zu 18 cm von Flügelspitzen- zu Flü-gelspitzenabdruck, keine Schwanzspuren.

Großabendsegler *Nyctalus lasiopterus*
Kennzeichen: Größte europäische Fledermaus. Körper 8–10 cm, Flügelspannweite bis 46 cm. Fell oben braun bis rötlichbraun, unten heller. Sonst ähnlich wie Abend-segler.
Lebensweise: Wie Abendsegler.
Lebensraum: Waldlandschaften, nur selten beobachtet.
Verbreitung: Selten, wenige Nachweise aus Spanien, Frankreich, Schweiz, Polen, Italien und Griechenland.

Kleinabendsegler *Nyctalus leisleri*
Kennzeichen: Körper 6,4 cm, Flügelspannweite um 34 cm. Fell oben braun bis rötlichbraun, unten gelblich-braun. Sonst ähnlich wie Abendsegler.
Lebensweise: Gesellig, Sommer- und Winterquartiere in Baumhöhlen. Fliegt hoch, oft schon vor Sonnenunter-gang. Große Wochenstuben. Sonst wie Abendsegler.
Lebensraum: Waldgehölze, Parklandschaften mit Alt-holzbeständen.
Verbreitung: Inselartige Verbreitung in mehreren euro-päischen Ländern, selten und sporadisch.

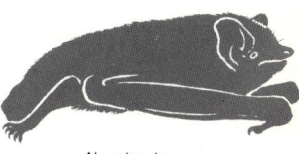
Abendsegler

Breitflügelfledermaus *Eptesicus serotinus*
Kennzeichen: Körper 7,5 cm, Flügelspannweite 38 cm. Fell oben dunkelbraun, unten gelblich-braun. Die Schwanzspitze ragt frei aus der Flughaut, Flughäute schwarzbraun, Ohrdeckel kurz und sichelförmig gebo-gen. Ohren kurz, rundlich.
Lebensweise: Weibchen in Wochenstuben, Männchen währenddessen allein lebend, Sommer- und Winterquar-tiere auf Dachböden bzw. in Baumhöhlen, selten in Fels-höhlen. 1 Junges pro Wurf. Landet am Boden oder auf Zweigen, um Insekten von Blüten abzulesen.
Lebensraum: Lichte Waldgebiete, oft in Siedlungen.
Verbreitung: Ganz Europa außer Skandinavien, Finn-land, Nordosteuropa und im Süden Englands.

Nordfledermaus *Eptesicus nilssoni*
Kennzeichen: Körper 5,5 cm, Flügelspannweite 27 cm. Fell oben dunkelbraun mit goldfarbenem Glanz, unten gelblich-braun. Schwanzspitze verlängert. Ohrdeckel kurz und breit sichelförmig.
Lebensweise: Gesellig, Sommerquartiere in Dachstüh-len, unter Wandverkleidungen und Fensterläden, Win-terquartiere an Gebäuden oder in Baumhöhlen, selten in Felshöhlen. Fliegt früh aus, manchmal schon am Tage. Pro Wurf 2 Junge. Lebt vorwiegend von Nachtschmetter-lingen und Fliegen.
Lebensraum: Wälder und Buschgebiete, landwirtschaft-liche Anwesen, in Zentraleuropa regelmäßig im Bergland.
Verbreitung: Nord- und Osteuropa, in Zentraleuropa nur sporadisch, fehlt in Südeuropa.

Zweifarbfledermaus *Vespertilio murinus*
Kennzeichen: Körper 6,4 cm, Flügelspannweite 33 cm.

Fledermäuse (Chiroptera)

Fell oben dunkelbraun mit hellen Haarspitzen, unten
beige bis weißlich. Schwanz überragt die Flughaut etwas.
Ohren kurz und rundlich. Ohrdeckel breit und rundlich.
Lebensweise: Männchen bilden im Sommer große Kolo-
nien, während die Weibchen einzeln leben oder kleine
Wochenstuben bilden. Sommerquartiere in Spalten von
Gebäuden oder Felsen, Winterquartiere in Mauer- und
Felsspalten oder Kellergewölben. Nachtaktiv. Flug
schnell und hoch. 1–2 Junge pro Wurf. Lebt vorwiegend
von großen Nachtschmetterlingen.
Lebensraum: Wald, Wiesen und Ackerland, Siedlungen.
Verbreitung: Mittel- und Südosteuropa, südliches Skan-
dinavien, Populationen in Frankreich, Italien und
Griechenland.

Zwergfledermäuse *(Pipistrellus)*
Kleine Fledermäuse mit kleinen, rundlichen Ohren, kur-
zen, abgerundeten Ohrdeckeln und einem schmalen
Hautlappen (Epiblema) an der Außenseite des Sporns.

Zwergfledermaus *Pipistrellus pipistrellus*
Kennzeichen: Kleine Fledermaus. Körper 4,5 cm, Flügelspannweite 25 cm. Fell fast einheitlich braun, unten nur
etwas heller. Flügel schlank. Ohren klein und rundlich,
Ohrdeckel kurz und abgerundet.
Lebensweise: Große Wochenstuben, häufig in Gebäuden. Männchen in dieser Zeit einzeln lebend. Überwintert
in Bäumen und Gebäuden, in großen Ansammlungen in
Höhlen. Fliegt bei Nacht, Flug in ziemlicher Höhe mit
Wendungen, sehr schnell. 1–2 Junge pro Wurf. Lebt von
kleinen Fluginsekten.
Lebensraum: Fast überall, fehlt nur in ganz offenem Gelände.

Zwergfledermäuse

Verbreitung: Weit verbreitet in ganz Europa, außer im hohen Norden.
Spur und Spurenstellung: Sehr klein, wurde beim Gehen und Laufen beobachtet.

Rauhhautfledermaus *Pipistrellus nathusii*
Kennzeichen: Körper 5,3 cm, Flügelspannweite 25 cm. Flügel breit. Fell oben dunkelbraun, unten gelblich bis graubraun. Sonst ähnlich wie Zwergfledermaus.
Lebensweise: Wie Zwergfledermaus, scheint aber nomadischer zu sein.
Lebensraum: Überwiegend in Wäldern, aber auch in Parks und Obstgärten.
Verbreitung: Weit verbreitet in ganz Ost- und Südosteuropa, lokal in Nordfrankreich, den Beneluxländern, Norddeutschland, Südwesteuropa und Oberitalien.

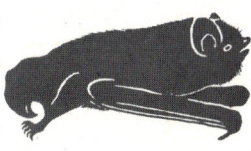

Zwergfledermaus

Weißrandfledermaus *Pipistrellus kuhli*
Kennzeichen: Ähnlich wie Zwergfledermaus. Körper 4,5 cm, Flügelspannweite 23 cm. Ohren jedoch etwas größer und Fell heller. Flughaut weiß gesäumt. Sichere Bestimmung nur anhand der Bezahnung möglich.
Lebensweise und Lebensraum: Wie Zwergfledermaus.
Verbreitung: Mittelmeerländer.

Alpenfledermaus *Pipistrellus savi*
Kennzeichen: Ähnlich wie Zwergfledermaus. Körper ca. 5 cm, Flügelspannweite 24 cm. Fell oben dunkelbraun, Rückenhaare mit hellen Spitzen, unten grauweiß.
Lebensweise und Lebensraum: Ähnlich der anderer Zwergfledermause, im Gebirge bis zur Baumgrenze.
Verbreitung: Mittelmeerraum.

Braunes Langohr *Plecotus auritus*
Kennzeichen: Körper 4,8 cm, Flügelspannweite 28,5 cm. Fell oben graubraun, unten hellgrau. Lange Ohren (bis zu 3,8 cm), die sich innenwärts an der Basis berühren. Im Schlaf werden die Ohren nach hinten geklappt, nur die Ohrdeckel bleiben aufrecht. Ohrdeckel lang und spitz.
Lebensweise: Wochenstuben auf Dachböden und in Baumhöhlen, selten in Felshöhlen, Winterquartiere in Höhlen, meist freihängend. Flug in der Dunkelheit, langsam, flatternd. Jagt um Baumkronen. Pro Wurf 1 Junges. Lebt von Nachtschmetterlingen und kleinen Käfern, Fliegen und Schnaken.
Lebensraum: Waldgebiete, Quartiere in Baumhöhlen.
Verbreitung: In fast ganz Europa weit verbreitet, fehlt in Island, Nordskandinavien, auf der Iberischen Halbinsel, den Mittelmeerinseln, in Süditalien und Griechenland.

Langohrfledermaus

Graues Langohr *Plecotus austriacus*
Kennzeichen: Ähnlich wie Braunes Langohr. Körper 5,5 cm, Flügelspannweite 29 cm. Fell grau bis bräunlichgrau. Ohrdeckel breiter.
Lebensweise und Lebensraum: Ähnlich der des Braunen Langohrs, aber mehr in der Nähe menschlicher Ansiedlungen.
Verbreitung: Südlicher als Braunes Langohr, Nordgrenze von Südengland über Norddeutschland und Südpolen.

Fledermäuse (Chiroptera)

Ruhende Langohrfledermaus

Mopsfledermaus
Barbastella barbastellus
Kennzeichen: Körper 5,2 cm, Flügelspannweite 28 cm. Ohren kurz, berühren sich an den Innenrändern. Ohrdekkel lang und schmal. Breites, „vermopstes" Gesicht mit nur kleiner Maulspalte. Fell oben braun-schwarz, Rückenhaare mit weißen Spitzen, unten etwas heller.
Lebensweise: Sommerquartiere in Baumhöhlen, Winterquartiere in großen Gesellschaften in Felshöhlen und Stollen, dämmerungs- und nachtaktiv. 1–2 Junge pro Wurf. Lebt von kleinen nächtlich fliegenden Insekten, Fliegen und Mücken.
Lebensraum: Laubwälder in Wassernähe.
Verbreitung: Zentraleuropa und einige angrenzende Länder.

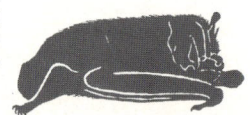

Mopsfledermaus

Langflügelfledermaus
Miniopterus schreibersi
Kennzeichen: Körper 6 cm, Flügelspannweite 32 cm. Ohren kurz und breit. Schnauze kurz und stumpf. Flügel lang, spitz auslaufend. Fell oben graubraun, unten gelblich-braun.
Lebensweise: Gesellig mit großen Wochenstuben in warmen Höhlen. Sommerquartier in warmen Höhlen und Stollen, Kellern und Gebälk alter Gebäude, Winterquartier in Höhlen und Stollen, meist frei hängend. Fliegt meist vor Anbruch der Dunkelheit aus und legt weite Entfernungen zurück, Flug schnell und hoch. 1–2 Junge pro Wurf. Lebt von kleinen Fluginsekten.
Lebensraum: Offenes Gelände mit Höhlenquartieren.
Verbreitung: Süd- und Südosteuropa bis Mittelfrankreich.

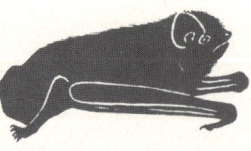

Langflügelfledermaus

Spuren von Huftieren

Huftiere sind Säugetiere, deren Zehenglieder dreieckige, runde oder spatelförmige Hornbekleidungen (Hufe) tragen. Ihr Körper ist meist groß, die Gliedmaßen sind schlank und hoch. Außer den allesfressenden Schweinen sind Huftiere stets Pflanzenfresser.

Man unterteilt die Huftiere in die Unpaarhufer bzw. Unpaarzeher (Perissodactyla) und die Paarhufer bzw. Paarzeher (Artiodactyla).

Zu den Unpaarhufern, die sich durch unpaare Zehen auszeichnen und deren Mittelzehe das Hauptgewicht trägt, gehören Pferde, Nashörner und Tapire. In Europa ist diese Tiergruppe nur durch zwei domestizierte Arten, die Einhufer Hauspferd (*Equus przewalskii* f. *cabellus*) und Hausesel (*Equus africanus* f. *asinus*), vertreten. Diese beiden Arten kommen in abgelegenen Bergregionen, Moor- und Heidelandschaften und auf einigen Inseln auch verwildert oder halbverwildert vor.

Die Spur eines unbeschlagenen Pferdes besteht aus einem großen, fast kreisrunden Hufabdruck, der hinten einen tiefen Einschnitt zeigt. Die Spurenstellung ist je nach Gangart äußerst variabel.

Paarhufer sind Huftiere, die durch die paarige Anordnung ihrer Zehen ausgezeichnet sind. Bei ihnen liegt das Hauptgewicht des Körpers auf der 3. und 4. Zehe. Zu den Paarhufern gehören die Nichtwiederkäuer, die Schwielensohler und die Wiederkäuer. In Europa sind die Paarhufer durch die Schweine, Hirsche und Hornträger vertreten.

Hauspferd

Spuren von Huftieren

Elch *Alces alces*

Kennzeichen: Paarhufer aus der Familie der Hirsche. Größtes wildlebendes Landtier Europas. Körper bis 280 cm, Schulterhöhe 220 cm. Ohne Schwanz. Oberlippe breit und herabhängend. Männchen mit schaufelartigem Geweih. Es kommen jedoch auch „Stangenelche" vor. Beide Geschlechter mit Bart an der Kehle. Fell grau- bis schwarz-braun. Beine (Läufe) sehr lang, grau meliert.

Lebensweise: Meist Einzelgänger, manchmal auch in kleinen Gruppen (vor allem im Winter), tag- und nachtaktiv, gute Schwimmer. Kein Winterschlaf. Männliche Elche rufen zur Brunftzeit. 1–3 Junge pro Wurf. Lebt von Blättern, Trieben, Rinde und Flechten.

Lebensraum: Lichte Wälder, vor allem in Gewässernähe, Galeriewälder, Flußauen.

Verbreitung: Skandinavien, Nordosteuropa, im Westen bis Polen.

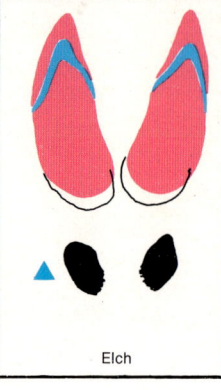

Elch

Trittsiegel: Bis zu 16,5 × 13 cm. Schalen schwer, lang, zugespitzt. Trittsiegel fast rechteckig, Spitzen tief eingedrückt. Die Schalen werden innen von einem konkaven Bogen begrenzt, an den Spitzen weichen sie auseinander. Auf weichem Boden zeichnen sich die Afterklauen (Geäfter) ab. Es ist recht groß und verlängert das Ausmaß der Gesamtspur auf 26 cm.

Bei fliehenden Tieren sind die Schalenspitzen weit geöffnet. Die Trittsiegel von Jungtieren sind breit, die Schalen an den Spitzen gespreizt. Manchmal können auch die einzelnen Trittsiegel der vier Läufe identifiziert werden.

Fährte: Im Ziehen (Gehen) zeigt die Fährte sich teilweise überdeckende Trittsiegel, die nahe und parallel der Mittellinie stehen. Schrittlänge erwachsener Tiere 90–100 cm.

Im Trab (Troll) wächst die Schrittlänge auf 150 cm; im Galopp (selten) haben die Trittsiegelgruppen einen Abstand bis zu 3 m.

Elchspuren

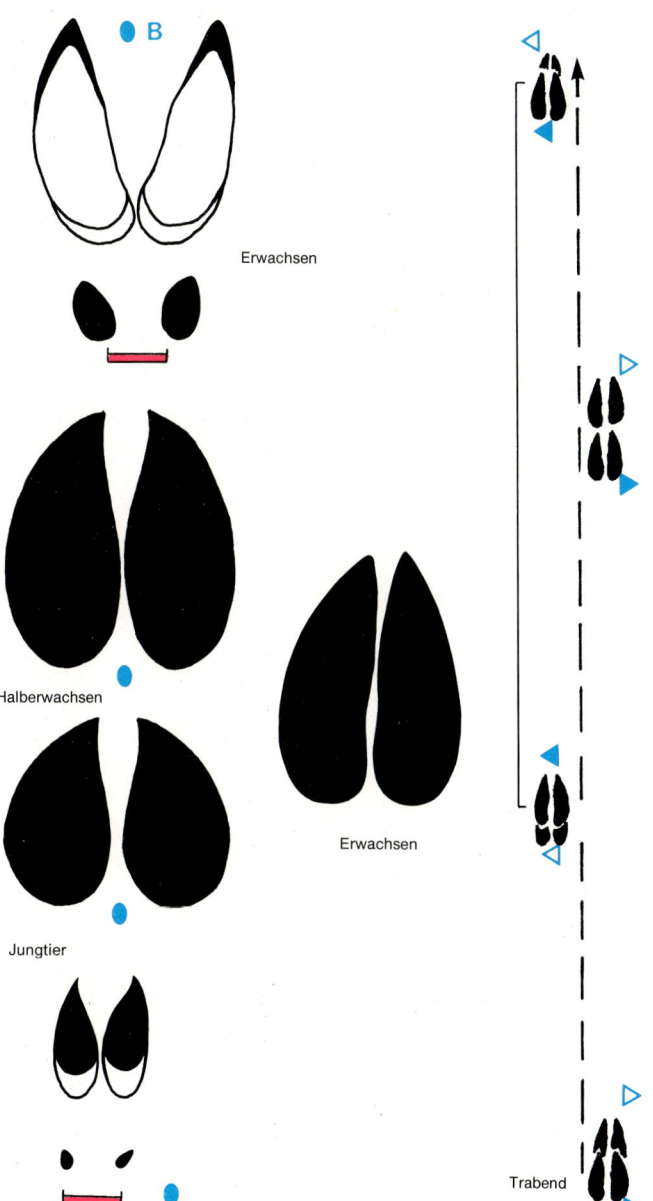

Spuren von Huftieren

B

Erwachsen

Halberwachsen

Jungtier

Erwachsen

Trabend

153

Moschusochse *Ovibos moschatus*

Kennzeichen: Paarhufer aus der Familie der Hornträger. Körper bis 240 cm, Schulterhöhe bis 150 cm. Langhaariges, zottiges, dunkelbraunes Fell mit hellerem „Sattel" auf der Rückenmitte. Beide Geschlechter mit Hörnern, die an der Basis plattenförmig verbreitert sind, dem Schädel anliegen, in der Stirnmitte zusammenstoßen und zur Spitze hin wieder aufwärts nach außen gebogen sind.
Lebensweise: Gesellig, im Sommer in kleinen Gruppen, die sich im Winter zu größeren Herden zusammenschließen. Im Sommer tagaktiv, im Winter nachtaktiv, kein Winterschlaf. Bei Gefahr bilden die erwachsenen Tiere mit den Hörnern nach außen einen Kreis um die Kälber. Meist nur 1 Junges pro Wurf. Lebt von Gräsern, Kräutern, Flechten und Pilzen.
Lebensraum: Tundra.
Verbreitung: Ursprünglich in Grönland und dem arktischen Nordamerika; in Spitzbergen und in zwei Fjellgebieten in Norwegen und Schweden eingebürgert.
Trittsiegel: 14,5 × 12,5 cm. Hinteres Trittsiegel breiter als vorderes. Schalen groß, rundlich und stumpf. Klaueninnenränder konkav, sie nähern sich einander an Vorder- und Hinterende. Die Schalen öffnen sich nicht. Afterklauen sehr groß, dicht hinter den Hauptklauen, fast immer abgebildet.
Fährte: Normale Gangart ist der Schritt. Trittsiegelpaare gewöhnlich etwas beigetreten, Schrittlänge 150 cm. Im Galopp Einzeltritte, Schrittlänge 200 cm.

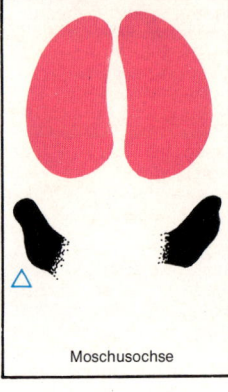

Moschusochse

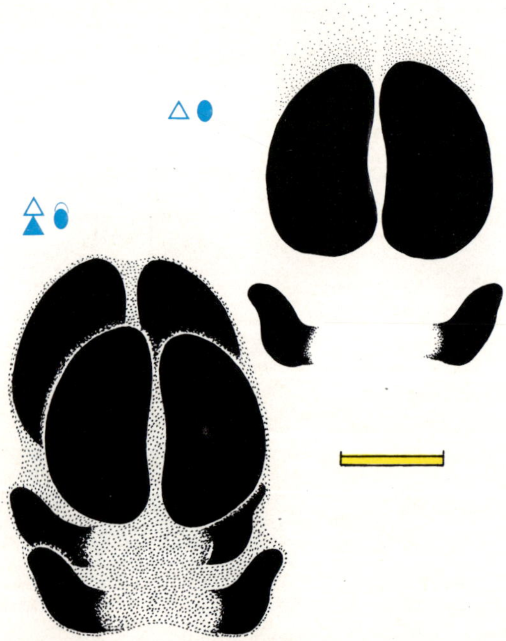

Gehend

154

Wisent *Bison bonasus*

Kennzeichen: Großer Hornträger. Körper 250 cm, Schulterhöhe 190 cm. Schwanz lang mit Endquaste. Fell einfarbig braun. Beide Geschlechter mit lockiger Nackenmähne und relativ kurzen Hörnern.

Lebensweise: Stiere einzeln lebend, Kühe und Jungtiere in kleinen Herden, tagaktiv, kein Winterschlaf. Pro Wurf 1 Junges. Lebt vorwiegend von Kräutern, Gräsern und Beeren, im Winter von Rinde, Zweigen und Samen.

Lebensraum: Ursprünglich lichte Laubwälder, infolge starker Verfolgung auch im Hochwald.

Verbreitung: Das Wisent wurde in Europa ausgerottet. Wiedereinbürgerung aus Zoo- und Wildgattertieren in Polen, Rumänien und der Sowjetunion.

Trittsiegel: Größe abhängig von Alter und Geschlecht, stark variabel. Stier 12,5 × 15 cm, Kuh 11 × 14 cm. Im Verhältnis zur Länge sehr breit. Nur die Hauptklauen drücken sich ein, die Afterklauen sitzen zu hoch. Die Einzelklaue ist rundlich und deutlich konvex (außen und innen). Tief eingedrückte scharfe Spitzen zeigen einen schwach konkaven Bogen an der Innenseite. Die Klauen sind leicht asymmetrisch und nähern sich in der hinteren Hälfte. Charakteristisch für das Trittsiegel ist neben seiner Breite die ovale Form der Klaue.

Fährte: Im Schritt stehen die Trittsiegel nahe der Mittellinie, sie überdecken sich unvollständig, die Schrittlänge ist sehr variabel und beträgt etwa 90–100 cm bei Kühen. Mit wachsender Geschwindigkeit überdecken sich die Trittsiegel immer weniger.

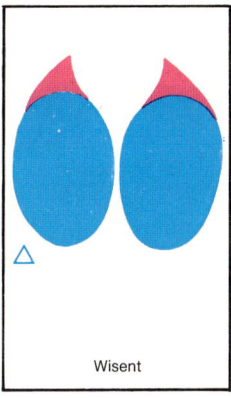

Wisent

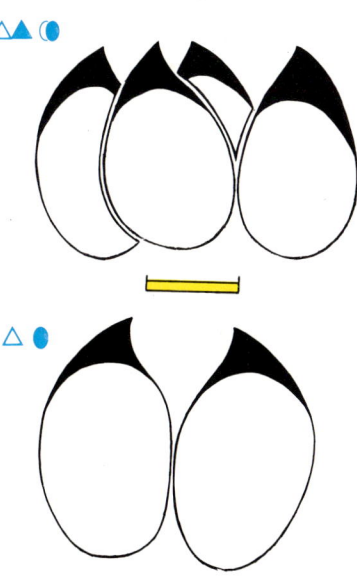

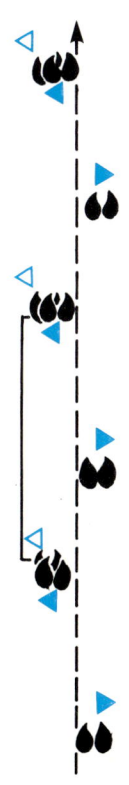

Gehend

155

Rentiere beim Äsen

Ren *Rangifer tarandus*

Kennzeichen: Große Hirschart. Körper 210 cm lang, Schulterhöhe 120 cm. Beide Geschlechter tragen ein mehr oder weniger asymmetrisches Geweih, das kräftige Aug- und Eissprosse hat. Fell im Winter weißlich-graubraun, im Sommer dunkel mit weißer Halsmähne.

Lebensweise: Gesellig, Jungtiere, Kälber und Kühe in großen Rudeln, Hirsche solitär oder in kleinen Gruppen, tagaktiv, kein Winterschlaf. Die Tundra-Rene unternehmen jahreszeitliche Wanderungen. Nahrung vielseitig (Triebe, Gräser, Pilze), im Winter vor allem Flechten.

Lebensraum: Tundra, Gebirgsgegenden und offener, borealer Wald.

Verbreitung: Wilde Rentiere in Norwegen, Spitzbergen, Grönland, Finnland, Sowjetunion. Domestizierte Rentiere in ganz Lappland, eingeführt in Island und einem Gebiet in Schottland.

Trittsiegel: Variabel, normalerweise sehr groß (14 × 13 cm) und breit. Schalen halbmondförmig, Außenkanten konvex, Innenkanten konkav oder parallel. Beide Schalen lassen einen eiförmigen Raum zwischen sich frei. Die Afterklauen sind groß und sitzen tief, sie hinterlassen immer einen Abdruck. Zwischen Hauptschalen und Afterklauen können Haarabdrücke sichtbar werden.

Fährte: Beim Ziehen (Gehen) ist die Spreizung deutlich, die Tritte sind nach außen gerichtet, sie überdecken sich unvollständig, Schrittlänge 50–60 cm.

Im Trab (Troll) überdecken sie sich fast ganz. Der Galopp wird selten benutzt, er zeigt Vierergruppen im Abstand von 200 cm.

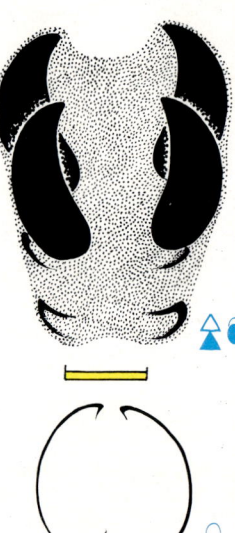

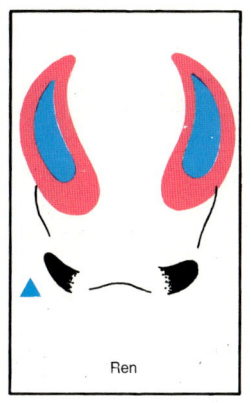

Ren

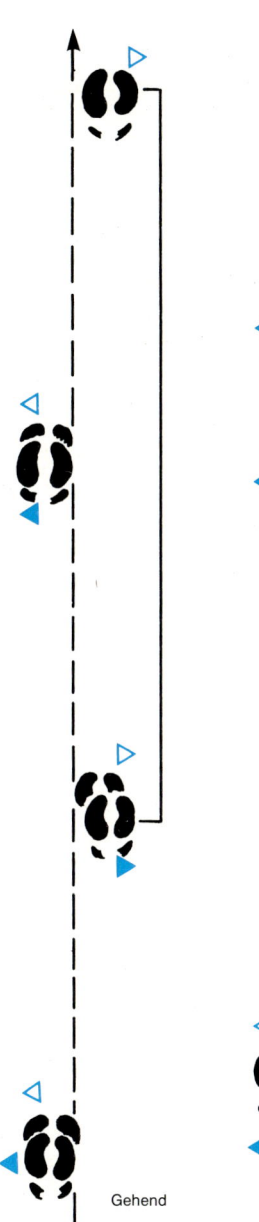

Gehend

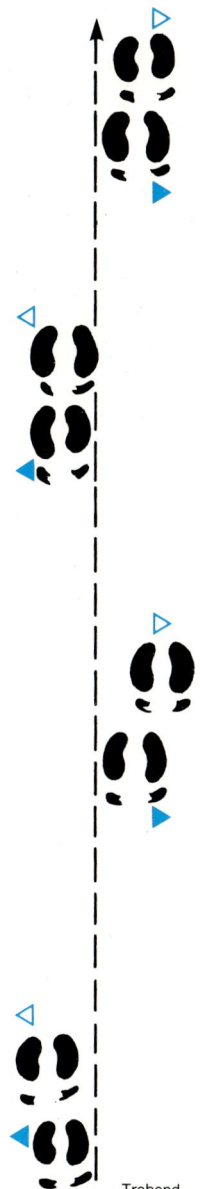

Trabend

Hausrind *Bos primigenius* f. *taurus*

Kennzeichen: Hornträger, in vielen verschiedenen Rassen vorhanden.
Lebensweise: Gesellig, verbringen die meiste Zeit des Tages mit Äsen.
Lebensraum: Wiesen und Weiden.
Verbreitung: In ganz Europa verbreitet.
Trittsiegel: 10 × 9,5 cm. Klauen rundlich und deutlich asymmetrisch. Die inneren Schalenränder sind parallel mit Ausnahme des konkaven Vorderendes und des konvexen Hinterendes. Die Afterklauen hinterlassen normalerweise keine Abdrücke.
Fährte: Sehr veränderlich, im allgemeinen mit deutlicher Schränkung, Umrisse meist verwischt, da Rinder sich schlurfend bewegen.

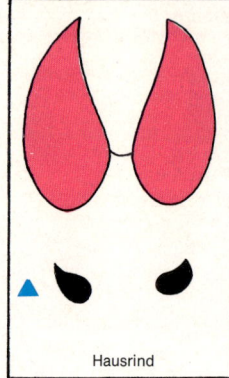

Hausrind

Jungtier

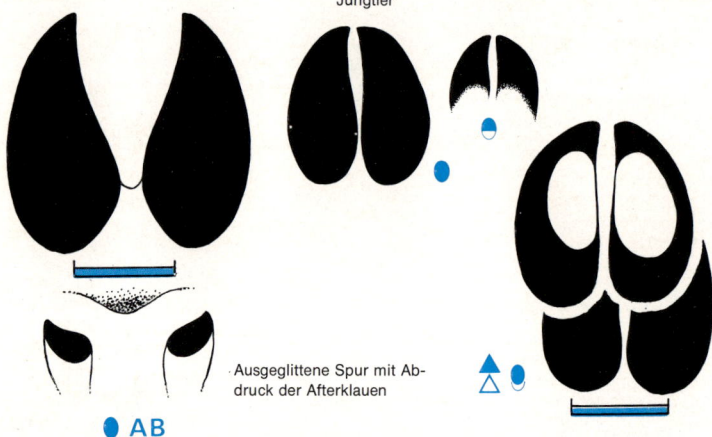

Ausgeglittene Spur mit Abdruck der Afterklauen

A B

Hausbüffel *Bubalus arnee* f. *bubalis*

Kennzeichen: Ähnlich dem Hausrind, Haarkleid jedoch einheitlich dunkelgrau, Hörner abgeplattet und sichelförmig nach hinten gebogen.
Verbreitung: Aus Südost-Asien nach Europa eingeführt, wird häufig auf dem Balkan und in Italien gehalten.
Trittsiegel und Fährte: Wie beim Hausrind.

Rothirsch *Cervus elaphus*

Kennzeichen: Großer Hirsch. Körper 260 cm lang, Schulterhöhe 150 cm. Kurzer Schwanz. Fell im Sommer rotbraun, im Winter dunkel graubraun. Spiegel strohgelb oder rötlichgelb, nie weiß. Geweihausbildung beim Hirsch altersabhängig. Männchen mit Geweih, zur Brunftzeit und im Winter mit Halsmähne. Geweihform variiert je nach Alter und Unterart des Tieres.

Lebensweise: Gesellig, außerhalb der Brunftzeit separate Hirsch- und Weibchenrudel mit Kälbern (Rudel in Wäldern kleiner als im offenen Heide- oder Grasland). Vorwiegend dämmerungsaktiv mit Äsungsperioden. Im Gebirge wandern die Rudel jahreszeitlich zwischen den alpinen Matten im Sommer und den bewaldeten Tälern im Winter. Gute Schwimmer. Meist 1 Junges pro Wurf. Lebt von Gräsern, Kräutern, Blättern, Beeren, Pilzen und Rinde.

Lebensraum: Ausgedehnte Waldgebiete mit Freiflächen oder Heidelandschaft (Schottland). Durch jagdliche Hege ist das Vorkommen reglementiert.

Verbreitung: Ganz Europa außer im hohen Norden, in zersplitterten Arealen infolge jagdlicher Maßnahmen.

Trittsiegel: 7,8 × 6 cm. Schalen verhältnismäßig breit mit gut ausgebildeten Schalenrändern und deutlichem Ballenabdruck. Konvexer Außenrand und schwach konkaver Innenrand, Schalen parallel. Afterklauen selten sichtbar, denn sie sitzen verhältnismäßig hoch und sind recht klein.

Fährte: Im Schritt hinterläßt der Hirsch typische Doppeltritte, bei denen sich die Einzelabdrücke unvollständig überdecken. Die Schränkung ist gering, die Schalenspitzen weisen nach außen.
Im Trab liegen die Tritte Ferse an Spitze hintereinander, sie zeigen nach vorn und haben fast keine Schränkung.
Im Lauf erscheinen je 2 und 2 hintereinandergesetzte Tritte, im Sprung entstehen Vierergruppen, Schalenspitzen geöffnet, Afterklauen gelegentlich vorhanden, Sprungweite 2–3 m.

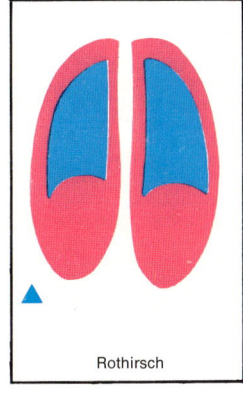

Rothirsch

△ ● C

Afterklauenabdruck
(selten)

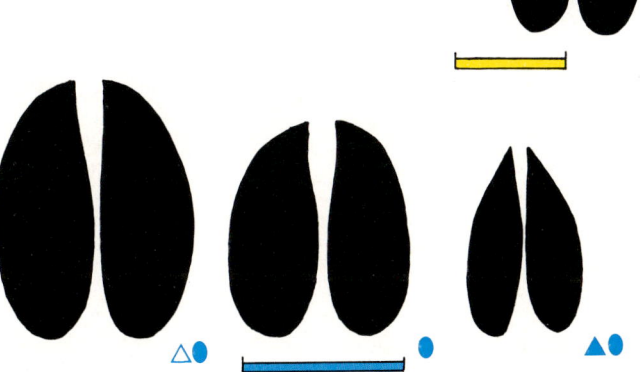

Männchen   Weibchen   Jungtier

Wildschwein *Sus scrofa*
Kennzeichen: Schweineartiger Paarhufer. Körper 180 cm lang, Schulterhöhe bis 100 cm. Schwanz mit Endquaste. Massiger Rumpf, schwarz- bis graubraunes, borstiges Fell. Kopf keilförmig mit langgestreckter Schnauze und großen Eckzähnen (Hauer). Jungtiere (Frischlinge) braun-cremefarben längsgestreift. Hauer beim Weibchen (Bache) kleiner als beim Männchen (Keiler).

Lebensweise: Keiler Einzelgänger (außer zur Paarungszeit), übrige Tiere in Herden lebend, tag- und nachtaktiv, kein Winterschlaf. Jungenaufzucht (pro Wurf 3–12 Junge) in muldenförmigen Nestern im Unterholz. Guter Schwimmer. Nehmen zur Körperpflege Schlammbäder. Allesfresser.

Lebensraum: Laubwälder, vor allem mit morastigem Boden.

Verbreitung: Fast ganz Europa, außer Britische Inseln und Skandinavien (hier vereinzelt eingebürgert).

Trittsiegel: Einschließlich der Afterklaue bis zu 12 × 7 cm. Schalen breit, rundlich, Innenrand vorne konkav gebogen, ballenwärts etwas konvex. Die Schalensohle und der Ballen zeichnen sich meist auch ab, ihre Abdrücke stehen seitlich, so daß die Spur hier am breitesten ist.

Fährte: Beim Gehen und im Trab liegen die Fährtenabdrücke eng an der Mittellinie, sie sind etwas nach außen gewandt, der Hinterfuß wird ziemlich genau in die Vorderspur gesetzt, während sich die Afterklauen nicht decken und in der Fährte dadurch doppelt erscheinen, Schrittlänge 40 cm.

Bei Jungtieren ist das Trittsiegel kleiner, die Schrittlänge kürzer, die Überdeckung der Spuren unregelmäßiger.

Beim Galopp stehen die Abdrücke einzeln in Vierergruppen, Abstand 70 cm.

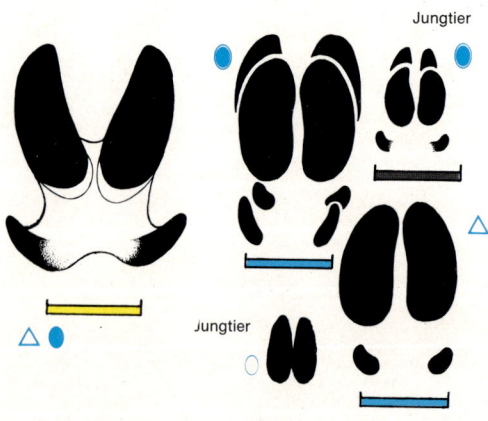

Jungtier

Jungtier

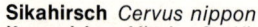

Sikahirsch *Cervus nippon*
Kennzeichen: Mittelgroßer Hirsch. Körper 120 cm lang, Schulterhöhe 85 cm. Schwanz kurz oder fehlend. Som-

Trabend

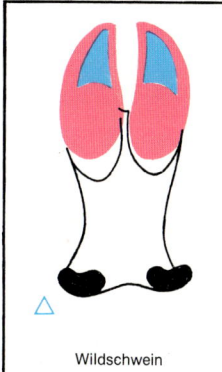

Wildschwein

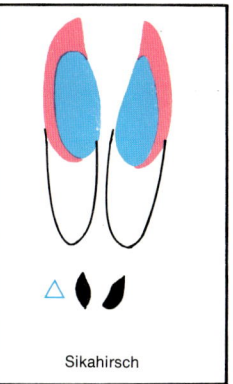

Sikahirsch

merfell rotbraun mit hellen Tupfern, Winterfell dunkel braungrau. Spiegel weiß mit schwarzer Borte an der Oberkante. Männchen im Sommer mit Geweih und kurzer Halsmähne. Geweih im allgemeinen mit 4 Enden.
Lebensweise: Gesellig, in Rudeln, tag- und nachtaktiv, revierbildend mit Wechseln. Kein Winterschlaf. Meist 1 Junges pro Wurf. Lebt von Gräsern, Kräutern, Rinde, Zweigen, Beeren und Früchten.
Lebensraum: Laub- und Nadelwälder.
Verbreitung: In Ostasien beheimatet, europäische Populationen stammen von ausgesetzten oder entwichenen Gattertieren, weit verbreitet in Großbritannien und Dänemark.
Trittsiegel: Mit zunehmendem Alter größer werdend. Schalen abgerundet, äußere Schalenränder deutlich und oft der einzige abgedrückte Teil des Fußes. Ballen undeutlich. Innere Schalenränder parallel oder leicht konkav. Afterklauen sind breiter als die Schalen. Sie drücken sich nur auf weichem Boden oder bei langen Sätzen ab, wenn die Schalen gespreizt sind.
Fährte: Im Gehen zeigen die Tritte etwas nach außen, Hinter- und Vorderspuren überlagern sich fast vollständig, Schrittlänge ca. 100 cm. Im Trab hinterläßt der Sikahirsch charakteristische Doppeltritte, die hintereinander liegen, Schrittlänge 125 cm.

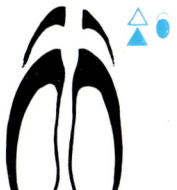

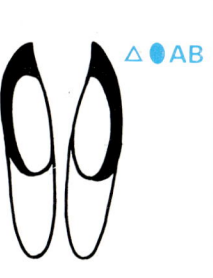

Gehend

161

Hausziege *Capra aegagrus* f. *hircus*

Kennzeichen: Hornträger. Hausziegen variieren je nach Rasse in Größe, Farbe und Haarkleid. Beide Geschlechter tragen Hörner, deren Spitzen deutlich auseinandergehen und mehr oder weniger korkenzieherartig gewunden sind.

Lebensweise: Sozial, normalerweise in Herden, Männchen Einzelgänger (außer zur Brunftzeit), tagaktiv, weiden Sträucher und Bäume ab. Meist 1 Junges pro Wurf.

Lebensraum: Felsige Hügel- und Berglandschaften.

Verbreitung: Weit verbreitet in menschlicher Obhut. Populationen verwilderter Hausziegen gibt es in Schottland, Wales, Irland und auf vielen Mittelmeerinseln.

Trittsiegel: 6 × 5 cm (breiter als bei der Wildziege von Gemse), an den Enden abgerundet. Die einzelne Klaue hat einen konkaven Innenrand. Klauenspitzen oft stark gespreizt. Die Afterklauen hinterlassen meist keine Abdrücke.

Fährte: Im Gehen (Ziehen) liegen die Tritte nebeneinander und überdecken sich nicht, Schrittlänge 60–65 cm. Beim Laufen überdecken sich die Tritte, im Galopp ergeben sich Viererspuren, die einzelnen Abdrücke sind stark gespreizt und zeigen nach außen.

Bezoarziege *Capra aegagrus*

Kennzeichen: Hornträger. Ähnelt dem Steinbock, die Hörner der Böcke sind jedoch säbelförmig, seitlich zusammengedrückt und nach hinten unten und gleichzeitig noch nach innen gebogen. Fell oben bräunlich-grau, unten heller. Böcke mit Kinnbart.

Lebensweise: Sozial, in lockeren Verbänden, tagaktiv, äst außer Bodenpflanzen auch Blätter von Bäumen und Sträuchern. Meist 1 Junges pro Wurf.

Lebensraum: Felsiges Bergland.

Verbreitung: Nur noch auf Kreta und einigen griechischen Inseln – vermutlich im Altertum ausgesetzt.

Trittsiegel und Fährte: Wie die des Steinbocks.

Alpensteinbock *Capra ibex*

Kennzeichen: Körper 150 cm lang, Schulterhöhe 80 cm. Schwanz kurz und herabhängend. Beide Geschlechter mit Hörnern. Männchen mit mächtigen, nach hinten geschwungenen, quergerippten Hörnern. Weibchen mit kleinen säbelförmigen Hörnern. Fell im Sommer grau- bis kastanienbraun, im Winter dunkelgrau.

Lebensweise: Sozial, Geißen und Jungtiere in kleinen Herden, Böcke die meiste Zeit des Jahres Einzelgänger, tagaktiv, kein Winterschlaf, hervorragendes Kletter- und Springvermögen. Meist 1 Junges pro Wurf. Lebt von Kräutern, Zwergsträuchern und Flechten.

Lebensraum: Gebirge oberhalb der Baumgrenze.

Verbreitung: Alpenländer.

Trittsiegel: 7,5 × 7 cm. Außenränder, Ballen und Spitzen der Schalen drücken sich deutlich ab, ballenwärts berühren sich die Schalen. Innenränder leicht konkav. Die Afterklauen drücken sich nicht ab. Die Schalen öffnen sich vorn nur leicht, besonders bei Jungtieren.

Fährte: Normale Gangart sind Schritt, Trab oder Galopp. Im Trab kommt es zu einer leichten Überdeckung der Tritte (zurückgebliebener Tritt). Die Fährten liegen parallel und nahe der Mittellinie, Schrittlänge etwa 90 cm.

Gehend

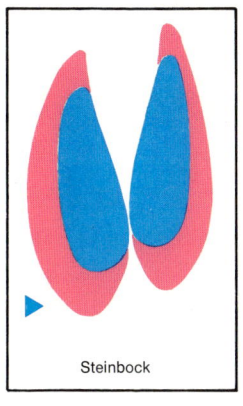

Steinbock

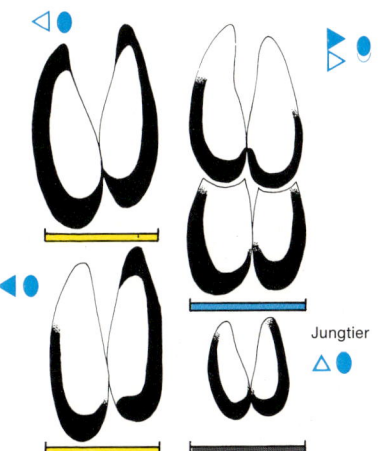

Jungtier

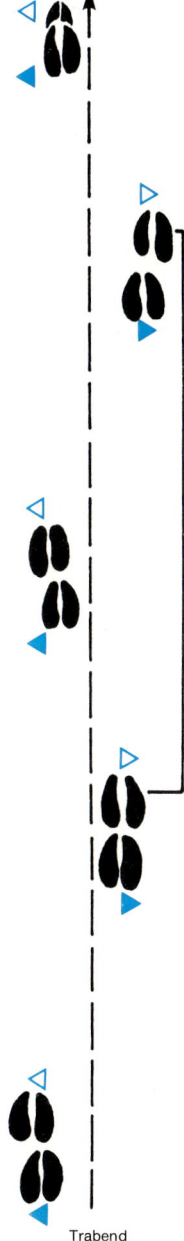

Trabend

Iberischer Steinbock *Capra pyrenaica*
Kennzeichen: Ähnlich dem Alpensteinbock, Hörner jedoch weiter ausladend und an den Enden nach oben gebogen, Querwülste kaum hervortretend. Manchmal schwer von wilden Hausziegen-Populationen zu unterscheiden.
Lebensraum: Ähnlich dem Alpensteinbock.
Verbreitung: Isolierte Gebirgspopulationen auf der Iberischen Halbinsel.
Trittsiegel und Fährte: Wie die des Alpensteinbocks.

Mufflon, Wildschaf *Ovis ammon musimon*

Kennzeichen: Schlankwüchsiger Hornträger mit kurzem, glattem Fell. Männchen (Widder) mit kreisbogenförmig geschwungenen Hörnern („Schnecken") und hellem Sattelfleck im rotbraunen Fell. Weibchen mit kleineren oder gar keinen Hörnern und grau-gelbem Fell ohne Sattelfleck.

Lebensweise: Sozial. Männchen und Weibchen in getrennten Herden, tagsüber äsend oder in geschützten Lagen ruhend. Schnelles, wendiges Tier, revierbildend. 1–2 Junge pro Wurf. Ernährt sich von Gräsern, Seggen und Kräutern.

Lebensraum: Auf den Mittelmeerinseln offenes Bergland nahe der Baumgrenze, sonst in offenem Waldland.

Verbreitung: Ursprünglich nur in Korsika, Sardinien und Zypern, von dort als jagdbares Wild in vielen europäischen Ländern ausgesetzt.

Trittsiegel: 6,5 × 5 cm. Schalen mit kräftigen breiten Ballen, deutliche Schalenspreizung auch bei langsamer Fortbewegung. Innenränder parallel oder etwas konkav. Die Schalenspitzen drücken sich deutlich ab, Ballenhinterrand rund, Schalenaußenkante konvex. Schale vorne zugespitzt. Die Afterklauen sitzen hoch an und werden nur bei hoher Geschwindigkeit bei Tiefschnee oder im Sprung in der Fährte sichtbar.

Fährte: Normalerweise bewegt sich Muffelwild im Schritt oder Trab. Die Tritte überdecken sich im Trab etwas, sind nach außen gerichtet und relativ weit von der Mittellinie entfernt, Schrittlänge im Trab 90 cm.
Im Ziehen zeigt die Fährte Doppeltritte: Die Hinterläufe werden in die Abdrücke der Vorderläufe gesetzt. Im Galopp wirft das Mufflon die Hinterläufe vor die vorderen, die Fährte zeigt Vierergruppen im Abstand bis zu 150 cm.

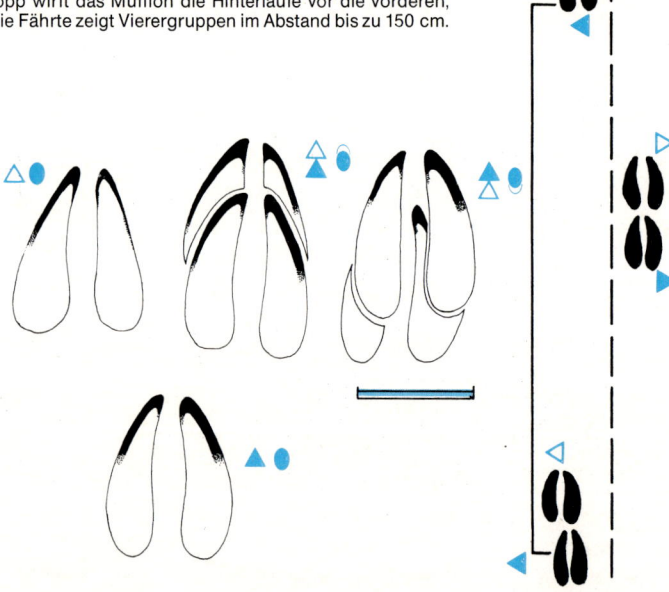

Trabend

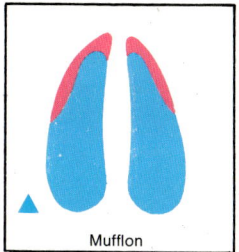

Mufflon

Gemse

Gemse *Rupicapra rupicapra*

Kennzeichen: Hornträger von ziegenartiger Gestalt. Körper 130 cm lang, Schulterhöhe 80 cm. Schwanz kurz. Beide Geschlechter tragen charakteristische, an der Spitze hakenartig nach hinten und unten gebogene Hörner. Winterfell dunkel, Sommerfell hell, schwarzweiße Gesichtsmaske. Lange Haare entlang Nacken und Rükken.

Lebensweise: Sozial, Weibchen und Kitze in Rudeln, die sich im Winter zu großen Verbänden zusammenschließen, Böcke Einzelgänger. Tagaktiv, kein Winterschlaf. Klettert und springt gut. Schriller Warnpfiff. Pro Wurf 1—2 Junge. Lebt von Knospen, Kräutern, Moosen, Flechten.

Lebensraum: Im Sommer außerhalb der Baumgrenze in alpinen Matten, im Winter in Bergwäldern.

Verbreitung: Hochgebirge in Zentral- und Südeuropa, in vielen Mittelgebirgen eingebürgert.

Trittsiegel: 6,5 × 4,5 cm (ohne Afterklauen). Afterklauen hoch ansitzend, etwa 8 cm weit vom Ballen entfernt. Schalen länglich, schmal, Vorderränder stumpf, Trittfläche gut eingedrückt, Ballen weniger deutlich. Zwischen den Schalen erscheint ein ziemlich breiter, langer Spalt. Die Schaleninnenränder weichen ballenwärts und zur Spitze hin auseinander. Beim Aufsetzen im Sprung oder Galopp spreizen sich die Schalen stark, der Lauf biegt sich so weit nach vorn durch, daß auch die Afterklauen abgedrückt werden.

Fährte: Im Schreiten besteht die Fährte aus fast vollständigen Doppelabdrücken mit deutlicher Schränkung, Schrittlänge 40—70 cm.

Im Lauf entstehen übereilte Tritte, die Schalen sind leicht gespreizt, Schrittlänge bei erwachsenen Tieren 60 cm. Im Galopp auf ebenem Gelände hinterläßt das Gamswild Vierergruppen, wobei die Hinterläufe vor die Abdrücke der Vorderläufe gesetzt werden. Schalen stark gespreizt. Schrittlänge 150 cm, Afterklauen sichtbar.

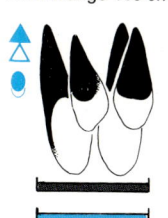

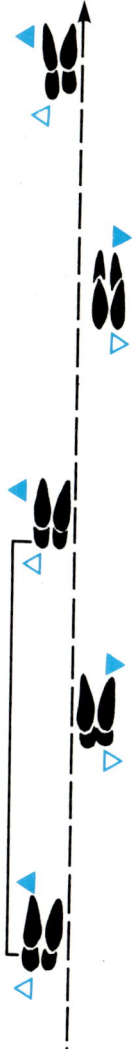

Trabend

Weißwedelhirsch, Virginiahirsch
Odocoileus virginianus

Kennzeichen: Mittelgroße Hirschart. Körper 200 cm, Schulterhöhe 100 cm, Schwanz lang und breit, Unterseite leuchtend weiß (bei der Flucht aufgestellt), Oberseite braun mit weißem Rand. Spiegel weiß. Männchen mit halbkreisförmig nach außen und vorn gerichtetem Geweih, das nie mehr als 5 Enden besitzt. Sommerfell rotbraun, Winterfell graubraun.

Lebensweise: In kleinen Familientrupps, die sich im Winter enger zusammenschließen. Meist dämmerungsaktiv, kein Winterschlaf. Pro Wurf 1–3 Junge. Lebt von Gräsern, Kräutern, Blättern, Beeren und Samen, Flechten.

Lebensraum: Waldgebiete.

Verbreitung: Verbreitetste Hirschart Amerikas, im südwestlichen Finnland eingebürgert.

Trittsiegel: Ballen- und Schalenränder drücken sich deutlich ab. Innenrand konkav über mehr als die Hälfte der Länge. Außenränder und Hinterende rund. Schalen schließen dicht aneinander. Afterklauen häufig auf weichem Untergrund abgedrückt.

Fährte: Im Ziehen werden die Läufe nahe der Mittellinie aufgesetzt, es entstehen fast vollständig beigetretene Tritte, Schrittlänge etwa 90 cm. Auf weichem Boden sind die Afterklauen erkennbar, die Schalen spreizen sich, die Schrittlänge wächst an, die Tritte sind vollständig beigetreten. Im Galopp entstehen Vierertritte im Abstand von 180 cm und mehr.

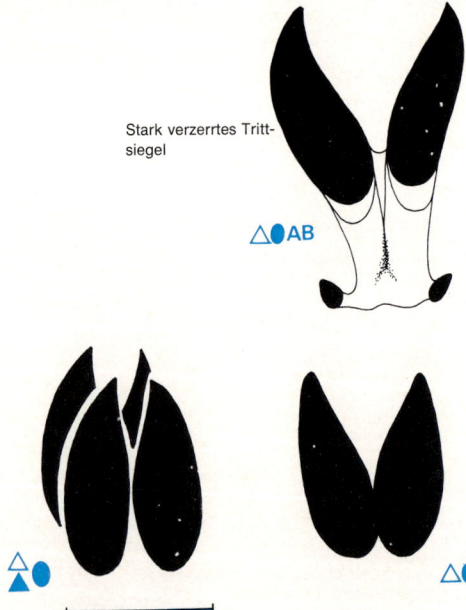

Stark verzerrtes Trittsiegel

△●AB

△●

△●

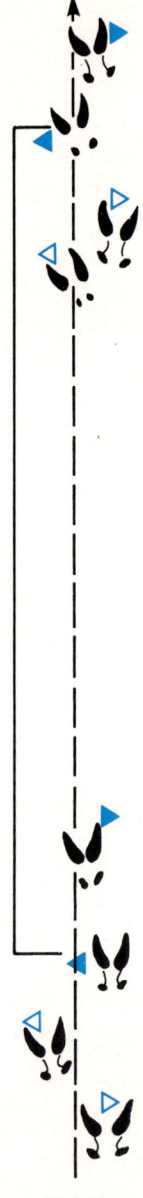

Laufend

Axishirsch *Cervus axis*

Kennzeichen: Mittelgroße Hirschart. Körper ca. 150 cm lang, Schulterhöhe 110 cm. Fell rötlichbraun mit weißlichen Flecken, Schwanz lang, oben rötlich-braun, unten weißlich, Männchen mit einfachem Geweih (3 Enden, nie schaufelförmig). Spiegel weiß ohne schwarzen Saum.
Lebensweise: Gesellig, tagaktiv, kein Winterschlaf. Meist 1 Junges pro Wurf. Lebt von Gräsern, Kräutern und Rinde, im Herbst von Früchten. Laute, bellende Brunftrufe.

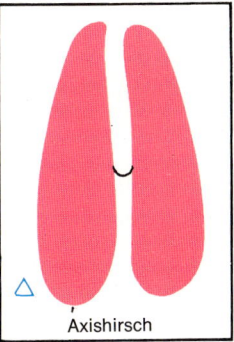

Axishirsch

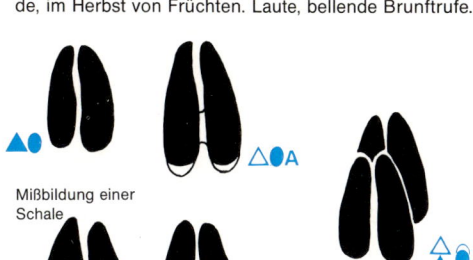

Mißbildung einer Schale

Lebensraum: Laubwälder, Aufforstungen.
Verbreitung: Indien; in Italien und Jugoslawien eingeführt.
Trittsiegel: Klein bis mittelgroß. Schalen zugespitzt, rundlich und meist ungleich. Außenränder etwas konvex, Innenränder im allgemeinen parallel. Die Afterklauen drücken sich nicht ab. Die Schalen sind spreizbar.
Fährte: Im Schritt kommt es zu Doppelabdrücken, Schrittlänge 60 cm. Im Trab berühren sich Hinter- und Vorderschalen.

Hausschaf *Ovis ammon* f. *aries*

Kennzeichen: In vielen verschiedenen Rassen gezüchtet. Charakteristisch bei Hausschafen ist jedoch das wollige Unterhaar.
Lebensweise: Sozial, tag- und nachtaktiv, kein Winterschlaf, territorial. 1–2 Junge pro Wurf. Lebt von Gräsern und Kräutern.
Lebensraum: Hügelland und Hochebenen mit kargem Weideland, Heide.
Verbreitung: Überall in Europa, vor allem der Wolle wegen gezüchtet; daneben in Heide- und Marschlandschaften oder auf Inseln (Hebriden) primitivere Landschafe, die misch- oder schichtwollig sind.
Trittsiegel: 6 × 4,5 cm. Klauen an beiden Enden abgerundet, Spitzen nur leicht geöffnet, Innenkanten leicht konkav. Die Afterklauen hinterlassen keine Abdrücke.
Fährte: Im Trab zeigt die Fährte Einzeltritte, die etwas nach außen gerichtet sind, Schrittlänge 90 cm. Beim Gehen hinterläßt das Schaf Doppeltritte, die dicht an der Mittellinie gesetzt sind, Schrittlänge 70 cm. Im Galopp kommt es zu Vierergruppen, die gespreizt sind und nach außen zeigen.

Reh *Capreolus capreolus*

Kennzeichen: Kleinste europäische Hirschart. Körper 120 cm lang, Schulterhöhe 75 cm. Schwanz sehr kurz, kaum sichtbar. Böcke mit kleinem Geweih (Stangen nie mehr als dreiendig), Fell im Sommer rotbraun, im Winter graubraun, Jungtiere (Kitze) getupft. Spiegel im Winter weiß.

Lebensweise: Einzeln oder in kleinen Gruppen lebend. Vorwiegend nachtaktiv, aber auch in der Dämmerung beim Äsen, ausgeprägtes Territorialverhalten. 1–2 Junge pro Wurf. Lebt von Trieben, jungen Blättern und Kräutern, Samen und Früchten.

Lebensraum: Laub- und Nadelwälder, besonders wenn diese Lichtungen haben, bei hoher Populationsdichte auch in Feldgehölzen und Feldflur.

Verbreitung: Weit verbreitet und häufig, fast ganz Europa, fehlt in Island, Irland und Nordskandinavien, im Mittelmeerraum in den Küstenregionen und auf den Inseln.

Trittsiegel: Klein bis mittelgroß, schlank, gegen vorne schmal, Schalen mit konvexen Außenrändern, die wie der Ballen erhaben sind. Gute Abdrücke sind beinahe herzförmig. Die Innenränder weichen gegen hinten auseinander, vorne sind sie deutlich konkav. Vorderenden scharf und spitzig. Auf weichem Grund oder bei hoher Geschwindigkeit spreizen sich die Schalen, und die Afterklauen drücken sich ab.

Fährte: Beim Ziehen entstehen Doppelabdrücke von Vorder- und Hinterschalen, die Schränkung ist gering, die Trittsiegel sind auswärts gestellt, Schrittlänge 40 cm. Im Trab kommt es meist zu übereilten Doppeltritten, Schrittlänge 60 cm. Im Lauf zeigt die Fährte typische Vierergruppen, bei denen die Vorderschalen stark gespreizt sind und auch die Afterklauen abgedrückt werden, Sprungweite 200 cm.

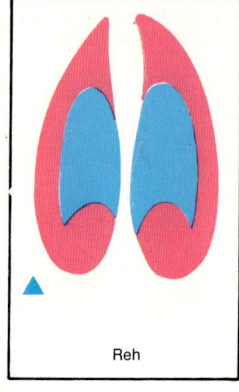

Reh

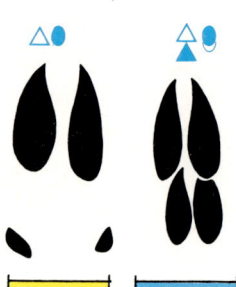

Mißbildung einer Schale

Rehfährte auf weichem Untergrund

Damhirsch *Cervus dama*

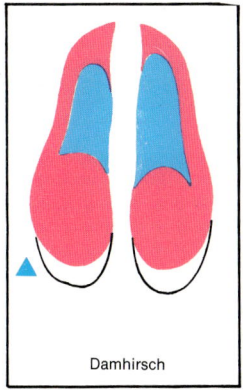

Damhirsch

Kennzeichen: Mittelgroße Hirschart. Körper bis 150 cm lang, Schulterhöhe 110 cm. Schwanz lang, oben dunkel mit weißem Rand, unten weißlich. Fell im Sommer hellbraun mit weißlichen Tupfen, im Winter dunkelgraubraun und meist ohne Tupfen. Spiegel weiß mit schwarzem Saum. Männchen im Sommer mit schaufelartigem Geweih.

Lebensweise: Gesellig, dämmerungsaktiv, kein Winterschlaf. Verbringt viel Zeit mit Äsen, herdenbildend, besonders in Parklandschaften. Ausgeprägtes Revierverhalten mit Reviermarkierung. Meist 1 Junges pro Wurf.

Lebensraum: Nach der Eiszeit in Europa ausgestorben, seit dem Mittelalter in Europa wieder eingebürgert und heute in vielen europäischen Ländern als Gatter- oder Freiwild vorkommend.

Trittsiegel: Variabel, klein bis mittelgroß, Innenränder fast parallel oder etwas konkav, Außenränder und Trittballen drücken sich deutlich ab. Wenn das Wild die Läufe nicht genügend anhebt, hinterlassen die Schalenspitzen lange Rillen im Schnee. Bei langen Sätzen, im Tiefschnee oder Schlamm drücken sich die Afterklauen ab. Die Schalen können sich vorne spreizen (die Vorderschalen stärker als die hinteren).

Fährte: Im Schritt überlagern sich die Abdrücke mehr oder weniger, und es ergibt sich eine Reihe verschiedener Doppelabdrücke, die Trittsiegel liegen dicht an der Mittellinie, Schrittlänge etwa 60 cm.
Im Trab berühren sich Vorder- und Hinterlaufabdrücke, im Lauf kommt es zu Vierergruppen im Abstand von 110 cm.

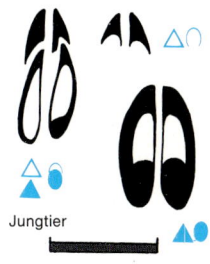

Jungtier

Fährte eines jungen Damhirsches, kenntlich an den im Verhältnis zur Länge recht breiten Schalen.

Muntjak *Muntiacus reevesi*

Kennzeichen: Sehr kleine Hirschart. Körper ca. 90 cm, Schulterhöhe 50 cm, Schwanz kurz und breit. Fell gelblich- bis dunkelbraun, Schwanz oben dunkel, unten hell. Männchen mit kurzem, gegabeltem Geweih auf langen, behaarten Rosenstöcken und kurzen, hauerartigen oberen Eckzähnen.

Lebensweise: Einzelgänger, vorwiegend dämmerungsaktiv, revierbildend. Pro Wurf 1–2 Junge. Lebt von Laub und Sträuchern, Früchten und Eicheln. Stößt schrille, bellende Laute aus.

Lebensraum: Laubwälder mit dichtem Unterholz.

Verbreitung: China, in Südengland eingebürgert.

Trittsiegel: Siehe Seite 38–39.

Fährte: Im Schritt zeigt die Fährte dicht an der Mittellinie parallele Abdrücke von sich überlagernden Hinter- und Vorderschalen, Schrittlänge 25–30 cm.

Im Trab überlagern sich die Trittsiegel nicht, die Schalen beginnen sich zu öffnen; im Galopp sind sie gespreizt, die Fährte besteht aus Viererabdrücken, die Afterklauenabdrücke sind deutlich, die Schrittlänge beträgt über 100 cm.

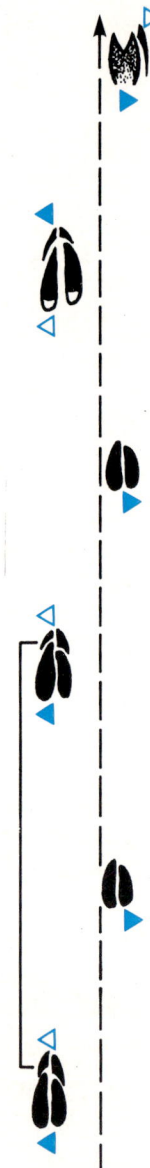

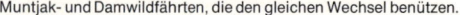
Muntjak- und Damwildfährten, die den gleichen Wechsel benützen.

Gehend

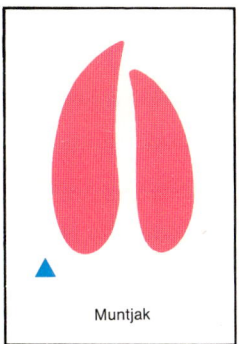

Muntjak

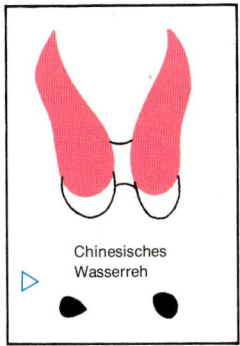

Chinesisches
Wasserreh

Chinesisches Wasserreh
Hydropotes inermis
Kennzeichen: Kleine Hirschart ohne Geweih. Körper 95 cm, Schulterhöhe 50 cm, Schwanz kurz. Männchen mit hauerartigen oberen Eckzähnen. Fell gelblichbraun, kein heller Spiegel, große Ohren.
Lebensweise: Hauptsächlich einzeln lebend, nachtaktiv. Besitzt Territorien und legt Wechsel an, die Böcke pfeifen und trillern zur Brunftzeit. 1–3 Junge pro Wurf. Lebt von Blättern, Trieben, Kräutern und Früchten.
Lebensraum: Offenes Waldland, Sümpfe, Grasland.
Verbreitung: In China beheimatet, in Süd- und Ostengland eingebürgert.
Trittsiegel: Klein, lang, zugespitzt und schmal. Schalen fast gleich, Innenränder flach oder leicht konvex, der Spalt zwischen den Schalen ist ziemlich weit, die Schalen können weit gespreizt werden. Afterklauen vorhanden.
Fährte: Beim Schreiten sind die Tritte geradeaus nach vorn gerichtet, sie überlagern sich fast vollständig, Schrittlänge 30–40 cm.
Beim Trab wächst die Schrittlänge, es entstehen einzelne oder wenig überlagerte Tritte. Viererabdrücke mit Afterklauenabdrücken und gespreizten Hauptschalen kennzeichnen den Galopp, Gruppenabstand mehr als 100 cm.

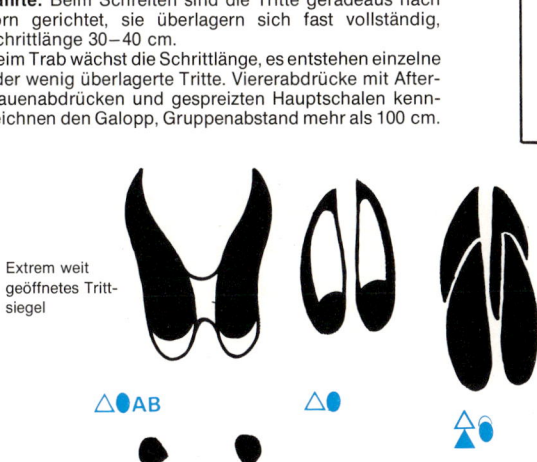

Extrem weit
geöffnetes Tritt-
siegel

Gehend

Europäische Säugetiere

Insektenfresser (Insectivora)

Westigel	*Erinaceus europaeus*
Ostigel	*Erinaceus concolor*
Mittelmeerigel	*Erinaceus algirus*
Maulwurf	*Talpa europaea*
Blindmaulwurf	*Talpa caeca*
Römischer Maulwurf	*Talpa romana*
Pyrenäen-Desman	*Galemys pyrenaicus*
Waldspitzmaus	*Sorex araneus*
Zwergspitzmaus	*Sorex minutus*
Schabrackenspitzmaus	*Sorex coronatus*
Kastilienspitzmaus	*Sorex granarius*
Apenninenspitzmaus	*Sorex samniticus*
Lappland-Spitzmaus	*Sorex caecutiens*
Knirpsspitzmaus	*Sorex minutissimus*
Taigaspitzmaus	*Sorex sinalis (isodon)*
Alpenspitzmaus	*Sorex alpinus*
Wasserspitzmaus	*Neomys fodiens*
Sumpfspitzmaus	*Neomys anomalus*
Etrusker-Spitzmaus	*Suncus etruscus*
Hausspitzmaus	*Crocidura russula*
Gartenspitzmaus	*Crocidura suaveolens*
Feldspitzmaus	*Crocidura leucodon*

Fledermäuse (Chiroptera)

Großhufeisennase	*Rhinolophus ferrumequinum*
Kleinhufeisennase	*Rhinolophus hipposideros*
Mittelmeer-Hufeisennase	*Rhinolophus euryale*
Blasius-Hufeisennase	*Rhinolophus blasii*
Mehely-Hufeisennase	*Rhinolophus mehelyi*
Wasserfledermaus	*Myotis daubentoni*
Kleine Wasserfledermaus	*Myotis nathalinae*
Langfuß-Fledermaus	*Myotis capaccinii*
Teichfledermaus	*Myotis dasycneme*
Große Bartfledermaus	*Myotis brandti*
Kleine Bartfledermaus	*Myotis mystacinus*
Wimperfledermaus	*Myotis emarginatus*
Fransen-Fledermaus	*Myotis nattereri*
Bechsteinfledermaus	*Myotis bechsteini*
Mausohr	*Myotis myotis*
Kleinmausohr	*Myotis blythi*
Abendsegler	*Nyctalus noctula*
Kleinabendsegler	*Nyctalus leisleri*
Großabendsegler	*Nyctalus lasiopterus*
Breitflügelfledermaus	*Eptesicus serotinus*
Nordfledermaus	*Eptesicus nilssoni*
Zweifarbfledermaus	*Vespertilio murinus*
Zwergfledermaus	*Pipistrellus pipistrellus*
Rauhhautfledermaus	*Pipistrellus nathusii*
Weißrandfledermaus	*Pipistrellus kuhli*
Alpenfledermaus	*Pipistrellus savii*
Braunes Langohr	*Plecotus auritus*

Graues Langohr	*Plecotus austriacus*
Mopsfledermaus	*Barbastella barbastellus*
Langflügelfledermaus	*Miniopterus schreibersi*
Bulldoggenfledermaus	*Tadarida teniotis*
Silberfledermaus	*Lasiurus cinereus*

Beuteltiere (Marsupialia)

Benettkänguruh	*Macropus rufogriseus*

Raubtiere (Carnivora)

Eisbär	*Thalarctos maritimus*
Braunbär	*Ursus arctos*
Wolf	*Canis lupus*
Goldschakal	*Canis aureus*
Haushund	*Canis lupus* f. *familiaris*
Rotfuchs	*Vulpes vulpes*
Eisfuchs	*Alopex lagopus*
Marderhund	*Nyctereutes procyonoides*
Hermelin	*Mustela erminea*
Mauswiesel	*Mustela nivalis*
Europäischer Nerz	*Mustela lutreola*
Amerikanischer Nerz	*Mustela vison*
Iltis	*Mustela putorius*
Steppeniltis	*Mustela eversmanni*
Frettchen	*Mustela putorius* f. *furo*
Tigeriltis	*Vormela peregusna*
Baummarder	*Martes martes*
Steinmarder	*Martes foina*
Vielfraß	*Gulo gulo*
Fischotter	*Lutra lutra*
Dachs	*Meles meles*
Waschbär	*Procyon lotor*
Ginsterkatze	*Genetta genetta*
Manguste	*Herpestes ichneumon*
Mungo	*Herpestes edwardsi*
Nordluchs	*Felis lynx*
Wildkatze	*Felis sylvestris*
Hauskatze	*Felis sylvestris* f. *catus*

Hasentiere (Lagomorpha)

Wildkaninchen	*Oryctolagus cuniculus*
Feldhase	*Lepus capensis*
Schneehase	*Lepus timidus*

Nagetiere (Rodentia)

Gleithörnchen	*Pteromys volans*
Grauhörnchen	*Sciurus carolinensis*
Eichhörnchen	*Sciurus vulgaris*
Europäisches Ziesel	*Citellus citellus*
Perlziesel	*Citellus suslicus*
Alpenmurmeltier	*Marmota marmota*
Burunduk	*Tamias sibiricus*
Europäischer Biber	*Castor fiber*
Kanadischer Biber	*Castor canadensis*
Stachelschwein	*Hystrix cristata*

Europäische Säugetiere

Himalaya-Stachelschwein	*Hystrix hodgsoni*
Nutria, Sumpfbiber	*Myocastor coypus*
Birkenmaus	*Sicista betulina*
Steppenbirkenmaus	*Sicista subtilis*
Gartenschläfer	*Eliomys quercinus*
Baumschläfer	*Dryomys nitedula*
Siebenschläfer	*Glis glis*
Haselmaus	*Muscardinus avellanarius*
Mausschläfer	*Myomimus roachi (personatus)*
Ostblindmaus	*Spalax microphthalmus*
Westblindmaus	*Spalax leucodon*
Zwergmaus	*Micromys minutus*
Waldmaus	*Apodemus sylvaticus*
Gelbhalsmaus	*Apodemus flavicollis*
Zwergwaldmaus	*Apodemus microps*
Brandmaus	*Apodemus agrarius*
Felsenmaus	*Apodemus mystacinus*
Hausratte	*Rattus rattus*
Wanderratte	*Rattus norvegicus*
Hausmaus	*Mus musculus*
Heckenhausmaus	*Mus spretus*
Ährenmaus	*Mus hortulanus*
Kreta-Stachelmaus	*Acomys minous*
Mongolische Rennmaus	*Meriones unguiculatus*
Hamster	*Cricetus cricetus*
Goldhamster	*Mesocricetus auratus*
Rumänischer Hamster	*Mesocricetus newtoni*
Grauer Zwerghamster	*Cricetulus migratorius*
Berglemming	*Lemmus lemmus*
Waldlemming	*Myopus schisticolor*
Rötelmaus	*Clethrionomys glareolus*
Polarrötelmaus	*Clethrionomys rutilus*
Graurötelmaus	*Clethrionomys rufocanus*
Bergmaus	*Dinaromys bogdanovi*
Erdmaus	*Microtus agrestis*
Feldmaus	*Microtus arvalis*
Epirus-Feldmaus	*Microtus epiroticus*
Nordische Wühlmaus	*Microtus oeconomus*
Schneemaus	*Microtus nivalis*
Mittelmeer-Feldmaus	*Microtus guentheri*
Cabreramaus	*Microtus cabrerae*
Kurzohrmaus	*Pitymys subterraneus*
Fatio-Kleinwühlmaus	*Pitymys multiplex*
Bayerische Kurzohrmaus	*Pitymys bavaricus*
Tatra-Kleinwühlmaus	*Pitymys tatricus*
Liechtenstein-Kleinwühlmaus	*Pitymus liechtensteini*
Mittelmeer-Kleinwühlmaus	*Pitymys duodecimcostatus*
Lusitanien-Kleinwühlmaus	*Pitymys lusitanicus*
Thomas-Kleinwühlmaus	*Pitymus thomasi*
Savi-Kleinwühlmaus	*Pitymys savi*
Ostschermaus	*Arvicola terrestris*
Westschermaus	*Arvicola sapidus*
Bisamratte	*Ondatra zibethica*

Herrentiere, Primaten (Primates)

Berberaffe, Magot	*Macaca sylvanus*

Einhufer (Perissodactyla)

Hauspferd	*Equus przewalskii* f. *caballus*
Hausesel	*Equus africanus* f. *asinus*

Paarhufer (Artiodactyla)

Wildschwein	*Sus scrofa*
Rothirsch	*Cervus elaphus*
Sikahirsch	*Cervus nippon*
Damhirsch	*Cervus dama*
Axishirsch	*Cervus axis*
Elch	*Alces alces*
Ren	*Rangifer tarandus*
Weißwedelhirsch	*Odocoileus virginianus*
Reh	*Capreolus capreolus*
Muntjak	*Muntiacus reevesi*
Chinesisches Wasserreh	*Hydropotes inermis*
Wisent	*Bison bonasus*
Hausrind	*Bos primigenius* f. *taurus*
Hausbüffel	*Bubalus arnee* f. *bubalis*
Moschusochse	*Ovibos moschatus*
Mufflon	*Ovis ammon musimon*
Hausschaf	*Ovis ammon* f. *aries*
Steinbock	*Capra ibex*
Iberiensteinbock	*Capra pyrenaicus*
Bezoarziege	*Capra aegagrus*
Hausziege	*Capra aegagrus* f. *hircus*
Gemse	*Rupicapra rupicapra*

Robben (Pinnipedia)

Seehund	*Phoca vitulina*
Eismeer-Ringelrobbe	*Phoca hispida*
Kegelrobbe	*Halichoerus grypus*
Mönchsrobbe	*Monachus monachus*
Sattelrobbe	*Pagophilus groenlandicus*
Bartrobbe	*Erignathus barbatus*
Klappmütze	*Cystophora cristata*
Walroß	*Odobenus rosmarus*

Spuren von Vögeln

Vögel bekommt man in freier Natur weitaus häufiger zu sehen als Säugetiere. Es verwundert daher nicht, daß sich die meisten Naturfreunde eher auf die Vögel selbst als auf das Lesen ihrer Spuren oder sonstiger Anwesenheitszeichen konzentrieren. Hinzu kommt, daß zum einen sehr viele Vögel sich nur wenig auf dem Boden bewegen, sondern sich in der Luft, auf Bäumen und Sträuchern oder im Wasser aufhalten. Zum anderen sind die Tiere oft federleicht und bewegen sich nur auf Zehen, so daß ihre Spuren (Geläufe) nur in ganz weichem Untergrund (feuchtem Schlamm oder Sand, frisch gefallenem Schnee) gut sichtbar werden. Man wird also die meisten und wohl auch am besten zu bestimmenden Vogelspuren an Küsten- und Uferregionen oder zur Winterzeit finden können.

Der Vogelfuß

Vögel sind zweibeinig; die Vordergliedmaßen sind zu Flügeln umgewandelt. Für das Vogelbein ist der durch die Verschmelzung der Fußwurzelknochen mit den Mittelfußknochen entstandene Lauf charakteristisch. Zehenzahl, Anordnung der Zehen, Ausbildung von Schwimmhäuten oder Seitenkämmen bzw. -lappen sind sehr verschieden.
Im typischen Fall besitzt der Vogelfuß 4 Zehen, von denen 3 in der Regel nach vorn gerichtet sind und eine nach hinten. Die Zehen besitzen verschieden viele Zehenglieder (Phalangen). Zehe I (nach rückwärts gerichtete Hinterzehe) 2 kleine Zehenglieder, 1 Fußwurzelknochen, Zehe II (Innenzehe) 3 Zehenglieder, Zehe III (Mittelzehe) 4 Zehenglieder, Zehe IV (Außenzehe) 5 Zehenglieder, im allgemeinen die längste Zehe eines Vogelfußes, Zehe IV (Außenzehe) 5 Zehenglieder, die aber kürzer sind als die Zehenglieder der Mittelzehe.
Alle Zehen sind mit Hornschuppen bekleidet und tragen auf der Trittfläche hornige Schwielen, die sich in der Spur abzeichnen. Die Zehenglieder sind mit mehr oder weniger langen Krallen versehen.

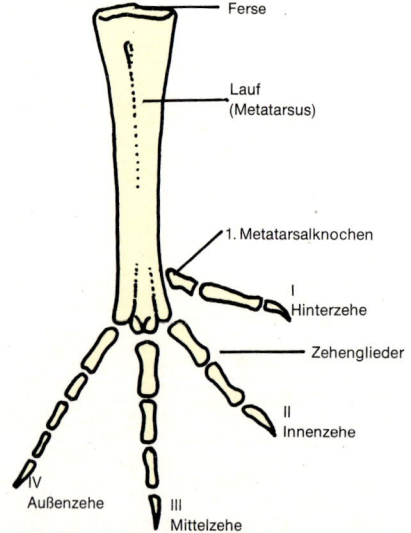

Ferse

Lauf
(Metatarsus)

1. Metatarsalknochen

I
Hinterzehe

Zehenglieder

II
Innenzehe

IV
Außenzehe

III
Mittelzehe

Rechter Vogelfuß

Geläufe eines Reihers

Vogelspuren

Je nach Vogelart und ihrer Lebensweise unterscheidet man verschiedene Spuren, die sich in Zahl der Zehen, Zehenlänge, Anordnung der Zehen, Ausbildung von Schwimmhäuten oder Hautlappen, Abdrücken von Haupt- und Zwischenzehenballen, Krallenmarken oder Gefiederspuren unterscheiden.

Zahl der Zehen
Die Mehrzahl aller Vogeltritte zeigt 4 Zehen, die Hinterzehe (Zehe I) kann jedoch so hoch am Lauf ansitzen, daß sie sich nicht abdrückt. Beim Dreizehenspecht fehlt die Zehe I vollständig.

Zehenlänge
Bei der Zehenlänge kann man von folgendem Grundschema, das jedoch auch stark variieren kann, ausgehen:

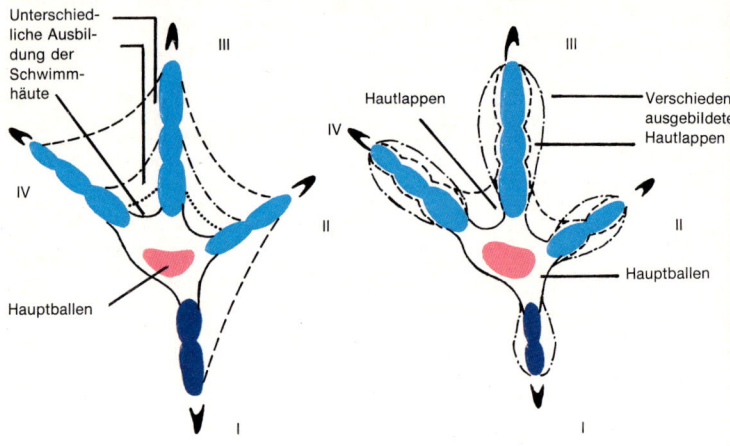

Die Hinterzehe (Zehe I) ist – abgesehen von einigen baumlebenden Vögeln und Watvögeln – stets die kürzeste Zehe am Vogelfuß. Die Innenzehe (Zehe II) ist etwas länger, die Mittelzehe (Zehe III) die längste. Die Außenzehe (Zehe IV) besteht zwar aus den meisten Zehengliedern, sie ist jedoch kürzer als die Mittelzehe, aber länger als die Innenzehe.

Anordnung der Zehen
Bei den meisten Vogelfüßen sind die Zehen II, III und IV nach vorne, die Zehe I, die manchmal auch nur noch rudimentär vorhanden sein kann, nach hinten gerichtet. Die Zehen sind unterschiedlich stark gespreizt. Bei Watvögeln bilden Zehe II und Zehe IV einen Winkel von mehr als 120°, bei Baum- und Bodenvögeln nur etwa 90°.
Bei Vögeln, die sich vorwiegend klammernd festhalten, sind die Zehen II und III nach vorne gerichtet, die Zehen I und IV weisen nach hinten.
Eulen und Mausvögel können die Zehe IV zur Seite oder nach hinten wenden (Wendezehe):
Viele Vogelspuren sind symmetrisch aufgebaut, d. h., man kann durch die Hinterzehe eine Symmetrieachse legen.

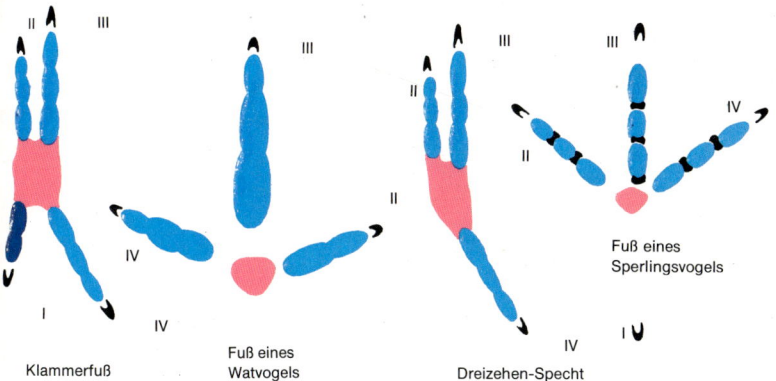

II III

III

III

II IV

II

II

IV

I

IV

IV

Fuß eines
Sperlingsvogels

Klammerfuß

Fuß eines
Watvogels

Dreizehen-Specht

Schwimmhäute und Hautlappen

Bei Wasser- und Strandvögeln sind die Zehen entweder mit Seitenkämmen oder -lappen (Wasserhühner, Lappentaucher) versehen, oder die 3 nach vorne gerichteten Zehen (II, III und IV) sind durch eine Schwimmhaut miteinander verbunden (Entenvögel, Möwenartige). Diese Schwimmhaut besteht aus einer hornüberzogenen Hautfalte, die sich entweder über die ganze Länge der Zehenglieder erstreckt (distale Schwimmhaut), nur als kurze Haut zwischen den Grundgliedern ausgebildet sein kann (proximale Schwimmhaut) oder aber zwischen diesen beiden Lagen liegt (mesimale Schwimmhaut). Bei den Pinguinen, Pelikanen und Kormoranen wird auch noch die vierte Zehe (Zehe I) mit einer Schwimmhaut mit der Zehe II verbunden (totipalmate Schwimmhaut).

Krallenmarken und Gefiederspuren

Fast alle Vogelspuren weisen Abdrücke der Krallen auf. Bei Wat- und Entenvögeln sind die Krallen kurz und stumpf, bei Greifvögeln kräftig und scharf, dementsprechend sind auch die Spuren in weichem Untergrund.
Bei einigen Vogelarten erstreckt sich das Federkleid bis über die Zehen (z. B. Schneehühner), und in weichem Boden bilden sich dann die Federn mit ab. Vor allem im Winter kann man oft Gefiederspuren im Schnee erkennen.

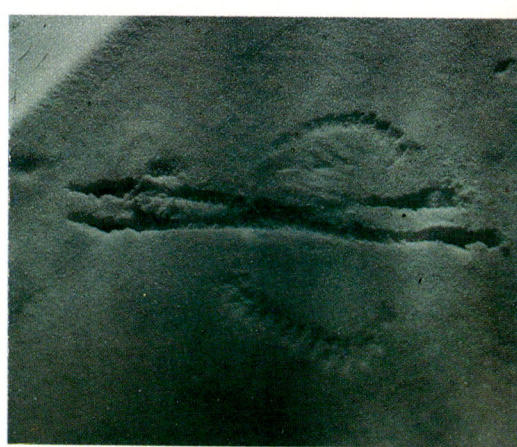

Abdruck einer auffliegenden
Amsel im Schnee

Vogelspuren

Spuren einer Lachmöwe

Spuren eines Reihers

Spuren eines Teichhuhnes

Einige Spurenbilder und Geläufe

Größe und Form der Vogelspuren sind abhängig von der Vogelart und der Größe und dem Gewicht des jeweiligen Tieres. Wie schon bei den Säugetier-Spuren teilen wir im folgenden die Vogel-Spuren in die Größenkategorien riesig – groß – mittel – klein – winzig ein.

Die Spurenfolge (Geläufe) der Vogelspuren ist einfacher als die Spurenstellung und Fährten der Säugetiere, da Vögel ja nur 2 Beine haben.
Baum- und Bodenvögel hinterlassen im allgemeinen Spurenbahnen, bei denen die Tritte parallel oder leicht einwärts zur Mittellinie gerichtet sind. Enten- und Gänsetritte sind deutlich einwärts gerichtet, die Tritte langbeiniger Watvögel liegen parallel zur Mittellinie oder sind leicht auswärts gestellt.

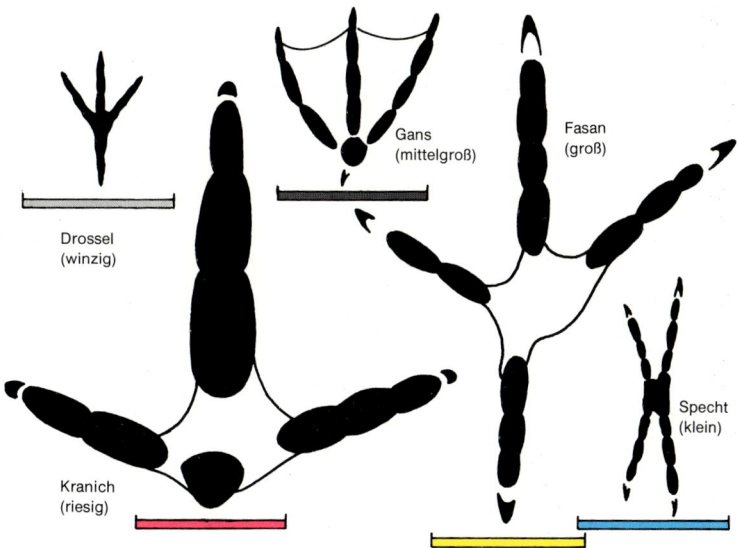

Drossel
(winzig)

Gans
(mittelgroß)

Fasan
(groß)

Kranich
(riesig)

Specht
(klein)

Am Boden bewegt sich ein Vogel gehend, laufend oder hüpfend. Beim Gehen liegen die Tritte abwechselnd zu beiden Seiten der Mittellinie, die einzelnen Tritte sind auf einer Geraden oder einer Zickzacklinie angeordnet. Schleifspuren der Zehen bilden sich nur in Tiefschnee ab.
Im Lauf wächst der Abstand zwischen den Tritten, Schleifspuren der Zehen sind häufiger zu beobachten.
Beim Hüpfen liegen die Abdrücke paarweise nebeneinander und im allgemeinen nahe der Mittellinie.
Die Schrittlänge ist abhängig von Art und Größe des Vogels.
Will ein Vogel schnell auffliegen, so muß er in der Regel erst einmal Anlauf nehmen, d. h. rennen, um starten zu können. Diese Verhaltensweise kann man besonders bei Tiefschnee an den Spuren ablesen: Das Geläufe endet zwischen einer Serie von Schwingenabdrücken, die schwächer werden, sowie der Vogel an Höhe gewinnt. Es gibt jedoch auch Vögel, die unmittelbar aus dem Stand auffliegen können (z. B. Krähen).

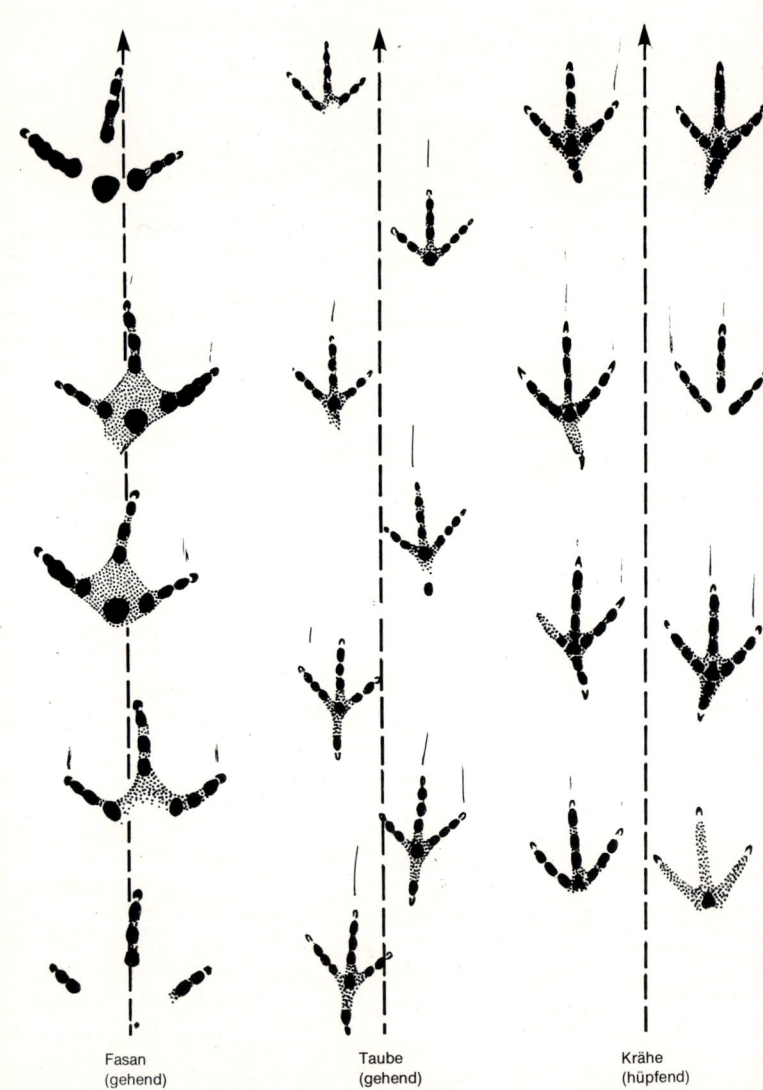

Fasan
(gehend)

Taube
(gehend)

Krähe
(hüpfend)

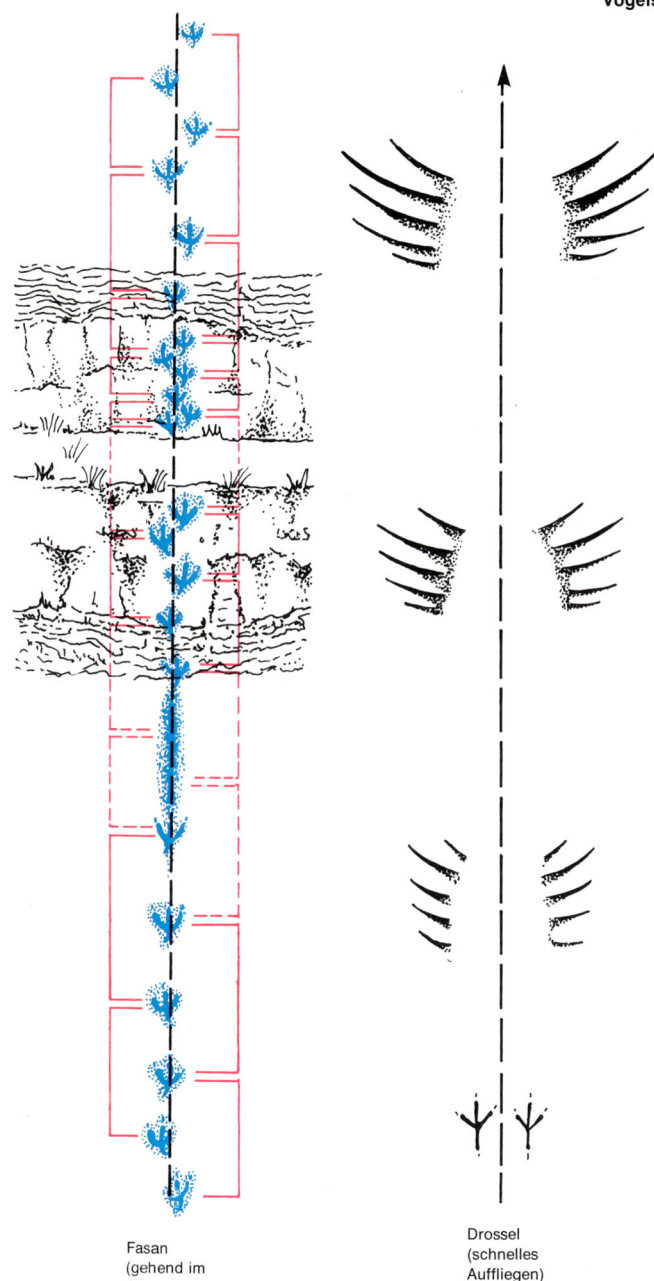

Fasan
(gehend im
Schnee)

Drossel
(schnelles
Auffliegen)

Vogelspuren

Saatkrähe (*Corvus frugilegus*)
Vierzehig, Haupt- und Zwischenzehenballen sichtbar,
Zehe I lang, Krallenabdrücke symmetrisch.
Baumpieper (*Anthus trivialis*)
Vierzehig, keine Ballenabdrücke sichtbar, Zehe I lang
und spornbildend, Krallenabdrücke lang.
Fasan (*Phasianus colchicus*)
Vierzehig, großer Hauptballenbezirk, Zwischenballen
nicht sichtbar, Zehe I klein, symmetrisch.
Kolkrabe (*Corvus corax*)
Vierzehig, Haupt- und Zwischenballen sichtbar, Krallen-
abdrücke sehr lang, abgerundet symmetrisch.
Turmfalke (*Falco tinnunculus*)
Vierzehig, Zehe I lang, Krallen spitz, Hauptballenbezirk
undeutlich sichtbar, symmetrisch.

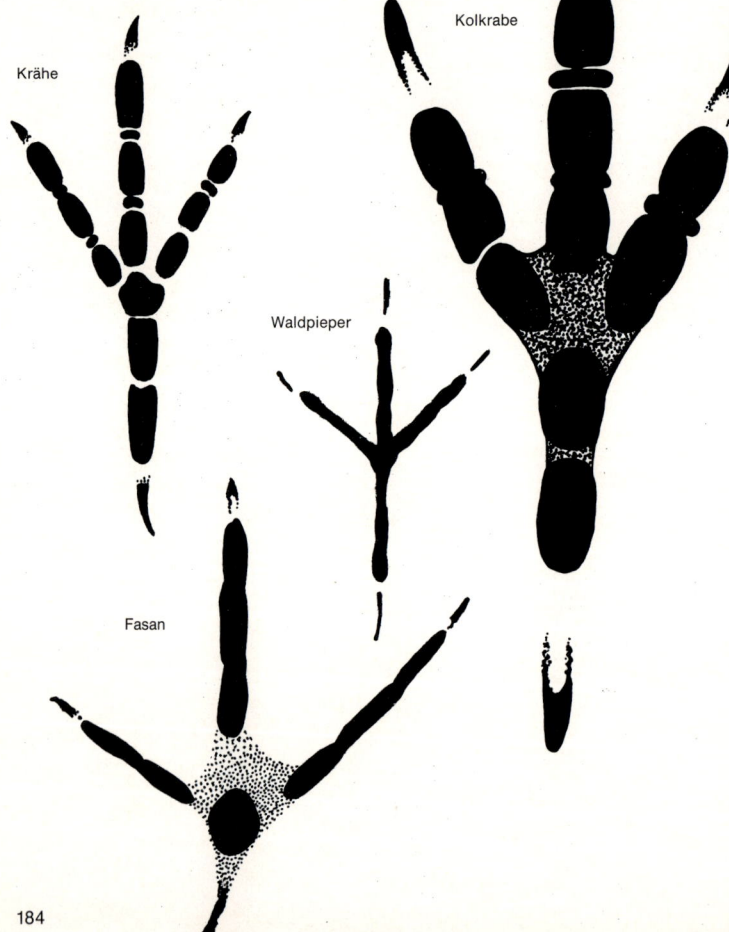

Krähe

Kolkrabe

Waldpieper

Fasan

Tauben (*Columbidae*)
Vierzehig, Hauptballenbezirk undeutlich sichtbar, gelappt, Krallen klein und deutlich vom Zehenglied getrennt, leicht asymmetrisch.
Sperling (*Passer domesticus*)
Vierzehig, Zwischenzehenballen nicht sichtbar, Hauptballen sichtbar, Zehe I lang, Krallen kurz, symmetrisch.
Elster (*Pica pica*)
Vierzehig, Zwischenballen lang, undeutlich sichtbar, Hauptballenbezirk sichtbar, Zehe I kurz, Krallen breit, abgerundet, leicht asymmetrisch.
Austernfischer (*Haematopus ostralegus*)
Dreizehig, Hauptballenbereich sichtbar, relativ groß, großer Winkel zwischen den sehr langen Zehen, Krallen sehr klein, symmetrisch.

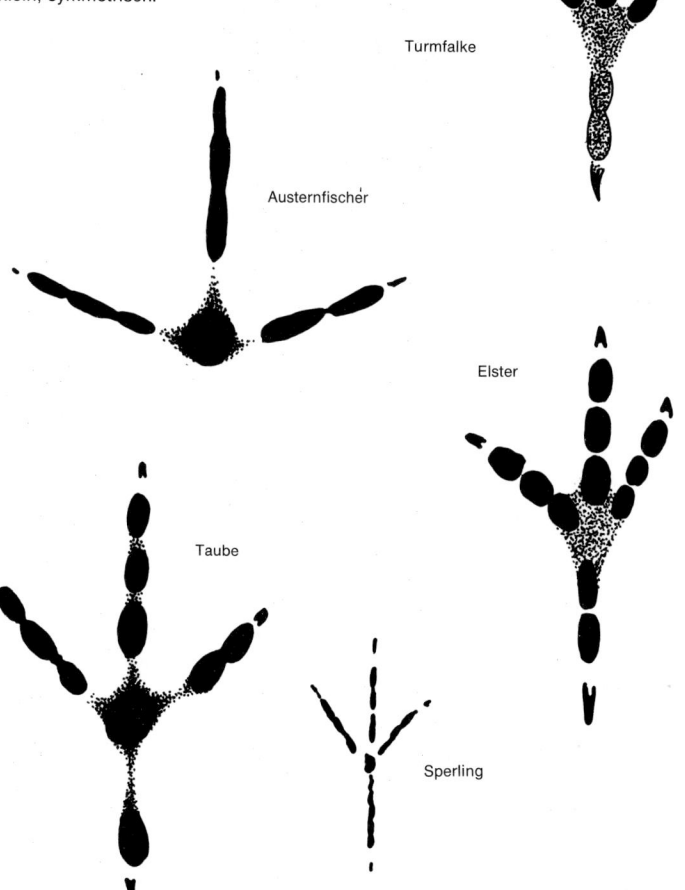

Turmfalke

Austernfischer

Elster

Taube

Sperling

185

Vogelspuren

Teichhuhn (*Gallinula chloropus*)
Vierzehig, kleiner Hauptballenbezirk, Zehen sehr lang und ungleich lang, Krallenabdrücke undeutlich sichtbar.
Wildtruthahn (*Meleagris gallopavo*)
Vierzehig, Ballen nicht sichtbar, Zehe III sehr lang, Zehen kräftig, Krallenabdrücke kurz, abgerundet, asymmetrisch. Spur des Weibchens kleiner, Zehen schlanker (vor allem Zehe I).
Nachtreiher (*Nycticorax nycticorax*)
Vierzehig, Ballen nicht sichtbar, kurze Schwimmhaut zwischen Zehe III und Zehe IV, Krallen lang, schlank, asymmetrisch.
Graureiher (*Ardea cinerea*)
Vierzehig, Zehen breit, Krallenabdrücke oft nicht sichtbar, kurze Schwimmhaut zwischen Zehe III und Zehe IV, asymmetrisch.

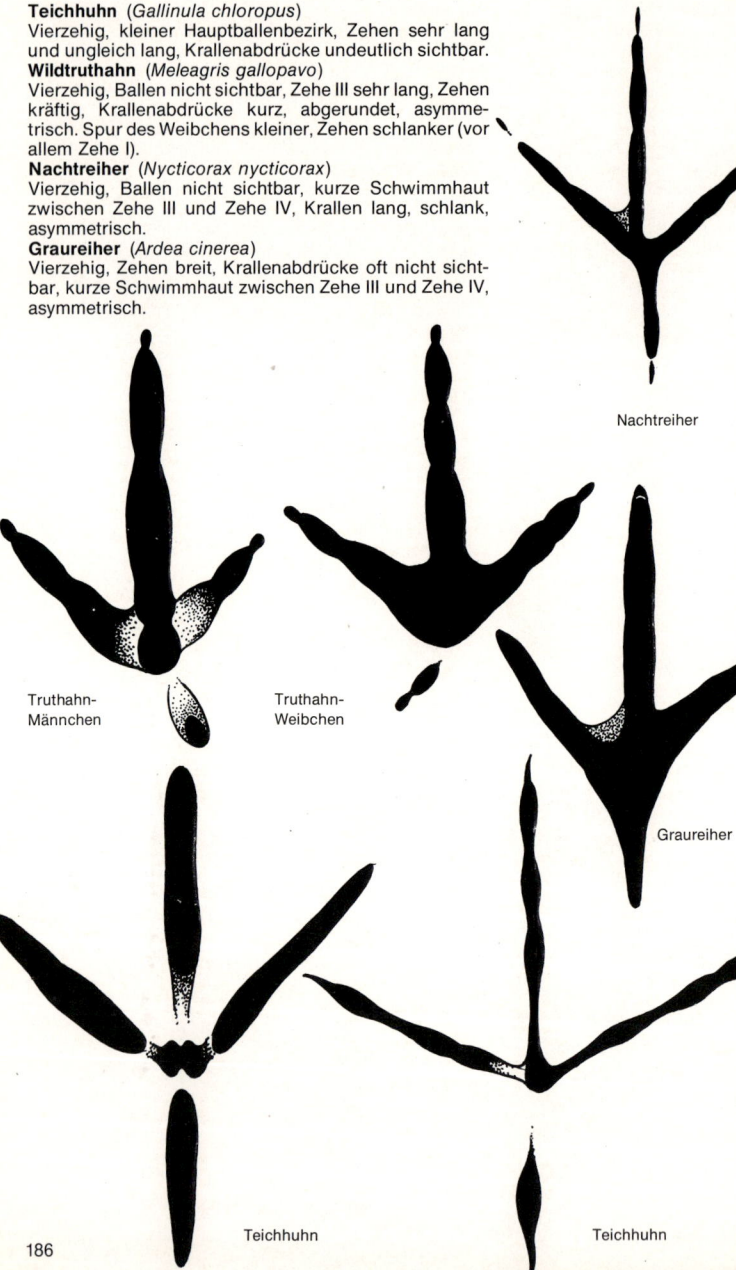

Nachtreiher

Truthahn-Männchen

Truthahn-Weibchen

Graureiher

Teichhuhn

Teichhuhn

Graugans (*Anser anser*)
Vierzehig, Zeheneindrücke kräftig, Zehe I klein und abgesetzt, Schwimmhaut zwischen Zehe II und Zehe IV, kurze, stumpfe Krallenabdrücke, asymmetrisch.

Lachmöwe (*Larus ridibundus*)
Vierzehig, Zehe I kurz, Schwimmhaut zwischen Zehe II und Zehe IV, Winkel zwischen den Zehen II bis IV groß, asymmetrisch.

Tafelente (*Aythya ferina*)
Vierzehig, Zehenabdrücke kräftig, kurz, stumpfe Krallenabdrücke, Zehe I kurz, Schwimmhaut zwischen Zehe II und Zehe IV, Winkel zwischen den Zehen II bis IV klein, asymmetrisch.

Kranich (*Grus grus*)
Dreizehig, Spur groß und weit gespreizt, Hauptballenbezirk groß, sichtbar, Zehenabdrücke kräftig, Krallen relativ kurz und stumpf, fast asymmetrisch.

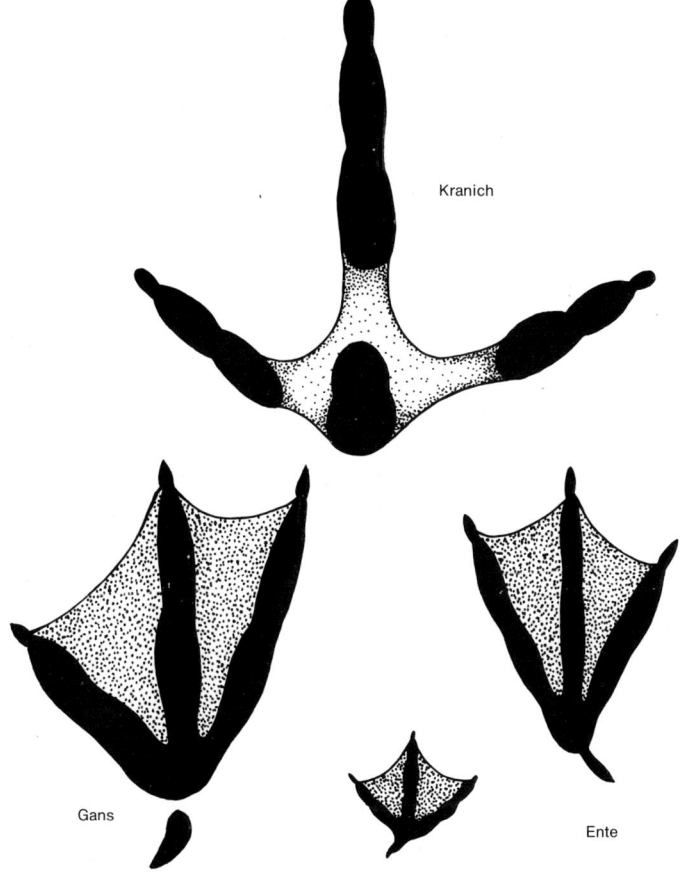

Kranich

Gans

Ente

Lachmöwe

Einfacher Bestimmungsschlüssel für Vogelspuren

Da es weitaus mehr Vögel und dementsprechend mehr Vogelspuren als Säugetierspuren gibt, ist es im Rahmen dieses Buches nicht möglich, die Spuren der einzelnen in Europa vorkommenden Vögel abzubilden und zu beschreiben. Um dem Naturfreund jedoch einen kleinen Anhaltspunkt beim Bestimmen von Vogelspuren zu geben, haben wir einen einfachen Bestimmungsschlüssel erstellt, der zumindest zu den Spuren der häufigsten Arten oder nahe verwandter Gattungen führt.

Der Schlüssel ist in 23 Gruppen eingeteilt (1–23, links vom Text), die wiederum in 1 bis 4 verschiedene Aussagen unterteilt sind. Jede dieser Aussagen trägt am Ende (rechts vom Text) eine neue Zahl.
Beim Bestimmen einer gefundenen Spur beginnt man stets mit der Gruppe 1 und wählt zwischen der Aussage a (vierzehig) und der Aussage b (dreizehig). Ist die Spur vierzehig, so geht man weiter zu Gruppe 2, ist sie dreizehig, springt man zu Gruppe 17. Man folgt diesem Auswahlsystem so lange, bis man bei einer Gruppe oder Art gelandet ist.
Einige Vogelarten oder -gruppen tauchen in diesem Schlüssel mehrmals auf, da die Spuren mancher Vögel mehr als einem Typ angehören können, d. h., je nach Gegebenheit kann ein vierzehiger Fuß einen vier- oder dreizehigen Abdruck hinterlassen, kann sich eine Schwimmhaut abdrücken oder nicht.

Fasan- und Entengeläufe

1 a Spuren mit 4 Zehen 2
   b Spuren mit 3 Zehen 17

2 a 3 oder 4 Zehen nach vorn gerichtet 3
   b 2 Zehen nach vorn gerichtet 16

3 a Schwimmhaut vorhanden 4
   b Keine Schwimmhaut 7

4 a Schwimmhaut zwischen den Zehen I bis IV: Pelikane, Kormorane, Tölpel
   b Schwimmhaut nur zwischen Zehen II und IV 5

5 a Schwimmhaut zwischen Zehen II – III und III – IV 6
   b Schwimmhaut nur zwischen den Grundgliedern der Zehen III–IV: Sandpieper, Reiher

6 a Schwimmhaut erstreckt sich über die ganze Länge der Zehen: Schwäne, Gänse, Enten, Möwen (siehe Tabelle I Seite 193)
   b Schwimmhaut erstreckt sich etwa in der Mitte der Zehen: Seeschwalben

   c Schwimmhaut nur zwischen den Grundgliedern ausgebildet: Regenpfeifer, Kiebitze

7 a Randsaum an den einzelnen Zehen 8
   b Zehen ohne Randsaum 9

8 a Randsaum an den Zehen pro Zehenglieder gelappt: Bläßhühner

   b Randsaum ungelappt: Lappentaucher

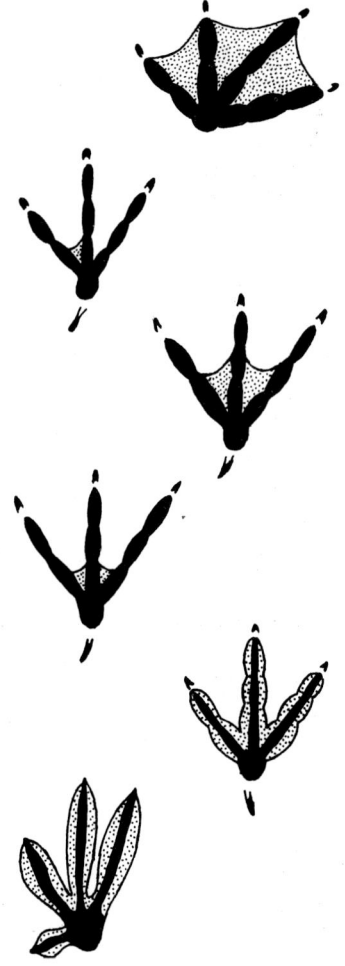

Einfacher Bestimmungsschlüssel für Vogelspuren

c Randsaum nur in der Mitte der Zehen: Wassertreter

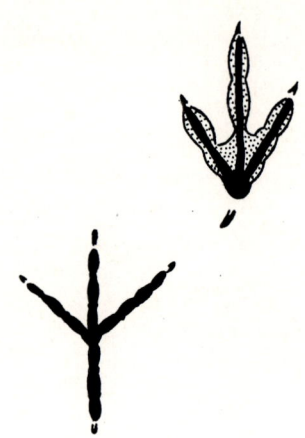

9 a Spur symmetrisch durch Zehe I
10

b Spur asymmetrisch 13

10 a Zehen- und Zehenzwischenballen vorhanden, Zehe I annähernd gleich lang wie Zehen II–IV: Krähen, Greifvögel

b Keine Zehenzwischenballen 11

11 a Zehe I annähernd gleich lang wie Zehen II–IV 12

b Zehe I kürzer als die anderen Zehen, Krallen kurz und direkt anschließend: Tauben

12 a Krallen kurz, direkt angeschlossen: Sperlinge

b Krallen lang, nicht direkt angeschlossen: Adler, Würger, Eulen, Pieper, Lerchen, Amseln, Drosseln

13 a Zehen- und Zehenzwischenballen vorhanden, Zehe I kürzer als die anderen Zehen: Truthühner, Hühner

b Nur Zehenballen vorhanden 14

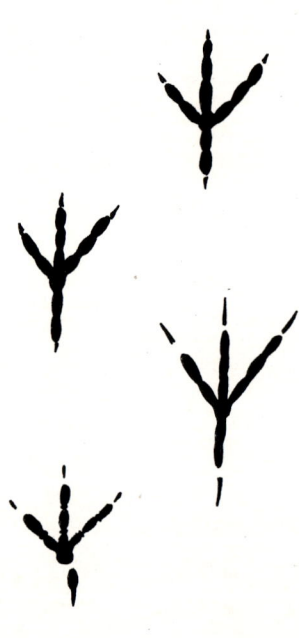

14 a Zehe I annähernd so lang wie die übrigen Zehen: Reiher, Dommeln, Ibisse, Löffler, Rallen

b Zehe I kürzer als die übrigen Zehen 15

15 a Zehe I hinterläßt einen kleinen
runden Abdruck, nicht an Hauptballen anschließend: Weißstorch,
Kranich

b Zehe I mit dem Fußabdruck verbunden: Hühnervögel (siehe Tabelle II Seite 193)

16 a Zehen I und II nach hinten gerichtet, Zehen III und IV nach vorn gerichtet, annähernd gleich lang:
Kuckucke, Eisvogel, Enten, Fisch-
adler

b Zehen I und II nach hinten gerichtet, Zehen III und IV nach vorn gerichtet, Zehen I und III, II und IV
nicht gleich: Vierzehige Spechte

17 a 3 Zehen nach vorn gerichtet 18
b 2 Zehen nach vorn gerichtet, 1
nach hinten: Dreizehige Spechte,
Eisvögel

18 a Schwimmhaut vorhanden 19
b Keine Schwimmhaut 20

19 a Schwimmhaut über ganze Zehen-
länge: Möwen, Raubmöwen,
Sturmtaucher, Eissturmvögel,
Alke, Dreizehenmöwen, Goldre-
genpfeifer, Schwäne, Gänse, En-
ten (siehe Tabelle I Seite 193)
b Schwimmhaut nur bis zur Mitte der
Zehen, konkav: Seeschwalben,
Säbelschnäbler, Regenpfeifer,
Flamingos

c Schwimmhaut nur am Grunde der
Zehen: Austernfischer

Einfacher Bestimmungsschlüssel für Vogelspuren

d Schwimmhaut nur am Grunde zwischen den Zehen III und IV: Mornellregenpfeifer

20 a Randsaum an den einzelnen Zehen 21

b Ohne Randsaum 22

21 a Randsaum pro Zehenglied gelappt: Bläßhühner

b Randsaum nicht gelappt: Lappentaucher

c Randsaum zum Teil gelappt: Wassertreter

22 a Zehen annähernd gleich lang 23

b Zehen nicht gleich lang: Kraniche

23 a Spur symmetrisch durch Zehe I: Austernfischer

b Spur asymmetrisch: Moorschneehuhn

Tabelle I: Schwimmhaut über ganze Zehenlänge

	Zehen II und IV gehen auseinander oder laufen zum Ende hin parallel (wie oben abgebildet)	Zehen II und IV gehen auseinander
Vierzehige Tritte (in einigen Fällen nur 3 Zehen sichtbar)	Länge der Mittelzehe **Schwäne** 16 cm Höckerschwan 14,5 cm Singschwan 11,5 cm Zwergschwan **Gänse** 8,5 cm Graugans 5,5 cm Ringelgans **Enten** 5 cm Stockente	Möwen
Dreizehige Tritte		Raubmöwen Sturmtaucher Eissturmvögel Alke Goldregenpfeifer

Tabelle II: Hühnervögel

Großer Hauptballen	Kleiner Hauptballen
Länge der Mittelzehe	Länge der Mittelzehe
10 cm Auerhuhn 7 cm Birkhuhn 5 cm Haselhuhn	7 cm Fasan 4,5 cm Stein- und Rebhühner 2,5 cm Wachtel 2,5 cm Moorschneehuhn 4,5 cm Schottisches Moorschneehuhn 3 cm Alpenschncehuhn

Bergeidechsen (oben Männchen, unten Weibchen)

Spuren von Amphibien und Reptilien

In Europa kommen rund 25 Amphibien- und 20 Reptilienarten vor.
Amphibien oder Lurche sind wechselwarme Wirbeltiere, die ihre Eier (Laich) meist im Wasser ablegen. Aus den Eiern entwickeln sich die Larven (Kaulquappen), die sich langsam in das fertige Tier umwandeln (Metamorphose). Alle Amphibien besitzen eine schlüpfrige, mit vielen Schleimdrüsen versehene Haut und sind an feuchte Lebensräume gebunden. Zu den Amphibien gehören die Frösche (Ranidae), Kröten (Bufonidae) und die Salamander und Molche (Salamandroidea).
Reptilien oder Kriechtiere sind ebenfalls wechselwarme Tiere. Sie sind entweder eierlegend oder bringen voll entwickelte Junge zur Welt (lebendgebärend). Ihre Haut ist trocken und mit Hornschuppen oder -schildern bedeckt. Zu den Reptilien gehören die Schlangen (Serpentes), Schildkröten (Testudines) und Echsen (Squamata).
Spuren von Amphibien und Reptilien wird man in erster Linie in Gewässernähe oder auf sandigem Boden finden können. Anhand bestimmter Merkmale (Schwimmhaut, Zehenballen, Schwielen, Krallenmarken, Schleifspuren vom Schwanz) kann man die Spuren von Reptilien und Amphibien zumindest einer bestimmten Gruppe zuordnen – eine Artbestimmung wird meist nicht möglich sein.

Spuren von Amphibien

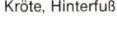

Kröte, Hinterfuß

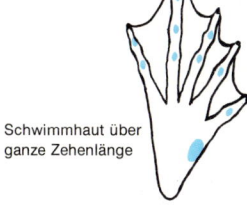

Schwimmhaut über
ganze Zehenlänge

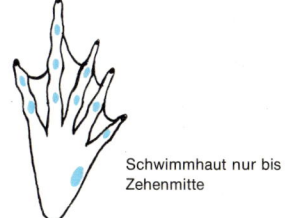

Schwimmhaut nur bis
Zehenmitte

Im Frühjahr bemerken wir die Anwesenheit von Amphibien relativ leicht, wenn wir Bäche, Weiher, Tümpel, ausgefahrene, mit Wasser gefüllte Radspuren auf Waldwegen oder sonstige kleine Gewässer einmal näher betrachten. Jetzt ist die Zeit zum Ablaichen gekommen, und man kann oft größere oder kleinere Laichansammlungen im Wasser finden.

Anhand des abgelegten Laiches kann man schon grob unterscheiden, ob es sich hier um werdende Frösche oder um werdende Kröten handelt: Krötenlaich ist stets perlschnurartig aufgereiht, Froschlaich bildet größere oder kleinere klumpige Ansammlungen. Im weichen Uferschlamm wird man auch die verschiedenartigsten Fußspuren finden, die man anhand ihres Aussehens ebenfalls grob zuordnen kann – je nach Ausbildung von Schwielen, Zehenballen und Schwimmhäuten, dem Fehlen oder Vorhandensein von

Geburtshelferkröte, Vorderfüße
mit Schwielen

Krötenfrösche,
Hinterfüße

 mit
Grabschwiele

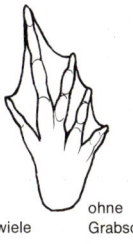 ohne
Grabschwiele

Frosch, Vorderfuß

Laubfrosch, Vorderfuß mit Zehenballen, aber ohne Schwielen

Paarige
Schwielen

 Unpaare
Schwielen

Frosch, Hinterfüße

Spuren von Amphibien

Eidechsenspuren im Sand

Schwanzschleifspuren. Kröten- und Froschspuren sind stets ohne Schleifspur, die Vorderfüße sind kleiner als die Hinterfüße. Salamander- und Molchspuren sind an den Schleifspuren des Schwanzes zu erkennen, außerdem sind bei dieser Tiergruppe Vorder- und Hinterfüße fast gleich groß. Im folgenden seien nur einige Beispiele verschiedenartiger Amphibienspuren aufgezeichnet.

Amphibienfährten

Man wird Amphibienfährten nicht oft finden können: Im Winter halten diese wechselwarmen Tiere ihren Winterschlaf, im Sommer ist der Untergrund meist trocken und zeigt keine Abdrücke. Am ehesten wird man die Spuren dieser Tiere in Gewässernähe im Frühjahr zur Laichzeit oder nach einem regnerischen Tag finden können. Wie bereits erwähnt, kann man relativ leicht einteilen in die Spuren von Schwanzlurchen (Salamandern und Molchen) und in die Spuren von Fröschen und Kröten.

Molche sind extrem leichte Tiere, ihre Spuren daher recht selten und nur leicht abgedrückt. Die Einzelspuren sind sehr klein und bestehen nur aus Zehenabdrücken, selten aus einem ganzen Fußabdruck. Die Hinterspuren (0,5 × 0,6 cm) sind fünfzehig, die Vorderspuren (0,4 × 0,5 cm) vierzehig. Meist sind jedoch nur 3 oder 4 Zehen deutlich abgedrückt, Ballen- und Krallenmarken fehlen.

Die normale Gangart der Molche ist das Gehen, Schrittlänge 3,5 cm. Die Einzelspuren sind stark gespreizt, weisen mehr oder weniger nach vorn und überdecken sich nicht. Die Spurenbahn ist gekennzeichnet durch sehr kleine Fußabdrücke, eine große Schränkung und eine deutliche, hin- und herpendelnde Schwanz- (oftmals sogar Körper-) schleifspur.

Kröten und **Frösche** haben in ihren Spuren viel Gemeinsamkeiten. Die Hinterspur ist größer als die Vorderspur und fünfzehig. Die einzelnen Zehen sind weit gespreizt und durch eine Schwimmhaut verbunden. Die Vorderspur ist vierzehig und meist ohne Schwimmhaut. Je nach Art tragen die Spuren mehr oder weniger stark sichtbare und verschieden angeordnete Schwielen. Bei einer ausgewachsenen Erdkröte mißt die Hinterspur 2,8 × 2,2 cm, die Vorderspur 1,5 × 1,5 cm. Die Spurenbahn zeigt geradeaus nach vorn weisende Hinterspuren und rechtwinklig dazu gesetzte Vorderspuren, die Schränkung beträgt 1,5 cm. Bei langsamer Fortbewegung beträgt die Schrittlänge 4,5–5 cm. Bei schnellerem Gehen bzw. Hüpfen wächst die Schrittlänge auf 10 cm an, die Spuren erscheinen in Vierergruppen. Die Einzelspuren überschneiden sich nie, lange Hüpfer oder Sprünge können bis zu 40 cm messen.

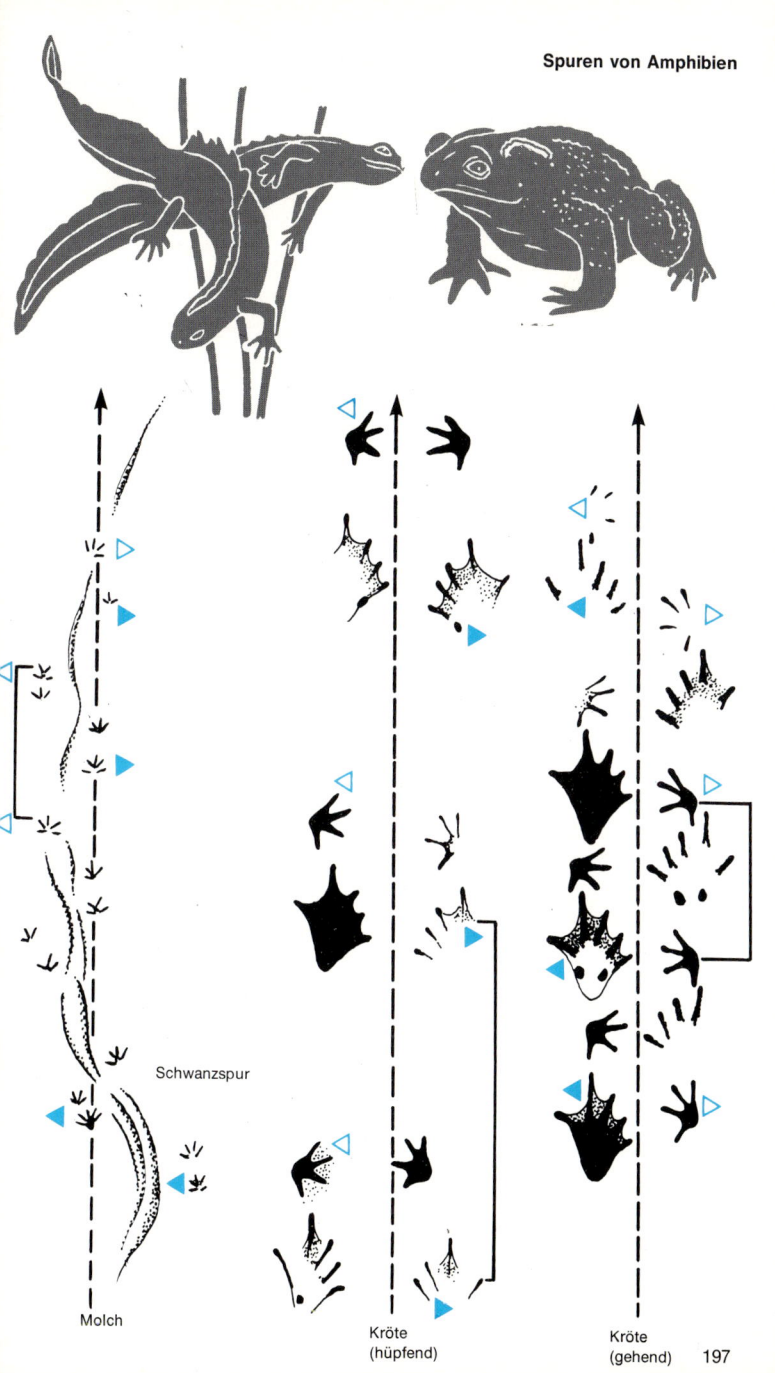

Spuren von Amphibien

Schwanzspur

Molch

Kröte (hüpfend)

Kröte (gehend) 197

Spuren von Reptilien

Reptilienspuren sind noch seltener zu finden als Amphibienspuren, da die Reptilien zum einen bei der Eiablage nicht auf das Wasser angewiesen sind, zum anderen sich die meisten Reptilien in trockenen, sonnigen Gebieten aufhalten, ihre Spuren daher nur im Sand zu finden sind. Auch bei den Reptilien lassen sich anhand der Spuren drei größere Gruppen unterscheiden: Schildkröten, Echsen und Schlangen.

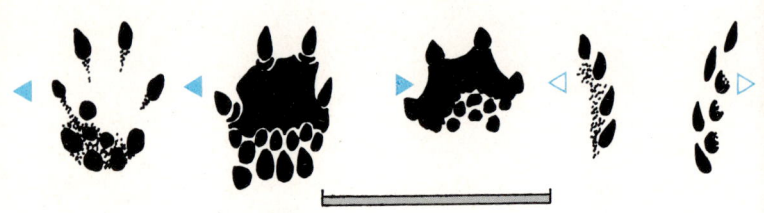

Schildkröten hinterlassen aufgrund ihres Gewichtes relativ gut eingedrückte Spuren. Die Hinterspur ist quadratisch und zeigt im hinteren Teil Schuppen- und Schwielenabdrücke sowie 4 deutlich nach vorn gerichtete Krallenmarken. Die oben abgebildeten Spuren stammen von einem kräftigen 40jährigen Schildkrötenmännchen und sind dementsprechend groß und tief eingedrückt. Hinterspur 3 × 2,5 cm. Die Vorderspur zeigt normalerweise einen halbmondförmigen Abdruck mit 4 auf einer Linie liegenden Zehenabdrücken. Schwielen- und Schuppenabdrücke sind nicht immer zu sehen. Vorderspur 3 × 1 cm.
Die Spurenbahn besitzt eine große Schränkung, die Hinterfüße zeigen immer geradeaus nach vorn. Bei langsamem Gehen liegen die Vorderspuren weiter innen, die Schrittlänge beträgt 5 cm. Zwischen Vorder- und Hinterspuren sind Schleifspuren der Zehen sichtbar. Bei schnellerer Fortbewegung wächst die Schrittlänge auf 10 cm an, die Vorderspuren liegen unmittelbar innerhalb der nachfolgenden Hinterspur. Beim „Rennen" liegen Vorderspuren und Hinterspuren auf einer Linie, die Schrittlänge beträgt 14 cm.

Eidechsen hinterlassen aufgrund ihres geringen Gewichtes kaum Spuren. Vorder- und Hinterspuren sind winzig und fünfzehig. Die Spuren liegen im allgemeinen parallel zur Mittellinie. Die übliche Fortbewegungsart ist ein schnelles, manchmal ruckartiges Laufen, die Spuren überschneiden sich nicht, es sind jedoch stets Schleifspuren des Schwanzes sichtbar.

Schlangen sind gliedmaßenlos und bewegen sich nur durch Muskelbewegungen des Körpers, so daß sich wellenförmige Spuren abdrücken.

Geckos hinterlassen ganz unverkennbare Spuren, die sich durch kleine kreisförmige Scheiben an den Enden der Zehen auszeichnen. Diese Haftscheiben dienen dem Gecko dazu, an glatten Flächen emporzuklettern. Vorder- und Hinterspur sind fünfzehig. Auf weichem Untergrund erscheint der gesamte Fußabdruck, Ballen sind jedoch nicht zu erkennen.
Hinterspur 1,4 × 1,6 cm, Vorderspur 1 × 1,1 cm. Die Vorderspuren sind leicht nach außen gerichtet, die Hinterspuren stehen rechtwinklig zur Mittellinie oder weisen sogar leicht nach hinten. Die Spuren überschneiden sich nicht, die Hinterspur steht jedoch nicht hinter der vorderen. Schrittlänge 7–7,5 cm. Schleifspuren des Schwanzes, der bei jedem Schritt gehoben wird, deutlich.

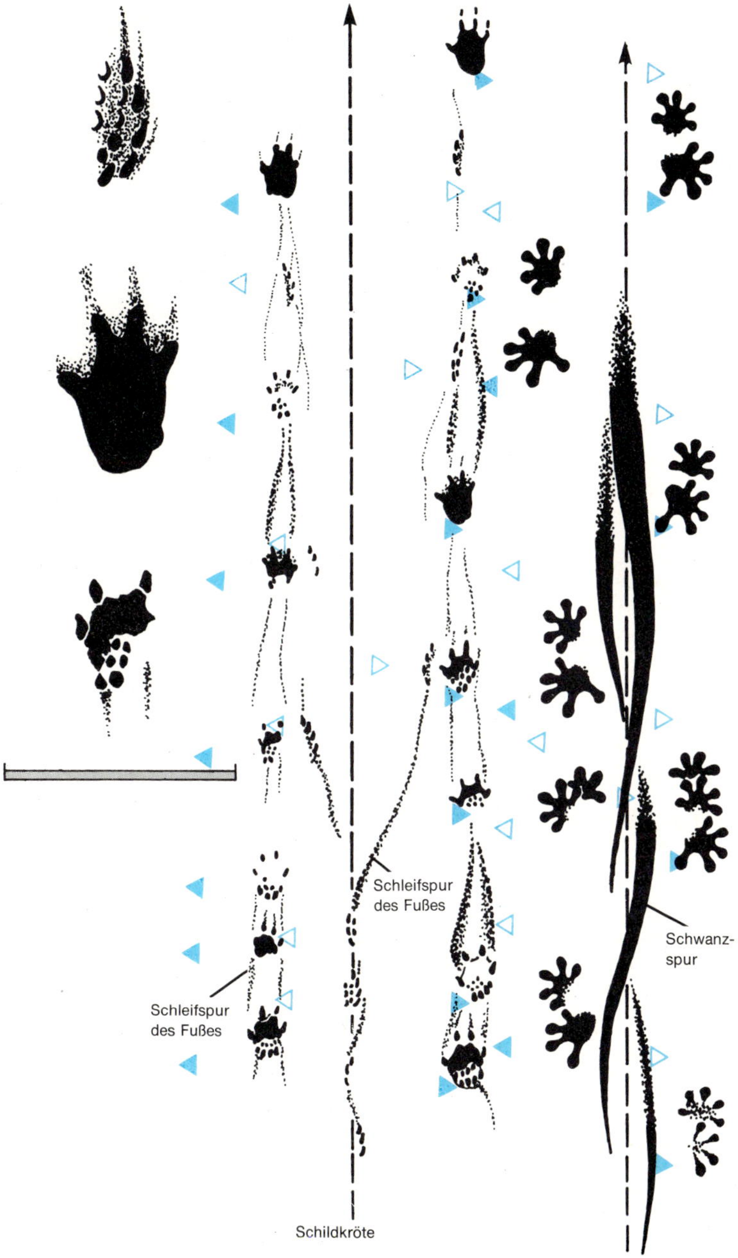

Schleifspur
des Fußes

Schleifspur
des Fußes

Schwanz-
spur

Schildkröte

Gecko   199

Pfade und Wechsel

Die meisten Säugetiere und Bodenvögel laufen nicht einfach kreuz und quer in ihrem Wohn- und Jagdgebiet umher, sondern nehmen stets die gleichen Wege vom Unterschlupf bis zur Nahrungsquelle. Diese Wege treten sich im Laufe der Zeit immer mehr aus und sind ein deutliches Zeichen für die Anwesenheit eines oder mehrerer Tiere. Solche Pfade nennt man bei Raubtieren Schliche, bei den anderen Tieren Wildwechsel. Sehr viele dieser Wechsel werden über eine kürzere oder längere Strecke von mehr als einer Tierart benützt. Dies gilt besonders in dichten Wäldern oder an einer schwer passierbaren Stelle über einen Fluß (siehe Zeichnung Seite 201). Pfade allein können also nicht auf eine bestimmte Tierart hinweisen. Hierzu muß man gezielt nach Fußspuren, Nahrungsresten oder anderen Anzeichen suchen.
Diese Wechsel sind am deutlichsten in der Nähe des Futter- und Wohnplatzes ausgebildet. Von hier aus verzweigen sie sich in bestimmter Entfernung. Die Einzelpfade sind dann zwangsläufig nicht mehr so ausgeprägt und festgetreten wie das Anfangsstück, das öfter benützt wird.
Im folgenden unterscheiden wir zwischen unterirdischen Gängen, Gängen an Uferböschungen, Wechsel im Wald, Laufgängen in Laubstreu und Bodenvegetation, Pfaden in offenem Gelände, Durchschlupfen in Sträuchern und Hecken und Wegen in Gebäuden.

Eingang eines Dachsbaues, von dem aus ein breiter, gut ausgetretener Wechsel geht, der sich in einiger Entfernung verzweigt. Die Einzelpfade sind weniger stark ausgetreten.

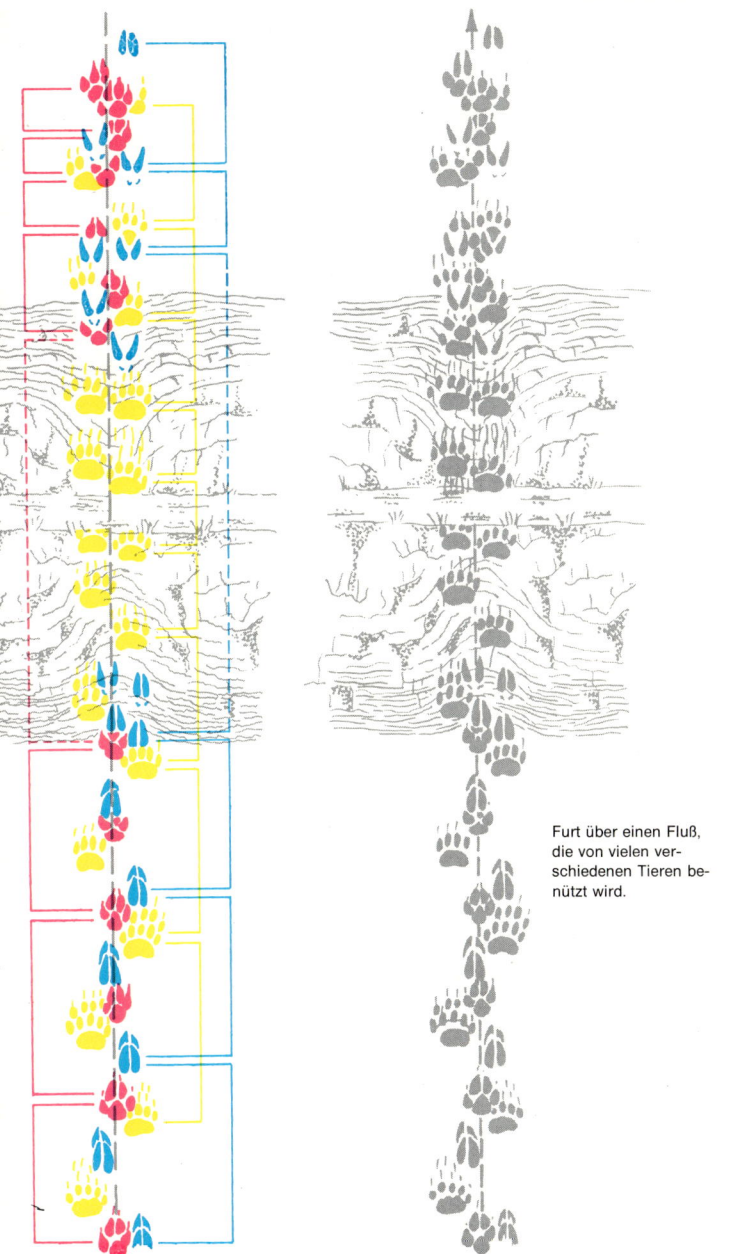

Furt über einen Fluß,
die von vielen ver-
schiedenen Tieren be-
nützt wird.

Unterirdische Gänge

Ein wirklich unterirdisches Leben führt nur der Maulwurf (*Talpa europaea*). Er legt ein ausgedehntes, verzweigtes, unterirdisches Gangsystem mit Wohnkammer und Vorratslager an, dessen Verlauf durch ausgeworfene Erdhaufen deutlich markiert wird. Aneinandergereihte kleinere Erdhaufen (Durchmesser 10–20 cm) stammen aus frisch angelegten Jagd- und Futtergängen, große Haufen (Durchmesser 40–60 cm) mit mehreren Löchern, die als Fluchtweg und Lüftungskanäle dienen, liegen stets über der Wohn- und Nestkammer. Die größten Maulwurfshaufen (ca. 100 cm Durchmesser und 50 cm Höhe) findet man im Herbst, wenn sich die Maulwürfe in ihre „Winterburgen" zurückziehen. Diese Winterburgen bestehen aus einer Wohnhöhle, um die ein ringförmiges Gangsystem angelegt ist, so daß der Maulwurf von der Wohnhöhle aus sein ganzes unterirdisches Jagdrevier begehen kann.

Der Maulwurf legt 3 verschiedene Formen von Gängen an: offene, oberflächliche Gänge (Brunstgänge), die vor allem zur Paarungszeit angelegt werden, und die Kanalisationsgräben mit seitlich ausgeworfener Erde ähneln. Die direkt unter der Oberfläche verlaufenden Oberflächengänge, die wie „Erdwürste" aussehen, werden im Frühling begangen. Die normalen Jagdgänge liegen ca. 70 cm tief und verlaufen mehr oder weniger waagerecht in der Erde; an ihren Verzweigungsstellen legt der Maulwurf meist Vorratslager an.

Auf dieser Wiese waren sehr viele Maulwürfe tätig.

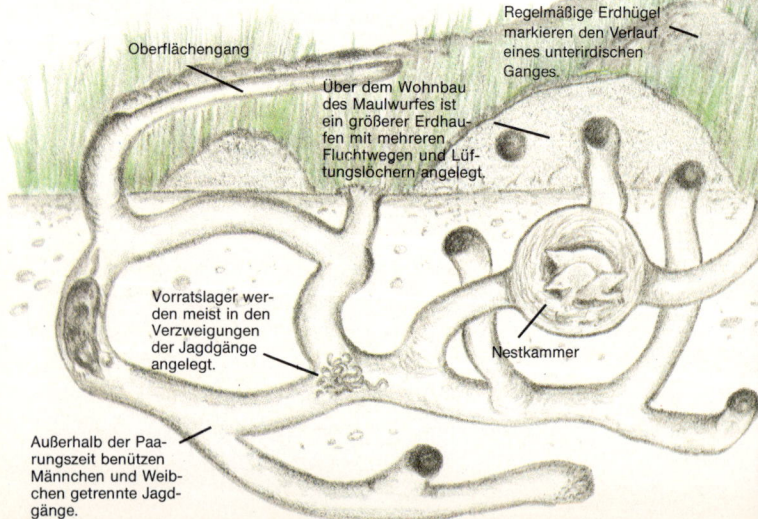

Regelmäßige Erdhügel markieren den Verlauf eines unterirdischen Ganges.

Oberflächengang

Über dem Wohnbau des Maulwurfes ist ein größerer Erdhaufen mit mehreren Fluchtwegen und Lüftungslöchern angelegt.

Vorratslager werden meist in den Verzweigungen der Jagdgänge angelegt.

Nestkammer

Außerhalb der Paarungszeit benützen Männchen und Weibchen getrennte Jagdgänge.

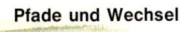

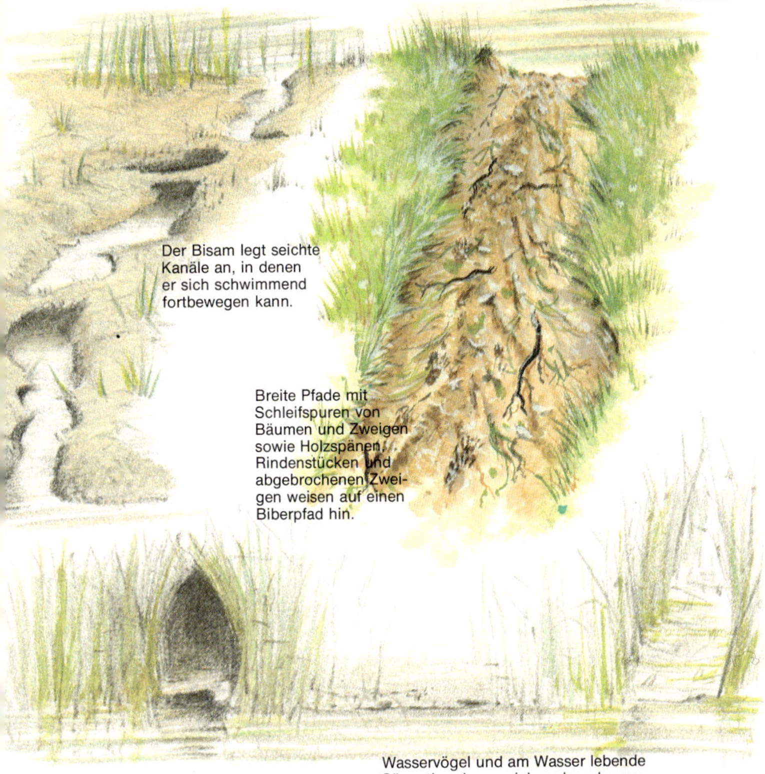

Der Bisam legt seichte Kanäle an, in denen er sich schwimmend fortbewegen kann.

Breite Pfade mit Schleifspuren von Bäumen und Zweigen sowie Holzspänen, Rindenstücken und abgebrochenen Zweigen weisen auf einen Biberpfad hin.

Wasservögel und am Wasser lebende Säugetiere legen sich mehr oder weniger breite Pfade in der Ufervegetation an, die je nach Größe des Tieres gut oder weniger gut sichtbar sind.

Pfade und Gänge an Uferböschungen

In Gewässernähe findet man die verschiedensten Pfade und Wechsel, Nester und Baue (siehe auch Seite 248–250).

Der Bisam z. B. baut große, weitverzweigte Gangsysteme in Dämme und Uferböschungen und gräbt sich Baue in die Ufer. Er legt sich seichte Kanäle in der Ufervegetation an, die es ihm ermöglichen, sich schwimmend fortzubewegen.

Der Biber besitzt feste Wasserstraßen, die er regelmäßig benützt. Zum Bau seiner Burgen, die im Wasser liegen, benötigt er Zweige und Äste, die er auf breiten Pfaden zum Wasser transportiert. Diese Pfade sind recht leicht zu erkennen: Zum einen führen Schleifspuren von transportiertem Baum- und Strauchmaterial bis zum Ufer, zum anderen ist der ganze Weg mit Holzspänen und Bruchstücken von Ästen und Zweigen bestückt.

Die Pfade von kleineren Wasservögeln liegen im Schilf verborgen und führen wie ein Tunnel durch die dichte Ufervegetation.

Größere Säugetiere hinterlassen oben offene Pfade im Schilf und Rohr.

Pfade im Wald

Tierische Pfade im Wald bestehen meistens schon recht lange und sind gut ausgetreten. Von Hirschen benützte Wege haben eine beachtliche Ausdehnung in die Höhe: Beim Muntjak bleibt die Vegetation nach oben bis in etwa 60 cm Höhe offen, in der Breite sind es 15−20 cm, während es beim Reh 100 cm in der Höhe und 30 cm in der Breite sind; beim Elch gar sind es nach oben 250 cm und seitlich 100 cm.

Wird ein Weg nur von kleineren Tieren wie Dachs oder Fuchs benutzt, dann beträgt seine Breite am Boden 25−30 cm, die Höhe beim Dachs 40 cm, beim Fuchs 50 cm. Wildschweinpfade sind deutlich zu erkennen: Sie sind sehr breit und von Wühlstellen und Suhlen gesäumt.

Kleinsäuger wie z. B. das Eichhörnchen haben entsprechend kleine Pfade, die meist sternförmig zu ihren Wohn- oder Schlafbäumen führen.

Enger Pfad eines Muntjaks

Aus der Breite und Höhe eines Pfades, der zwischen Bäumen und Sträuchern hindurchführt, kann man auf die Größe des Tieres schließen, das diesen Pfad benützt (links Elchpfad, rechts Rehpfad).

Breiter, niedriger Pfad eines Dachses

Laufgänge in der Laubstreu und Bodenvegetation

In der Laubstreu und Bodenvegetation findet man in der Hauptsache die ovalen Laufgänge der kleinen Wühlmäuse. Die Graurötelmaus legt ihre Gänge im Dickicht, Moos und Gras an; die Rötelmaus benutzt Laufgänge in der Bodenstreu und im Laub. Die Feldmaus hält sich vorwiegend im hohen Gras der Feldraine, in der Nähe von Getreidefeldern auf. Wanderratten bauen ausgedehnte Tunnelsysteme in Stroh- und Heuhaufen und lange, 5−10 cm breite Gänge, die über das Ackerland führen.

Kaninchenlöcher

Eingang in das
Versteck einer
Rötelmaus

Ausgetretener Pfad ei-
nes Fuchses oder
Dachses

Pfade in offenem Gelände

Pfade über mehr oder weniger offenes Gelände sind meist gewunden und gekrümmt, da sich das Tier den bequemsten, nicht den kürzesten Weg sucht und Hindernisse wie Baumstümpfe, Sträucher, kurze Zäune und Steinbrocken umgeht.

Die Pfade in offenem Gelände führen meist vom Unterschlupf oder Bau zur Nahrungsquelle, zum Wasser oder zu Latrinenplätzen.

Können Hindernisse wie Zäune und dichte Hecken nicht umgangen werden, so bahnen sich die Tiere einen Weg hindurch. Abhängig von der Größe des Tieres unterscheidet man zwischen oben offenen, ausgetretenen Durchgängen, oben geschlossenen, ausgetretenen Durchgängen, schmalen, engen Kriechgängen oder Tunnels. Diese Pfade sind oft durch Verbißstellen, hängengebliebenes Fell, Losungen und Trittspuren gekennzeichnet. Breite, ausgetretene Pfade werden gerne von mehreren Tierarten benützt; so wird man z. B. immer wieder einmal bemerken können, daß Hühnervögel sehr gerne gut ausgetretene Pfade größerer Säugetiere benützen. Da sehr viele der Pfade nachts begangen werden, setzen die Tiere Duftmarkierungen (Urin, Kot) ab, um im Dunkeln besser den Weg zu finden.

Lauschendes Eichhörnchen

Freßplatz eines Eichhörnchens.
Um an die Samen zu kommen,
muß das Tier die Schuppen des
Tannenzapfens abbeißen (siehe
Seite 213).

Fraßspuren

Alle Tiere hinterlassen Spuren ihrer Nahrungsaufnahme oder Verdauung. Diese Zeichen geben wichtige Hinweise auf die Anwesenheit des Tieres, seine Lebensweise und sein Verhalten.
Zu den Spuren der Nahrungsaufnahme gehören z. B. Schäl- und Nagespuren an Bäumen und Sträuchern, Verbiß an Knospen, Trieben und Zweigen, Fraßspuren an Samen, Früchten, Kräutern und Pilzen, Fraßspuren und Miniergänge an und in Blättern, Reste tierischer Beute, wie von Raubtieren oder Greifvögeln geschlagene Tierreste, zerbissene oder aufgehackte Eier, Muschelschalen und Schneckenhäuser, Grabspuren im Boden und an Uferböschungen, Fraßplätze und Vorratslager.

Fraßspuren an Bäumen und Sträuchern

Wurzeln, Rinde, Knospen, junge Triebe und Zweige von Bäumen und Sträuchern dienen vor allem im Winter sehr vielen Tieren als Nahrung. Vor allem an Bäumen lassen sich im Frühjahr von der Wurzel aufwärts die verschiedensten Nagespuren und Verbißstellen entdecken.

Wurzeln

Das Benagen, Untergraben, Auswühlen, Durch- und Abbeißen von Wurzeln führt oft zu starken Schädigungen der Pflanzen, die durch das beschädigte und oft stark reduzierte Wurzelwerk in ihrem Wachstum gehemmt werden und auch den Halt im Boden verlieren.
Wurzeln werden vor allem im Winter als Nahrung verwendet, wenn die Erdoberfläche mit Schnee bedeckt ist und nicht viel andere pflanzliche Kost zur Verfügung steht.
Die Schermaus (*Arvicola terrestris*) ist ein besonders großer Wurzelschädling. Sie durchnagt und untergräbt bevorzugt die Wurzeln von Obstbäumen.
Auch das Wildschwein (*Sus scrofa*) kann beträchtliche Schäden anrichten, wenn es bei

Wühlmauslöcher

Von Wühlmäusen
angenagte Wurzel

Wühlstelle eines
Wildschweines

seinen Wühltätigkeiten auf der Suche nach Würmern, Insektenlarven, Pilzen und jungen Würzelchen das Wurzelwerk von Bäumen und Sträuchern freilegt und zerkratzt.
Benagte und nicht vollständig durchgebissene Wurzeln junger Eichen und Buchen sind meist auf die Aktivitäten der Erdmaus (*Microtus agrestis*) zurückzuführen.

Links: Morscher Baumstumpf
mit Hacklöchern eines
Spechtes.

Rechts: Fraßspuren einer
Rötelmaus.

Charakteristische kräftige
Zahnmarken von Hasen und
Kaninchen

Zarte Zahnmarken, die auf
Rötel- und Erdmäuse
schließen lassen

Rinde

Die Rinde von Bäumen und Sträuchern spielt vor allem im Winter und Frühjahr eine
große Rolle bei der Ernährung vieler Nagetiere, Hirsche, Hasen und Kaninchen, die sie
entweder abnagen oder abschälen.

Im Sommer dagegen zeigt die Rinde die verschiedensten Hack- und Klopfspuren insek-
tenfressender Vögel und die Fraßgänge verschiedener Insektenlarven.

Fraßspuren an Rinden sind meist sehr auffällig, lange haltbar und relativ gut zu bestimmen; allein die Höhe der Fraßspur gibt schon Auskunft über die Größe des Tieres.

Erdmäuse (*Microtus agrestis*) leben und fressen z. B. am oder dicht unter dem Boden.
Sie bevorzugen Laubbäume und Gebiete mit dichtem Grasbewuchs, in dessen Schutz
sie Bäume und Sträucher bis in eine Höhe von 15 cm ringsherum bis aufs Holz benagen.
(Liegt eine hohe, feste Schneedecke, so kann die Nagehöhe weiter hinaufreichen.) An
den feinen, streifenförmigen Zahnmarken lassen sich ihre Nagespuren gut bestimmen.

Rötelmäuse (*Clethrionomys*) sind ebenfalls begeisterte Rindennager, sie bevorzugen
jedoch Nadelbäume. Da sie gute Kletterer sind, steigen diese Mäuse lieber in den Baum
hinauf, um im Schutz des Geästes zu nagen. Die Rötelmaus beginnt meist in den Astwin-
keln mit ihrer Nagetätigkeit und frißt von hier aus den Zweig hinaus und den Stamm hinauf die Rinde ab. Rötelmäuse nagen nicht so tief wie Erdmäuse, ihre Zahnmarken reichen nicht tief ins Holz hinein, und meist bleiben auch noch Rindenreste übrig.

Hasen und Kaninchen betätigen sich im Winter ebenfalls als Rindennager. Ihre Nagezähne hinterlassen lange, charakteristische Furchen: Da jeder der beiden Oberkiefer-
schneidezähne inmitten der Schneide eine kleine Kerbe besitzt, bleibt beim Benagen

Die Schermaus hinterläßt tiefe kleine Zahnmarken

Von einem Biber gefällter Baum mit tiefen, kräftigen Zahnmarken und umherliegenden Spänen

nicht nur in der Spalte zwischen den Schneidezähnen, sondern auch hinter jeder Kerbe ein schmaler Rindenstreifen übrig, so daß es aussieht, als hätte hier ein Säugetier mit 4 Schneidezähnen genagt.

Hauptsächlich von Rinde ernährt sich der Biber (*Castor fiber*). Um an diese Nahrung zu kommen, fällt er sogar größere Bäume. Seine Futterplätze und Nagespuren sind unverwechselbar und sehr gut an den kräftigen Nagespuren und den herumliegenden Holzspänen zu erkennen.

Eichhörnchen (*Sciurus vulgaris*) sind Rindenschäler. Sie leben oben in den Bäumen und ziehen die Rinde in Streifen ab. Sie schälen die Rinde jedoch nur im Sommer, wenn sie locker sitzt und sich leicht abziehen läßt. Oft bleiben dabei spiralig aufgerollte Rindenstreifen am Stamm hängen.

Aber auch größere Pflanzenfresser nehmen Rinde als Nahrung zu sich. Wildschweine (*Sus scrofa*) fressen in ca. 60–80 cm Höhe.

Die Spuren vom Hirschwild liegen zwischen 2–3 m Höhe, die Spuren sind sehr deutlich und wirken, als wäre die Rinde mechanisch mit einem groben Messer abgeschält worden. Die Tiere nagen die Rinde etwa in Kopfhöhe an, packen das abgenagte Ende der Rinde und reißen daran, so daß sich lange, tiefe Rindenstreifen lösen. Im Winter ist diese Art des Rindennagens nicht mehr möglich, da die Rinde zu fest am Holz sitzt und nicht durch einfaches Abreißen gelöst werden kann. In dieser Zeit müssen die Tiere die Rinde auch in kleinen Stücken abnagen. In der Rinde bleiben Schneidezahnspuren in Form zweier nebeneinanderliegender tiefer Rinnen zurück.

Diese abgestorbenen Kastanien-
triebe sind die Folge eines
frühen Rindennagens durch
Grauhörnchen.

Knospen – Triebe – Zweige

Knospen sind ein beliebtes Futter im Winter und Frühjahr. Sie werden gerne von klet-
ternden Mäusen, Eichhörnchen, Kaninchen, Hasen und Wild gefressen.

Mäuseverbiß an Knospen ist leicht zu erkennen: Die Tiere nagen entweder die Knospen
an der Seite an und fressen sie von hier aus auf, so daß die bräunliche Knospenhülle übrigbleibt, oder aber sie nagen die Knospen von der Spitze her ab und lassen nur schalen-
artig die untersten Knospenhüllen zurück.

Eichhörnchen (*Sciurus vulgaris*) fressen besonders gerne die männlichen Blütenknos-
pen von Tannen und werfen dann die Reste ihrer Mahlzeit, nämlich die Endtriebe der
Tannen, weg, so daß sich mit der Zeit unter ihrem Freßbaum ein grüner Teppich aus kurzen Tannentrieben bildet.

Feldhasen (*Lepus europaeus*) verzehren mit Vorliebe die Triebspitzen junger Bäume,
wobei sie mit ihren großen Nagezähnen die Triebe und jungen Zweige so abbeißen, daß
ein schräger, vollkommen glatter Schnitt entsteht.

Bestimmte Tierarten bevorzugen bestimmte Pflanzen, so daß man auch von der verbis-
senen Pflanze auf das Tier schließen kann. So frißt das Reh (*Capreolus capreolus*) bevorzugt Esche, Hasel, Eiche und Sträucher. Der Muntjak (*Muntiacus reevesi*) verbeißt besonders gerne Brombeersträucher, Efeu und Baumschößlinge am Waldboden. In Gegenden, in denen es hohe Wildbestände gibt, werden alle erreichbaren Knospen, Triebe,
Zweige und Blätter vom Wild weggefressen, so daß man richtiggehende Weidelinien erkennen kann, deren Höhe abhängig ist von der Größe der weidenden Tiere. Die betroffe-
nen Bäume und Sträucher besitzen bis zu dieser Weidelinie hinauf keine Zweige und
Äste mehr und sehen wie abrasiert aus.

Kaninchen (*Oryctolagus cuniculus*) produzieren eine Weidelinie in etwa 50–60 cm
Höhe unter Hecken und im Buschland in der Nähe ihrer Baue. Rehwild (*Capreolus capreolus*) erzeugt Weidelinien sowohl an Laub- als auch an Nadelbaumwaldrändern in einer Höhe von 1,5 m.

Beim Weißwedelhirsch (*Cervus virginianus*) liegt die Linie in 2 m Höhe.

Fraßspuren an Samen und Früchten

Reifes Obst, Nüsse und die Samen von Kiefern, Tannen, Buchen und Eichen, von Sträuchern und Kräutern sind zum einen sehr schmackhaft, zum andern enthalten sie viele
Nährstoffe, so daß diese pflanzliche Nahrung von sehr vielen Tieren bevorzugt gefressen
und als Wintervorrat angesammelt wird.

Weide-
linie
des
Wildes

Vom Hirschwild
verbissene Zweige

Von einem Elch
abgerissener Zweig

Von Rehen
geschälte Rinde

Zahnmarken
vom Muffelwild

Zahnmarken
eines Ponys

Nagespuren
des
Eichhörnchens

Verschiedene Nage- und Verbißstellen

Kiefer- und Tannenzapfen

Die öl- und fetthaltigen Samen der Kiefer- und Tannenzapfen sind ein Leckerbissen für viele kleine Nagetiere und Vögel, die vor allem in den an frischem Grün mangelnden Wintermonaten auf diese Nahrung zurückgreifen. Bevorzugt werden diese Samen natürlich von den Tieren gefressen, die auch an die in den Baumwipfeln hängenden Zapfen gelangen können, z. B. Eichhörnchen, Rötelmaus, Gelbhalsmaus, Spechte, Kleiber, Fichtenkreuzschnäbel. Nagetiere, die am Boden leben und nicht klettern können, müssen mit den Zapfen vorliebnehmen, die der Wind herabschüttelt, die einem im Baum sitzenden Nagetier oder Vogel ausgerutscht sind oder die an gefällten, am Boden liegenden Bäumen hängen. Um an die zwischen den Zapfenschuppen liegenden Samen zu gelangen, bedarf es jedoch einiger Fertigkeiten. Da jede Tierart eine eigene Technik entwickelt hat, ist es für den Spurenleser recht leicht, aus den Zapfenresten auf das Tier zu schließen, das diese Zapfen bearbeitet hat.

Eichhörnchen (*Sciurus vulgaris*) beißen die Zapfen vom Zweig ab und beginnen von unten her die Schuppen abzureißen und abzubeißen. Der Zapfenrest sieht zerfranst und zerzaust aus. Er ist am Grunde zerfasert und zugespitzt, an der Zapfenspitze sitzt noch ein Büschel unbeschädigter Schuppen. Die Zapfenreste liegen unter dem Fraßplatz des Eichhörnchens verstreut herum. Um am Boden liegende Zapfen zu verzehren, suchen sich die Eichhörnchen gerne einen erhöhten Fraßplatz aus, z. B. einen Baumstumpf, um den herum dann die Zapfenreste angesammelt sind.

Waldmäuse (*Apodemus sylvaticus*), Gelbhalsmäuse (*Apodemus flavicollis*) und Rötelmäuse (*Clethrionomys glareolus*) können die Zapfenschuppen nicht abreißen, sondern müssen sie durchnagen, um an den Samen zu gelangen. Ihre Zapfenreste haben eine glatte Nagefläche, einen abgerundeten Grund und nur ganz wenige Schuppen an der Spitze.

Von Mäusen bearbeitete Zapfen sind seltener zu finden, da die Mäuse beim Fressen Deckung unter Reisig oder im Unterholz suchen oder die Zapfen gleich in ihre Bauten schleppen.

Tannenzapfen, die von Fichtenkreuzschnäbeln (*Loxia curvirostra*) bearbeitet werden,

Rötelmaus beim Öffnen einer Eichel

Fichten-
kreuz-
schnabel

Kleiber-Schmiede

tragen der Länge nach aufgerissene oder aufgebissene Zapfenschuppen. Die leeren Zapfen liegen unter dem Baum, von dem sie stammen.

Die Spechte (*Dendrocopus*) haben eine besondere Technik entwickelt, den Samen aus den Zapfen zu bekommen. Sie hacken den Zapfen vom Ast ab und fliegen mit dem Zapfen im Schnabel zu einer tiefen Rindenspalte (die entweder natürlicherweise vorhanden ist oder die sie sich erst selbst gehackt haben) oder einer Felsspalte (Spechtschmiede). Hier klemmen sie den Zapfen so ein, daß er mit der Spitze herausschaut. Nun kann er mit seinem spitzen, meißelförmigen Schnabel die Schuppen aufhacken und den Samen herauspicken. Hat der Vogel die aus der Spalte schauende Seite ausgepickt, holt er den Zapfen mit dem Schnabel aus der Spalte, dreht ihn und frißt die andere Seite aus. Dann holt er sich einen neuen Zapfen, entfernt den alten aus der Spalte und steckt den neuen hinein. Zapfenreste einer Spechtmahlzeit haben meist einen unversehrten Grund, aber dann bis zur Spitze hinauf ein vollkommen zerzaustes Aussehen. Unter einer Spechtschmiede liegen die Zapfenreste in großen Haufen zusammen.

Nüsse – Bucheckern – Eicheln

Nüsse und Kerne sind ein nahrhafter Wintervorrat und beliebte Nahrung vieler Nagetiere und Vögel. Doch das Öffnen einer Nuß oder eines anderen hartschaligen Samens ist nicht leicht, und es erfordert bestimmte Techniken, um an den wohlschmeckenden Kern zu gelangen. Aus der bestimmten Öffnungsmethode und den Nagespuren kann man jedoch leicht auf das Tier schließen.

Das Eichhörnchen (*Sciurus vulgaris*) gehört zu den größten Nußfressern. Das Tier hält die Nuß mit den Vorderfüßen fest, nagt die Nuß quer über die Spitze an, steckt die unteren Nagezähne in die genagte Furche und sprengt die Schale entzwei. Jungtiere benötigen erst einige Übung, nagen planlos an der Nuß und brechen kleine Stücke heraus, bis sie die richtige Technik gefunden haben.

Waldmäuse (*Apodemus sylvaticus*) suchen sich eine unebene Stelle auf der Nußoberfläche, die den oberen Nagezähnen Halt gibt, und nagen dann mit den unteren Nagezähnen ein Loch mit unregelmäßigen Rändern; die Nase der Maus liegt also außerhalb des Lo-

Fraßspuren an Kieferzapfen

Specht   Eichhörnchen   Waldmaus

Kohlmeise   Rötelmaus   Eichhörnchen   Waldmaus

Fraßspuren an Haselnüssen

ches. Die Nüsse tragen die Zahnmarken der oberen Schneidezähne am Außenrand des Loches.

Rötelmäuse (*Clethrionomys*) hinterlassen Schalen mit Zahnmarken der oberen Schneidezähne am Innenrand des Loches. Das rührt davon, daß die Rötelmaus die Nase in das vorgenagte Loch steckt und dann von außen nach innen nagt.

Vögel hacken die Nüsse mit ihrem Schnabel auf, wobei der Specht (*Dendrocopus*) wieder eine Spechtschmiede benützt, in die er die Nüsse vor dem Zerhacken einklemmt. Er hinterläßt auf den Schalen meißelartige Schnabelmarken. Unterhalb der Spechtschmiede sammeln sich die leeren Schalen haufenweise an, da der Specht immer wieder die alte Schmiede benützt.

Der Kleiber (*Sitta europaea*) klemmt die Nüsse ebenfalls in Rindenspalten ein und hackt sie seitlich mit seinem kräftigen Schnabel auf. Im Gegensatz zum Specht benützt er seine Schmiede nur einmal und läßt die aufgehackte Nuß in ihr stecken.

Auch die Kohlmeise (*Parus major*) mit ihrem kleinen Schnabel wird mit Nußschalen fertig, sie bevorzugt aber die ganz frisch gereiften Nüsse, deren Schalen noch nicht so hart sind wie die älterer Nüsse.

Von Mäusen und Ratten aufgenagte Nüsse, Bucheckern und Eicheln findet man vor allem zu Herbstanfang, wenn diese Tiere die Überreste ihrer Wintervorräte aus ihren Bauen schaffen, um Platz für neue Vorräte zu schaffen. Die leeren Schalen liegen dann in mehr oder weniger großen Haufen vor den Eingängen zum unterirdischen Bau.

Häufig findet man jedoch auch am Boden liegende leere Nüsse oder Eicheln, die nur ein kleines kreisrundes Loch in der Schale haben. Diese „angebohrten" Samen dienten der Larve des Haselnuß- (*Curculio nucum*) oder des Eichelbohrers (*Curculio glandium*) als Nahrungsquelle. Die Weibchen legen ihre Eier in die jungen Haselnüsse, die dann von den heranwachsenden Larven gefressen werden. Vor der Verpuppung zum erwachsenen Käfer bohren sich die Käferlarven aus der Nußschale heraus und hinterlassen kreisrunde Löcher.

Früchte und Beeren

Im Spätsommer, Herbst oder Winter bieten Früchte und Beeren eine willkommene Abwechslung auf manch tierischen Speisezettel. Größere Tiere verzehren meist die ganze Frucht, kleinere Tiere hinterlassen deutliche Fraßspuren.

Eichhörnchen (*Sciurus vulgaris*) hinterlassen breite Doppelfurchen ihrer Nagezähne an nicht ganz aufgefressenem Obst, das am Boden herumliegt. Obst, vor allem Äpfel, das noch am Baum hängt und Nagezahnspuren trägt, wurde meist von Gartenschläfern (*Eliomys quercinus*) angenagt.

Alle Mäuse fressen gerne Früchte und Obst. Sie hinterlassen meist feine Nagespuren, die jedoch nicht zur Bestimmung einer Gattung oder Art ausreichen. Meist jedoch befinden sich ganz in der Nähe der angenagten Früchte Losungen, die beim Bestimmen hilfreich sein können.

Von Amseln (*Turdus merula*) und Drosseln (*Turdus philomelos*) angepickte Äpfel sind daran zu erkennen, daß die Vögel nur das Fruchtfleisch um das Kerngehäuse herum auspicken, von der Schale aber fast alles übrig bleibt, so daß eine schüsselförmige Haut mit Kerngehäuse übrig bleibt.

Kreuzschnäbel (*Loxia*) fressen Äpfel hauptsächlich ihrer Kerne wegen an, so daß man von grob aufgehackten Äpfeln, denen das Kerngehäuse fehlt und unter denen abgepicktes Fruchtfleisch liegt, auf einen Kreuzschnabel schließen kann.

Schnecken fressen mehr oder weniger große Löcher ins Obst und hinterlassen kaum Fraßspuren, meist jedoch Schleim, an dem sie gut zu identifizieren sind.

Süßes Obst wird sehr gerne von Wespen und Bienen angenagt, die ausgedehnte, jedoch nur ganz oberflächliche Löcher „nagen".

Kirschen sind ein Leckerbissen für Stare (*Sturnus vulgaris*) und Drosseln (*Turdus philomelos*), die sich jedoch „nur" über das Fruchtfleisch hermachen. Der Kernbeißer (*Coccothraustes coccothraustes*) dagegen holt sich die Steine aus den Kirschen, knackt sie und frißt die Kerne auf. Die Kirschsteine sind ganz typisch in zwei gleich große Hälften geteilt, die zusammen mit den Fruchtfleischresten unter dem Fraßplatz des Kernbeißers liegen.

Mäuse, Eichhörnchen und Vögel fressen im Winter auch gerne Hagebutten.

Das Eichhörnchen (*Sciurus vulgaris*) frißt meist heruntergefallene Hagebutten am Boden, da es mit seinem Gewicht recht unbequem auf den dünnen, dornigen Rosenzwei-

Links: Von Vögeln angepickte
Pflaume

Unten: Vorratslager einer
Waldmaus mit bereits angenagten und aufgefressenen Haselnüssen.

Links: Vom Eichhörnchen an-
geknabberter Pilz, deutlich
sichtbar die paarigen Schneide-
zahnmarken.

Rechts: Von einem Sperber
geschlagene Taube, erkennbar
am angebissenen Kopf und der
teilweise schon gefressenen
Brustmuskulatur.

gen sitzen würde. Es beißt die Hagebutten der Länge nach auf und holt sich die Kerne
heraus.
Mäuse holen sich die Kerne meist von der Breitseite her aus der Frucht heraus.
Drosseln (*Turdus philomelos*) interessieren sich nur für das Fruchtfleisch, andere Vögel
dagegen fressen nur die Kerne, das Fruchtfleisch liegt verstreut unter dem Rosenbusch
und klebt an Zweigen und Blättern.

Pilze

Säugetiere, Schnecken und viele Insekten ernähren sich im Herbst gerne zusätzlich von
schmackhaften Pilzen.
Hirsche (*Cervus*) fressen die Pilze dicht über dem Boden ab, so daß nur noch ein kleiner
Stielrest übrigbleibt, der jedoch leicht ausgefranst erscheint.
Wildschweine (*Sus scrofa*) brechen meist nur Hutstücke ab oder wühlen den ganzen Pilz
aus der Erde, ohne ihn dann aufzufressen.
Auch das Eichhörnchen (*Sciurus vulgaris*) ergänzt im Herbst seinen Speisezettel mit
Pilzgerichten. Kleinere Pilze werden abgebissen und mit auf den schützenden Baum ge-
nommen. Hier wird der Pilz entweder sofort verzehrt oder aber als Vorrat zwischen eine
Astgabel geklemmt oder auf einen Zweig aufgespießt. Größere Pilze, die das Tier nicht
zwischen den Zähnen forttragen kann, werden am Boden angenagt, wobei auf dem rest-
lichen Pilz die breiten Nagespuren deutlich zu erkennen sind.
Feine Riefen auf den Pilzhüten und an den Pilzstielen deuten auf kleine Nagetiere wie
Rötelmaus (*Clethrionomys*), Waldmaus (*Apodemus sylvaticus*) oder Gelbhalsmaus
(*Apodemus flavicollis*) hin.
Vögel picken hin und wieder auch einmal einen Pilz an, meist wahrscheinlich jedoch, um
ein darauf sitzendes Insekt zu packen, und nicht, um das Fruchtfleisch zu verzehren.
Schnecken sind regelmäßige Pilzkonsumenten. Ihre Fraßbilder zeichnen sich zum einen
durch seichte Gruben, zum andern durch kräftige Schleimspuren aus.
Außer den bereits aufgeführten Pflanzen und Pflanzenteilen werden noch die verschiedensten Gräser, Kräuter, Moose, Flechten und Sämereien gefressen, wobei die Fraßspuren an diesen Pflanzen oft nur schwer erkennbar und noch schwerer bestimmbar sind.
Junge Triebe krautiger Pflanzen werden vor allem im Frühjahr recht gerne von Vögeln
abgepickt oder aber von Schnecken, Raupen, Käfern und deren Larven oder von Blatt-
läusen an- und aufgefressen.

Tierische Nahrungsreste

Kadaverreste
Viele Tiere ernähren sich von tierischer Nahrung wie kleineren Säugetieren, Vögeln, Fischen, Muscheln und Schnecken, Insekten und Würmern. Oft wird die gefangene Beute

nicht restlos verzehrt, und man kann anhand des Beuterestes auf den Jäger schließen. Die Beutereste größerer Raubtiere (sogenannte Risse) wird man verhältnismäßig selten finden, da diese Tiere ihre Beute zumeist im Schutz ihres Baues, im dichten Unterholz oder sonstigen geschützten Verstecken verzehren, kleinere Beutetiere meist mit Haut und Haaren auffressen und die Reste größerer Beutestücke verscharren oder eingraben. Der Fuchs (*Vulpes vulpes*) z. B. ernährt sich von Mäusen, Ratten, Igeln, Hasen, Kaninchen und kleineren Säugetieren, erwischt aber auch hin und wieder einmal einen Vogel. Die Kadaverreste einer Fuchsmahlzeit zeigen oft Zahnmarken an den Schultern oder gebrochene Wirbel, oft ist der Kopf abgetrennt und vergraben. Von Vögeln bleiben meist nur die großen Schwanz- und Schwungfedern übrig. Daß sie von einer Raubtiermahlzeit stammen, erkennt man an den durchgebissenen und ausgefransten Federkielen (im Gegensatz dazu sind bei von Greifvögeln gerissenen Vögeln diese Federn an den ganzen, jedoch geknickten Federkielen und den deutlich mit Schnabelmarken gekennzeichneten Federfahnen zu erkennen).

Der Luchs (*Lynx lynx*) tötet Hirschwild, Hasen und Eichhörnchen, denen er oft den Kopf abtrennt. Er verscharrt aber weder Kopf noch Rumpfteile, sondern läßt die Kadaverreste offen liegen.

Wildkatzen (*Felis silvestris silvestris*) hinterlassen größere Beutestücke sorgfältig abgebeint, ohne zerbissene Knochen. Kleinere Beute wird zum Teil vergraben. Bei großen Beutetieren ist oft der Schädel geöffnet und das Hirn ausgefressen.

Hermelin (*Mustela erminea*) und Mauswiesel (*Mustela nivalis*) töten ihre Beute durch einen Biß in den Nacken. Reste von Kleinsäugern und Vögeln werden oft am Eingang zu ihren Unterschlupfen abgelegt.

Reste eines Kaninchens, das einem Dachs zum Opfer fiel.

Greifvögel schlagen ihre Beute in der Luft (Vögel) und am Boden (kleine Säugetiere). Die Fraßplätze der Greifvögel (Kröpfplätze) können recht häufig gesehen werden, da die Greifvögel ihre Beute nicht immer im Schutz von Bäumen und Sträuchern fressen, sondern oft gleich an Ort und Stelle des Fanges. Da für einen Greifvogel das Hirn seines Opfers ein besonderer Leckerbissen ist, beißt er seiner Beute häufig erst den Kopf ab und frißt das Gehirn auf. Dann erst beginnt er das Tier zu häuten oder zu rupfen. Bei Vögeln als Beute rupfen sie zuerst die Federn im Brustbereich aus, da vom Vogelkörper meist zuerst die kräftige Brustmuskulatur gefressen wird. Im Gegensatz zu Raubtieren, die mehrere Federn auf einmal abbeißen, rupfen Greifvögel die Federn einzeln aus, verletzen den Federkiel nicht, sondern knicken ihn nur ab und hinterlassen eingedrückte Furchen, die vom Öffnen und Schließen des Schnabels herrühren. Auch bei geschlagenen Kleinsäugern wird vor dem Fressen der betreffende Körperteil – zuerst fast immer der Brustbereich – gerupft, da der Vogel die Haare nicht verdauen kann. Um einen Kadaverrest herumliegende Haarbüschel oder Federn lassen also immer auf die Tätigkeit eines Greifvogels schließen.

An den Kröpfplätzen der Eulen, die zum großen Teil von kleinen Nagetieren und Mäusen leben, findet man in der Regel fast gar keine Beutereste mehr. Diese Vögel verschlingen ihre Beute fast im ganzen und rupfen sie gar nicht oder nur wenig, da die Eulen die unverdaulichen Nahrungsreste als Gewölle wieder auswürgen.

Der Mäusebussard (*Buteo buteo*) frißt auch gerne Frösche. Im Frühjahr kann man in Feuchtgebieten, in denen es noch genügend Frösche gibt, immer wieder einmal weißliche, feste Schleimklumpen finden. Diese Klumpen sind die Reste einer Mäusebussardmahlzeit, die aus Fröschen bestand. Es handelt sich hier um die großen Eileiter der Frösche, die anscheinend aus Geschmacksgründen zurückgelassen wurden – man bezeichnet diese Klumpen im Volksmund auch als „Sternrotz".

An den Fraßplätzen des Fischotters (*Lutra lutra*) und anderer von Fischen lebender Säugetiere wird man stets Reste von Fischen finden, vor allem die großen Schwanzflossen und große Gräten und Schuppen. Der Fischkopf wird meist zuerst gefressen und ist nur selten als Beuterest zu finden.

Eier

Vogeleier sind als Leckerbissen von vielen Tieren begehrt, als Eiräuber betätigen sich sowohl kleine Säugetiere wie auch Vögel. Bei den vor allem im Frühjahr am Boden liegenden Eierschalen muß man jedoch unterscheiden zwischen Beuteresten und Schalen von Eiern, aus denen Vögel geschlüpft sind.

Ein nach innen gebogener Rand und eine über den Schalenrand wulstig herausragende, zähe Haut sowie keinerlei Dotter- oder Eiweißspuren deuten auf einen natürlichen Schlüpfvorgang hin. Ist das Ei von einem Tier zerbissen worden, so fehlt der wulstige Hautrand, im Innern der Schalenreste wird man Spuren von Eigelb oder Dotter, manchmal sogar Blutspuren noch nicht ausgeschlüpfter oder ausgebrüteter Jungvögel finden.

Links: Diese Forelle ist der Fang eines Fischotters, der sich zunächst über die besonders fleischigen Teile hergemacht hat.

Rechts: Von einem Dachs freigelegtes Wespennest.

Zu den schlimmsten Eiräubern gehören die Krähen (*Corvus*), die Elster (*Pica pica*), Möwen (Laridae), der Fuchs (*Vulpes vulpes*), Marder (*Martes*) und Igel (*Erinaceus europaeus*).

Der Fuchs schleppt das Ei in sein Versteck, um dort so auf das Ei zu beißen, daß es vollständig zerbricht, dann leckt er das Eiweiß und den Dotter auf. Es kann aber auch sein, daß er die Eier vorsichtig in der Schnauze zu seinem Versteck transportiert und sie dort unter Moos und Laub bis zum späteren Verzehr versteckt.

Igel (*Erinaceus europaeus*) räubern nächtlich die Gelege der am Boden brütenden Vögel aus und fressen die Eier an Ort und Stelle. Der Igel beißt ein großes Loch in die Eierschale und leckt den Inhalt mit seiner Zunge aus.

Wiesel (*Mustela nivalis*) sind ebenfalls Nestplünderer. Sie beißen die beiden Enden des Eies an und holen sich so das Innere heraus.

Marder (*Martes*) stehlen ebenfalls Eier von am Boden brütenden Vögeln. Sie fressen die Eier jedoch nicht an Ort und Stelle, sondern nehmen sie mit an einen geschützten Ort, wo sie sie in Ruhe verzehren können. Die Marder beißen seitlich ins Ei, so daß ein längliches Loch entsteht, durch das sie den Inhalt ausschlürfen.

Die Krähen (*Corvus*) gehören zu den schlimmsten Eiräubern von Bodenbrüternestern. Entweder sie fressen die Eier gleich an Ort und Stelle aus, oder aber sie nehmen sie in den Schnabel, um sie auf härterer Unterlage aufzuhacken. Die Krähen hacken ein kleines Loch in das Ei, schieben ihren Oberschnabel hinein, heben den Kopf und trinken so das Ei aus.

Auch Möwen (Laridae) sind große Eiräuber, die sogar bei ihren Artgenossen räubern gehen. Meist fressen sie die Eier gleich am Fundort. Sie hacken große Löcher in die Schale und schlürfen den Inhalt dann aus.

Von einer Möwe oder Krähe aufgehacktes Ei

Die nach innen gebogenen Schalenränder und die Hautreste weisen darauf hin, daß aus diesem Ei ein Küken geschlüpft ist.

Hautreste ———

Von einem Fuchs aufgebissenes Ei

219

Schnecken und Muscheln

Einige Säugetiere und Vögel ernähren sich auch von Muscheln und Schnecken. Hier geben uns Fundplatz der leeren Schalen und Gehäuse sowie die Art und Weise, wie sie aufgebrochen sind, wichtige Hinweise auf die „Täter".

Das bekannteste Beispiel für einen Fundplatz von zertrümmerten Schneckengehäusen ist die Drosselschmiede. Es handelt sich hierbei um einen großen Stein oder Baumstumpf, um den herum eine größere Anzahl zerbrochener Schneckenhäuser zu finden ist. Das ist das Werk einer Drossel (*Turdus*), die die Schneckenhäuser nicht direkt zerhacken kann und deshalb mit dem Haus im Schnabel auf einen festen Gegenstand hämmert, bis die Schale bricht und der Vogel endlich an den saftigen Happen im Innern kommt.

Möwen (Laridae) und Krähen (*Corvus*) machen es sich noch leichter: Sie lassen einfach die harte Beute (Schnecke, Muschel, Krebs oder Krabbe) aus der Luft auf festen Untergrund fallen, so daß Schale oder Panzer beim Aufprall zerbrechen.

Rötelmäuse (*Clethrionomys*) nagen oben ins Schneckenhaus ein Loch und fressen sich den Windungen des Schneckenhauses folgend nach unten. Der untere Gehäuserand ist jedoch stets erhalten, da die Mäuse den Rest der Schnecke wahrscheinlich herausziehen.

Waldmäuse (*Apodemus sylvaticus*) öffnen die Schneckengehäuse von der Öffnung her und fressen sich langsam nach oben.

Der Fischotter (*Lutra lutra*) frißt sowohl Süßwassermuscheln wie auch Schnecken, und man kann die leeren Schalen und Gehäuse an seinen Futterplätzen finden.

Die Bisamratte (*Ondatra zibethicus*) ernährt sich zum Teil auch von Krebsen und Teichmuscheln. Sie taucht im Wasser nach den Muscheln, bringt sie nach oben zu ihrem Futterplatz und frißt hier die Schalen auf. Mit ihren scharfen Schneidezähnen zwängt sie sich in die schmale Schalenöffnung und drückt die Schalen dann auseinander. Von der Bisamratte aufgebrochene Schalen zeichnen sich durch abgebrochene Öffnungen an den Schalenrändern aus. Man findet solche Schalen oft haufenweise an den Futterplätzen.

Schermäuse (*Arvicola terrestris*) fressen auch gerne Muscheln. Sie nagen die Schalen an den Rändern auf, wobei sie ihre typischen Zahnmarken hinterlassen.

Reste von Insekten und anderen Wirbellosen

Recht häufig findet man die Spuren und Futterreste von Säugetieren und Vögeln, die nach Insekten, Würmern, Spinnen und Spinnentieren gesucht haben.

Bär (*Ursus arctos*) und Dachs (*Meles meles*) z. B. öffnen sehr gerne die Nester bodenund baumbewohnender Bienen und Wespen, zum einen an deren Eier und Larven zu gelangen und zum andern zum herrlich süß schmeckenden Honig aufzulecken. Beide Tiere zerstören die Nester dieser Hautflügler vollständig, fressen die Waben zum Teil mit oder zerstreuen sie um sich herum.

Auch der Wespenbussard (*Pernis apivorus*) hat sich auf das Fressen von Wespeneiern und vor allem Wespenlarven spezialisiert (Name!), er stöbert allerdings nur die Nester auf und frißt die Waben leer. Viele Spechte (*Dendrocopus*) ernähren sich von in Rinden und Borken lebenden Insekten und deren Larven und hämmern Löcher in die Rinde, um an ihr Futter heranzukommen. Der Grünspecht (*Picus viridis*) gehört zu den Spechten, die mit Vorliebe Ameisennester nach Puppen und Larven absuchen, aber auch erwachsene Ameisen sehr gerne fressen. Er stochert mit seinem langen Schnabel die Häufen auf und fährt dann blitzschnell mit seiner klebrigen Zunge in Gänge und Nestkammern, so daß Eier, Larven, Puppen und Ameisen an seiner Zunge festkleben. In Kuhfladen sieht man sehr oft die Hack- und Stocherspuren von Vögeln, die nach Insektenlarven, Dungfliegen und Fliegeneiern gestochert haben, die sich ja in Mengen in den Fladen aufhalten und entwickeln. Auf Dornen, Zweigen und Stachelzäunen aufgespießte Insekten sind das Werk der Würger (*Lanius*), die ihre Beute hier aufbewahren.

Grab- und Wühlspuren

Viele Säugetiere und Vögel stochern und wühlen nach Nahrung im Boden.

Der Braunbär (*Ursus arctos*) gräbt nach Wurzeln, Knollen, Insekten und unterirdisch lebenden Kleinsäugern, und der aufgewühlte Boden zeigt deutlich die Spuren seiner langen, kräftigen Krallen.

Der Dachs (*Meles meles*) reißt auf der Suche nach Regenwürmern und Engerlingen, aber auch nach unterirdischen Speicherorganen von Waldpflanzen den Boden auf und kratzt Gras und Moos in Büscheln weg.

Igel (*Erinaceus europaeus*) ernähren sich in der Hauptsache von Insekten, Würmern, kleinen Nagetieren, Obstabfällen und Aas. Durchwühlte Pferdeäpfel und Kuhfladen und oberflächlich aufgescharrte Komposthaufen deuten auf ihre Anwesenheit hin.

Kaninchen (*Oryctolagus cuniculus*) und Feldhasen (*Lepus europaeus*) scharren vor allem im Winter nach Wurzeln oder eingelagerten Rüben, wobei sie während ihrer Tätigkeit meist ihre verräterischen Kotpillen absetzen.

Das Wildschwein (*Sus scrofa*) ist ein Allesfresser, der weite Flächen mit seinem Rüssel durchwühlt, um an Insekten, Pilze oder Wurzeln heranzukommen.

Futtervorräte

Einige Tiere fressen ihre Beute oder gesammelte Nahrung nicht gleich ganz auf, sondern legen sich Futtervorräte für schlechtere Zeiten an. Dies gilt besonders für kleinere Nagetiere und Insektenfresser, die auch im Winter aktiv sind und zu dieser Zeit ein relativ geringes Nahrungsangebot besitzen.

Der Maulwurf (*Talpa europaea*) legt in seinen unterirdischen Gangsystemen (siehe auch Seite 202) mehrere Vorratskammern an, in denen er durch einen Biß in die Nervenknoten gelähmte Regenwürmer für schlechtere Zeiten hortet.

Wohl jedem bekannt ist die sprichwörtliche Vorratshaltung des Eichhörnchens (*Sciurus vulgaris*), das sich im Herbst unter Wurzeln, in Spalten und Rissen von Bäumen, im Laub und unter Reisighaufen verschiedene Vorratslager aus Eicheln, Haselnüssen und Bucheckern anlegt. Ein einziges Tier legt so viele verschiedene Vorratslager an, daß es nicht immer alle wiederfindet; viele junge Eichenschößlinge auf eng begrenztem Raum nebeneinander deuten z. B. darauf hin, daß hier ein Eichhörnchen Eicheln vergraben hatte und sie dann nicht mehr wiedergefunden hat.

Auch der Hamster (*Cricetus cricetus*) ist als großer Vorratsanleger bekannt. Er sammelt im Sommer und Herbst in seinen großen Backentaschen Getreidekörner, Erbsen, Boh-

Drosselschmiede mit den Resten zahlloser Schneckenhäuser.

Fraßspuren

nen und vielerlei andere Sämereien und kann pro Tier bis zu 20 kg Wintervorrat in seinen unterirdischen Vorratskammern einlagern.

Bei den Vögeln ist das Anlegen von Vorräten weniger gebräuchlich, hier bilden nur die Würger (*Lanius*) eine Ausnahme. Der Neuntöter (*Lanius collurio*) z. B. spießt nicht gefressene Beute wie Insekten, kleine Mäuse, kleine Vögel und Eidechsen auf die Dornen von Weißdornsträuchern oder Schlehenbüschen oder sogar an Stacheldrahtzäunen zur Bevorratung auf. Der Raubwürger (*Lanius excubitor*) spießt seine Beute nicht direkt auf, sondern klemmt sie zwischen Ast- und Zweiggabelungen oder in Rindenspalten ein.

Diese Nordwühlmaus ist das Opfer eines Raubwürgers, der seine Beute oft in Zweigen „lagert".

Losungen (Kot)

Alle Tiere setzen als Endprodukt ihrer Verdauung Kot ab, der aus unverdaulichen Nahrungsteilen (Haaren, Federn, Hornschuppen, Knochenresten, Chitinteilen, schwer verdaulichen Pflanzenteilen), Schleim, abgeschilferten und abgestoßenen Darmzellen und einer Menge Bakterien zusammengesetzt ist.

Für viele Leute ist Kot eine unangenehme Sache, dem Naturfreund und interessierten Spurenleser jedoch bietet dieses Stoffwechselendprodukt die Möglichkeit, die Anwesenheit eines Tieres, das er kaum zu Gesicht bekommt, zu ermitteln. Der erfahrene Spurenleser wird aus der Losung sogar die Tierart und manchmal auch Geschlecht und ungefähres Alter des Tieres ersehen können.

Im folgenden werden vor allem die Losungen der Säugetiere ausführlicher beschrieben, da Säugetiere recht selten in freier Natur zu sehen, ihre Losungen aber häufig und leicht zu finden sind.

Säugetier-Losungen

Aufgrund ihrer Ernährungsweise kann man die Säugetiere in 4 Gruppen einteilen: Fleischfresser, Insektenfresser, Pflanzenfresser und Allesfresser.

Pflanzenfresser fressen viel, da die Pflanzen relativ arm an Nährstoffen sind und daher größere Mengen gefressen werden müssen, um den Nährstoffbedarf zu decken – und wer viel frißt, der setzt auch viel Kot ab.

Fleischfresser fressen weniger, setzen daher auch entsprechend weniger Kot ab. Ihre Losung ist meist walzenförmig und zum Ende hin spitz ausgezogen.

Der Kot von Insektenfressern ist meist stark von Chitinteilen durchsetzt und dieser Gruppe relativ leicht zuzuordnen.

Nagetiere setzen pillenartig geformte Kothäufchen (Kotpillen) ab.

Da der Kot vieler Tiere sich nach dem Absetzen rasch verändert bzw. zersetzt, kann man aus dem Alter der Losung auf die Aktivitätszeit des Tieres bzw. die Benutzung des Reviers schließen.

Fleischfresser

Die Losung von fleischfressenden Tieren ist meist festgeformt und enthält außer den unverdaulichen Teilen fleischlicher Nahrung auch Pflanzenreste. Frisch abgesetzte Losung ist im allgemeinen dunkel gefärbt und hellt sich mit zunehmendem Alter auf. Im Kot befinden sich oft Knochen- und hornige Teile kleiner Säugetiere oder Vögel, die verdreht und parallel zur Längsachse des Kothaufens angeordnet sind (im Gegensatz dazu sind die Reste kleiner Säuger und Vögel in Gewöllen wahllos angeordnet).

Braunbär (*Ursus arctos*): Losung groß, ohne zugespitztes Ende, meist braun mit Resten pflanzlicher und tierischer Nahrung.

Wolf (*Canis lupus*): Losung stets in der Nähe des Unterschlupfes zu finden, meist grau, 5–20 cm lang, gedreht mit Nahrungsresten und Haaren.

Rotfuchs (*Vulpes vulpes*): Wurstförmige Losung, zugespitzt, schraubenförmig gedreht, durch Haare in Ketten von 5–20 cm Länge zusammengehalten, dunkel gefärbt und in frischem Zustand stark riechend.

Eisfuchs (*Alopex lagopus*): Kleine Losung, 1–6 cm lang, zugespitzt, nicht verdreht, dunkel und stark riechend, größere Nahrungsreste fehlen.

Haushund (*Canis familiaris*): Wurstförmige Losung, nicht gedreht, variabel in Größe und Färbung.

Losungen

Marderhund (*Nyctereutes procyonoides*): 5–8 cm lang, verdreht, enthält viele Haar- und Knochenreste.

Vielfraß (*Gulo gulo*): Losung bis 15 cm lang, verdreht und haarig.

Dachs (*Meles meles*): Losung frisch mit Moschusgeruch, nicht schraubig verdreht, Konsistenz abhängig von Nahrung, wurstförmig mit zugespitztem Ende.

Fischotter (*Lutra lutra*): 3–10 cm lang, in Portionen von 1–4, schwarz und schleimig, enthält Fischschuppen, Gräten und Muschelschalen.

Waschbär (*Procyon lotor*): Wurstförmige Losung, sehr variabel in Größe und Farbe.

Luchs (*Felis lynx*): Losung schwach gedreht, an den Enden spitz, mit hohem Haar- und Federanteil, etwa 25 cm lang, Farbe variabel.

Wildkatze (*Felis sylvestris*): Losung kompakt, 4–8 cm lang, zylindrisch gedreht mit zugespitzten Enden, enthält große Knochenreste.

Hermelin (*Mustela erminea*): Losung dunkel, 4–8 cm lang, unregelmäßig langgestreckt, mit spitzen Enden aus verdrillten Haaren, wird mit zunehmendem Alter grau, mit vielen Knochenresten.

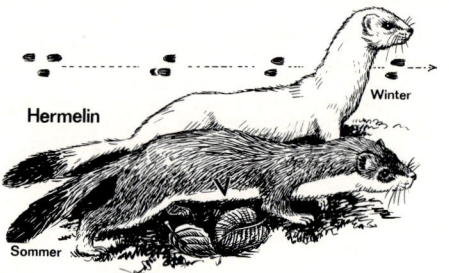

Mink (*Mustela vison*): Losung schraubig gedreht, locker, dunkel und sehr schleimig, trocknet schnell aus und zerfällt dann, bis 8 cm lang, enthält häufig Fischgräten.

Mauswiesel (*Mustela nivalis*): 3–6 cm lang, schraubig gedreht, dunkel und nach Moschus riechend, enthält meist Mäusehaare und eigene, weiße Haare.

Iltis (*Mustela putorius*): Losung schraubig gedreht mit zugespitzten Enden, Farbe variiert je nach Nahrung, meist jedoch schwarz, bis 7 cm lang, enthält Fell- und Knochenreste.

Baummarder

Baummarder (*Martes martes*): 4–12 cm lang, dunkel, verdreht, moschusartig riechend, frisch sehr schleimig, enthält Fell- und Federreste.

Steinmarder (*Martes foina*): 8–10 cm lang, zylindrisch, gedreht und zugespitzt, frisch grau-schwarz, mit vielen Fell-, Feder- und Knochenresten, riecht unangenehm.

Insektenfresser
Die Losung der Insektenfresser ist gekennzeichnet durch den großen Anteil an unverdauten Chitinteilen von Käfern und anderen Insekten.

Igel (*Erinaceus europaeus*): 1,5–5 cm lange, zylindrische Losung, dunkel gefärbt, fest, manchmal etwas gedreht, an den Enden immer rund.

Spitzmäuse (*Soricidae*): Spitzmaus-Losungen sind klein, 0,8 cm lang, dunkel und von Insektenresten durchsetzt. Artunterschiede können nicht festgestellt werden.

Fledermäuse (*Chiroptera*): Die Losungen der einzelnen Arten gleichen sich sehr stark, sie enthalten fast nur Chitinteile, sind locker und zerfallen leicht, Farbe braun oder schwarz. Die Losungen bilden oft große Haufen unter den Schlafplätzen.

Hasenartige und Nagetiere
Die Losungen der Hasenartigen und der Nagetiere bestehen aus mehr oder weniger länglichen bis rundlichen Kotpillen, die aus groben Pflanzenteilen zusammengesetzt sind.

Kaninchen (*Oryctolagus cuniculus*): Kotpillen ca. 1 cm im Durchmesser, rundlich, schwarz bis grün gefärbt, nach ca. 3 Wochen hellbraun werdend; Kaninchen setzen ihre Losung in großen Mengen an besonderen Kotplätzen ab.

Feldspitzmaus

Losungen

Feldhase (*Lepus capensis*): Kugelige, etwas abgeflachte Kotpillen, ca. 1,5 cm im Durchmesser, heller und faseriger als Kaninchen-Losung, frisch feucht und weich, alt ausgebleicht und bröckelig. An Äsungsplätzen reichlich zu finden, keine besonderen Kotplätze.

Schneehase (*Lepus timidus*): Kugelige, faserige, braune Kotpillen, ca. 1 cm im Durchmesser; verstreut zu finden.

Eichhörnchen (*Sciurus vulgaris*): Kotpillen ca. 0,6 cm im Durchmesser, dunkel, rundlich. Liegen verstreut auf dem Waldboden. Die Losungen von Grau- und Gleithörnchen sehen ähnlich aus.

Biber (*Castor fiber*): Losung 2–3 cm lang, 2 cm im Durchmesser, stark mit Holzspänen, Pflanzen- und Rindenresten durchsetzt. Losung selten zu finden, da der Biber im Wasser kotet.

Nutria (*Myocastor coypus*): Losung lang, spindelförmig, zylindrisch und längs gerieft. Verstreut am Ufer oder im Wasser treibend.

Berglemming (*Lemmus lemmus*): Losung an den Enden abgerundet, zylindrisch, hell, 0,3–0,8 cm lang. In großer Anzahl in den Laufgängen durch die Vegetation zu finden.

Rötelmäuse (*Clethrionomys*): Ca. 0,8 cm lang, an den Enden abgerundet, braun bis schwarz; in kleineren Häufchen in den Gängen und Tunnels der Wühlmäuse zu finden.

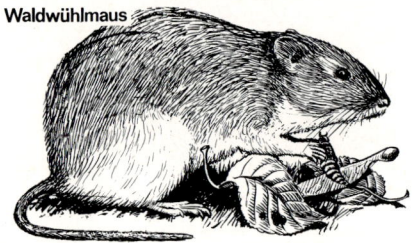

Waldwühlmaus

Erdmaus (*Microtus agrestis*): Ovale, kleine, an den Enden zugespitzte Losungen, deutlich grün gefärbt; in Häufchen in den Laufgängen zu finden.

Schermäuse (*Arvicola*): Losung zylindrisch mit abgerundeten Enden, 1–1,2 cm lang, weich, khakifarben bis hellgrün; in Häufchen an bestimmten Kotplätzen zu finden.

Bisam (*Ondatra zibethicus*): Ähnlich einer Schermaus-Losung, jedoch etwas größer (1,5 cm lang), länglicher und dunkelbraun. Man findet sie häufchenweise auf Steinen oder anderen Rastplätzen nahe am Wasser.

Wanderratte (*Rattus norvegicus*): 1,5–2 cm lang, an den Enden zugespitzt, Farbe je nach Nahrung variabel; wird an bestimmten Kotplätzen abgesetzt.

Wanderratte

Hausratte (*Rattus rattus*): 1–1,2 cm lang, an den Enden abgerundet; Kotpillen werden wahllos abgesetzt.

Waldmaus (*Apodemus sylvaticus*): Ca. 0,8 cm lang und relativ dick, frisch hell, weich und feucht, alt dunkler, trocken und rasch verhärtend.

Zwergmaus (*Micromys minutus*): Losung sehr klein, 0,2 cm lang, dunkel, selten außerhalb des Nestes zu finden.

Hausmaus (*Mus musculus*): Etwa 0,6 cm lang und rundlich, an den Enden zugespitzt, dunkel. In größeren Ansammlungen an bevorzugten Aufenthaltsorten zusammen mit Urin, Schmutz und Fett zu finden.

Paarhufer
Paarhufer sind Pflanzenfresser, d. h., die Tiere nehmen viel pflanzliche Nahrung auf und setzen auch entsprechend viel Kot ab.

Wildschwein (*Sus scrofa*): Losung dunkel, wurst- oder klumpenförmig, zerfällt bei längerem Liegen in einzelne Knollen. Verstreut im Revier zu finden.

Losung   Wildschwein

Hirsche (*Cervus*): Hirschlosung (Bohnen) ist schwarz, kurz, zylindrisch bis kugelförmig, an den Enden leicht zugespitzt oder abgerundet und haftet oftmals aneinander. Hirschlosung findet man auf den Wechseln, den Brunft- und Äsungsplätzen. Im Sommer kann die Losung weicher und breiig sein.

Rentier (*Rangifer tarandus*): 1,5–2,5 cm lang, im Winter grünlich bis braun-schwarz und flaschenförmig und in kleinen Häufchen abgesetzt, im Sommer gelb-braun, weich und breiig.

Muntjak (*Muntiacus reevesi*): Schwarze Beeren, die stark glänzen, oberflächlich facettiert, ca. 1 cm im Durchmesser, manchmal zu einem Zapfen oder Kegel miteinander verklebt; in größeren Ansammlungen an Ruheplätzen unter Sträuchern.

Chinesisches Wasserreh (*Hydropotes inermis*): Walzenförmig bis rundlich, klein, nicht miteinander verklebend, schwarz, 0,5–1,5 cm lang; an regelmäßig besuchten Kotplätzen im Röhricht zu finden.

Losungen

Rothirsch

Damhirsch ♂

Damhirsch ♀

Elch

Chinesisches
Wasserreh

Muntjak

Schaf

Wildschwein

Fuchs

Kaninchen

Hase

Fledermaus

Feldmaus

Ratte

Lemming

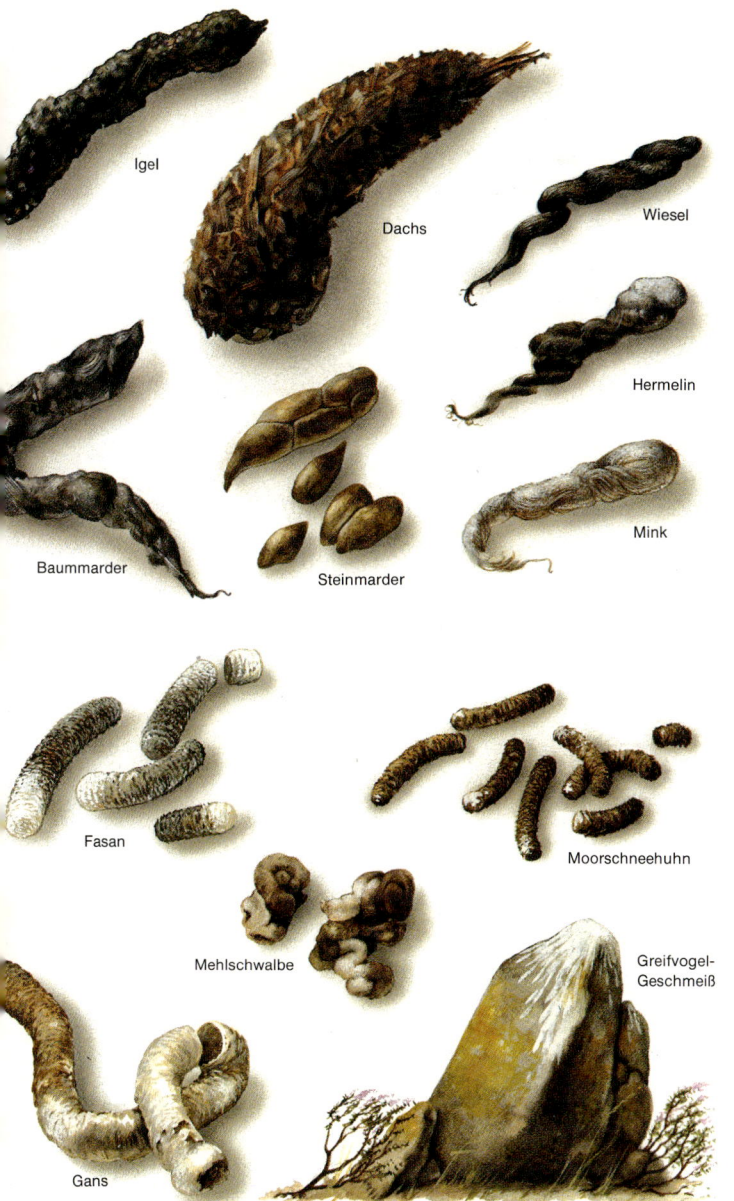

Igel

Dachs

Wiesel

Hermelin

Baummarder

Steinmarder

Mink

Fasan

Moorschneehuhn

Mehlschwalbe

Greifvogel-
Geschmeiß

Gans

Fährte (ziehend)

♀ Losung

♂

Reh

Elch (*Alces alces*): Gelbbraun bis schwarzbraun, relativ groß, im Winter heller, trockener und fett, im Sommer dunkler, weich und aneinanderklebend.

Moschusochse (*Ovibos moschatus*): Losung derb und faserig, 1–1,5 cm im Durchmesser; verstreut im Revier umherliegend.

Mufflon (*Ovis ammon musimon*): Losung facettiert, dunkel, walzenförmig, wird in größeren Mengen abgesetzt und zerfällt leicht in einzelne Knöllchen.

Hausschaf (*Ovis ammon* f. *aries*): Große, dunkle, facettierte Losungen (Schafbollen), 10–14 cm groß, zerfallen leicht in einzelne Knöllchen; auf Schafweiden verstreut, aber massenhaft zu finden.

Gemse (*Rupicapra rupicapra*): Losung schwarz, fast kugelförmig; Losung wird beim Gehen abgesetzt, klebt nicht aneinander.

Steinbock (*Capra ibex*): Zylindrische, an den Enden flache Losung, etwa 1 cm lang, nicht miteinander verklebt; werden in Haufen abgesetzt.

Vogelkot (Gestüber und Geschmeiß)

Bei den Vögeln werden der Kot und der weiße, feste Urin durch ein und dieselbe Ausführöffnung (Kloake) ausgeschieden. Im allgemeinen wird der Kot zusammen mit dem Harn abgesetzt (Geschmeiß). Man kann die Vogellosungen in drei Gruppen einteilen: in flüssiges Geschmeiß (Kleckse), halbfestes, rundliches Geschmeiß und zylindrisches, festes Geschmeiß, das auch Gestüber genannt wird. Zu diesen drei Arten der Ausscheidungen kommt jedoch noch eine vierte, das Auswürgen unverdaulicher Nahrungsreste bei fleischfressenden Vögeln (Gewölle). Der Kot dieser Tiere ist daher meist flüssig, und die Tiere entleeren sich unter Anheben des Schwanzes und waagrechtem Wegspritzen des dünnflüssigen, mit Harn versetzten Kotes. In diesen Losungen wird man kaum irgendwelche Nahrungsreste finden können, da ja all diese Teile (Haare, Federn, Fischschuppen, Gräten, Knochen und kleine Säugerschädel) als Gewölle ausgewürgt werden.

Das Geschmeiß der **fleischfressenden Vögel** (z. B. Greifvögel, Eulen, Krähenvögel, Möwen) ist kalkweiß und in Massen unter ihren Nestern und Ruheplätzen zu finden. Es ist meist so ätzend, daß die Nest- und Ruhebäume und die darunterliegende Vegetation zugrunde gehen.

Insektenfressende Vögel (z. B. Spechte) hinterlassen ein walzliches, festes Gestüber, das sich vor allem aus chitinhaltigen Insektenresten zusammensetzt und das von einem grauen Häutchen überzogen ist.

Pflanzenfressende Vögel produzieren eine festere Losung. Rauhfußhühner, wie z. B. Moorschneehuhn, Alpenschneehuhn, Auerhuhn, Birkhuhn und Haselhuhn, ernähren sich von derberen Pflanzenteilen und hinterlassen ein walzenförmiges, leicht gekrümmtes Gestüber, das viele harte Pflanzenteile enthält und häufig an einem Ende einen weißlichen Urinüberzug zeigt. Diese Gestüber liegen meist in mehr oder weniger großen Häufchen auf den Futterplätzen oder unter den Schlafplätzen dieser Vögel.
Das Gestüber von Schwan, Gans und Ente ist in frischem Zustand meist grün, mehr oder weniger breiig und relativ groß.

Samenfressende Vögel setzen eine halbfeste Losung ab, die oft noch viele unverdaute Samen enthält und die Färbung stark gefärbter Beeren und Wildfrüchte (Holunder, Hagebutte etc.) annimmt. (Wer kennt nicht die schwarz-lila gefärbten Kotspuren holunderfressender Amseln?)

Gewölle

Viele Vögel, u. a. Greifvögel, Eulen, Krähen, Möwen, würgen die unverdaulichen Bestandteile ihrer Nahrung als zusammengepreßte, mehr oder weniger kompakte, trockene Ballen, sogenannte Gewölle, wieder aus.
Diese Gewölle bestehen im allgemeinen aus Haaren, Federn, Knochen und kleinen Schädeln, Chitinteilen, unverdaulichem, festem Pflanzenmaterial und kleinen Steinchen. Die Größe bzw. Breite eines solchen Gewölles ist abhängig von dem Durchmesser

Waldkauz

Schleiereule

Steinkauz

Schnee-
Eule

Silbermöwe

Turmfalke

Krähe

Sturmmöwe

Raubwürger

Losungen

Bussard-Gewölle

der Speiseröhre, durch die es wieder hinausgewürgt wurde. So werden kleine Vögel dünnere, größere Vögel dickere Gewölle auswürgen. Die Bestandteile des Gewölles in Verbindung mit dem Fundort lassen zumindest auf die Vogelgruppe schließen: Kleine, allesfressende Singvögel, wie z. B. Rotkehlchen und Buchfink, produzieren kleine, unregelmäßige Bällchen, die Insektenreste enthalten.

Die aasfressenden Krähenvögel würgen lockere, große Gewölle aus Haaren, Federn, Knochenresten, Schneckenschalen, Grashalmen und Steinchen aus. Möwengewölle sind kugel- bis zylinderförmig und locker. Sie enthalten meist Fischgräten, Fischschuppen, Schnecken- und Muschelschalenstücke.

Die Gewölle der Greifvögel zeichnen sich dadurch aus, daß in ihnen kaum Knochen zu finden sind. Das ist zum einen darauf zurückzuführen, daß die Greifvögel stärkere Magensäfte besitzen als die Eulen, so daß die Knochen der Beutetiere fast ganz aufgelöst werden, zum andern zerkleinern die Greifvögel ihre Beute vor dem Fressen und nehmen somit von vornherein schon weniger Knochen auf.

Bei den Reihern, die ihre Beute im ganzen herunterschlucken, ohne sie vorher zu zerkleinern, bestehen die Gewölle überwiegend aus Haaren und Federn und enthalten nur wenige, oft halbverdaute Knochen.

Eulengewölle enthalten stets gut erhaltene Knochen und oft sogar auch vollständige Schädel ihrer Beutetiere. Die Schädel größerer Beutetiere sind jedoch meist zersplittert, da die Eulen diese Tiere nicht ganz verschlucken, sondern durch einen Schnabelhieb töten und dann erst zerbeißen und runterschlucken. Da Eulen jedoch nur schwache Magensäfte besitzen, werden die Knochen bei der Verdauung nicht angegriffen und somit fast vollständig wieder ausgewürgt. Eulengewölle lassen sich relativ leicht anhand ihrer Größe und Form, ihres Inhaltes und ihres Fundortes unterscheiden.

Das Gewölle des Uhus (*Bubo bubo*) ist sehr groß (bis 15 cm lang und 3–4 cm im Durchmesser) und enthält Reste von Kaninchen, Eidechsen und Vögeln.

Das Gewölle der Schleiereule (*Tyto alba*) ist mehr oder weniger kugelförmig und besitzt eine schwärzliche, glatte Oberfläche. Es enthält relativ viele Spitzmausschädel.

Der Steinkauz (*Athene noctua*) hinterläßt kleinere, zylindrische, an einem Ende zugespitzte grau-schwarze Gewölle, die sich vor allem im Sommer durch eine große Anzahl von Käferresten auszeichnen.

Das Gewölle der Waldohreule (*Asio otus*) ist grau, zylindrisch und ca. 6 cm lang. Es besteht aus den Resten verschiedener Mäuse und kleiner Vögel.

Im Gegensatz dazu besteht das Gewölle der Sumpfohreule (*Asio flammeus*) fast ausschließlich aus den Resten von Erdmäusen und läßt sich anhand dieses Merkmales von dem Gewölle einer Waldohreule gut unterscheiden.

Amphibien- und Reptilienlosung

Wie bei den Vögeln werden auch bei den Amphibien und Reptilien die Ausscheidungen des Darmes (Kot) und die der Niere (Harn) durch ein und dieselbe Ausführöffnung (Kloake) nach außen abgegeben.
Konsistenz und Farbe der Losung hängen stets von der Art der Ernährung ab. Bei fleischfressenden Arten ist die Losung dunkel und mehr oder weniger fest. Pflanzenfressende Arten geben braune bis grüne, weiche, feuchte Kothäufchen ab, die stets mit breiigem, weißlichem bis gelblichem Urin verbunden sind. Die Losungen der insektenfressenden Arten sind halbweich und stets mit Chitinresten durchsetzt.

Losungen wirbelloser Tiere

Die Losung der zahllosen wirbellosen Tiere ist meist so klein und unauffällig, daß man sie in freier Natur kaum beachtet. Dennoch kann man auch von diesen kleinen Ausscheidungen auf die Anwesenheit einer bestimmten Tierart schließen.

Maikäfer (*Melolontha melolontha*) z. B. hinterlassen kleine grüne Häufchen mit unregelmäßiger Oberfläche.

Schaben (*Blattaria*) hinterlassen kleine schwarze Kotpillen, die vor allem an dunklen, warmen Stellen (an denen sich Schaben bevorzugt aufhalten) in Mengen abgesetzt werden.

Fliegenkot ist flüssig und braun; man findet ihn bevorzugt an Fensterrahmen und auf Fensterscheiben.

Die Ausscheidungen von **Spinnen** sind flüssig und gräulich-weiß; man findet diese grau-weißen Streifen häufig unterhalb der Netze an Mauern oder Baumstämmen.

Schnecken hinterlassen schleimige grünliche Kotwürstchen, **Raupen** grünliche, festere Kotwürstchen.

Regenwürmer, die sich durch Erde und verrottendes Pflanzenmaterial durchfressen, hinterlassen ganz typische Wurmhäufchen aus gekrümmten, länglichen, turmförmig aufgebauten Erdwürstchen, deren Oberfläche durch eingetrockneten Schleim oft matt glänzt.

Junger Rehbock beim „Fegen".

Geweihstange eines Rothirsches. (Abgeworfene Geweihe
unterliegen dem Jagdgesetz,
sie gehören also nicht dem Fin-
der, sondern dem Jagdbesitzer
oder -pächter!!)

Körperpflege- und Markierungszeichen

Außer den Fußabdrücken, Fraßspuren und Losungen hinterlassen viele Tiere noch eine ganze Reihe anderer Spuren, die auf ihre Körperpflege, auf Reviermarkierungen, Balzverhalten, Revierkämpfe, Häutungen und Erneuerungen von Geweihen, Federn und Haaren zurückzuführen sind.

Fegen der Hirsche

Bei den Hirschen tragen die männlichen Tiere ein Geweih, das sie jährlich einmal abwerfen, um ein größeres nachwachsen zu lassen. Bald nach dem Abwurf des alten Geweihs wächst das neue Geweih nach. Es ist zum Schutz, vor allem aber zur Versorgung mit Nährstoffen von einer weichen, stark durchbluteten Haut (Bast) umgeben. Sobald die neuen Geweihstangen ausgewachsen sind, trocknet die Haut allmählich aus und löst sich von den Stangen ab, so daß sie nur noch locker aufliegt und durch Reiben und Scheuern an festen Gegenständen entfernt werden kann. Der abgefegte Bast wird meist von den Hirschen aufgefressen. Zum Fegen benützen die Hirsche Bäume und Sträucher, die durch abgerissene, in Fetzen herunterhängende Rinde und abgeknickte oder abgebrochene Zweige gekennzeichnet sind.

„Sanitäre Einrichtungen"

Zu den sanitären Einrichtungen der Tiere zählen Kratz- und Scheuerbäume (Schubberbäume), Schlamm- und Staubbäder, Bäume und Steine zum Krallenwetzen.
So kratzen sich alle Tiere, wenn es sie juckt, egal ob der Juckreiz durch Parasiten, Schmutz oder Haar- oder Federwechsel verursacht wird.
Viele Tiere scheuern sich dazu oft an rauher Baumrinde oder an Holzpflöcken, da sie mit ihren Füßen oft nicht alle Körperstellen zum Kratzen erreichen. Größere Tiere lösen dabei Rindenstücke von den Stämmen und imprägnieren den Stamm mit Hautfett und Duftstoffen. Solche **Schubberbäume** können anhand der Höhe ihrer Schubberstellen und den Resten von Fell und Duftstoffen zum Nachweis von Hirschen, Schwarzwild oder Schafen dienen.

Geweihschaufel
eines Damhirsches

Körperpflege- und Markierungszeichen

Krallen- und Nagezahnspuren an Sträuchern, Bäumen und Holzpflöcken rühren vom **Krallen- und Zahnschärfen** her und können wichtige Hinweise auf die Lebensweise eines Tieres geben. Dachse (*Meles meles*) z. B., denen unter den langen Vorderkrallen häufig Schmutz hängenbleibt, reinigen sich die Krallen durch Kratzen an einem geeigneten Baum oder Strauch in der Nähe ihres Baues. Die 5 langen Krallen ritzen tiefe Schrammen in die Rinde, und man kann solche Kratzstellen schon von weitem erkennen. Beim Krallenschärfen wird die äußere Hornschicht, die sich von Zeit zu Zeit löst, mit entfernt, und man kann unter den Kratzspuren oft diese alten Hornschichten finden. **Schlamm- und Staubbäder** dienen zur Reinigung des Felles oder Gefieders ebenso wie zur Bekämpfung von Parasiten.

Schüsselförmige Vertiefungen in trockenem Boden oder Sand deuten je nach Größe auf die „Badewanne" eines Säugetieres oder eines Vogels hin. Vögel legen sich auf den trockenen Boden oder in den Sand und flattern mit ihren Schwingen, so daß sich Staub-,

Birke mit Krallenspuren vom Dachs

Erd- und Sandkörnchen fein über ihr ganzes Gefieder verteilen, der Bauch des Tieres aber eine schüsselförmige Vertiefung bildet. Bei Hühnervögeln nennt man dieses Staubbaden Hudern.

Hirsche (*Cervus*) und Wildschweine (*Sus scrofa*) benutzen zur Fellpflege mit Wasser gefüllte Vertiefungen im Wald, sogenannte **Suhlen**, in denen sie sich wälzen und so vollkommen mit Schlamm bedeckt werden. Der Schlamm trocknet ab, und die Tiere scheuern ihn an Bäumen und Sträuchern wieder ab. Zusammen mit dem trockenen Schlamm lösen sich abgestorbene Haare, Hautschuppen und Parasiten ab.

Balzplätze und Brunftgruben

Zur Paarungszeit im Frühjahr und Frühsommer trifft man im Wald, auf Lichtungen, Wiesen und Feldern immer wieder auf zusammengetretene, mehr oder weniger kreisförmige Flächen, die Balzplätze von Säugetieren und Vögeln. Diese Balzplätze sind besonders auffällig, wenn zur Paarungszeit noch Schnee liegt, so daß die Spuren der Fußabdrücke besonders deutlich erkennbar sind.

Birkhähne (*Lyrurus tetrix*) und Auerhähne (*Tetrao urogallus*) vollführen in den frühen Morgenstunden ausgedehnte Balztänze, bei denen sie ihre Flügel und ihre Schwanzfedern stark spreizen und imponierend auf und ab laufen. Liegt zur Balzzeit noch Schnee, so kann man deutlich die Spuren ihrer Füße und die Abdrücke der Flügelschwingen erkennen.

Kreisförmig niedergetretener Pflanzenwuchs auf Uferwiesen, der durchsetzt ist von weißem Vogelgeschmeiß, deutet auf den Balzplatz eines Kampfläufers (*Philomachus pugnax*) hin.

Ausgetretene, zertrampelte, ringförmige Pfade (Hexenringe) um einen Strauch oder Baum stammen vom Paarungsspiel des Rotwildes. Das Männchen jagt das Weibchen vor der Paarung etliche Male im Kreis, so daß sich diese Hexenringe ausbilden.

In der Brunftzeit legen viele männliche Hirsche sogenannte Brunftgruben an, die durch fortgesetztes Auskratzen von Erde mit den Vorderläufen entstehen. In diesen Gruben sammelt sich Regenwasser, und die Hirsche spritzen Urin und Samen dazu, so daß mit der Zeit ein übelriechendes Schlammloch entsteht, in dem sich die Tiere wälzen. Der „Geruch" soll die Weibchen anlocken und paarungsbereit machen.

Haare – Federn – Häutungsreste

Sehr häufig findet man in freier Wildbahn Haare, Federn und Hautreste.
Fuchsbaue zeigen Kratzspuren und Strähnen rötlicher Haare in der Umgebung des Einganges.
Schwarzes und silbernes Haar vor größeren Erdlöchern, an Heckendurchgängen oder an niedrigen Stacheldrahtzäunen stammt vom Dachs (*Meles meles*).
Kaninchenhaare verfangen sich häufig an niederem Buschwerk oder an Zäunen. Sie sind meist braun, grau oder weiß.
Braungraue Haarbüschel, die man im Frühjahr häufig auf Feldern finden kann, stammen von Feldhasen. Sie haben jedoch nichts mit dem Haarwechsel zu tun, sondern stammen von Revierkämpfen, bei denen sich die männlichen Tiere (Rammler) gegenseitig die Haare ausreißen.
Dunkelbraunes Haar an höherliegenden Zweigen und Einzäunungen stammt meist vom Hirschwild. Die Einzelhaare sind relativ kurz und dick, und ein solches Haarbündel fühlt sich an wie ein derber Schwamm.
Vogelfedern kann man vor allem zur Mauserzeit im zeitigen Frühjahr oder im Hochsommer überall finden. Mauserfedern sind meist vollkommen unbeschädigt, und man kann sie in zwei Gruppen einteilen: steife, größere Deck- oder Konturfedern und kleinere, weiche und flaumige Flaumfedern oder Daunen. Beschädigte Federn stammen meist von Beutetieren. So sind durchgebissene Federn auf eine Fuchsmahlzeit zurückzuführen, an der Basis durch- und abgebissene Federn auf die Beute eines Marders (*Martes martes*)

Suhle eines Rothirsches

oder Wiesels (*Mustela nivalis*), und an der Basis geknickte und aufgeplatzte Federn rühren von Greifvogel-Beute her.

Während gemauserte Federn und Haare manchmal zur Bestimmung einer Tierart herangezogen werden können, sind die abgestreiften Häute von Reptilien, Insekten, Spinnen und Spinnentieren keine große Bestimmungshilfe, zumal diese Häutungsreste oft sehr zart und fein sind und schnell auseinanderfallen. Die abgestreiften Häute der Schlangen (Natternhemden) sind farblos, und man kann nur anhand der Größe und des Schuppenmusters auf die Schlangenart schließen.

Körperpflege- und Markierungszeichen

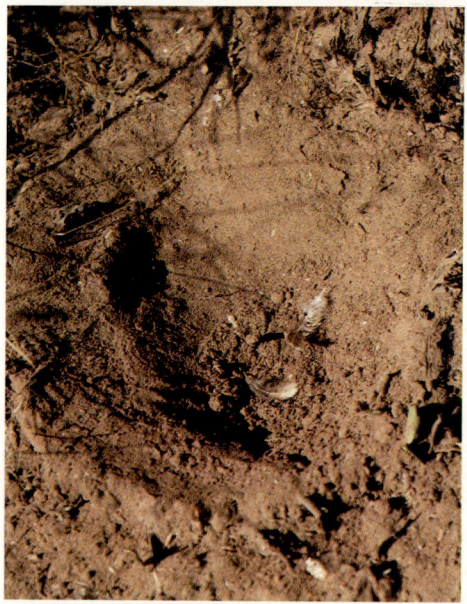

Oben: Abgestreifte Haut (Nat-
ternhemd) einer Schlange.

Links: Sandbadeplatz eines
Fasans.

In Gewässernähe findet man häufig die durchsichtigen Hüllen (Exuvien) von Libellen, die jedoch auch keine Artbestimmung ermöglichen.

Reviermarkierungen

Ein Revier kann durch Duftmarken, Kratz- und Nagespuren, Losungen oder durch reine Stimmäußerungen markiert und abgegrenzt werden. Der Rothirsch (*Cervus elaphus*) besitzt am Spiegel, am Bauch, an den Fersengelenken und in der Haut um die Rosenstöcke seines Geweihes herum Duftdrüsen, die einen ganz speziellen Markierungsstoff enthalten, mit dem das Tier Bäume und Sträucher seines Revieres markiert.
Wildschweine (*Sus scrofa*) hinterlassen nach ihrem Schlammbad an ihren Schubberbäumen ebenfalls Duftmarken zur Abgrenzung ihres Territoriums.
Raubtiere setzen besonders intensiv riechende Duftmarken, die sogar uns Menschen auffallen. Bei diesen Tieren sitzen die Duftdrüsen meist in der Nähe des Afters, und das „duftende" Drüsensekret wird zusammen mit dem Kot abgesetzt.

Wildschwein beim Schlammbaden.

Nester und Baue

Die Wohnstätten der Tiere sind sehr vielfältig und reichen von einfachen Lagern auf dem Boden, natürlichen oder selbst ausgehobenen Vertiefungen im Boden, Erdlöchern, Felsspalten und Höhlen, Baumhöhlen, Spalten und Ritzen in Rinde und Borke bis zu unterirdisch angelegten, weitverzweigten Gangsystemen, kunstvoll gebauten Reisigburgen und Nestern in Sträuchern und Bäumen, an Häusern, Scheunen und Türmen. All diesen Behausungen ist jedoch eines gemeinsam: Sie sind meist sehr gut verborgen und liegen an schlecht oder schwer zugänglichen Stellen, so daß sie gut geschützt und die meiste Zeit des Jahres nicht zu sehen sind. Erst in den Wintermonaten, wenn das Laub von Bäumen und Sträuchern fällt und die Bodenvegetation einzieht oder abstirbt, werden viele dieser Bauten sichtbar. Jetzt sind es wiederum die Bauten und Nester der Vögel, die uns am meisten auffallen werden. Die meisten Tiere besitzen keinen festen Wohnsitz, wie wir Menschen das haben, sondern leben in einem mehr oder weniger großen Revier oder Territorium, in dem sie alles finden, was sie zum Überleben benötigen: Schutz und Unterschlupf, Nahrung und Wasser. Diese Reviere sind für große Tiere meist groß, für kleinere klein. Die Tiere leben entweder einzeln in einem Revier oder paarweise oder in einer Gruppe – fremde Artgenossen werden aus dem Revier vertrieben. Jedes Tier markiert sein Revier mit speziellen Duftmarkierungen, gesetzten Zeichen oder einfach nur durch Stimmfühlung. Artfremde Tiere werden meist geduldet, aber auch diese Tiere werden von der Nähe eines Nestes mit Jungen ferngehalten. Das Revier eines Tieres richtet sich nach seiner Lebensweise, seinem Verhalten und seiner Ernährung. Große Tiere, die viel Nahrung benötigen, werden meist ein größeres Revier beanspruchen als kleinere Tiere, Pflanzenfresser meist ein begrenzteres Revier als Raubtiere. Säugetiere kennzeichnen ihre Reviere entweder durch sichtbar angebrachte Markierungen wie Schubberbäume, Suhlen, Kotspuren oder Latrinenplätze oder bringen Duftmarken an den Reviergrenzen an (siehe auch Seite 239). Duftmarken sind am gebräuchlichsten, da sie bei Tag und Nacht wirksam sind. Die Duftstoffe zur Markierung sind je nach Tierart verschiedener Herkunft: Hirsche (Cervidae) und Wölfe (*Canis lupus*) benutzen in der Hauptsache Harn zum Markieren, besitzen aber auch noch über ihren Körper verteilt spezielle Duftdrüsen, die ein mehr oder weniger stark riechendes Sekret ausscheiden. Nagetiere und Insektenfresser markieren meist mit Kot.

Nur wenige Tiere haben einen Bau, den sie das ganze Jahr über bewohnen. Die Baue und Nester dienen meist nur der Jungenaufzucht oder als Schutz vor Kälte und Feuchtigkeit. Viele Tiere wechseln ihre Behausungen jahreszeitlich. Das extremste Beispiel hierfür liefern die Zugvögel, die im Winter viele tausend Kilometer weit in den Süden ziehen. Ihre Nester, die sie in Europa bauten, gehen im Winter normalerweise kaputt, so daß sie im kommenden Jahr wieder neue bauen müssen. Höhlenbrüter wie die Uferschwalben (*Riparia riparia*) hinterlassen dauerhafte Behausungen, die den Rest des Jahres von Nestparasiten bewohnt werden.

Neben den Vögeln bauen auch viele Nagetiere Sommernester in Bäumen. Die kugelförmigen Nester der Eichhörnchen (*Sciurus vulgaris*) sind hier wohl am bekanntesten. Außer dem locker aus belaubten Zweigen gebauten Nest legt das Eichhörnchen aber auch noch dichtere Winternester, die sogenannten Kobel, an, die von außen nach innen mit immer feinerem Material gebaut werden. Diese dichten, gut verschlossenen Kugeln werden in eine Astgabel dicht am Stamm verankert und besitzen einen oder zwei seitliche Eingänge.

Es ist nicht immer leicht zu erkennen, ob ein Nest oder Bau augenblicklich bewohnt wird oder nicht. Vogelnester sind meist nur zur Brutzeit besetzt, bei einer einzigen Brut ist das eine kurze Zeit. Arten, die zwei- oder dreimal brüten, wie die Schwalben, benützen ihr Nest bis in den Spätsommer hinein. Wildkatzen (*Felis sylvestris*) besitzen mehrere La-

Links: Biberdamm

Nester und Baue

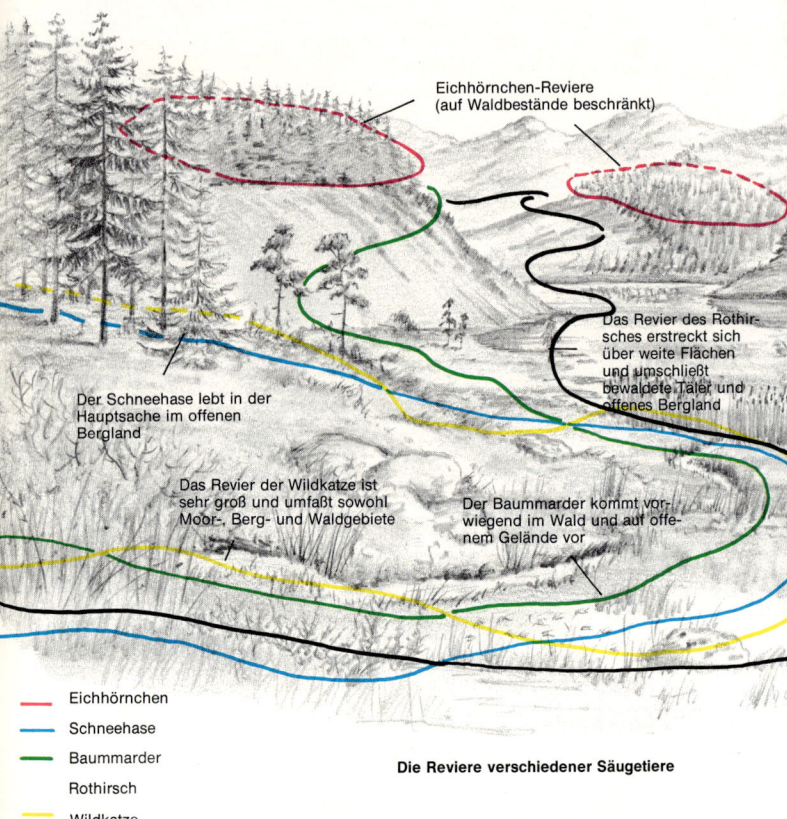

Eichhörnchen-Reviere
(auf Waldbestände beschränkt)

Der Schneehase lebt in der
Hauptsache im offenen
Bergland

Das Revier des Rothir-
sches erstreckt sich
über weite Flächen
und umschließt
bewaldete Täler und
offenes Bergland

Das Revier der Wildkatze ist
sehr groß und umfaßt sowohl
Moor-, Berg- und Waldgebiete

Der Baummarder kommt vor-
wiegend im Wald und auf offenem Gelände vor

— Eichhörnchen
— Schneehase
— Baummarder
— Rothirsch
— Wildkatze

Die Reviere verschiedener Säugetiere

gerstätten und Schlafplätze, die verstreut in ihren ausgedehnten Revieren liegen und die sie im Rotationssystem nutzen; wenn die Beute knapper wird, ziehen die Katzen zum nächsten Lager. Nur die Beobachtung anderer Spuren und Zeichen wird verraten, welche Unterkunft gerade bewohnt wird.

Spuren frischer Grabtätigkeit zeigen an, daß ein unterirdischer Bau besetzt ist. Frisch aufgeworfene Erde ist meist noch feucht und von anderer Farbe als alte Erde.

Feldmäuse (*Microtus arvalis*) graben im Frühjahr neue Wurfverstecke, und die frischen Erdhaufen vor den Eingängen zu ihren Bauen zeugen von der Aktivität im Innern. Einstreu vor einem Dachsbau zeigt an, daß er bewohnt ist, und im Winter beweist die aus einem Bau aufsteigende Atemluft zweifelsfrei die Anwesenheit der Tiere. Ebenso können an kalten Wintertagen die Eiskristalle rund um ein Mauseloch anzeigen, daß es bewohnt ist. Frische Kotpillen in der Nähe eines Nagernestes sind ein sicheres Zeichen, daß das Nest bewohnt ist, da alle Nagetiere sehr sauber sind und ihre Behausungen sofort von Verschmutzungen aller Art reinigen.

Die sommerlichen Wohnplätze vieler Tiere sind leichter zu erkennen, dafür sind die Win-

Elstern legen große, unordentlich aufgeschichtete Nester in den äußeren Zweigen der Baumkrone an.

Eichhörnchennester (Kobel) sind kugelförmige Gebilde aus Zweigen, Moos und Blättern, die sich meist in Stammnähe befinden.

terquartiere dauerhafter. Eine geeignete Baumhöhle wird unter Umständen generationenlang benutzt.

Man kann die Nester und Baue einteilen in Nester in Bäumen und Sträuchern, Nester am Boden, Nester in Baum- und Felshöhlen und Nistkästen, Nester in und an Gebäuden, Lager und Unterschlupfe am Boden, Nester und Baue am Wasser und in Uferböschungen und unterirdische Behausungen.

Unterirdische Behausungen

Zu den bekanntesten unterirdischen Behausungen gehören die Gangsysteme des Maulwurfes (*Talpa europaea*), die wir schon auf Seite 202 besprochen haben, die Baue des Dachses (*Meles meles*), der Wildkaninchen (*Oryctolagus cuniculus*), des Rotfuchses (*Vulpes vulpes*), der Ziesel (*Spermophilus*), Hamster (*Cricetus cricetus*), des Alpenmurmeltieres (*Marmota marmota*) und verschiedener Mäuse-Arten.

Nester und Baue

Dachsbaue

Dachsbaue sind sehr dauerhafte Einrichtungen, sie werden oft jahrhundertelang benutzt und werden im Laufe der Jahre ständig erweitert. Dachse legen ihre Baue dort an, wo das Graben leichtfällt und die Drainage gut ist, deshalb werden Dachsbaue mit Vorliebe an einem Abhang angelegt, an dem das Wasser abfließen kann. Ein alter Dachsbau erstreckt sich über 100 m oder mehr längs eines Berghanges und hat viele Eingänge und Gänge. Die Gänge führen nicht allzu weit in den Berg, sondern enden in den Schlafkammern, die ca. 90 cm breit und 60 cm hoch sind. Die Bauerweiterung geschieht hauptsächlich durch junge Dachse, die neue Tunnel graben, wenn sie ihre Eltern verlassen und auf Brautschau gehen. Manchmal verläßt ein Dachs auch ohne ersichtlichen Grund seinen Bau und gräbt irgendwo ein neues Loch. Das ist jedoch nur vorübergehend, der Dachs wird bald zu seinem angestammten Bau zurückkehren, oder er wird die ,,Keimzelle'' einer neuen Kolonie.

Das Einfahrtsloch mißt knapp 20 cm im Durchmesser. Der Erdhaufen ist meist sehr groß und enthält für gewöhnlich Heu oder trockenes Laub und ausgegangene Haare aus dem Lager.

Die Erdbewegungen in und um den Bau beeinträchtigen den Pflanzenwuchs. Kleine Bäume sterben ab, wenn ihre Wurzeln bloßgelegt werden, und auf der ausgegrabenen Erde wächst auch fast nichts.

Einfahrtslöcher, die mit trockenem Laub verstopft sind oder mit Spinnweben zugesponnen sind, sind nicht in Gebrauch.

In Dachsbauen finden auch viele andere Tiere eine Unterkunft. Der Fuchs bezieht mit Vorliebe verlassene Dachsbaue, aber auch der Marderhund übernimmt sie gerne. Da letzterer wie der Dachs Latrinenlöcher in die Erde scharrt, kann das leicht zu einer Verwechslung führen. Kennzeichnend ist jedoch der Kot (siehe Seite 224–225).

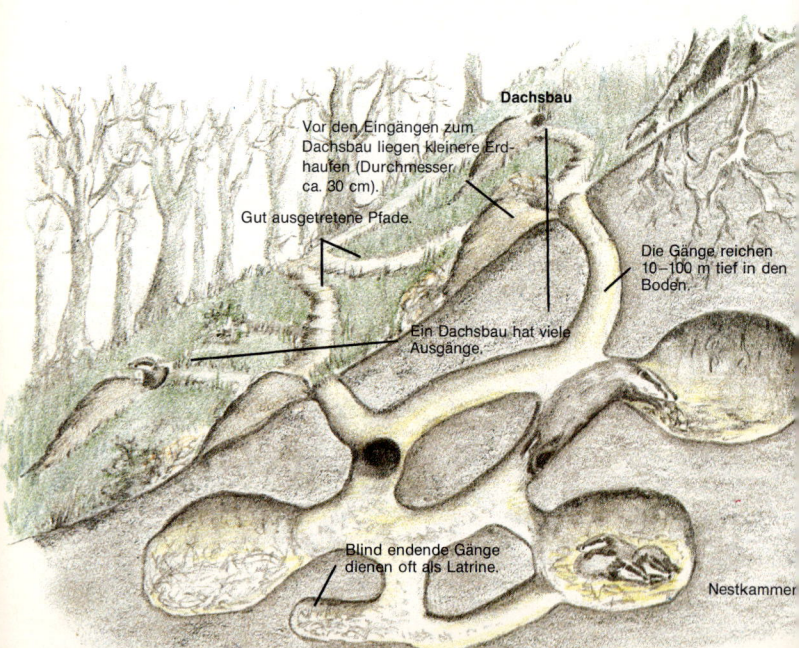

Dachsbau

Vor den Eingängen zum Dachsbau liegen kleinere Erdhaufen (Durchmesser ca. 30 cm).

Gut ausgetretene Pfade.

Die Gänge reichen 10–100 m tief in den Boden.

Ein Dachsbau hat viele Ausgänge.

Blind endende Gänge dienen oft als Latrine.

Nestkammer

Kaninchenbaue

Kaninchenbaue sind im westlichen Europa etwas Vertrautes. Wie viele grabenden Tiere bevorzugt auch das Wildkaninchen (*Oryctolagus cuniculus*) Stellen, an denen der Boden gut drainiert ist und auch bei Regenwetter trocken bleibt. Die Baue genießen oft zusätzlichen Schutz, da die Eingangslöcher oft unter Hecken oder an Waldrändern gegra-

Kaninchenbaue an einer
Böschung mit Baumstümpfen.

Kaninchenbau

Die Häsin verschließt
den Eingang zur Nest-
kammer zum Schutz
der Jungen.

Eingang

Nestkammer

Eingang

Wohn- oder Schlaf-
kammern

ben werden. Der unterirdische Bau besteht aus einem ca. 50 cm unter der Erdoberfläche liegenden Kessel (Nestkammer), um den herum oder von dem aus zahlreiche Gänge mit vielen Ein- und Ausfahrten vorhanden sind. Die Einfahrtslöcher sind meist nicht größer als 10 cm im Durchmesser. Da Kaninchen gesellig sind und in Kolonien leben, sind die Gangsysteme verschiedener Tiere miteinander verbunden. Eine Besonderheit tritt bei den Nestkammerbauten auf: Die ranghohen Weibchen legen ihre Nestkammern innerhalb des Gangsystems an, die untergeordneten jüngeren Weibchen legen ihre Nester (Satzkammern) am äußeren Rand der Kolonie an, diese Nestkammern sind nicht mit dem übrigen Gangsystem in Verbindung, sondern haben nur einen Aus- und Eingang ins Freie. Dieser Eingang wird jedesmal mit Gras und Heu verstopft, wenn die Häsin ihre Jungen verläßt.

Kaninchenkolonien kann man leicht schon von weitem erkennen, bevor man die einzelnen Löcher sehen kann, denn Kaninchen können ihren Lebensraum mehr verändern als jedes andere Tier, ausgenommen der Biber (*Castor fiber*). In unmittelbarer Umgebung des Baues frißt sämtliche pflanzliche Kost, es überleben lediglich einige Disteln und Ackerunkräuter. Zur Gebietsmarkierung verwenden die Kaninchen Losung, Harn und Drüsenduftstoffe, wobei die ranghohen Tiere stärker markieren.

Zieselbaue

Zieselbaue findet man vor allem im trockenen Grasland Osteuropas. Wie Kaninchen legen sie ein weitverzweigtes Netz unterirdischer Gänge mit mehreren Eingängen an. Diese Eingänge sind jedoch nur halb so groß wie die der Kaninchen. Das Europäische Ziesel (*Spermophilus citellus*) bevorzugt Brachland und Feldraine, während das Perlziesel (*Spermophilus suslicus*) auch auf Getreidefeldern und Ackerland anzutreffen ist. Seine Baue sind tiefer angelegt, so daß sie beim Pflügen nicht zerstört werden.

Hamsterbaue

Hamsterbaue werden bevorzugt in den Trockensteppen und auf Ackerland in Mittel- und Osteuropa angelegt. Der Hamster (*Cricetus cricetus*) legt ein unterirdisches Gangsystem mit Schlaf-, Nest- und Vorratskammern an. Die Anlage hat etwa den gleichen Durchmesser wie ein Kaninchenbau und reicht bis 2 m in die Tiefe. Mehrere Baue können in enger Nachbarschaft liegen; jedes Tier bewohnt aber seinen eigenen Bau, der mit einem Duftsekret markiert wird. Zu einem Bau gehören eine Schlafkammer, eine Latrine und ein Vorratslager.

Murmeltierbaue

Das Alpenmurmeltier (*Marmota marmota*) lebt gesellig in Familiengruppen. Es gräbt tiefe Baue an Gebirgshängen, an denen der Boden sich zum Graben eignet. Die Eingänge zu dem Bau liegen meist gut versteckt zwischen oder unter Gesteinsbrocken. Die Gänge führen 1–3 m tief in den Boden. Die Wohnkammer ist ein erweiterter Tunnel, der mit Heu gepolstert ist, das von den Tieren im Sommer eingetragen und nach dem Winterschlaf wieder ausgeräumt wird. Während des Winterschlafes werden die Eingänge von innen mit Erde verstopft. Die Baue liegen bevorzugt an süd- oder westexponierten Berghängen, die viel Sonnenwärme bekommen.

Mäusebaue

Blindmäuse (*Spalax*-Arten) kommen in der Hauptsache in den Graslandschaften Osteuropas vor. Hier legen sie ähnliche unterirdische Gangsysteme wie der Maulwurf an. Sie lockern mit ihren Zähnen das Erdreich, schieben es mit dem Kopf und den Schultern beiseite und werfen es mit den Hinterfüßen aus dem Gang an die Erdoberfläche, wo dann mit der Zeit kleine Hügel entstehen.

Die Schermaus (*Arvicola terrestris*) bewohnt ausgedehnte tiefliegende Gangsysteme in Gewässernähe oder in Obstgärten und auf Weideland. Die aus den Gängen nach oben geschobene Erde bildet ebenfalls maulwurfshaufenähnliche Erdhügel, die aber kleiner und unregelmäßiger als Maulwurfshaufen sind. Auch die Verteilung der Haufen ist nicht so regelmäßig wie beim Maulwurf. Die Eingangslöcher zu den Gangsystemen liegen nicht in den Haufen, sondern abseits von diesen und sind relativ groß (Durchmesser 5–8 cm).

Die Feldmaus (*Microtus arvalis*) lebt auf Wiesen, Äckern und in baumlosen Gegenden.

Sie legt unterirdische Gänge an, die bis zu 6 Eingänge haben. Die Nest- und Vorrats-kammer liegt nahe der Oberfläche und ist durch einen schrägen Gang mit dem Laufgang verbunden.

An diesem grasbewachsenen Hang leben Feldmäuse. Die Löcher sind die Eingänge zu einem weitver-zweigten Gangsystem.

Rechts: Eingang zum Bau einer Schermaus. Rund um den Eingang ist die Vegetation abgegrast.

Wohnbauten an Uferböschungen und Flußufern

Viele am Wasser lebende Säugetiere und Vögel errichten ihre Wohnstätten als unterirdische Baue und Gänge in der Uferböschung. Zu diesen Tieren gehören u. a. der Biber (*Castor fiber*), die Bisamratte (*Ondatra zibethicus*), die Schermaus (*Arvicola terrestris*), der Fischotter (*Lutra lutra*). Ebenso gehören die Bruthöhlen von Eisvogel (*Alcedo atthis*), Bienenfresser (*Merops apiaster*), Uferschwalbe (*Riparia riparia*) und Papageitaucher (*Fratercula arctica*) in diese Gruppe.

Biberburgen
Der Biber wurde in Europa fast ganz ausgerottet und kommt nur noch ganz selten vor. Die meisten freilebenden Biber bauen keine Dämme und typische im Wasser stehende Biberburgen mehr, sondern graben lieber Gänge in die Uferböschung und errichten dann am Ufer ihre Burgen, die aus Ast- und Zweigstücken, Schlamm und Pflanzenmaterial kunstvoll aufgeschichtet sind. Diese Burgen haben meist eine längliche Form, da sie sich auf einer Seite ins Wasser erstrecken. Die Eingänge zur Biberburg liegen stets unter Wasser und führen dann zu der über dem Wasserspiegel liegenden Freßkammer und von dort zum Wohn- und Nestraum.

Bisamratten-Baue
Die Bisamratte (*Ondatra zibethicus*) hat sich immer weiter über West- und Mitteleuropa ausgebreitet. Dieses kräftige Nagetier gräbt sich entweder am Ufer einen unterirdischen Bau oder legt an seichten Stellen im Schilfgürtel von Teichen und Seen Burgen an. Der Eingang zu seinem unterirdischen Bau in der Uferböschung, aber auch die Eingänge zu seiner Burg liegen stets unter Wasser. Die Gänge haben eine Breite von 15–20 cm und erweitern sich in der Uferböschung zu Schlaf- und Nestkammern, von denen nach oben schmalere Lüftungsgänge führen. Die Bisamburg erhebt sich vom Grund des Gewässers. Der Bisam ist ein guter Taucher und sammelt sich das Baumaterial für seine Burg vorwiegend unter Wasser, wo er Schilf und andere Wasserpflanzen abbeißt und aus den ca. 20 cm langen Stücken seine Burg aufbaut. Im Innern seiner Burg, die bis 1 m über die Wasseroberfläche ragen kann, legt der Bisam über dem Wasserspiegel seine Wohn- und Nestkammer und eine kleine Vorratskammer an.

Schermausbaue
Schermäuse (*Arvicola terrestris*) graben Löcher von ca. 18 cm Breite in verschiedener Höhe der Uferbank. Da diese Tiere Orte bevorzugen, die überflutet werden, haben sie sowohl Eingänge unter Wasser als auch Eingänge oberhalb des Wasserspiegels. Um die Eingänge am Ufer ist die Vegetation meist kahlgefressen. Die Nestkammern sind mit Gras oder kleingenagtem Schilf ausgekleidet.

Fischotterbaue
Der Fischotter (*Lutra lutra*) baut seine Behausung ebenfalls am Ufer. Die Eingänge zu seinem Bau liegen unter Wasser und haben einen Durchmesser von ca. 25 cm, sind also breiter als die Eingänge der Bisamratte. Die Gänge steigen vom Eingang unter Wasser schräg nach oben und verbreitern sich über dem Wasserspiegel zu einer geräumigen Kammer, die mit Nistmaterial ausgekleidet wird. Von dieser Nestkammer führen ein bis zwei schmalere Ausgänge mehr oder weniger senkrecht nach oben; diese Ausgänge dienen auch als Luftschächte.

Vogelbruthöhlen in Uferböschungen
Eine Reihe von Vögeln baut in natürliche oder künstliche Ufer Gänge und kleinere Höhlen, um darin sicher zu brüten und ihre Jungen aufzuziehen.
Der Eisvogel (*Alcedo atthis*) baut bevorzugt an lehmigen Steilufern in Gewässernähe. Er

Biberbau

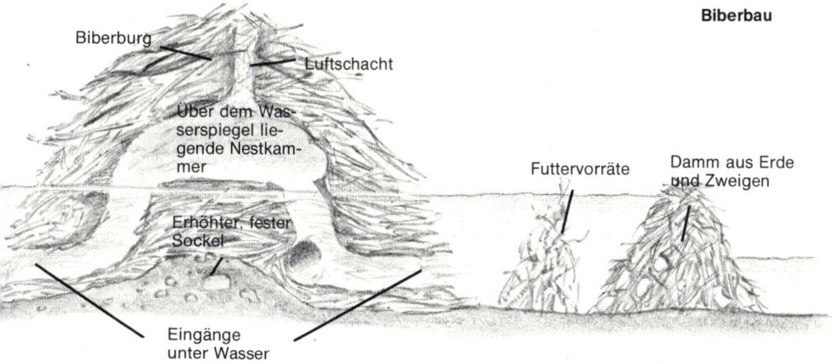

Biberburg

Luftschacht

Über dem Was-
serspiegel lie-
gende Nestkam-
mer

Futtervorräte

Damm aus Erde
und Zweigen

Erhöhter, fester
Sockel

Eingänge
unter Wasser

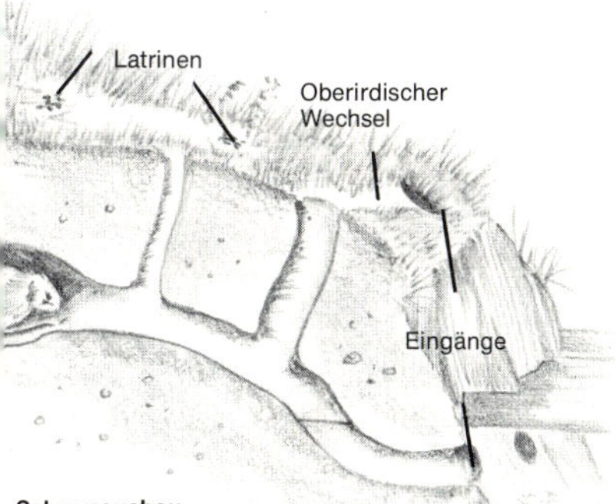

Latrinen

Oberirdischer
Wechsel

Bisamburg

Luftschacht

Eingänge

Eingang

Schermausbau

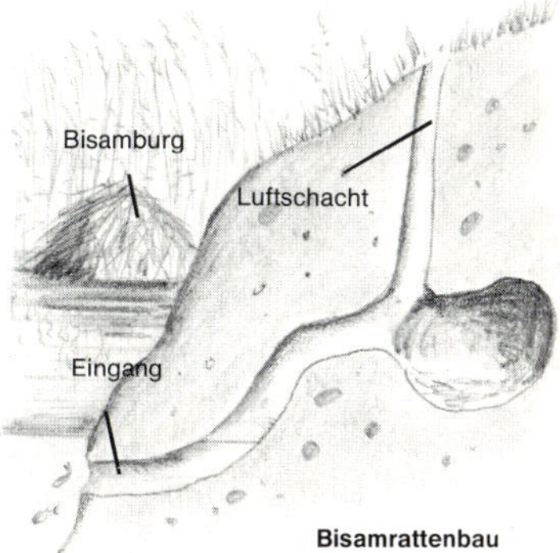

Bisamrattenbau

Nester und Baue

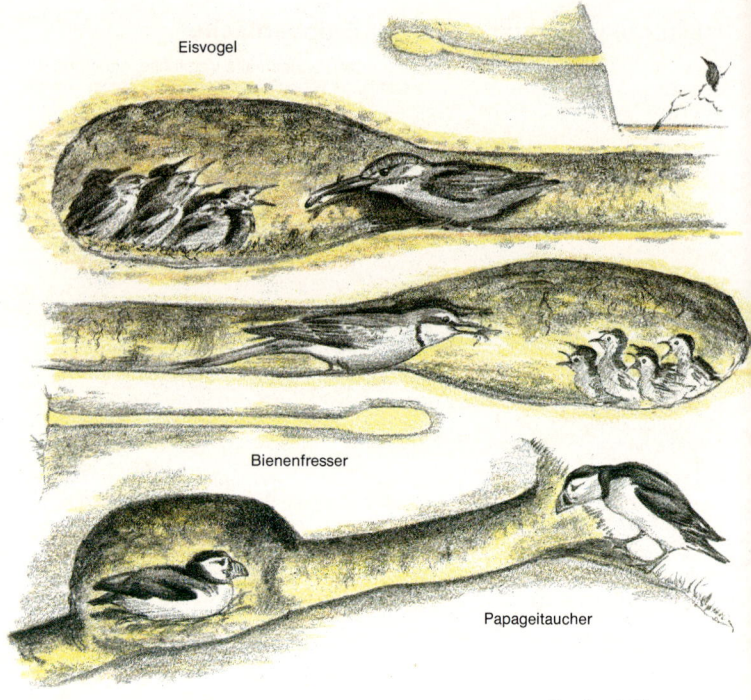

Eisvogel

Bienenfresser

Papageitaucher

Vogelbruthöhlen

lockert mit dem Schnabel Erde und Steine und kratzt sie mit den Füßen heraus, bis eine waagrechte, oft 1 m lange Röhre mit einem Durchmesser von ca. 5 cm entstanden ist. Der Gang endet in einer etwas größeren, eiförmigen Bruthöhle, in der das Weibchen ihre Eier auf dem bloßen Boden ablegt und ausbrütet. Am Tunnel- und Bruthöhlenbau sind Männchen und Weibchen beteiligt.

Der Bienenfresser (*Merops apiaster*) lebt im Gegensatz zum Eisvogel zur Brutzeit in Kolonien, er legt seine Bruthöhlen in Steilwänden, die nicht am Wasser liegen, an und bevorzugt Lehm- und Sandgruben. Auch beim Bienenfresser betätigen sich beide Geschlechter am Bau der Bruthöhle. Die Eingänge und Brutkessel ähneln denen der Eistaucher.

Uferschwalben (*Riparia riparia*) leben ebenfalls gesellig und nisten in Sand- und Lehmgruben und an Uferböschungen. Ihre Gänge haben ebenfalls einen Durchmesser von ca. 5 cm, am Ende liegt jedoch eine mehr kugelige Brutkammer, die die Vögel jedoch mit weichem Pflanzenmaterial auspolstern. Die Gänge der einzelnen Paare liegen oft so dicht aneinander, daß die Schwalben oftmals von einer Brutkammer zur anderen durchbrechen.

Papageitaucher (*Fratercula arctica*) graben entweder mit ihren kräftigen Schnäbeln und Füßen Höhlen in die Grasbedeckung steiler Felsklippen, übernehmen aber auch oft nur alte Kaninchenbaue.

Nester und Laufgänge an der Erdoberfläche

Viele kleine Nager und Insektenfresser benutzen einfach alle Verstecke, die ihnen ihre Umgebung bietet, oder sie graben oberirdische Tunnel durch den Pflanzenwuchs, besonders wenn die Erde hart oder naß ist.
Hausmäuse (*Mus musculus*) und **Waldmäuse** (*Apodemus sylvaticus*) graben Gänge im Boden, die im Gegensatz zu denen der Spitzmäuse im Querschnitt rund und nicht oval sind. Solche Tunnel überdauern oft mehr als eine Generation. Die Hausmäuse ziehen sich in den kalten Jahreszeiten in Gebäude zurück und leben dort gerne auf Dachbalken oder in Holzvertäfelungen. Waldmäuse ziehen sich im Winter in den Schutz von Hecken und dichtem Unterholz zurück und legen ihre Laufgänge unter der Schneedecke an. Die Laufgänge der **Wanderratte** (*Rattus norvegicus*) sind bis zu 50 cm tief und 400 m lang. Der Nestbau ist ein unordentlich zusammengetragener Haufen aus Laub und Heu und steht mit dem verzweigten Gangsystem in Verbindung.
Andere kleine Säugetiere, die auf oder kurz unter der Erdoberfläche leben, sind die **Wühlmäuse** (*Microtus*-Arten). Die Feldmaus (*Microtus arvalis*) legt ein weitläufiges Labyrinth von miteinander verbundenen, mehr oder weniger unterirdischen Gängen an. Ihr Nest besteht aus Grashalmen und Pflanzenstengeln und ist meist unterirdisch angelegt. **Spitzmäuse** (Soricidae) legen kurze, einfache Gangsysteme direkt unter der Erdoberfläche an. Ihre kugelförmigen Nester bestehen aus Heu, Moos und anderen feinen Pflanzenteilen und werden meist unter einer Baumwurzel oder einem Stein angelegt. Diese Nester sind sehr locker gebaut, und die Mäuse können nach allen Seiten durchschlüpfen.
Die Bergmaus (*Dinaromys bogdanovi*) legt ihre Unterschlüpfe unter Steinen an oder zwischen Felsspalten. Normalerweise benutzt sie kein Polstermaterial, da sie durch ihren dichten Pelz ja gut geschützt ist. Der einzige Hinweis auf ihren Unterschlupf ist der ausgetretene Pfad, der dorthin führt, Fußabdrücke und Losung.

Lager- und Schlafstätten am Erdboden

Große Säugetiere wie Hirsche (Cervidae), Wisent (*Bison bonasus*), Wildschweine (*Sus scrofa*) und andere Huftiere bauen sich keine eigentlichen Lager, sondern legen sich zum Ruhen an geschützten Stellen in ihrem Revier nieder.
Das Lager von Hirschen und Rehen („Bett") befindet sich meist im Gebüsch, unter tiefhängenden Ästen oder im hohen Gras. Man erkennt diese Lagerstätten lediglich am niedergedrückten Pflanzenwuchs.
Wildschweine (*Sus scrofa*) lagern in flachen Bodenvertiefungen oder selbstgescharrten Mulden, den sogenannten Kesseln. Diese Kessel liegen tief im Unterholz, Gestrüpp, Schlamm und Morast versteckt.
Der Feldhase (*Lepus europaeus*) ruht in windgeschützten Bodenvertiefungen oder selbstgescharrten flachen Mulden. Seine Lagerstätte wird „Sasse" genannt.
Igelweibchen (*Erinaceus europaeus*) bauen nach dem Winterschlaf im April oder Mai etwa fußballgroße Nester aus Gras, Laub und Moos, die sie meist in dichten Schlehenhecken, unter Feldscheuern oder an anderen schützenden Plätzen anlegen.

Vogelnester am Boden

Vogelnester kann man an allen möglichen Orten finden: direkt am Boden, in Sträuchern und Bäumen, an Häusern und Türmen, in und auf Felsen, im Sand und auf dem Wasser. Zu den Vögeln, die am Boden brüten, gehören alle europäischen Seevögel und fast alle europäischen Hühnervögel.
Da die Bodenbrüter ihre Eier und Jungen vor mehr Freßfeinden zu schützen haben als die Vögel, die in höheren Lagen ihre Gelege unterbringen, müssen die Nester gut getarnt sein. Auch die Eier vieler Bodenbrüter sind so gefärbt, daß sie sich von ihrer Umgebung kaum unterscheiden. So viel z. B. die Eier vom Alpenstrandläufer, vom Kiebitz und von der Lerche dunkel und hell gefleckt und ähneln eher größeren Kieselsteinen als schmackhaften Leckerbissen für naschhafte Eierräuber.
Fasan (*Phasianus colchicus*), Rebhuhn (*Perdix perdix*) und Kiebitz (*Vanellus vanellus*) z. B. nisten in flachen Bodenmulden, die sie selbst ausscharren und mit Blättern, Grashalmen und kleinen Zweigen auspolstern. Kiebitznester sind vor allem in Feuchtgebie-

ten auf Wiesen zu finden, die Nester der Rebhühner liegen am Rande von Feldern und Wiesen zwischen hohen Grasbüscheln und höher wachsendem Ackerunkraut.

Die Feldlerche (*Alauda arvensis*) baut ihre flachen Nester in tiefe Mulden zwischen Erdschollen auf dem Acker oder tiefe Trittspuren von Kühen oder Schafen auf Weideland. Wasservögel wie z. B. Schwäne (Cygninae), Gänse (Anserinae), Schwimmenten (Anatinae) und Haubentaucher (*Podiceps cristatus*) bauen ihre Nester meist in den Schilfgürtel stehender Gewässer oder im dichten Ufergebüsch.

Die Watvögel legen ihre Eier ohne jegliche Nistunterlage auf den Boden ab; ihre Eier besitzen eine sehr gut tarnende Färbung und sind nur schwer von ihrer Umgebung zu unterscheiden.

Nester von Säugetieren

Im Gegensatz zu den schüsselförmigen, oben offenen Vogelnestern sind die Nester, die einige kleinere Säugetiere in Sträuchern und Bäumen anlegen, meist kugelig und oben geschlossen.

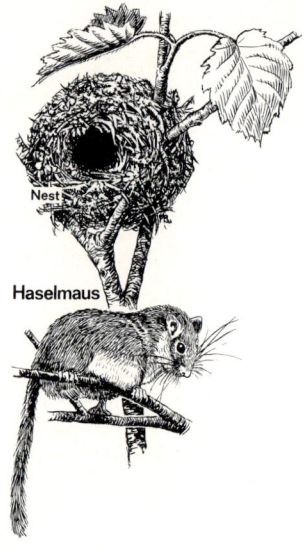

Nest

Haselmaus

Bilche (Gliridae) wie Gartenschläfer (*Eliomys quercinus*), Baumschläfer (*Dryomys nitedula*), Siebenschläfer (*Glis glis*) und Haselmaus (*Muscardinus avellanarius*) bauen sich kugelförmige Nester aus Moos, Gras, Blättern und Rindenstreifen, die sie innen mit fein zernagtem Pflanzenmaterial auspolstern. Diese Nestkugeln besitzen meist eine kleine seitliche Öffnung; sie werden in Sträuchern und Bäumen ab 1 m Höhe in Astgabeln oder zwischen Zweigen angelegt und fest verankert.

Die Zwergmaus (*Micromys minutus*) baut ebenfalls eine kunstvolle Nestkugel, die nicht größer als ein Tennisball ist und die zwischen senkrecht stehenden Getreide-, Schilfoder Grasstengeln befestigt wird. Das Nest besteht aus ineinander verflochtenen Gräsern, die innen mit fein zernagtem Material weich ausgepolstert werden. Die Zwergmaus flicht in diese Nestkugel nicht nur totes Material, sondern auch alle in der Umgebung befindlichen lebenden Grashalme, die nicht beschädigt werden, grün bleiben und weiter-

Lerche

Höckerschwan

Steinschmätzer

Dem Bodengrund angepaßte
Eier vom Alpenstrandläufer
(links) und Flußuferläufer
(rechts)

Kiebitz

Auf dem Boden angelegte Vogelnester

Bachstelze

wachsen, so daß das Nest zum einen gut befestigt, zum andern hervorragend getarnt ist.
Mit dem Wachstum der Stengel wird auch das Nest etwas in die Höhe gehoben.
Auch das Eichhörnchen (*Sciurus vulgaris*) baut ein kugelförmiges Nest, das es in ca.
6−15 m Höhe in einer Astgabel direkt in Stammnähe verankert. Das Nest besteht außen
aus einem Flechtwerk aus stärkeren Zweigen, innen aus dünneren Zweigen und ist mit
Heu und Baststreifen, die das Eichhörnchen zu diesem Zweck von den Bäumen schält,
ausgepolstert. Das Tier hat mehrere Nester (Kobel): einen solide gebauten Winterkobel,
der auch zur Aufzucht der Jungen dient, und 2−3 einfacher gebaute Sommernester, die
zum Schlafen benutzt werden. Außer diesen Kobeln benützt das Eichhörnchen aber
auch Baumhöhlen oder Nistkästen.

Vogelnester in Bäumen und Sträuchern

Vögel bauen im allgemeinen recht kunstvolle Nester und haben eine Reihe verschiedener Nestformen entwickelt.
Es ist im Rahmen dieses Buches unmöglich, auf die Nester einzelner Vogelarten näher
einzugehen, so daß wir nur die am häufigsten anzutreffenden Nestbauten beschreiben
wollen.
Zu den großen Baumnestern gehören die auffälligen Reisignester der Rabenvögel (Cor-
vidae), die meist hoch oben in den Baumkronen angelegt werden. Einzelne Nester gehören der Saatkrähe (*Corvus frugilegus*), Nestkolonien werden von der Rabenkrähe (*Corvus corone*) angelegt. Im Gegensatz zu den breit ausladenden, tiefen Nestern der Krähen
legt die Elster (*Pica pica*) eher kugelförmige Reisignester in Baumwipfeln an. Auch Greifvögel bauen große Reisignester mit ausladender Basis (Horste), die oft mehrere Jahre
hintereinander benutzt werden. Das Nest wird jedes Jahr ausgebessert und erweitert, so
daß ein älterer Horst oft mehrere Meter Durchmesser hat.

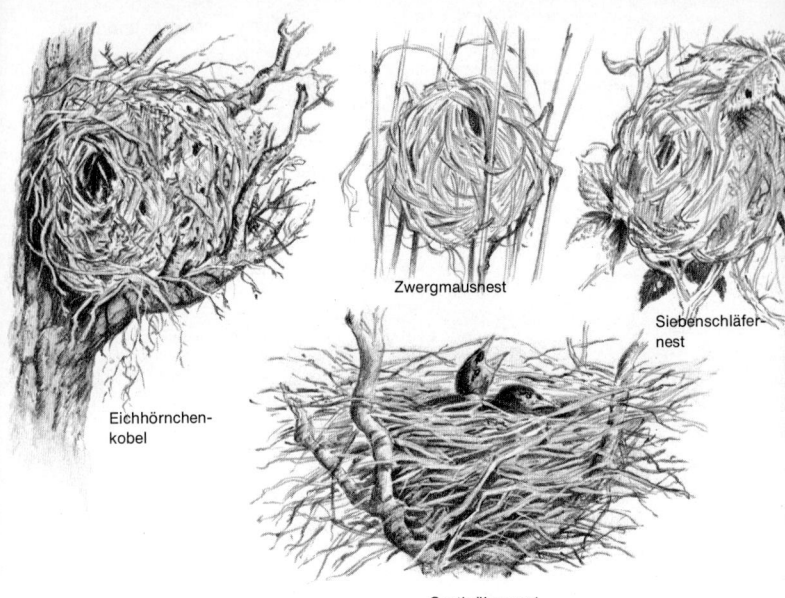

Zwergmausnest

Siebenschläfernest

Eichhörnchenkobel

Saatkrähennest

Graureiher (*Ardea cinerea*) nisten hauptsächlich kolonieweise auf Bäumen oder im Röhricht und legen ebenfalls große Reisignester an.

Drosseln (Turdinae) bauen napfförmige bis halbkugelige, innen mit Lehm oder Holzmulm ausgekleidete Nester, die in Bäumen und Büschen nahe dem Stamm, in Hecken oder auf Mauervorsprüngen angelegt werden.

Amseln (*Turdus merula*) nisten in Hecken, auf niedrigen Bäumen oder auf Holzstößen und Mauervorsprüngen. Ihr halbkugeliges Nest besteht aus dünnen Zweigen, Stengeln, Gras, Laub und Moos; die Nestmulde ist mit feinem Gras, Blättern und Federn gepolstert. In der Nähe menschlicher Ansiedlungen findet man in diesen Nestern auch Kunststofffasern, Plastik und Wolle.

Der Buchfink (*Fringilla coelebs*) baut tiefe, napfförmige Nester, die außen charakteristisch mit Flechten bekleidet sind und die meist gut getarnt in Astgabeln von Bäumen und Sträuchern liegen. Das Nest des Distelfinken (*Carduelis carduelis*) ist gekennzeichnet durch die Auspolsterung mit Distelwolle. Die dickwandigen Nester werden bevorzugt in Gärten und Feldgehölzen angelegt.

Der Haussperling (*Passer domesticus*) baut zwei verschiedene Nester. In Bäumen und Sträuchern große, mehr oder weniger kunstvoll zusammengefügte kugelförmige Nester mit seitlichen Flugöffnungen, an Gebäuden und Mauern unordentliche „Haufen" aus Gras, Stengeln und Wurzeln, die innen mit vielen Federn weich ausgekleidet sind.

Vogelnester an Gebäuden

Wohl jedem sind schon in Dörfern an alten Häusern, an und in Ställen die Lehmnester der Schwalben (Hirundinidae) aufgefallen, auf die man zuerst durch den darunter angehäuften und verkleckerten Kot aufmerksam gemacht wird.

Die Mehlschwalbe (*Delichon urbica*) baut unter Dachvorsprünge halbkugelige Nester aus feuchter Lehmerde, die mit Gras- und Strohhalmen durchsetzt sind. Die Nester sind bis auf ein kleines Einschlupfloch am oberen Rand vollständig geschlossen.

Die Rauchschwalbe (*Hirundo rustica*) baut vor allem in Gebäuden dicht unter der Decke und meist auf einer Unterlage liegend tassen- bis schalenförmige Lehmnester. Als Bau-

Nistende Saatkrähenkolonie

material verwendet der Vogel feuchte Lehmbröckelchen, Gras- und Strohhalme und Federn, die er mit Speichel durchknetet und sorgsam aneinanderklebt.
Die Rötelschwalbe (*Hirundo daurica*) legt unter Fels- und Steinüberhängen und unter Brücken flaschenförmige Lehmnester an, die am Flaschenhals eine Einflugöffnung besitzen.

Nester und Unterschlupfe in Baumhöhlen

Hohle oder ausgehöhlte Bäume bieten vielerlei Säugetieren und Vögeln ein sicheres, trockenes Versteck.
Unter den Säugetieren sind es hauptsächlich die Fledermäuse, die sich in hohlen Bäumen ansiedeln. Abendsegler (*Nyctalus noctula*) und Breitflügelfledermaus (*Eptesicus serotinus*) sind ausgesprochene Baumfledermäuse. Fledermäuse sind nachtaktive Tie-

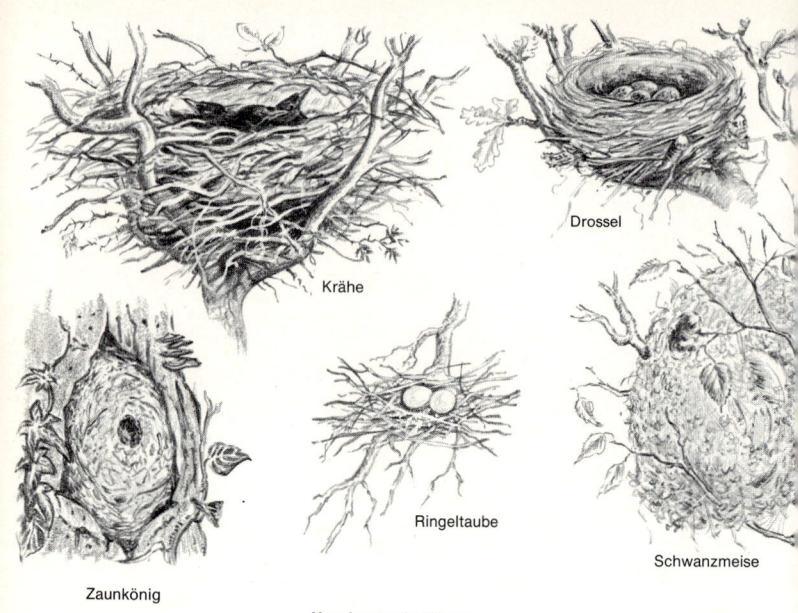

Krähe

Drossel

Ringeltaube

Schwanzmeise

Zaunkönig

Vogelnester in Bäumen

re, so daß man ihre Unterschlupfe nur anhand ihrer Losung und ausgeworfener Futterreste erkennen kann. Der Baumstamm unterhalb des Ausfluglochse ist mehr oder weniger stark mit Kot und Urin verschmiert und oft deutlich zu riechen. Unter dem Quartier
liegen oft zahlreiche Chitinteile und Losungen, die Überreste zahlreicher Insektenmahl-
zeiten.

Eichhörnchen (*Sciurus vulgaris*), Gartenschläfer (*Eliomys quercinus*) und Siebenschläfer (*Glis glis*) bevorzugen kleine Höhlungen in Bäumen und legen sich eher hier einen
Unterschlupf an, als daß sie sich ein Nest bauen.

Auch Bienen und Wespen legen ihre Nester gerne in Höhlungen und unter den Wurzeln
großer Bäume an (siehe auch Seite 268).

Zu den häufigsten Baumhöhlen-Bewohnern zählen jedoch Vögel, die zum Teil in natürlichen Höhlungen nisten, zum Teil jedoch aktiv Bäume aushöhlen, um im Schutz dieser
Höhlen ihre Eier zu legen und ihre Jungen aufzuziehen.

Zu den passiven Höhlenbrütern, wie die in Höhlen lebenden und brütenden Vögel auch
genannt werden, gehören der Waldkauz (*Strix aluco*), der Rauhfußkauz (*Aegolius fune-
reus*), der Steinkauz (*Athene noctua*), der Uhu (*Bubo bubo*), die Kohlmeise (*Parus major*),
der Baumläufer (*Certhia familiaris*) und der Kleiber (*Sitta europaea*).

Käuze und Uhu stellen keine besonderen Ansprüche an ihre Nisthöhle; sie kleiden die
Höhlung auch nicht speziell aus, sondern legen die Eier auf dem vorhandenen Mulm ab.
Die Größe der Einflugöffnung spielt ebenfalls keine große Rolle; sie kann ohne weiteres
größer als das Tier selbst sein.

Der Kleiber (*Sitta europaea*) dagegen „mauert" zu große Öffnungen zu. Er transportiert
im Schnabel mit Speichel vermischten Lehm, den er um das Einflugloch herum festklebt,
so lange, bis nur noch ein kleines Einflugloch übrigbleibt, durch das er gerade noch
durchschlüpfen kann. Die Höhlung selbst wird mit trockenem Laub und kleinen Rindenstücken ausgekleidet.

Kohlmeisen (*Parus major*) und Baumläufer (*Certhia familiaris*) benötigen nur ganz kleine
Höhlungen, oftmals sogar nur Rindenspalten, die sie mit Moos, Heu und Federn auspolstern.

256

Zu den aktiven Höhlenbrütern gehören die Spechte (*Dendrocopus*) und die Weidenmeise (*Parus montanus*), die meist in morschen Wald- und Obstbäumen ihre Nesthöhlen zimmern. Der Eingang zu den Spechthöhlen ist meist kreisrund [der Schwarzspecht (*Dryocopus martius*) zimmert länglich-ovale, bedeutend größere Einfluglöcher] und vollkommen glatt. Vom Einflugloch geht die Höhlung senkrecht ins Bauminnere und erweitert sich tropfenförmig. Der Höhlenboden ist lediglich mit Holzspänen bedeckt, die beim Bau zurückgeblieben sind. Spechte legen nur einmal im Jahr Eier und verlassen danach ihre Höhle, so daß sie danach anderen Vögeln und Säugetieren als Behausung zur Verfügung steht.

In Gegenden, in denen es wenig hohle oder morsche Bäume gibt, hängen Tierfreunde und Naturschützer Nistkästen auf, die gerne von den verschiedensten Höhlenbrütern angenommen werden.

Rechts: Reste eines Fledermausmahles (Chitinteile von Roßkäfern) und Losung.

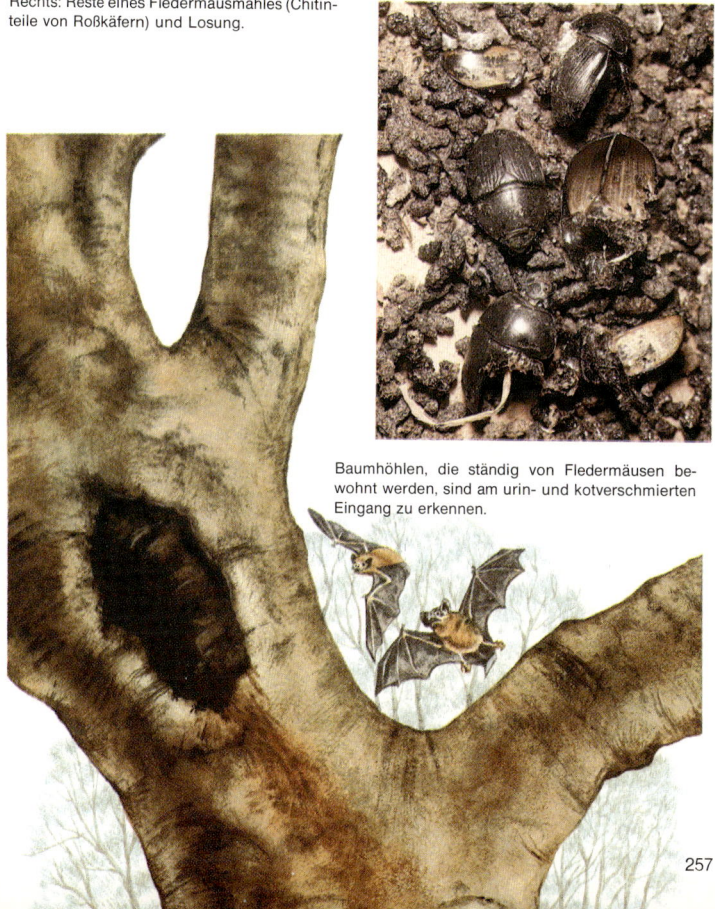

Baumhöhlen, die ständig von Fledermäusen bewohnt werden, sind am urin- und kotverschmierten Eingang zu erkennen.

Nester und Baue

Links: Kleiber beim Füttern der Jungen. Er hat die Baumhöhle bis auf ein kleines Ausflugsloch mit Lehm zugemauert.

Specht

Eule

Baum-
läufer

Nistkästen werden so-
wohl von Vögeln als
auch von Kleinsäugern
gerne angenommen

Vogelnester in Baumhöhlen

Junge Steinkäuze am Eingang zu ihrer Bruthöhle in einer alten Eiche.

Spuren von Wirbellosen

Wer mit offenen Augen durch die Natur geht, wird noch viele andere Spuren bemerken, die auf die Anwesenheit eines oder mehrerer größerer oder kleinerer Tiere schließen lassen. So hinterlassen nicht nur Säugetiere, Vögel, Amphibien und Reptilien mehr oder weniger deutliche Spuren, sondern auch die Wirbellosen, wie z. B. Schnecken, Würmer, Insekten und Spinnentiere. Eingerollte Blätter, verdickte Pflanzenteile, zusammengesponnene Blätter und Triebe, Schlupflöcher in härterem Pflanzenmaterial, Schaumnester, Häutungsreste, leere Puppen, Spinnennetze, Fraßspuren an Blättern, Stengeln, Rinde und Holz, Miniergänge in Blättern und Halmen sind nur ein Teil dieser Hinweise auf kleinere Lebewesen.

Fraßspuren

Die meisten Wirbellosen besitzen ganz bestimmte Futterpflanzen, so daß sie anhand der an diesen Pflanzen hinterlassenen Fraßspuren und Miniergänge bestimmt werden können.

So hält sich der gelb-schwarz gestreifte Kartoffelkäfer (*Leptinotarsa decemlineata*) mit seinen leuchtend roten Larven in der Hauptsache am Kartoffelkraut, gelegentlich auch an anderen Nachtschattengewächsen auf und hinterläßt hier deutliche Fraßspuren.

Der Kohlweißling (*Pieris brassicae*) und seine Larven ernähren sich vor allem von verschiedenen Kohlsorten und anderen Kreuzblütlern. Die Blätter befallener Pflanzen sind bis auf die härteren Blattrippen abgefressen.

Schnecken fressen an fast allen krautigen Pflanzen und hinterlassen außer ihren Futterresten noch schleimige Kriechspuren.

Der Eichenwickler (*Tortrix viridana*) ernährt sich vor allem von Eichenblättern, frißt aber auch Holunder und Geißblatt. Neben stark abgefressenen Blättern findet man auch zusammengebogene Blätter, deren Ränder miteinander versponnen sind. In diesen „Hülsen" verpuppen sich die letzten Larvenstadien.

Die Raupen der Miniermotten (Lithocolletidae) hinterlassen helle, gewundene Gänge, Flecken und blasenförmige Gebilde auf bzw. in Blättern von Bäumen und Sträuchern, krautigen Pflanzen und Gräsern.

Links: Fraßbild
des Borkenkäfers

Rechts: Schlüpfende Zikade

Gespinste

Seidenfäden und -gespinste werden von einer ganzen Reihe von Insekten und Spinnen zum Schutz ihrer Nachkommenschaft oder beim Übergang ins Puppenstadium angelegt.

Die Gespinstmotten (Yponomeutidae) z. B. legen im Sommer ihre Eier in kleinen Häufchen auf Apfel-, Weißdorn- und Pflaumenzweige. Die im folgenden Frühjahr schlüpfenden Larven fressen zuerst die jungen Knospen leer und umspinnen dann die Blätter mit einem dichten weißen Netzwerk, in dessen Schutz sie sich dann verpuppen. Vorsicht: Solche Gespinste nicht anfassen, sie verursachen Hautrötungen und -jucken.

Die Gespinstblattwespen (Pamphiliidae) legen ihre Eier auf Fichten- und Kiefernnadeln ab. Die schlüpfenden Larven leben ebenfalls in einem Gespinst geschützt zusammen.

Die Prozessionsspinner (Thaumetopoeidae), die entweder an Eichen oder Kiefern vorkommen, sind bekannt und berüchtigt, weil sie ganze Bäume entlauben können. An den kahlgefressenen Zweigen sitzen selbstgesponnene, weithin sichtbare, kugelige, silbrig glänzende Gespinstnester, in denen die Raupen Schutz finden.

Die Raupen des Tagpfauenauges (*Inachis io*) leben in gespinstumhüllten Kolonien an Brennesseln. Doch nicht nur die Raupen sind bei Schmetterlingen durch feine Gespinste vor Freßfeinden und Kälte geschützt, auch das nächste Entwicklungsstadium, die Puppe, ist ebenfalls durch Seidengespinste (Kokons), die zum Teil verhärten oder denen härteres Material wie Zweig- und Grasstückchen, kleine Steinchen und Sand eingelagert sind, vor Freßfeinden geschützt.

Wer im Frühsommer durch Wiesenwege und an Waldrändern spazierengeht (das Betreten der Wiesen selbst ist im Mai verboten!), dem wird schon so manches Mal an Hosenbeinen oder herabbaumelnden Händen eine schaumige, speichelartige Masse hängengeblieben und unangenehm aufgefallen sein. Diese Schaumtropfen, auch Kuckucksspeichel genannt, dienen den Larven der Wiesenschaumzikade (*Cercopis vulnerata*) als Schutz.

Tagpfauenaugen-Raupen leben in ihrer Jugend gemeinsam in einem schützenden Gespinst an Brennesseln.

Kokon des Kleinen Nacht-
pfauenauges
(*Saturnia pavonia*).

Kahlgefressene Pflanzenstengel
mit den Gespinsten und Raupen
einer Gespinstmotte.

Spinnennetze

Die meisten Spinnen bauen Netze oder Gewebe, in denen sie ihre Beute fangen und in denen oder an deren Rand sie selbst leben. Diese Netze sind oft so typisch, daß man den Bauherrn gar nicht sehen muß, um ihn zu kennen; auf jeden Fall läßt sich anhand des Netz- oder Gewebebaues auf die Familienzugehörigkeit des Netzbauers schließen.

Am bekanntesten und häufigsten vorkommend sind die Netze der Radnetzbauenden Spinnen, zu denen die Zwergkreuzspinnen (Theridiosomatidae), Streckerspinnen (Tetragnathidae), Herbstspinnen (Metidae) und Echten Radnetz- oder Kreuzspinnen (Araneidae) gehören. Die Radnetze werden meist senkrecht oder leicht schräggestellt angelegt, nur die Streckerspinnen weben waagrechte Netze zum Beutefang.

Ein Radnetz besteht aus radial verlaufenden, in einem bestimmten Winkel vom Zentrum (Nabe) ausgehenden Speichenfäden, Rahmenfäden zur äußeren Begrenzung und Befestigung und einer mit Leimtröpfchen versehenen Fangspirale. Als Grundlage für den Bau eines Radnetzes dient ein Y-förmiges Gerüst, von dem aus die Rahmen- und Speichenfäden angelegt werden.

Streckerspinnen (*Tetragnatha*), Herbstspinnen (*Meta*) und die Erdkreuzspinne (*Cercidia prominens*) besitzen ein Radnetz mit offener Nabe, Kreuzspinnen (*Araneus*) besitzen ein Radnetz mit geschlossener Nabe. Die Sektorenspinne (*Zygiella x-notata*) legt ein Radnetz an mit einem von Fangfäden freien Sektor. Die Netze der Zebraspinne (*Argiope bruennichi*) und der Konischen Radspinne (*Cyclosa conica*) zeichnen sich dadurch aus, daß diese beiden Arten in ihr Radnetz ein sogenanntes „Stabiliment" einweben, ein breites, zickzackförmiges Seidenband, das vom Zentrum aus in zwei entgegengesetzte Richtungen führt. Dieses Seidenband dient jedoch nicht der Stabilisierung des Netzes, sondern zum Schutz der Spinne, die sich ständig in ihrem Netz aufhält. Beunruhigte

Spuren von Wirbellosen

Spinnen schwingen im Netz, so daß ihre Konturen im Stabiliment völlig verschwimmen. Die relativ kleinen Baldachin- oder Deckennetzspinnen (Linyphiidae) legen eine ganz andere Art von Netz an. Sie weben eine waagrechte, leicht gewölbte, baldachinartige Gewebedecke, die in Bodennähe zwischen niederen Pflanzen oder Büschen angebracht wird. Von dieser dichten Gewebedecke geht nach oben ein Gewirr aus sogenannten Absturz- oder Stolperfäden. Die Spinnen sitzen stets mit dem Bauch nach oben auf der Unterseite des Baldachins und warten, bis sich ein Beutetier in den Stolperfäden verfangen hat und entweder von selbst auf das Netz fällt oder von der Spinne „heruntergeschüttelt" wird.

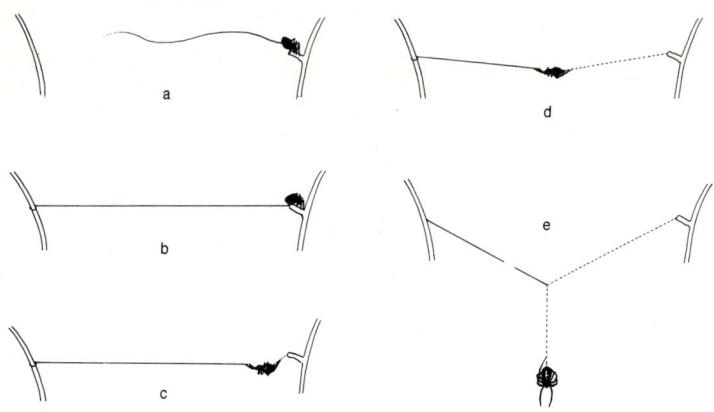

a Die Spinne produziert einen Seidenfaden, der vom Wind mitgenommen wird.

b Dieser „Windfaden" verhängt sich in horizontaler Richtung an einem entfernteren Gegenstand. Die Spinne prüft durch kurzes Ziehen am Faden, ob er sich fest genug verhangen hat.

c An diesem Windfaden hangelt sich die Spinne nun ein Stück vorwärts, beißt dann den Faden durch, beginnt aber gleichzeitig einen neuen Faden zu spinnen, den sie an ihrem Ausgangspunkt befestigt.

d Die Spinne hangelt sich am Windfaden bis etwa zur Mitte der Strecke vor, wobei sie mit den Vorderbeinen den Windfaden aufhaspelt und dann frißt, gleichzeitig jedoch einen neuen Faden hinter sich herzieht.

e In der Mitte angekommen, verbindet die Spinne den neuen Faden mit dem restlichen Windfaden. Da der neugesponnene Faden etwas länger ist als der ehemalige Windfaden, zudem das Gewicht der Spinne auf beide Fäden wirkt, hängt die Verbindungsstelle deutlich durch. Vom Knotenpunkt läßt sich die Spinne nun senkrecht nach unten sinken, wobei sie wieder einen Faden hinter sich herzieht, den sie dann an einer geeigneten Stelle festheftet, so daß ein Y-förmiges Grundgerüst entsteht.

Die Haubennetz- oder Kugelspinnen (Theridiidae) legen unregelmäßige haubenartige Deckengespinste an, die aus einem Gewirr kurzer, weitmaschiger Fäden zusammengesetzt sind und von Spannfäden in ihrer Lage gehalten werden. Von dieser „Haube" gehen klebrige Fangfäden nach unten, um am Boden lebende Insekten zu fangen. Stößt ein Insekt an den Fangfaden, so bleibt es daran hängen, der Faden löst sich von seiner Unterlage und schnellt zusammen mit der Beute nach oben ins Netz.

Die Trichterspinnen (Agelenidae) bauen flache, dichte Gewebedecken, die trichterförmig in eine beiderseits offene Wohnröhre übergehen. Die Spinne sitzt in ihrer Röhre und lauert, bis sich ein Opfer in dem hängemattenartigen Gewebe verfängt. Bekannte Vertreter dieser Gruppen sind z. B. die Winkelspinnen (*Tegenaria*), die vor allem in Häusern le-

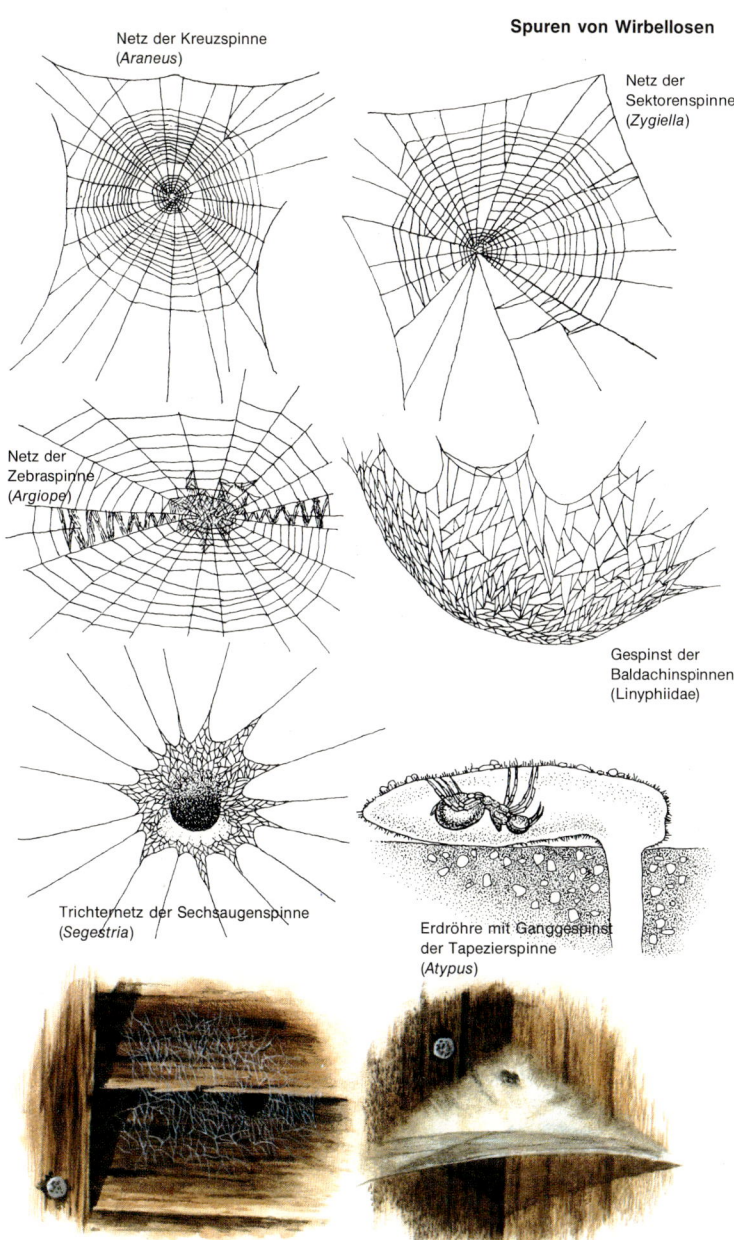

Spuren von Wirbellosen

Netz der Kreuzspinne
(*Araneus*)

Netz der Sektorenspinne
(*Zygiella*)

Netz der Zebraspinne
(*Argiope*)

Gespinst der Baldachinspinnen
(Linyphiidae)

Trichternetz der Sechsaugenspinne
(*Segestria*)

Erdröhre mit Ganggespinst der Tapezierspinne
(*Atypus*)

Unregelmäßiges Gespinst der Haubennetzspinne (*Theridion*)

Gewebedecke mit trichterförmiger Wohnröhre der Trichterspinne (*Tegenaria*)

ben und mit Vorliebe ihre dichten Gewebedecken in Ecken von Kellerräumen und Schlafzimmern anlegen.

Die Tapezierspinnen (Atypidae) weben keine großen Fangnetze. Sie heben in weicher Erde eine schräg nach unten führende Röhre aus, die sie dicht mit Spinnseide auskleiden (tapezieren). Diese Röhre besteht aus einem im Boden gelegenen unterirdischen Teil und einem schlauchförmigen oberirdischen Teil, der am Ende verschlossen und mit Erdkrümel getarnt ist. Die Spinne sitzt im unterirdischen Teil und wartet auf die Beute. Krabbelt nun ein Insekt über den oberirdisch liegenden Röhrenteil, so eilt die Spinne nach oben und packt durch die Röhre hindurch die Beute; dann reißt sie die Röhrenwand auf und zieht das Opfer in die Röhre hinein und deponiert es am Grunde der Röhre. Dann krabbelt die Spinne an die Oberfläche zurück und webt die zerrissene Röhre wieder zu. Erst wenn diese Arbeit getan ist, beginnt die Spinne, ihre Beute zu verzehren.

Zu den Spinnen, die Fanggewebe anlegen, gehören auch die Finsterspinnen (Amaurobiidae), die vor allem in Mauerritzen und -spalten röhrenförmige Gespinste bauen, von denen aus nach allen Richtungen unregelmäßige bläuliche Fangfäden verlaufen. Im Gegensatz zu den Spinnen, deren Fangfäden mit klebrigem Sekret zum Beutefang versehen sind (Klebfadenweberinnen), verwenden die Finsterspinnen einen sogenannten „Woll- oder Kräuselfaden" zum Beutefang (Kräuselfadenweberinnen). Dieser bläulich schimmernde Wollfaden ist so aufgebaut, daß die Beute zwar nicht kleben bleibt, sich aber in dem krausen Faden verheddert und nicht mehr freikommt.

Auch die Spinnen der Gattung Segestria gehören zu den Kräuselfadenweberinnen. Sie bauen röhrenförmige Netze; von der Röhrenöffnung gehen die bläulich schimmernden Fangfäden strahlenförmig auseinander.

Insektenbauten

Zu den bekanntesten Insektenbauten gehören die Nester einiger Hautflügler (Hymenoptera) wie Ameisen, Bienen, Hummeln und Wespen, die aus Wachs, Papier, Lehm, Sand, Blättern und Holz in und auf der Erde, auf und in Bäumen, unter Steinen und Wurzeln angelegt werden. Man kann hier unterscheiden zwischen den großen Nestbauten der staatenbildenden Insekten, die mehrere 100–1000 Tiere beherbergen, und den kleineren Nestern der einzeln lebenden Hautflügler.

Die Weibchen der Wegwespen (Pompilidae) z. B. bauen zum Schutz und zur Aufzucht ihrer Larven einzelne Zellen aus Lehm. Immer 5–6 dieser Einzelzellen werden aneinandergeklebt und gemeinsam auf Steinen oder unter lockerer Rinde befestigt.

Die Pillenwespen (Eumenidae) „mauern" für ihre Nachkommen kleine flaschenförmige Nestkammern aus Lehm und Sand, die sie an Holzwänden, Mauern und Pflanzenstengeln in Bodennähe befestigen.

An trockenen Plätzen in Brombeerranken, Dächern von Bauernhäusern und Gebüsch kann man häufig die krugförmigen Lehmnester der Töpferwespe (*Trypoxylon figulus*) finden. In solch einem Krug befinden sich mehrere Zellen, die durch Lehmwände voneinander getrennt sind.

Das Weibchen der Seidenbiene (*Colletes daviesanus*) baut sein Nest an lehmigen Hängen. Es überzieht die Innenwände der Kammern mit einer besonderen Masse, die es ausscheidet. Diese Masse erhärtet sehr schnell und verleiht den Wänden einen seidigen Schimmer.

Die Schmalbiene (*Halictus quadricinctus*) legt ihre Nestbauten ebenfalls in Lehmwänden an. Diese Nester bestehen aus einem relativ langen Gang, um den herum die einzelnen Nestkammern angeordnet sind.

Die Blattschneiderbienen (Megachilidae) schneiden aus Rosenblättern ovale Stücke heraus, die sie zu fingerhutähnlichen Brutzellen formen und einzeln übereinander in Löcher und Gänge von Holzpfosten oder in hohle Pflanzenstengel stecken.

Die Sandbiene (*Andrena albicans*) legt ihre Nestkammern im Sandboden an. Das Nest besteht aus einem senkrecht nach unten führenden Hauptgang und waagrecht liegenden Zellen.

Die Hummeln (*Bombus*) gehören zu den staatenbildenden Insekten; ihre Nestbauten sind dementsprechend groß. Steinhummeln (*Bombus lapidarius*) legen ihre kugeligen Nester vorwiegend in alten Steinhaufen oder unterhalb von altem Gemäuer an. In einem

Steinhummelnest leben 100—300 Tiere zusammen. Feldhummeln (*Bombus agrorum*)
bauen ihre Nester aus Gras oder anderen Pflanzenteilen auf. In dem mehrschichtigen
Pflanzennest liegen tropfenförmige Brutzellen, die aus selbstproduziertem Wachs her-
gestellt sind. Die Erdhummeln (*Bombus terrestris*) benützen häufig alte Mäuse- oder
Maulwurfsgänge, in die sie ihr aus zerkleinerten Pflanzenteilen bestehendes Nest ein-
bauen. Ein Erdhummelnest beherbergt ca. 350—400 Tiere.
Wildlebende Honigbienen (*Apis mellifera*) nisten meist in hohlen Bäumen oder Hohlräumen in Hauswänden, in denen sie ihre senkrecht hängenden, goldgelben Waben anlegen. Die Waben sind aus unzähligen regelmäßigen sechseckigen Zellen aus Wachs
aufgebaut. Bei einem alten Bienennest in einem hohlen Baum ziehen sich die Waben
1—2 m weit in die Höhlung hinein. Der Eingang zum Nest ist unauffällig und wird nur
durch ein- und ausfliegende Bienen kenntlich.
Die sozialen Faltenwespen (Vespidae), zu denen die Hornisse (*Vespa crabro*) und die
Gemeine Wespe (*Paravespula vulgaris*) gehören, legen ganz typische Nester aus einer
zarten, papierartigen grauen Masse an. Die mehr oder weniger kugelförmigen Nester
werden in hohlen Bäumen, unter Wurzeln, in Erdhöhlen oder an Gebäuden angelegt. Sie
sind so gebaut, daß die Waben mit der Öffnung nach unten in waagrechten Etagen über-
einanderliegen. Das graue Nestbaumaterial entsteht aus zerkauten Pflanzenfasern und
Speichel.

Links: Lehmnest einer Töpferwespe.

Unten: Eingang zur Höhle eines
Dungkäfers mit typischem Erdwall.

Das Nest der Gemeinen Wespe (*Paravespula vulgaris*) ist meist um eine größere Wurzel herumgebaut, die dem zarten Nest in der Erdhöhle den notwendigen Halt gibt. Die etagenförmig angeordneten Waben sind meist von mehreren hauchdünnen Außenwänden umgeben.

Die Nester der Hornissen (*Vespa crabro*) sind meist viel größer als die der Wespen und werden vor allem in Baumhöhlen angelegt. Ein mittelgroßes Hornissennest besteht aus ca. 5000 Wabenzellen, die in 8–12 Etagen angelegt sind.

Auch die Ameisen (Formicidae und Myrmicidae) leben in kleineren oder größeren Staaten in Nestern zusammen.

Das Nest der Roten Waldameise (*Formica rufa*) ist ein sehr auffälliges und großes Bauwerk aus Fichten- und Kiefernadeln, das bis zu 1 Meter hoch und 3 Meter lang sein kann. Es liegt meist an einem besonnten Platz im oder am Rand eines Nadelwaldes und türmt

Bienennest

Wespennest

sich über einem alten Baumstumpf auf. Der größere Teil des Nestes liegt jedoch unter der Erde und besteht aus vielen Gängen und Kammern, in denen die Eier aufbewahrt und die Larven gepflegt und versorgt werden.

Die Schwarzgraue Wegameise (*Lasius niger*) baut aus Sand und Erde kuppelförmige Haufen. Die Gelbe Wiesenameise (*Lasius flavus*) legt in Wiesen in großer Zahl maulwurfshügelähnliche Erdbauten an.

Auf sandigen Böden kann man mitunter kleine Löcher von ca. 0,5 cm Durchmesser finden, deren Ränder von einem kleinen Erdwall umgeben sind. Dies sind die Brutkammern dungfressender Käfer. Die Weibchen dieser Käfer graben je nach Art mehr oder weniger tiefe und verzweigte Gänge in den weichen Boden, legen darin ihre Eier ab und füllen dann die Gänge wieder mit Nahrung (Kot, Pflanzenteile) für die ausschlüpfenden Larven. Der ausgeworfene Erdwall um den Eingang zu den Brutkammern unterscheidet die „Käferbauten" von denen der solitär lebenden Wespen oder Bienen, um deren Einschlupfloch keine Erdwälle liegen.

Es gibt auch kleine Erdlöcher, die von den Larvenstadien selbst gegraben werden. Das typischste Beispiel hierfür ist der Fangtrichter der Larve der Gemeinen Ameisenjungfer (*Myrmeleon formicarius*), dem Ameisenlöwen. Diese Larven bauen in sandigem Boden, meist im Schutz von Baumwurzeln oder größeren Steinen, runde Fangtrichter, an deren Grund sie auf ihre Beute – meist kleine Insekten – lauern. Kleinere Insekten, die an den Trichter herankommen, verlieren an dessen Rand meist den Halt, da die Sandkörner bei der geringsten Störung ins Rutschen kommen und das Insekt mit in die Tiefe reißen – direkt vor die großen Greifzangen des hungrigen Ameisenlöwen, der die Beute sogleich aussaugt und die leere Hülle aus dem Trichter wirft.

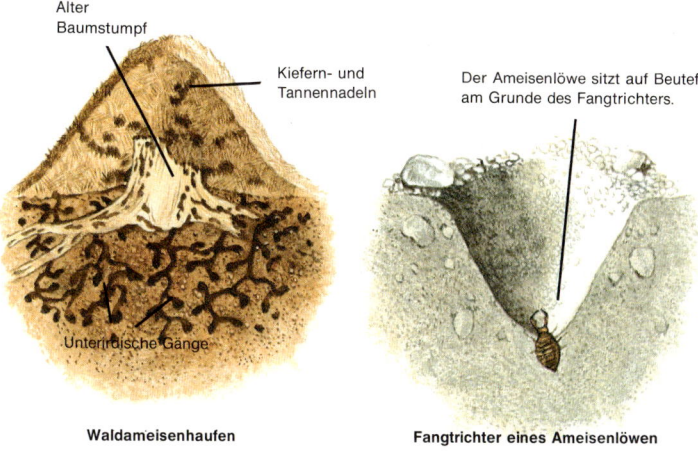

Alter
Baumstumpf

Kiefern- und
Tannennadeln

Der Ameisenlöwe sitzt auf Beutefang
am Grunde des Fangtrichters.

Unterirdische Gänge

Waldameisenhaufen

Fangtrichter eines Ameisenlöwen

Pflanzengallen

Oft findet man vor allem an Holzpflanzen seltsame Verdickungen und Geschwülste an Blättern, Stengeln und Trieben. Für diese Veränderungen sind meist kleine Insekten aus der Gruppe der Wespen, Milben, Fliegen und Läuse verantwortlich. Diese Tiere stechen bestimmte Pflanzenteile an, legen ihre Eier darin ab und verursachen Pflanzenwucherungen (Gallen), die den schlüpfenden Larven dann als Schutz und Nahrung dienen. Man kann Gallen in den verschiedensten Formen, Farben und Größen finden: kugelige, linsen-, beutel- oder napfförmige, schwammartige, blasenförmige.

Am bekanntesten sind wohl die runden, gelb-roten Gallen der Eichengallwespe (*Cynips quercusfolii*), die sogenannten Galläpfel auf der Blattunterseite der Eichen, in deren Zentrum sich jeweils eine Gallwespenlarve entwickelt. Mit zunehmendem Alter werden die Galläpfel dunkler und härter; im Winter schlüpft dann das fertige Insekt aus.

Eine andere, recht häufig anzutreffende Gallenart sind die Schlaf- oder Rosenäpfel, große, zottige, hellgrüne bis rötliche, langfaserige Gallen, die die Rosengallwespe (*Diplolepis rosae*) an der Heckenrose verursacht. Ein solcher Schlafapfel beherbergt mehrere Larven.

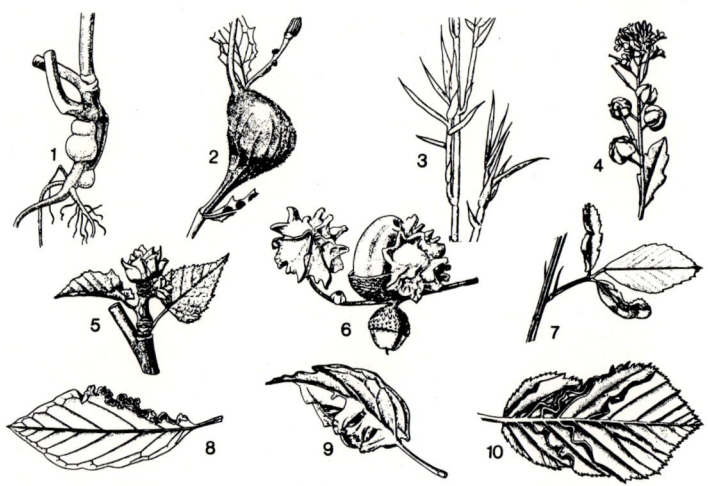

Gallen an verschiedenen Pflanzenteilen (zusammengestellt nach **Ross,** 1911)
1 Wurzelhalsgalle des Kohlgallenrüßlers (*Ceutorhynchus pleurostigma*)
2 Sproßachsengalle der Gallwespe *Aulacidea hieracii*
3 Gallen der Gallmücke *Thomasiella arundinis* in den Seitensprossen eines Schilfrohres
4 Blütengallen der Gallmücke *Dasyneura sisymbrii*
5 Knospengalle der Gallmilbe *Aceria calycophthira*
6 Fruchtgallen der Knopperngallwespe *Andricus quercuscalicis*
7 Blattgallen des Rüsselkäfers *Tychius crassirostris*
8 Blattrandrollung der Gallmilbe *Eriophyes xylostei*
9 Blattgallen der Gallmücke *Craneiobia corni*
10 Faltung der Blattfläche, verursacht durch die Gallmilbe *Aceria macrotricha*

Eichengalle, die geschickt von einem
Specht geleert wurde.

Ananasähnliche Gebilde an Fichtenzweigen werden durch die Rote Fichtengallenlaus
(*Sacchiphantes viridis*) hervorgerufen; kleine grünlich-rote Beutelgallen an der Ober-
oder Unterseite von Ahornblättern stammen von Gallmilben; harte, zugespitzte, rötlichbraune Gallen auf der Blattoberseite von Buchen von der Großen Buchenblattgallmücke
(*Mikiola fagi*).

Krabbenspuren im Sand

Spuren und Fährten am Strand

Am Strand kann der Naturfreund und Spurenleser eine Fülle interessanter Spuren und Fährten finden. Nicht nur, daß im Sand die Fußabdrücke der vom oder zum Wasser laufenden Tiere besonders gut zu sehen sind, zweimal spült die Flut im Wasser treibende Gegenstände an Land: Skelettreste, Muscheln und Schneckenschalen, Hartteile von Stachelhäutern, Treibholz mit Bohrgängen von Bohrmuscheln oder Wohnröhren des Röhrenwurmes, Schulpe von Tintenfischen, Eigelege der Wellhornschnecke, Eier von Rochen und Katzenhai und vieles mehr.

Fußabdrücke

Die meisten Fußabdrücke am Strand werden von Wasser- und Watvögeln stammen, daneben kann man aber auch Spuren von Fischotter, Fuchs, Wiesel und Gartenspitzmaus finden, die alle hierher zur Nahrungssuche kommen. In Dünennähe sind Eidechsen und Schlangenspuren nicht selten. Zur Dünenfauna gehören aber auch viele Insekten und Spinnentiere sowie Spinnen und Weberknechte, die alle viele feine Spurenbilder hinterlassen. Mit ein wenig Geduld und Glück wird man die zu diesen komplexen Spuren gehörenden Tiere selbst zu Gesicht bekommen – ein Bestimmen der winzigen Spuren würde schon sehr viel Erfahrung und Beobachtungsgabe erfordern. Ganz eindeutige und unverkennbare Spuren hinterlassen die sich seitwärts fortbewegenden Krabben, die vor allem bei einsetzender Flut aus ihren Löchern herauskommen und trockenere Zonen aufsuchen. Je größer das Ein- bzw. Ausgangsloch, desto größer die darunter sitzende Krabbe.

Spur einer Napfschnecke

Wohnplatz der Napfschnecke, deren
ständiges Zurückkehren an den alten
Platz eine Vertiefung im Gestein geschaffen hat

Fraßspur im
Algenrasen

Löcher in Felsen, Treibholz und Hafenmolen

Vor allem an oder in Felsküsten mit Kreide- oder Kalkgestein leben viele Tiere, deren An-
wesenheit nur durch die Eingangslöcher zu ihren Bauten gekennzeichnet ist.
So sind die Felsküsten vom Mittelmeer bis zum Baltikum, so sie aus Kreide oder Kalk bestehen, mit winzigen Löchern übersät, die einen Durchmesser von etwa 0,2 cm haben.
Diese Löcher sind das Werk des Bohrschwamms (*Clione celata*), der ein Netzwerk aus
Gängen in weiches Gestein bohrt, das dann vom Schwammkörper ausgefüllt wird.
Löcher von etwa 1,2 cm Durchmesser in weichem Gestein oder in Holz (z. B. in Hafenmo-
len) sind das Werk der Bohrmuschel (*Pholas dactylus*). Der Schiffsbohrwurm (*Teredo
navalis*) und seine Verwandten bohren nur in Holz. Ihre tiefen Gänge sind von harten kal-
kigen Röhren ausgekleidet. An angespültem Treibholz findet man sehr häufig Gänge
und zum Teil freigelegte Wohnröhren des Schiffsbohrwurmes.
Flache, schüsselförmige Vertiefungen auf Felsen zeigen an, daß hier Napfschnecken
(*Patella*) zu Hause sind oder gewohnt haben. Die Schnecken kehren von ihren ,,Weide-
gängen'' stets wieder zu ihrem gewohnten Schlaf- und Ruheplatz zurück, so daß sich in
weichen Felsen im Laufe der Zeit eine schüsselförmige Vertiefung bildet.

Spuren des Sandwurmes

Trichterförmiger Eingang
zur Wohnröhre

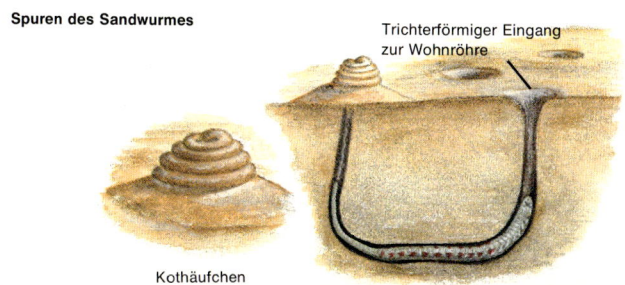

Kothäufchen

Spuren im Sand

Im Sandwatt leben viele grabende Tiere, deren Anwesenheit sich durch mehr oder weniger trichterförmige Löcher, Kothäufchen, ausgeworfenen Sand oder hervorschauende Wohnröhren bemerkbar macht.

Bei Ebbe verraten feuchte Kothäufchen und trichterförmige Vertiefungen den im Sand lebenden Sand- oder Pierwurm (*Arenicola*). Der Wurm lebt in einer U-förmigen Wohnröhre, die er mit Schleim ausgekleidet hat. Er sitzt die meiste Zeit im waagrechten Teil dieser Röhre. Am Kopfende rutscht ständig Sand nach, so daß eine trichterförmige Vertiefung entsteht. Der Wurm frißt oder lutscht diese Sandpartikel ab. Zum Entleeren des Darmes steigt er rückwärts im senkrechten Teil empor und setzt hier den Kot ab, so daß die charakteristischen Wurmhäufchen entstehen.

Der Faden-Ringelwurm (*Heteromastus*) hinterläßt im Watt kleine schwarze Kotpillen, die stets in großen Mengen auftreten. Der Wurm selbst lebt in senkrecht verzweigten Gangsystemen.

Der Rasen-Ringelwurm (*Pygospio*) lebt ebenfalls auf sandig-schlickigem Wattboden. Seine Anwesenheit verrät ein feiner Rasen rötlichbrauner Röhren.

Leere Gehäuse und Schalen

Die im Wasser lebenden Gliederfüßer (Arthropoden) besitzen wie ihre landbewohnenden Verwandten ein gegliedertes Außenskelett aus Chitin und Kalk, das dem Körper Halt und Schutz bietet. Da dieses Außenskelett jedoch nicht mitwächst, muß sich das Tier von Zeit zu Zeit häuten, d. h. das zu klein gewordene Außenskelett abwerfen. So kann man an der Küste oft in großer Zahl leere Krabbenschalen finden, während in Spritzwassertümpeln die leeren Häute der Garnelen geisterhaft im Wasser treiben. Sehr viele Skelettreste wasserbewohnender Gliederfüßer und viele Muschel- und Schneckenschalen sind jedoch Nahrungsreste von Möwen und anderen Strand- und Wasservögeln, die diese Beutetiere auf die verschiedensten Arten und Weisen aufpicken, aufklopfen oder zerschellen lassen, um an den schmackhaften Inhalt zu gelangen. Austernfischer z. B. klopfen Herzmuscheln auf, Möwen dagegen tragen die Muscheln zu Felsen oder anderen festen Untergründen und lassen sie von oben herunterfallen, so daß die Muscheln auf dem festen Untergrund zerschellen.

Fraßspuren

Die in den Dünen angelegten Nester der Strand- und Wasservögel werden recht oft von eierliebenden Säugetieren und Artgenossen ausgeraubt, was deutlich an den aufgebissenen und aufgehackten Eierschalen zu erkennen ist.

Im Sandwatt findet man recht häufig Löcher, die verschiedene Watvögel auf der Suche nach Nahrung mit ihren langen Schnäbeln im Sand hinterlassen haben.

Auf algenbewachsenen Felsen weisen zickzackförmige Fraßgänge im Algenrasen auf weidende Napfschnecken hin.

Strandgut

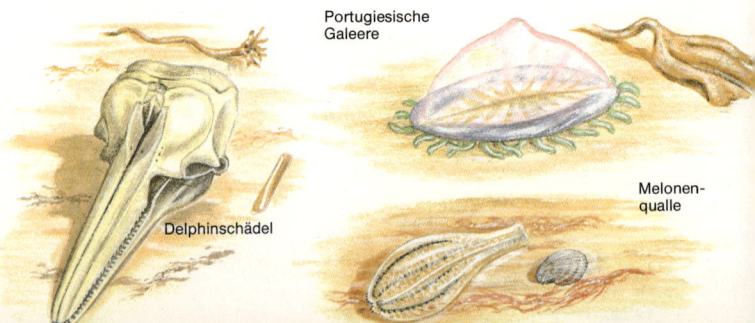

Portugiesische Galeere

Delphinschädel

Melonenqualle

Austernfischer-Kolonie am Strand

Muschelschalen mit kreisrunden Löchern sind die Beute der räuberischen Halsbandschnecke (*Natica alderi*), die im Sand grabend auf Muscheln Jagd macht, deren Schale annagt und den Inhalt ausschlürft.

Angespül

Der Spülsaum markiert die Flutkante des letzten Hochwassers, das neben vielem Zivilisationsmüll auch Reste von Meerestieren und -pflanzen angespült hat.
Hier findet man neben Skelettresten von Seevögeln, die oft schon völlig ausgebleicht sind, Tange, Muschel- und Schneckenschalen, Gelege von Hai, Rochen und verschiedenen Schnecken, Reste von Tintenfischen, Treibholz.
Die Eikapseln von Katzenhaien und Rochen, von denen jede ein großes dotterreiches Ei umschließt, werden nach dem Schlüpfen oft am Spülsaum angespült. Ihrer taschenartigen Form wegen nennt man sie auch „Nixentäschchen".
Häufig sind auch die schwammartigen, gelblich-weißen Eiballen der Wellhornschnecke (*Buccinum undatum*), die aus vielen miteinander verklumpten Eikapseln bestehen.
Weiteres Strandgut sind Krabbenpanzer, Krebsscheren, Seeigelgehäuse und der Schulp von Tintenfischen (Sepiaschale).
An Treibholz sitzen oft noch die apfelkernähnlichen Eigelege der Nördlichen Purpurschnecke.
Gelegentlich findet man auch ein steifes, halsbandähnliches Gebilde, das Eigelege der Halsbandschnecke.
Zu den Besonderheiten, die von der Hochsee durch Wind und Wellen an den Strand gebracht werden, gehören auch die angespülten Quallen, die an der Luft jedoch rasch austrocknen und einen gallertigen Klumpen bilden.

Eikapseln von Rochen und Katzenhai

Eiballen der
Wellhornschnecke

Eigelege der
Purpurschnecke

gelege der
lsbandschnecke

Spuren und Fährten messen – bestimmen – katalogisieren

Tierspuren zu bestimmen und anhand gefundener Spuren und Fährten auf die Lebensweise eines Tieres zu schließen, erfordert eine gute Beobachtungsgabe, viel Geduld und Übung und sorgfältiges Notieren aller gefundenen Merkmale.
Nichts ersetzt ein gut geführtes Notizbuch! Es ist sowohl Protokollheft als auch – im Laufe der Jahre – ein richtiges Nachschlagewerk für den Naturfreund. In diesem Protokollheft sollte aber nicht nur eine Skizze des Fußabdruckes stehen, hier müssen auch die Größe, der Fundort, Datum, Bodenbeschaffenheit, Wetter und Tageszeit angegeben sein. Man sollte möglichst auch die Umgebung der gefundenen Spuren nach weiteren Anwesenheitsmerkmalen wie z. B. Fraßspuren, Markierungsspuren, Beuteresten, Losungen etc. gründlich absuchen und die gefundenen Merkmale ebenfalls notieren. Denn all diese Notizen helfen bei der Bestimmung der Fußspuren und beim Beurteilen der Verhaltens- und Lebensweise des Tieres, das diese Spuren hinterlassen hat.
Man kann die Spuren und Fährten entweder abzeichnen, fotografieren oder sich sogar Gipsabdrücke anfertigen. Bei allen drei Arten der Katalogisierung gefundener Spuren ist es unbedingt erforderlich, die Größenangaben dazuzuschreiben (beim Foto ist ein Vergleichsmaßstab, z. B. eine Streichholzschachtel, der neben der Spur liegt und gleich mit aufs Bild kommt, am sichersten).

Das Vermessen von Spuren und Fährten

Beim Vermessen eines Abdruckes muß stets die Länge und die Breite gemessen werden. Bei der **Spur eines Pfotentieres** mißt man die Breite an der breitesten Stelle. Bei der Länge mißt man einmal die Spur inklusive der Krallen, einmal ohne Krallen. Man mißt vom Vorderrand des Zehenballens (oder der Krallenspitze) bis zum Hinterrand des Haupt- oder Fersenballens. Es muß sicher nicht extra gesagt werden, daß man sich zum Vermessen einen gut erhaltenen und möglichst nicht deformierten Abdruck aussucht.
Bei der **Spur eines Huftieres** mißt man die Länge von der Spitze der längsten Schale bis zum entferntesten Ballenrand (oder bis zu den Afterklauen, falls vorhanden), die Breite an der breitesten Stelle sowie die Spreizung der Schalen, d. h. den Abstand einer Schalenspitze zur anderen.
Bei **Vogelspuren** ist die Länge der Mittelzehe am wichtigsten, ferner der Winkel zwischen den Zehen und das Vorhandensein einer Symmetrieebene durch die Mittelzehe oder nicht.
All diese Messungen trägt man sich zu einer Skizze in das Notizbuch ein.
Hat man sogar eine gut erhaltene Fährte vor sich, so sind noch folgende Messungen einzutragen: Schrittlänge (Abstand von der Spitze eines Fußabdruckes bis zur Spitze des nächsten, wobei beide Abdrücke von demselben Fuß stammen müssen).
Schränkungsbreite (Abstand zwischen den Abdrücken der rechten und der linken Füße, gemessen stets vom äußeren Rand an).
Ausstellwinkel (Winkel zwischen Fußabdruck und gedachter Mittellinie).

Das Anfertigen eines Gipsabdruckes

Zum Anfertigen eines Gipsabdruckes benötigen wir Modelliergips, einige Streifen festen Karton, einige starke Büroklammern, einen Plastikbehälter zum Gipsanrühren, ein Messer oder eine Kelle, etwas Zeitungspapier, Wasser zum Gipsanrühren.
Wir suchen uns den besten Abdruck heraus (zuvor auf jeden Fall skizzieren!), blasen eventuell Tannennadeln oder Grasreste aus den Eindrücken, klammern einen Kartonstreifen so zusammen, daß er den Abdruck ganz umgibt, und drücken ihn dann fest in den Boden ein. Nun rühren wir den Gips mit so viel Wasser an, daß er dünnflüssig ist. Wir müssen so viel Gips anrühren, daß nicht nur die Fußhöhlung, sondern noch eine 1,5–2 cm dicke Deckschicht ausgefüllt wird. Ist der Gips eingefüllt, dann klopfen wir vorsichtig

an den Kartonrand, damit eingeschlossene Luftblasen entweichen können. Nach ca. 15–20 Minuten ist der Gips abgebunden – jedoch noch nicht vollständig ausgehärtet. Wir graben also den Abdruck etwas unterhalb der Gipsform aus, wickeln ihn vorsichtig in Zeitungspapier (Kartonrand und unten anhaftende Erde noch nicht entfernen!). Nach einigen Stunden ist der Gips ausgehärtet, nun lösen wir den Kartonrand und spülen die Erde mit Wasser ab. Mit einer alten Zahnbürste reinigen wir die Vertiefungen gründlich und lassen den Abdruck wieder ganz trocknen. Der fertige Abdruck wird etikettiert (Datum, Fundort, Tageszeit). Dieser Abdruck ist jetzt jedoch ein Negativ der gefundenen Spur. Um das Positiv zu erhalten, bestreichen wir die Erhebungen mit Farbe und drücken den Abdruck auf Papier ab, so daß der Gipsabdruck als Stempel dient.

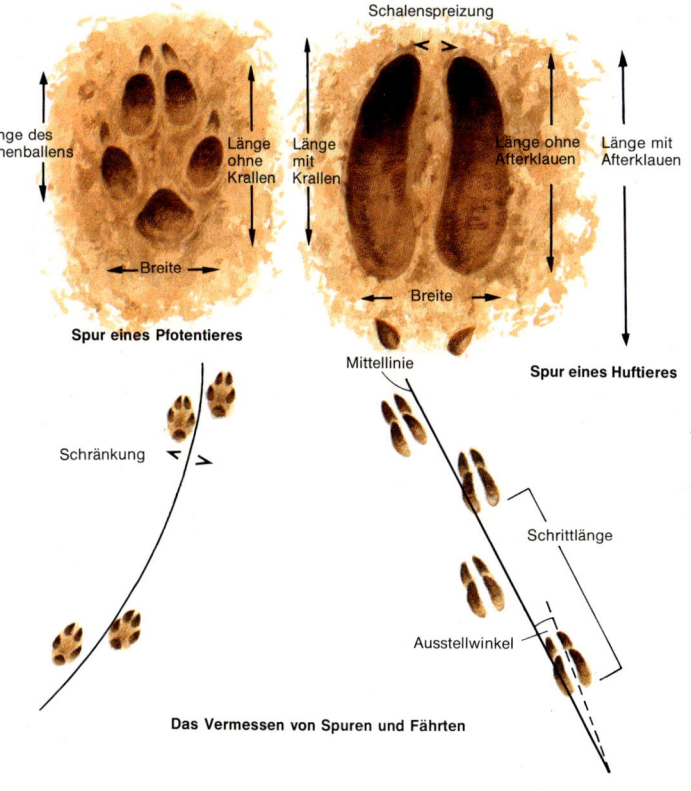

Das Vermessen von Spuren und Fährten

Das Sammeln und Präparieren von Fraßspuren, Gewöllen, Skelettresten

Außer den Fußabdrücken gibt es viele weitere Spuren, die auf die Anwesenheit eines Tieres deuten: Fraßspuren, Losungen, Markierungen, Gewölle, Nester, verlassene Eischalen, Skelett- und Beutereste, Häutungsrückstände, verlassene Raupenkokons, Bienenwaben und Wespennester. All diese Spuren kann man abzeichnen und fotografieren – man kann sich aber auch eine kleine naturkundliche Sammlung anlegen. Fürs Sammeln und Aufbewahren eignen sich aber nur harte Teile, die nicht in Verwesung übergehen können.
Einige wichtige Hinweise für den Sammler:

Abgeworfene Geweihstangen oder Geweihschaufeln unterliegen dem Jagdgesetz und gehören dem jeweiligen Jagdbesitzer oder -pächter. Sie dürfen nicht aus dem Wald entfernt werden – Wilddiebstahl!
Tote Tiere dürfen ohne Genehmigung der zuständigen Naturschutzbehörde ebenfalls nicht aus dem Gelände mit nach Hause genommen werden! Abgesehen davon ist die Übertragung von Krankheiten bei tot aufgefundenen Tieren oder Kadaverresten nicht auszuschließen – vor allem in tollwutgefährdeten Gebieten. Schon bei bloßem Hautkontakt ist eine Infektion möglich!
Vogelnester stehen teilweise auch unter Naturschutz. Hier müssen wir uns erkundigen, welche Nester geschützt sind! Zur Brutzeit im Frühjahr und Frühsommer dürfen generell überhaupt keine Nester entfernt werden!

Sehr schöne Skelettsammlungen kann man sich jedoch durch Zerlegen von Eulengewöllen anlegen. Zu diesem Zerlegen gehören jedoch viel Geduld und große Sorgfalt. Man kann ein Gewölle auf zwei verschiedene Methoden zerlegen: Entweder wir zerrupfen mit einer Pinzette das Gewölle vorsichtig in mehrere Teile, die wir dann einige Stunden in Wasser aufweichen, wobei wir immer wieder die sich ablösenden Haar- und Federteile, die nach oben schwimmen, absammeln, oder aber wir zerlegen das Gewölle in trockenem Zustand mit Pinzette und Nadel – diese Methode ist jedoch aufwendiger, und meist werden hierbei auch mehr Knochenreste zerstört. Die freigelegten Knochen kann man dann noch mit Wasserstoffperoxid (aus der Apotheke) bleichen. Dazu taucht man die Knochen kurz in verdünnte Wasserstoffperoxidlösung, spült dann mit Wasser nach, trocknet die Knochen und klebt sie dann auf ein Stück dunklen Karton auf.

Schädel

Gelegentlich kann man im Wald, an Uferböschungen, auf Wiesen und Weiden Schädel- und Skelettreste finden, und bei der Untersuchung von Losungen, vor allem aber von Gewöllen, stößt man immer wieder auf kleine Schädel, Kieferteile und alle möglichen Skelettreste.

Säugetier
Zähne verschieden geformt

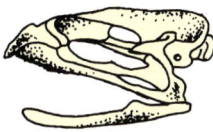

Frosch
Zähnchen gleichartig, nur im Oberkiefer

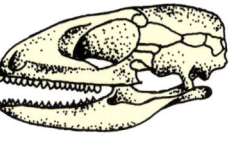

Eidechse
Zähne gleichartig, kegelförmig

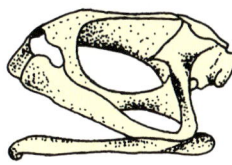

Kröte
Keine Zähne vorhanden

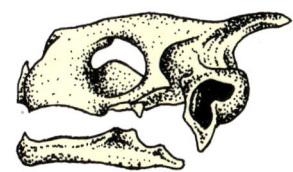

Schildkröte
Keine Zähne vorhanden

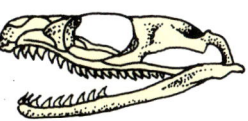

Schlange
Zähne gleichartig, nach hinten gerichtet

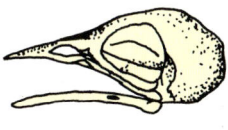

Vogel
Mit mehr oder weniger langem Schnabel, ohne Zähne.

Bei genauerer Kenntnis läßt sich anhand dieser „Futterreste", speziell anhand von Schädelteilen oder Zähnen, auf die Beute schließen. Aus diesem Grund wollen wir auf den folgenden Seiten typische Schädel- und Zahnformen vorstellen.

Vogelschädel

Der Schädel eines Vogels zeichnet sich aus durch das Vorhandensein eines Schnabels und das Fehlen von Zähnen und Zahnhöhlen in Ober- und Unterkiefer.
Der Schnabel ist je nach Lebens- und Ernährungsweise mehr oder weniger lang, gerade oder gebogen, spitz oder stumpf.

Schädel eines Wendehalses mit vollständigen Zungenbeinhörnern, die um den Schädel herum, zwischen die Augen bis in die Oberschnabelspitze reichen.

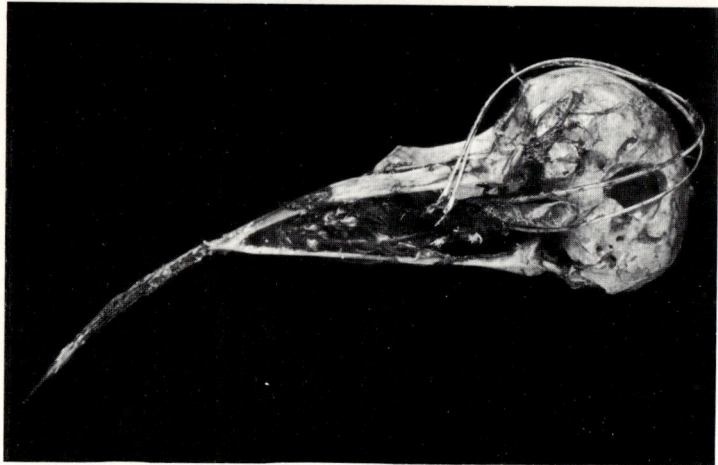

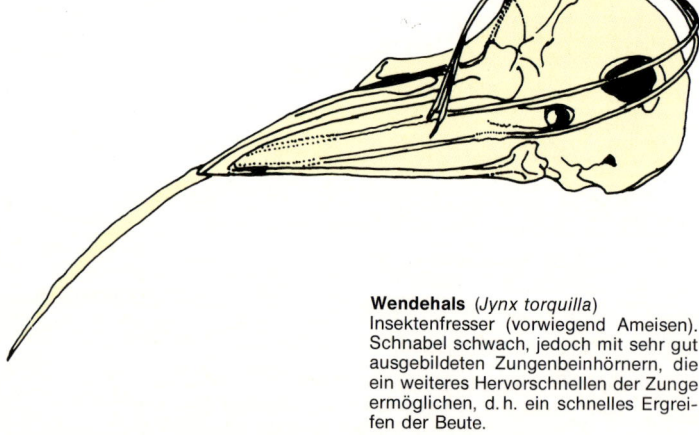

Wendehals (*Jynx torquilla*)
Insektenfresser (vorwiegend Ameisen).
Schnabel schwach, jedoch mit sehr gut ausgebildeten Zungenbeinhörnern, die ein weiteres Hervorschnellen der Zunge ermöglichen, d. h. ein schnelles Ergreifen der Beute.

Haussperling (*Passer domesticus*)
Schädel ca. 2,6 cm lang, kräftiger, leicht
gebogener, zugespitzter Schnabel.

Buchfink (*Fringilla coelebs*)
Schädel ca. 3 cm lang, Schnabel kräftig,
an der Basis verdickt, zugespitzt, Oberschnabel etwas nach unten gebogen.

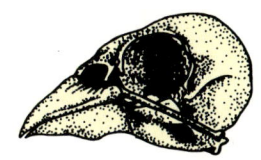

Star (*Sturnus vulgaris*)
Schädel 4,7 cm lang. Schnabel etwa
5 cm lang, kräftig, zugespitzt.

Papageitaucher (*Fratercula arctica*)
Schädel 5,3 cm lang. Schnabel sehr groß
und kräftig, überragt Schädel etwas,
dreieckig, zusammengepreßt.

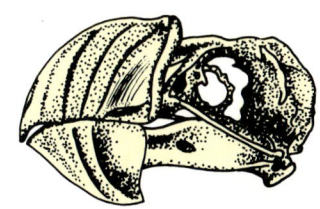

Regenbrachvogel (*Numenius phaeo-
pus*)
Schädel 11 cm lang, Schnabel lang,
leicht abwärts gebogen, nimmt 80% der
Schädellänge ein.

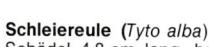

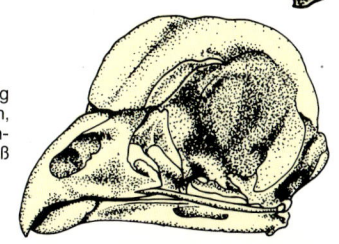

Schleiereule (*Tyto alba*)
Schädel 4,8 cm lang, breit und kräftig
gebaut. Schnabel verhältnismäßig klein,
kräftig, dreieckig, Oberschnabel hakenförmig gebogen. Augenhöhlen sehr groß
und nach vorne gerichtet.

Vogelschädel

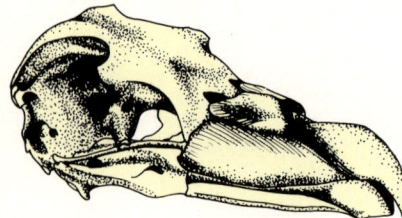

Eissturmvogel (*Fulmarus glacialis*)
Länglicher Schädel, 6,7 cm lang. Schnabel breit, kräftig, Oberschnabel hakenförmig gebogen, mit aufliegenden Nasenröhren.

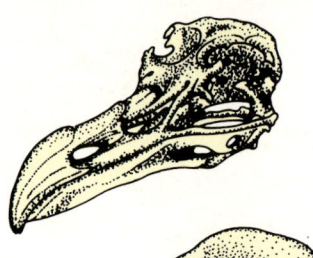

Lachmöwe (*Larus ridibundus*)
Schädel 10,6 cm lang. Schnabel lang, derb, Oberschnabel hakenförmig gebogen, Hornschnabel meist erhalten mit Vertiefungen der Salzdrüsen an den Stirnhöhlen.

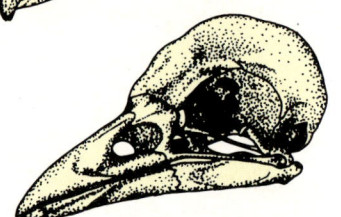

Rabenkrähe (*Corvus corone corone*)
Schädel kräftig, 5 cm lang. Schnabel kräftig, zugespitzt. Am Schädel bleiben oft an der Basis des Schnabels kranzförmig einige Gesichtsfedern stehen.

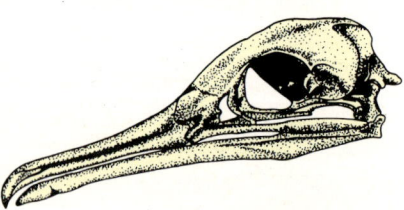

Krähenscharbe (*Phalacrocorax aristotelis*)
Schädel schlank, 12 cm lang. Schnabel zylindrisch, sehr lang, Oberschnabel an der Spitze hakenförmig gebogen. Augenhöhlen klein.

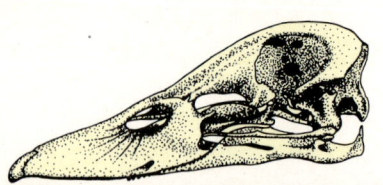

Stockente (*Anas platyrhynchos*)
Schädel 10,7 cm lang, Schnabel kräftig, relativ lang, Schnabel abgeplattet, Oberschnabel an der Spitze leicht hakenförmig gebogen, an den Rändern gezähnelt.

Säugetierschädel

Lücke zwischen Schneidezähnen und Backenzähnen

Nagetiere
Oberkiefer mit 1 Paar gebogener Schneidezähne (siehe Seite 298)

Hasentiere
Oberkiefer mit 2 Paar gebogener Schneidezähne (siehe Seite 297)

Huftiere
Oberkiefer ohne Schneidezähne, Unterkiefer mit 4 Paar schräg nach vorn wachsender schneidezahnähnlicher Zähne (siehe Seite 305)

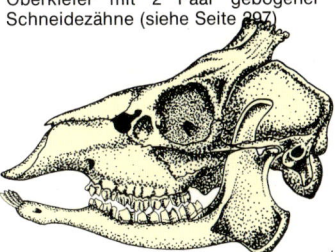

Keine Lücke zwischen Schneidezähnen und Backenzähnen

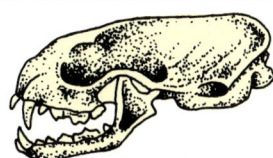

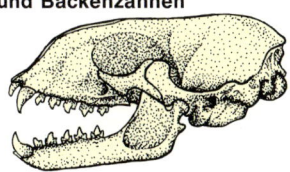

Raubtiere
Kräftige Eckzähne, Schädel flach, großer Hirnschädel (siehe Seite 290)

Robben
Kräftige Eckzähne, Schädel flach, Hirnschädel groß, große Ohrkapseln, Schnauzenpartie kurz (siehe Seite 295)

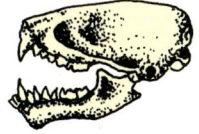

Insektenfresser
Spitze Backenzähne, langer Gesichtsschädel, kurzer Hirnschädel (siehe Seite 284)

Fledermäuse
Mehrspitzige Backenzähne, kräftige Eckzähne, langer Gesichts-, kurzer Hirnschädel (siehe Seite 286)

Säugetierschädel

Insektenfresser (Insectivora)

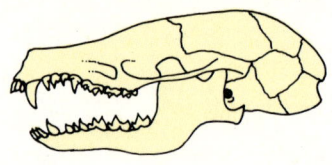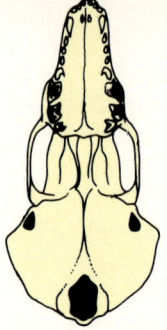

Spitzmäuse (Soricidae)
Schädellänge maximal 2,8 cm, langgestreckte Schädel, Jochbögen fehlen, Kiefer maximal 1,5 cm lang, kräftige, gebogene Eckzähne im Oberkiefer, pro Kieferhälfte 10 Zähne.

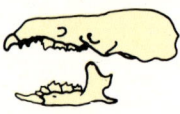

Neomys-Arten

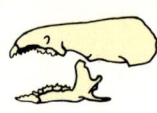

Sorex-Arten

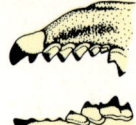

Zwergspitzmaus
(*Sorex minutus*)

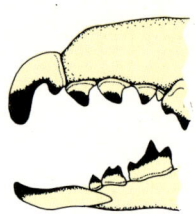

Wasserspitzmaus
(*Neomys fodiens*)

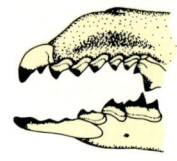

Alpenspitzmaus
(*Sorex alpinus*)

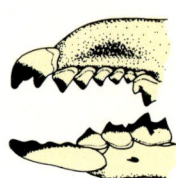

Taiga-Spitzmaus
(*Sorex sinalis*)

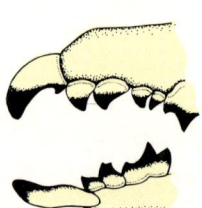

Sumpfspitzmaus
(*Neomys anomalus*)

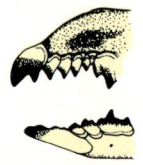

Knirpsspitzmaus
(*Sorex minutissimus*)

**Spitzmäuse mit weißen Zähnen,
mit rötlichen Spitzen**

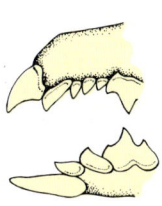

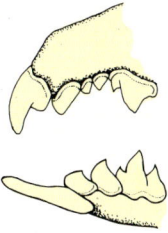

Etruskerspitzmaus
(*Suncus etruscus*)

Gartenspitzmaus
(*Crocidura suaveolens*)

**Spitzmäuse mit weißen Zähnen,
ohne rötliche Spitzen**

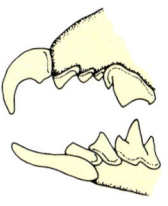

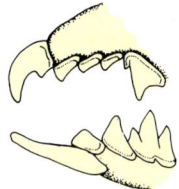

Hausspitzmaus
(*Crocidura russula*)

Feldspitzmaus
(*Crocidura leucodon*)

Maulwürfe (Talpidae)
Schädel länger als 2,8 cm, langgestreckter Schädel, Jochbögen vorhanden, Schädel an der Ohrregion am breitesten, Kiefer 1,3–2,5 cm lang, pro Kieferhälfte 11 Zähne.

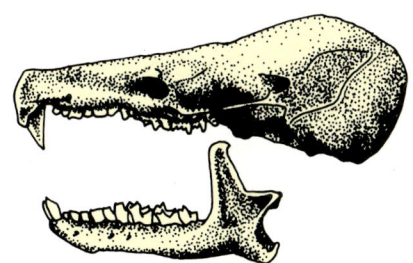

Desman
(*Galemys pyrenaicus*)
Oberer Schneidezahn sehr
groß und eckzahnartig

Säugetierschädel

Maulwürfe (*Talpa*)
Obere Eckzähne groß, untere Schneide- und Eckzähne klein.

Maulwurf
(*Talpa europaea*)

Blindmaulwurf
(*Talpa caeca*)

Römischer Maulwurf
(*Talpa romana*)

Igel (Erinacidae)
Schädel über 3 cm lang, langgestreckt, Jochbögen vorhanden, Schädel über den Jochbögen am breitesten, Kiefer 3 cm lang, pro Oberkieferhälfte 10, pro Unterkieferhälfte 8 Zähne.

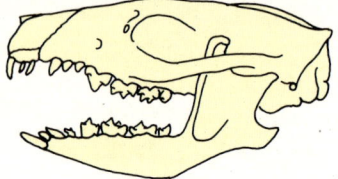

Igel
(*Erinaceus europaeus*)

Mittelmeerigel
(*Erinaceus algirus*)

Fledermäuse (Chiroptera)

Schädel 1,4–2,3 cm lang, langgestreckt, Jochbögen vorhanden, lang, sie berühren eine auffällige Paukenblase, Schädelknochen sehr zart, Backenzähne mit mehreren scharfen Spitzen, große, hakenförmige Eckzähne, Schneidezähne relativ klein und spitz, durch Lücke von den Eckzähnen getrennt. Die Großfledermäuse (Megachiroptera) besitzen einen hundeartigen Schädel, das Gebiß trägt in jeder Kieferhälfte 2 Schneidezähne, 1 Eckzahn, 5 Backenzähne oben und 6 Backenzähne unten. Die Kleinfledermäuse (Microchiroptera) besitzen einen kurzen Gesichtsschädel und spitzhöckerige Backenzähne, Zahnzahl 20–38, je nach Art.
Fledermaus-Arten können nur anhand ihrer Bezahnung eindeutig bestimmt werden.

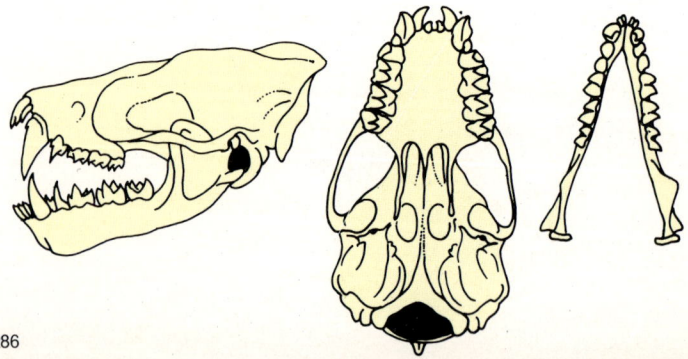

Hufeisennasen (Rhinolophidae)
Mit 2 kugeligen Nasenaufwölbungen. Oberkiefer:
1 Schneide- und 1 Eckzahn,
5 Backenzähne; Unterkiefer:
2 Schneidezähne, 1 Eckzahn, 6 Backenzähne

Großhufeisennase
(*Rhinolophus ferrumequinum*)

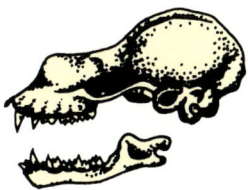

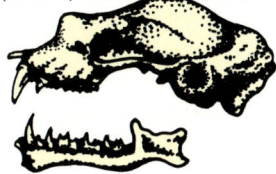

Kleinhufeisennase
(*Rhinolophus hipposideros*)

Mehely-Hufeisennase
(*Rhinolophus mehelyi*)

Bulldoggenfledermaus
(*Tadarida teniotis*)

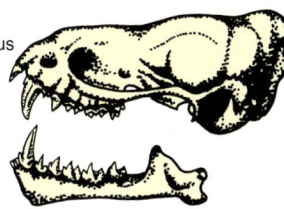

Bulldoggenfledermäuse (Molossidae)
Ohne Nasenaufwölbungen
Oberkiefer: 1 Schneide- und 1 Eckzahn,
5 Backenzähne;
Unterkiefer: 3 Schneidezähne, 1 Eckzahn, 5 Backenzähne

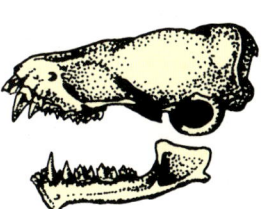

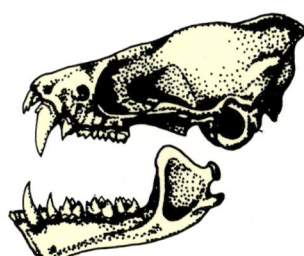

Zweifarbfledermaus
(*Vespertilio murinus*)

Breitflügelfledermaus
(*Eptesicus serotinus*)

Glattnasen (Verspertilionidae)
Ohne Nasenaufwölbungen
Oberkiefer: 2 Schneidezähne,
1 Eckzahn, 4 Backenzähne;
Unterkiefer: 3 Schneidezähne,
1 Eckzahn, 5 Backenzähne

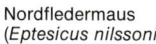

Nordfledermaus
(*Eptesicus nilssoni*)

Nyctalus-Arten
Schädel nach hinten
gerade ansteigend

Oberkiefer: 2 Schneidezähne, 1 Eckzahn, 5 Backen-
zähne

Pipistrellus-Arten
Schädel gewölbt,
Gehirnschädel abgerundet

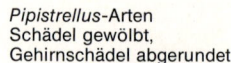

Unterkiefer: 3 Schneidezähne, 1 Eckzahn, 5 Backen-
zähne

Zwergfledermaus
(*Pipistrellus
pipistrellus*)

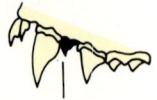

Rauhhautfledermaus
(*Pipistrellus nathusii*)

Großabendsegler
(*Nyctalus lasiopterus*)

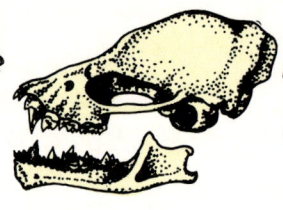

Mopsfledermaus
(*Barbastella barbastellus*)

Langflügelfledermaus
(*Miniopterus schreibersi*)

Abendsegler
(*Nyctalus noctula*)

Alpenfledermaus
(*Pipistrellus savii*)

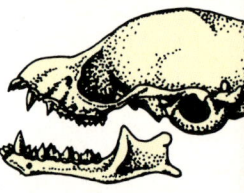

Plecotus-Arten
Schädel mit kurzer Schnau-
zenregion
Oberkiefer: 2 Schneidezähne, 1 Eckzahn, 5 Backen-
zähne
Unterkiefer: 3 Schneidezähne, 1 Eckzahn, 6 Backen-
zähne

Graues Langohr
(*Plecotus austriacus*)

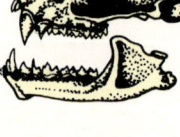

Kleinabendsegler
(*Nyctalus leisleri*)

Weißrandfledermaus
(*Pipistrellus kuhli*)

Braunes Langohr
(*Plecotus auritus*)

Myotis-Arten
Schädel in der Nasenregion

mehr (links) oder weniger (rechts) vertieft

Oberkiefer: 2 Schneidezähne, 1 Eckzahn, 6 Backenzähne

Unterkiefer: 3 Schneidezähne, 1 Eckzahn, 6 Backenzähne

Kleine Bartfledermaus
(*Myotis mystacinus*)

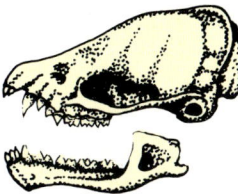

Wimperfledermaus
(*Myotis emarginatus*)

Fransenfledermaus
(*Myotis nattereri*)

Große Bartfledermaus
(*Myotis brandti*)

Langfußfledermaus
(*Myotis capaccinii*)

Wasserfledermaus
(*Myotis daubentoni*)

Bechstein-Fledermaus
(*Myotis bechsteini*)

Mausohr
(*Myotis myotis*)

Raubtiere (Carnivora)

Der Schädel eines Raubtieres zeichnet sich in erster Linie durch besonders große und kräftige Eckzähne aus. Die Backenzähne sind verschieden mehrhöckerig bis mehrspitzig-schneidend, je einer der hinteren Backenzähne jeder Kieferhälfte ist meist stark vergrößert und mehrspitzig schneidend als Reißzahn ausgebildet.
Schädelform mehr oder weniger langgestreckt mit kräftigen Kiefern.

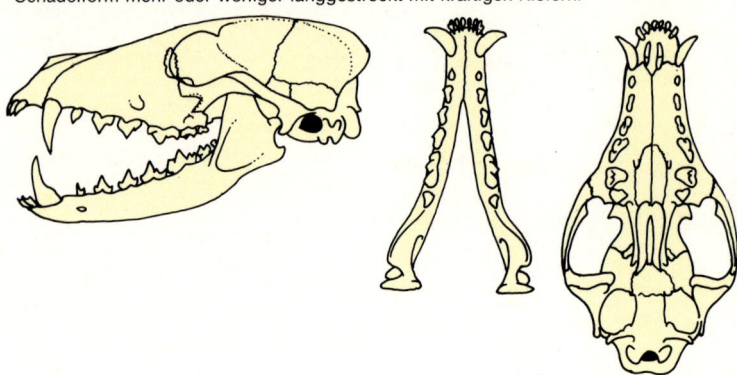

Schleichkatzenartige (Viverridae)

Oberkiefer: 3 Schneidezähne, 1 Eckzahn, 4–7 Backenzähne
Unterkiefer: 3 Schneidezähne, 1 Eckzahn, 4–7 Backenzähne
Schädel flach und langgestreckt. Backenzähne dreihöckerig. Eckzähne hakenförmig gebogen, kräftig und spitz.

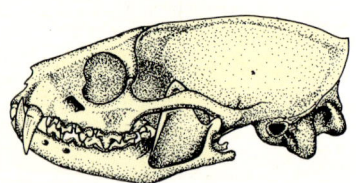

Manguste
(*Herpestes ichneumon*)

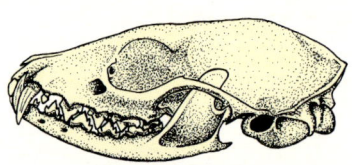

Ginsterkatze
(*Genetta genetta*)

Katzenartige (Felidae)

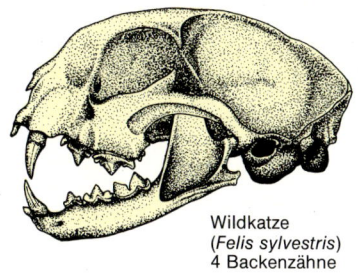

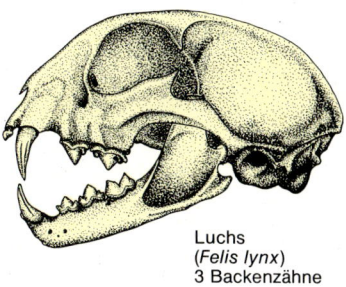

Wildkatze
(*Felis sylvestris*)
4 Backenzähne

Luchs
(*Felis lynx*)
3 Backenzähne

Schädel kurz und rundlich, Eckzähne kräftig, gebogen, spitz, Schneidezähne klein und unbedeutend, Backenzähne dreispitzig.
Oberkiefer: 3 Schneidezähne, 1 Eckzahn, 3–4 Backenzähne
Unterkiefer: 3 Schneidezähne, 1 Eckzahn, 3 Backenzähne

Großbären (Ursidae)
Schädel länglich, groß. Backenzähne breit und relativ flach, 2. Backenzahn fehlend, 1. und 3. nur klein und einwurzelig.
Oberkiefer: 3 Schneidezähne, 1 Eckzahn, 5–6 Backenzähne
Unterkiefer: 3 Schneidezähne, 1 Eckzahn, 5–6 Backenzähne

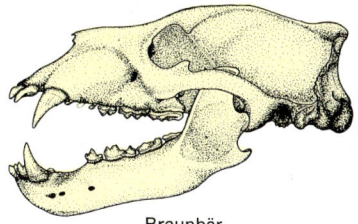

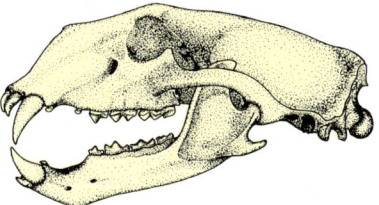

Braunbär
(*Ursus arctos*)

Eisbär
(*Thalarctos maritimus*)

Hundeartige (Canidae)
Schädel langgestreckt, Kiefer kräftig. Eckzähne lang, kräftig und spitz, Backenzähne mit starkem Reißzahn, der auch zum Schneiden geeignet ist, 2. und 3. oberer Backenzahn doppelwurzelig.
Oberkiefer: 3 Schneidezähne, 1 Eckzahn, 7 Backenzähne
Unterkiefer: 3 Schneidezähne, 1 Eckzahn, 6 Backenzähne

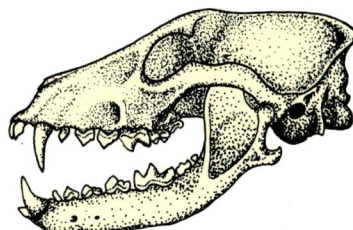

Schakal
(*Canis aureus*)

Säugetierschädel

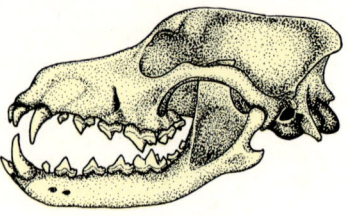

Haushund
(*Canis familiaris*)

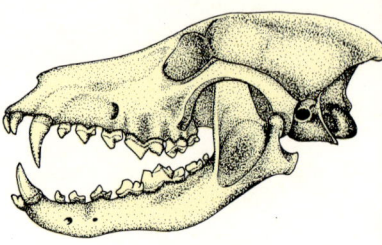

Wolf
(*Canis lupus*)

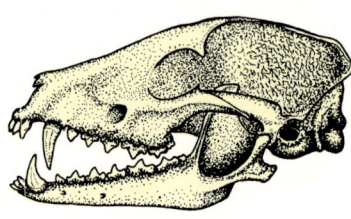

Marderhund
(*Nyctereutes procyonoides*)

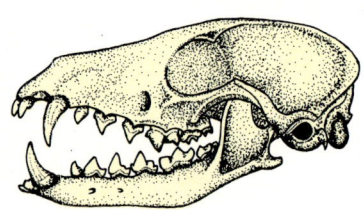

Eisfuchs
(*Alopex lagopus*)

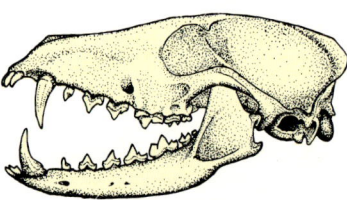

Rotfuchs
(*Vulpes vulpes*)

Kleinbären (Procyonidae)
Schädel oval, Hirnschädel fast so lang wie Gesichtsschädel.
Oberkiefer: 3 Schneidezähne, 1 Eckzahn, 5–6 Backenzähne
Unterkiefer: 3 Schneidezähne, 1 Eckzahn, 5–6 Backenzähne

Waschbär
(*Procyon lotor*)

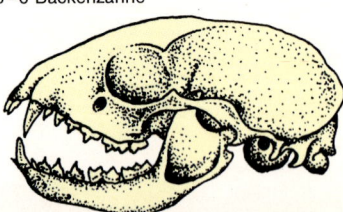

Marderartige (Mustelidae)

Schädel langgestreckt, Gesichtsschädel fast so lang wie Hirnschädel. Eckzähne lang und spitz, kräftige dreihöckerige Reißzähne.

Oberkiefer: 3 Schneidezähne, 1 Eckzahn, 3–5 Backenzähne
Unterkiefer: 2–3 Schneidezähne, 1 Eckzahn, 3–6 Backenzähne

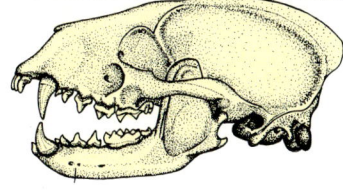

Dachs
(*Meles meles*)

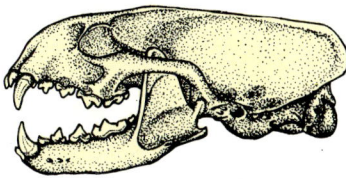

Otter
(*Lutra lutra*)

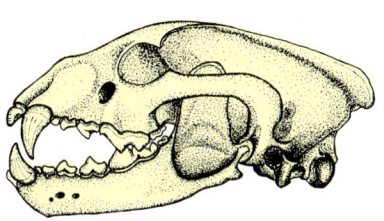

Vielfraß
(*Gulo gulo*)

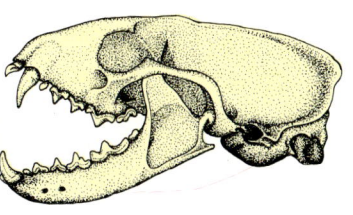

Baummarder
(*Martes martes*)

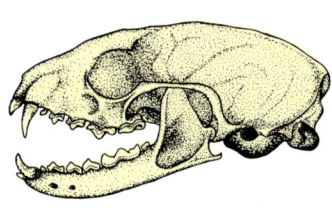

Steinmarder
(*Martes foina*)

Säugetierschädel

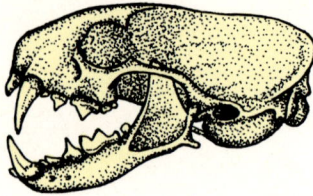

Tigeriltis
(*Vormela peregusna*)

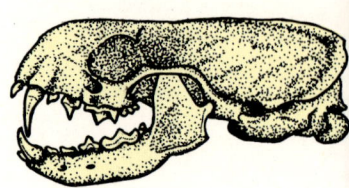

Amerikanischer Nerz
(*Mustela vison*)

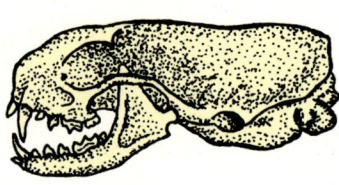

Mauswiesel
(*Mustela nivalis*)

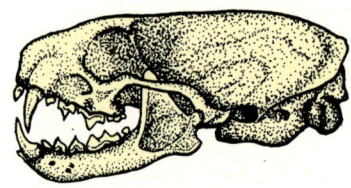

Europäischer Nerz
(*Mustela lutreola*)

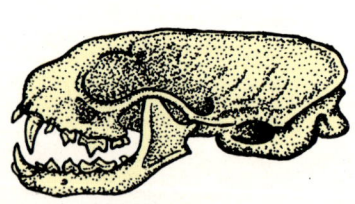

Hermelin
(*Mustela erminea*)

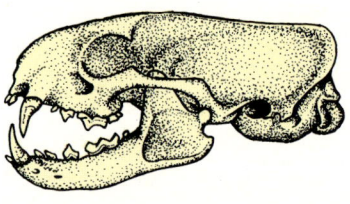

Iltis
(*Mustela putorius*)

Steppeniltis
(*Mustela eversmanni*)

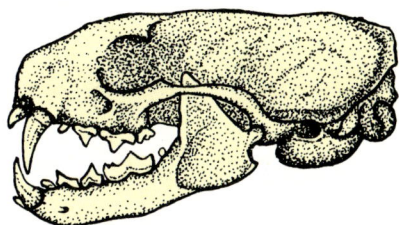

Wasserraubtiere (Pinnipedia)

Kräftige Schädel mit großem Hirnschädel und großen Augenhöhlen. Kiefer relativ schwach und wenig bezahnt. Eckzähne kräftig und vergrößert, Backenzähne relativ klein und flach, meist dreispitzig.

Walrosse (Odobenidae)
Eckzähne zu großen Hauern anwachsend.

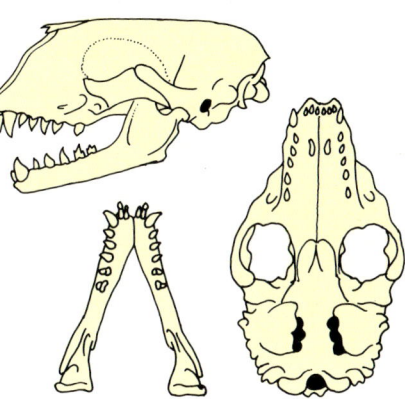

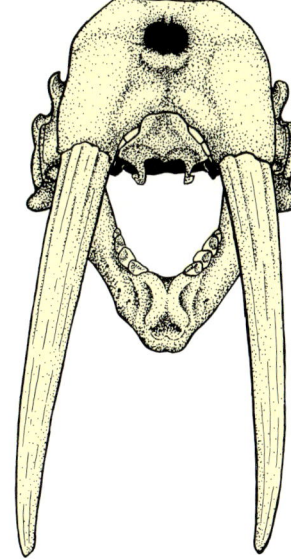

Hundsrobben (Phocidae)
Oberkiefer: 2–3 Schneidezähne, 1 Eckzahn, 4–6 kleine Backenzähne
Unterkiefer: 1–2 Schneidezähne, 1 Eckzahn, 4–5 Backenzähne

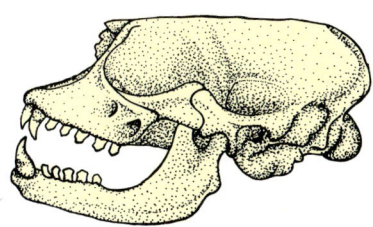

Walroß
(*Odobenus rosmarus*)

Klappmütze
(*Cystophora cristata*)

Säugetierschädel

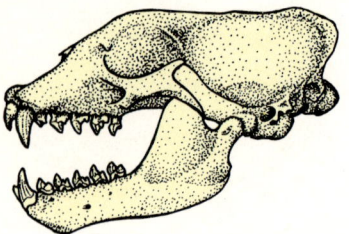

Mittelmeer-Mönchsrobbe
(*Monachus monachus*)

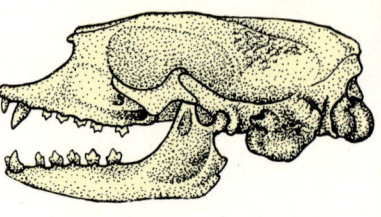

Sattelrobbe
(*Pagophilus groenlandicus*)

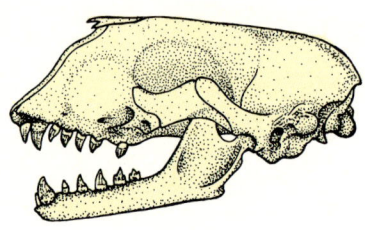

Kegelrobbe
(*Halichoerus grypus*)

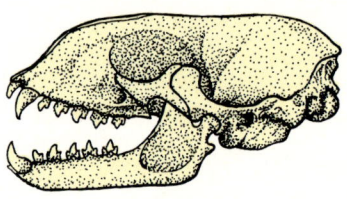

Seehund
(*Phoca vitulina*)

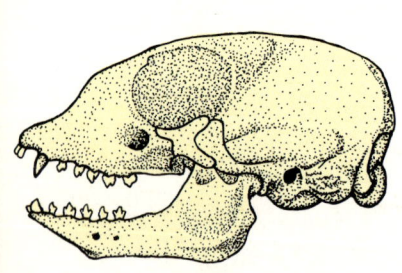

Bartrobbe
(*Erignathus barbatus*)

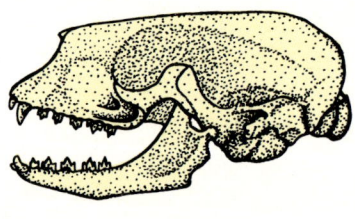

Eismeer-Ringelrobbe
(*Phoca hispida*)

Hasentiere (Lagomorpha)

Schädel oval, Hirnschädel kleiner als Gesichtsschädel, Nasenhöhlen lang, keine Eckzähne, große Lücke zwischen Schneide- und Backenzähnen. Schneidezähne wurzellos,
nachwachsend, lang mit abgeschrägter Spitze (meißelförmig), Backenzähne mit kom-
pliziertem Muster der Kaufläche, ohne Lücken.
Oberkiefer: 2 Schneidezähne, kein Eckzahn, 6 Backenzähne
Unterkiefer: 1 Schneidezahn, kein Eckzahn, 5 Backenzähne

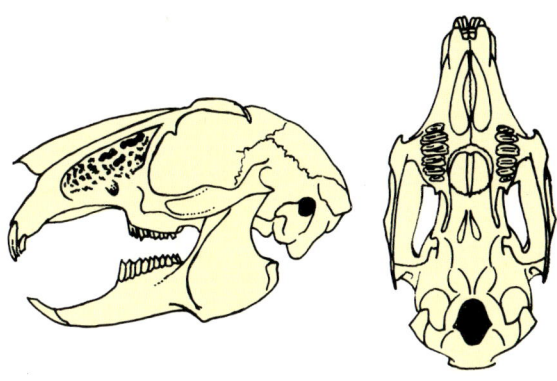

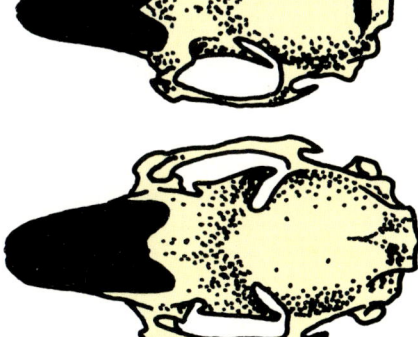

Wildkaninchen
(*Oryctolagus cuniculus*)

Feldhase
(*Lepus capensis*)

Nagetiere
(Rodentia)

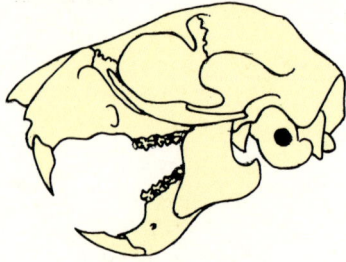

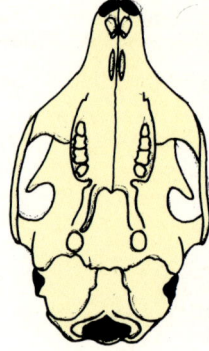

Kleine bis mittelgroße Schädel mit je 1 Paar spitzen, leicht gekrümmten, wurzellosen Schneide-(Nage-)zähnen in Ober- und Unterkiefer, große Lücken zwischen Schneide- und Backenzähnen, keine Eckzähne, Backenzähne mit arttypischen Kauflächenmustern (Schmelzschlingen).

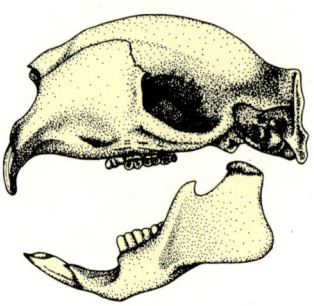

Stachelschweine (Hystricidae)
Oberkiefer: 1 Schneidezahn, kein Eckzahn, 4 Backenzähne
Unterkiefer: 1 Schneidezahn, kein Eckzahn, 4 Backenzähne

Biberratten (Myocastoridae)
Oberkiefer: 1 Schneidezahn, kein Eckzahn, 4 Backenzähne
Unterkiefer: 1 Schneidezahn, kein Eckzahn, 4 Backenzähne

Blindmäuse (Spalacidae)
Mit außerordentlich kräftigen Schneidezähnen. Ober- und Unterkiefer pro Hälfte 1 Schneidezahn, kein Eckzahn, 3 Backenzähne.

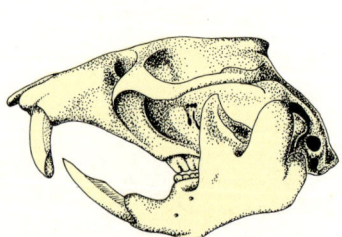

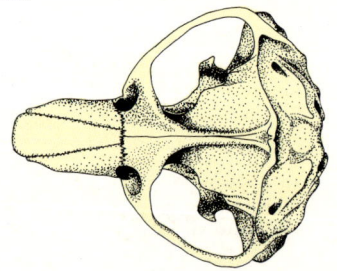

Ostblindmaus
(*Spalax microphthalmus*)

Westblindmaus
(*Spalax leucodon*)

Hörnchen (Sciuridae)
Schädel 3,8–8 cm lang. Nagezähne relativ kurz, jedoch kräftig und spitz.
Oberkiefer: 1 Schneidezahn, kein Eckzahn, 5 Backenzähne
Unterkiefer: 1 Schneidezahn, kein Eckzahn, 4 Backenzähne

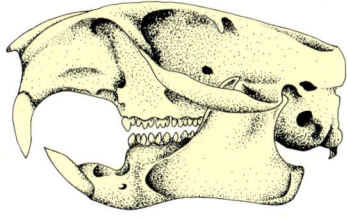

Alpenmurmeltier
(*Marmota marmota*)

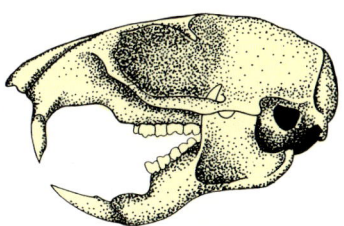

Europäisches Ziesel
(*Citellus citellus*)

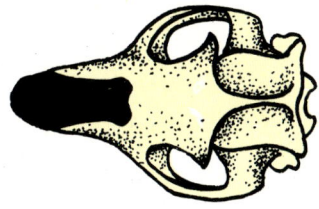

Bobak
(*Marmota bobak*)

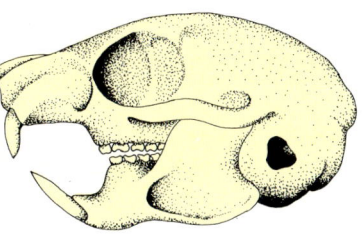

Gleithörnchen
(*Pteromys volans*)

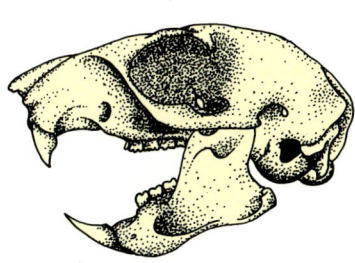

Eichhörnchen
(*Sciurus vulgaris*)

Schläfer (Gliridae)
Schädel langgestreckt, Länge um 3 cm. Backenzähne mit querlaufenden Schmelzleisten.
Oberkiefer: 1 Schneidezahn, kein Eckzahn, 4 Backenzähne
Unterkiefer: 1 Schneidezahn, kein Eckzahn, 4 Backenzähne

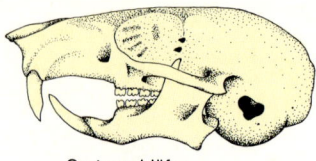

Gartenschläfer
(*Eliomys quercinus*)

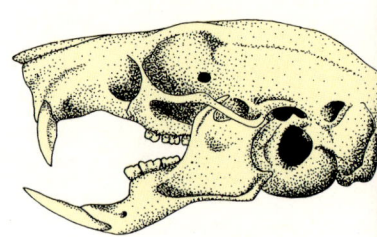

Baumschläfer
(*Dryomys nitedula*)

Biberartige (Castoridae)
Schädel relativ kurz.
Oberkiefer: 1 Schneidezahn, kein Eckzahn, 4 Backenzähne
Unterkiefer: 1 Schneidezahn, kein Eckzahn, 4 Backenzähne

Nordamerikanischer Biber
(*Castor canadensis*)

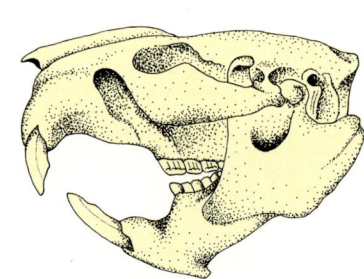

Hüpfmäuse (Zapodidae)
Schädel langgestreckt.
Oberkiefer: 1 Schneidezahn, kein Eckzahn, 4 Backenzähne
Unterkiefer: 1 Schneidezahn, kein Eckzahn, 3 Backenzähne

Waldbirkenmaus
(*Sicista betulina*)

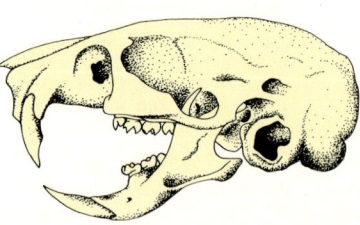

Wühlmäuse (Arvicolidae)
Wurzellose Backenzähne mit vielen arttypischen querverlaufenden Schmelzfalten.
Ober- und Unterkieferhälften: 1 Schneidezahn, kein Eckzahn, 3 Backenzähne.

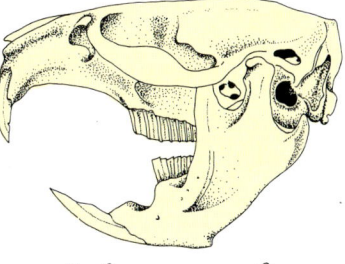

Bisamratte
(*Ondatra zibethica*)

Berglemming
(*Lemmus lemmus*)

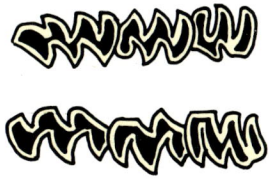

Waldlemming
(*Myopus schisticolor*)

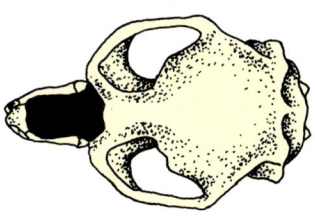

Westschermaus
(*Arvicola sapidus*)

(Sind zwei Reihen von Schmelzschlingen aufgezeichnet, so entspricht stets die obere
Reihe dem Oberkiefer-, die untere dem Unterkiefermuster.)

Säugetierschädel

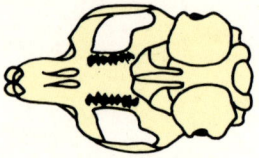

Rötelmäuse (*Clethrionomys*)

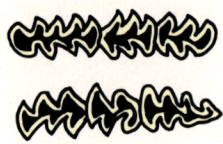

Polarrötelmaus
(*Clethrionomys rutilus*)

Kurzohrmaus
(*Pitymys subterraneus*)

Graurötelmaus
(*Clethrionomys rufocanus*)

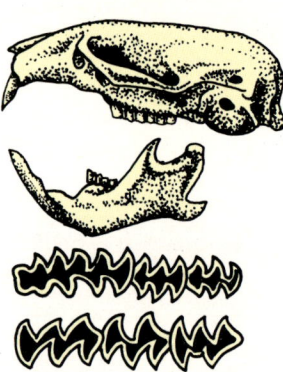

Mittelmeer-Kleinwühlmaus
(*Pitymys duodecimcostatus*)

Rötelmaus
(*Clethrionomys glareolus*)

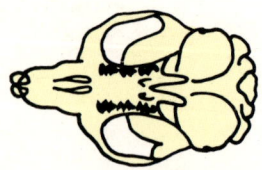

Kleinwühlmäuse
(*Pitymys*)

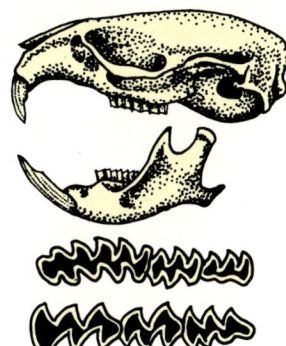

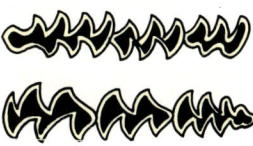

Nordische Wühlmaus
(*Microtus oeconomus*)

Savi-Kleinwühlmaus
(*Pitymys savii*)

Erdmaus
(*Microtus agrestis*)

Bergmaus
(*Dolomys bogdanovi*)

Levante-Wühlmaus
(*Microtus guentheri*)

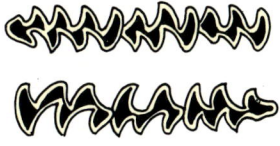

Schneemaus
(*Microtus nivalis*)

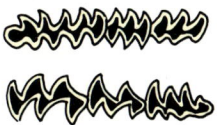

Feldmaus
(*Microtus arvalis*)

Säugetierschädel

Hamster (Cricetidae)
Schädel klein, Backenzähne mit Wurzeln und 2 Längsreihen von Höckern. Ober- und Unterkiefer je Hälfte 1 Schneidezahn, kein Eckzahn, 3 Backenzähne

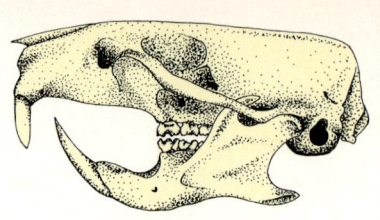

Feldhamster
(*Cricetus cricetus*)

Echte Mäuse (Muridae)
Schädel sehr klein, Schädelknochen zart (oft nur noch bruchstückhaft vorhanden), Backenzähne mit 2 oder mehr Wurzeln, Kaufläche höckerig. Ober- und Unterkiefer je Hälfte 1 Schneidezahn, kein Eckzahn, 3 Backenzähne.

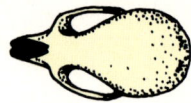

Zwergmaus
(*Micromys minutus*)

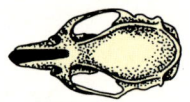

Hausratte
(*Rattus rattus*)

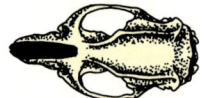

Wanderratte
(*Rattus norvegicus*)

Hausmaus
(*Mus musculus*)

Paarhufer (Artiodactyla)

Schädel groß und massig, zumindest männliche Tiere mit Geweihansatz oder Hörnern.
Hirschartige und Hornträger ohne Schneidezähne im Oberkiefer.

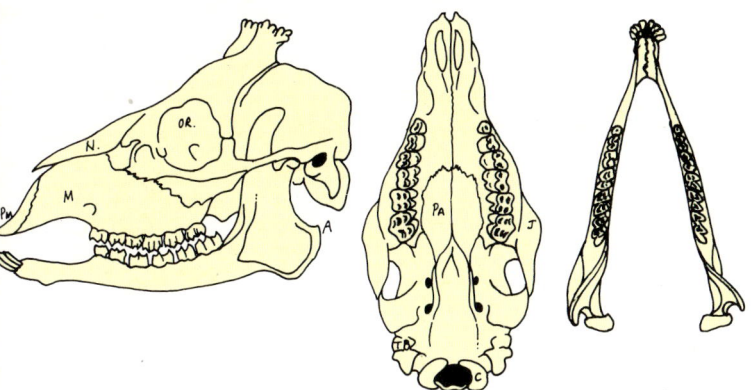

Hirschartige (Cervidae)

Schädel groß, männliche Tiere mit Geweihansatz, d. h. zum Stirnbein gehörenden Rosenstöcken.
Große, fast kreisrunde Augenhöhlen.
Oberkiefer: Keine Schneidezähne, Eckzähne nur bei Rothirsch, Sikahirsch und Axishirsch rückgebildet und klein vorhanden, 6 große, breitflächige Backenzähne.
Unterkiefer: 3 kleine, schräg nach vorn gestellte Schneidezähne, 1 Eckzahn, 6 große, breitflächige Backenzähne.

Eine Ausnahme unter den Hirschartigen bilden das Chinesische Wasserreh (*Hydropotes inermis*) und das Muntjak (*Muntiacus reevesi*). Beim Chinesischen Wasserreh besitzt auch das Männchen kein Geweih; dafür sind bei ihm die oberen Eckzähne vorhanden und zu langen, nach unten gebogenen Hauern ausgewachsen. Beim Muntjak besitzt das Männchen kleine hauerartige Eckzähne und lange, knöcherne Rosenstöcke.

Säugetierschädel

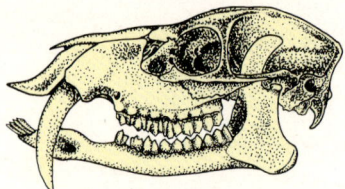

Chinesisches Wasserreh
(*Hydropotes inermis*)

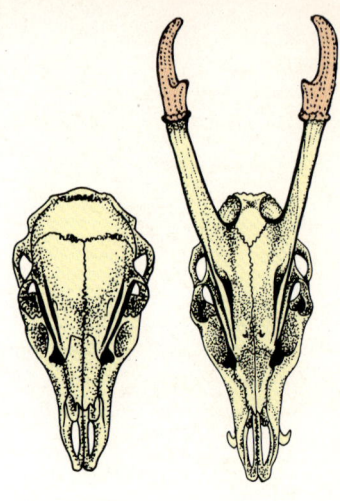

Muntjak
(*Muntiacus reevesi*)

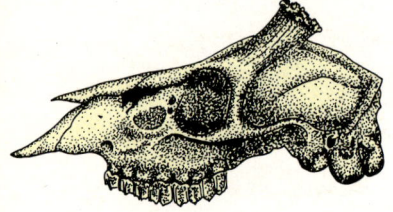

Weißwedelhirsch
(*Odocoileus virginianus*)

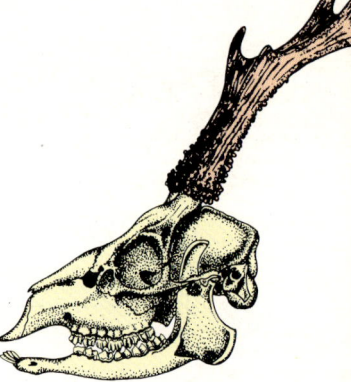

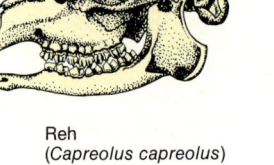

Ren
(*Rangifer tarandus*)

Reh
(*Capreolus capreolus*)

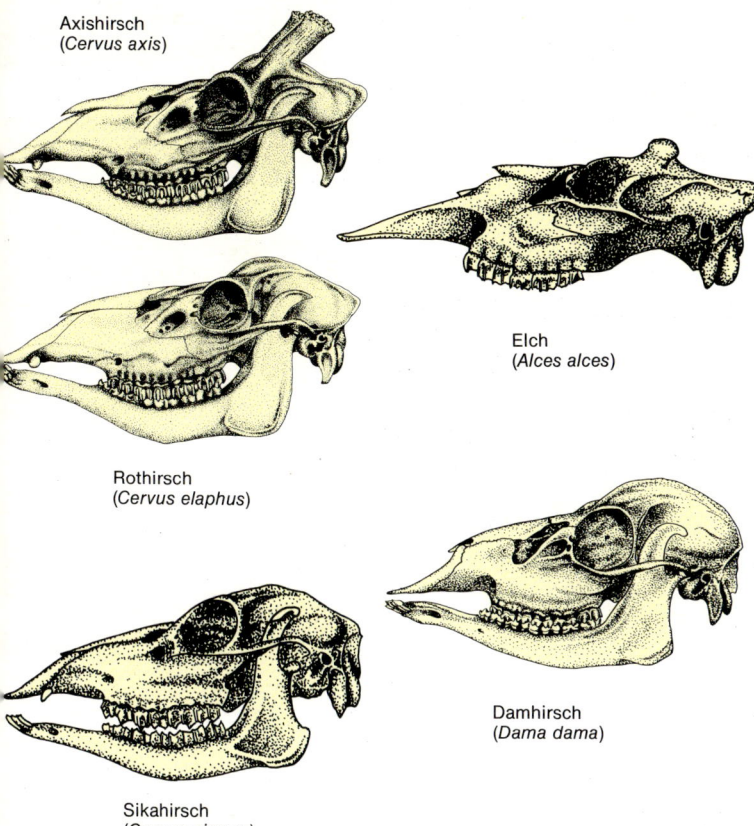

Axishirsch
(*Cervus axis*)

Elch
(*Alces alces*)

Rothirsch
(*Cervus elaphus*)

Sikahirsch
(*Cervus nippon*)

Damhirsch
(*Dama dama*)

Hornträger (Bovidae)
Männchen und Weibchen fast alle mit unverzweigten, gebogenen Hörnern, die zeitlebens am Kopf wachsen und nicht wie die Geweihe der Hirschartigen abgeworfen werden können. Oberkiefer stets ohne Schneide- und Eckzähne, mit 6 breitflächigen Backenzähnen. Unterkiefer mit 3 kurzen, nach vorne gerichteten Schneidezähnen, 1 kleinen Eckzahn, 6 breitflächigen Backenzähnen.

Moschusochse
(*Ovibos moschatus*)

Gemse
(*Rupicapra rupicapra*)
(mit Schema des Hornwachstums)

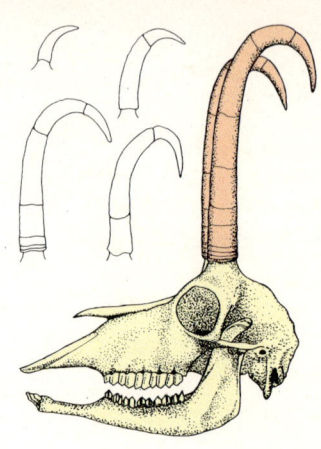

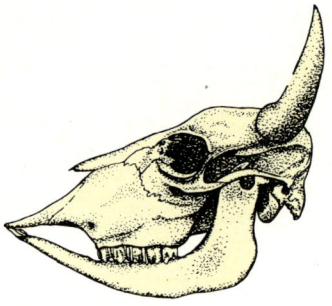

Wisent
(*Bison bonasus*)

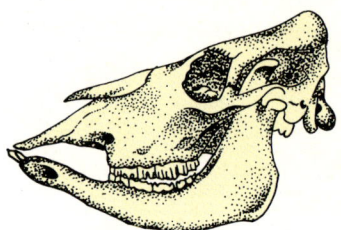

Rind
(*Bos taurus*)

Mufflon
(*Ovis musimon*)

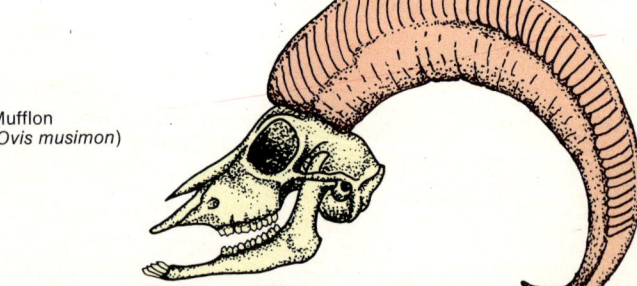

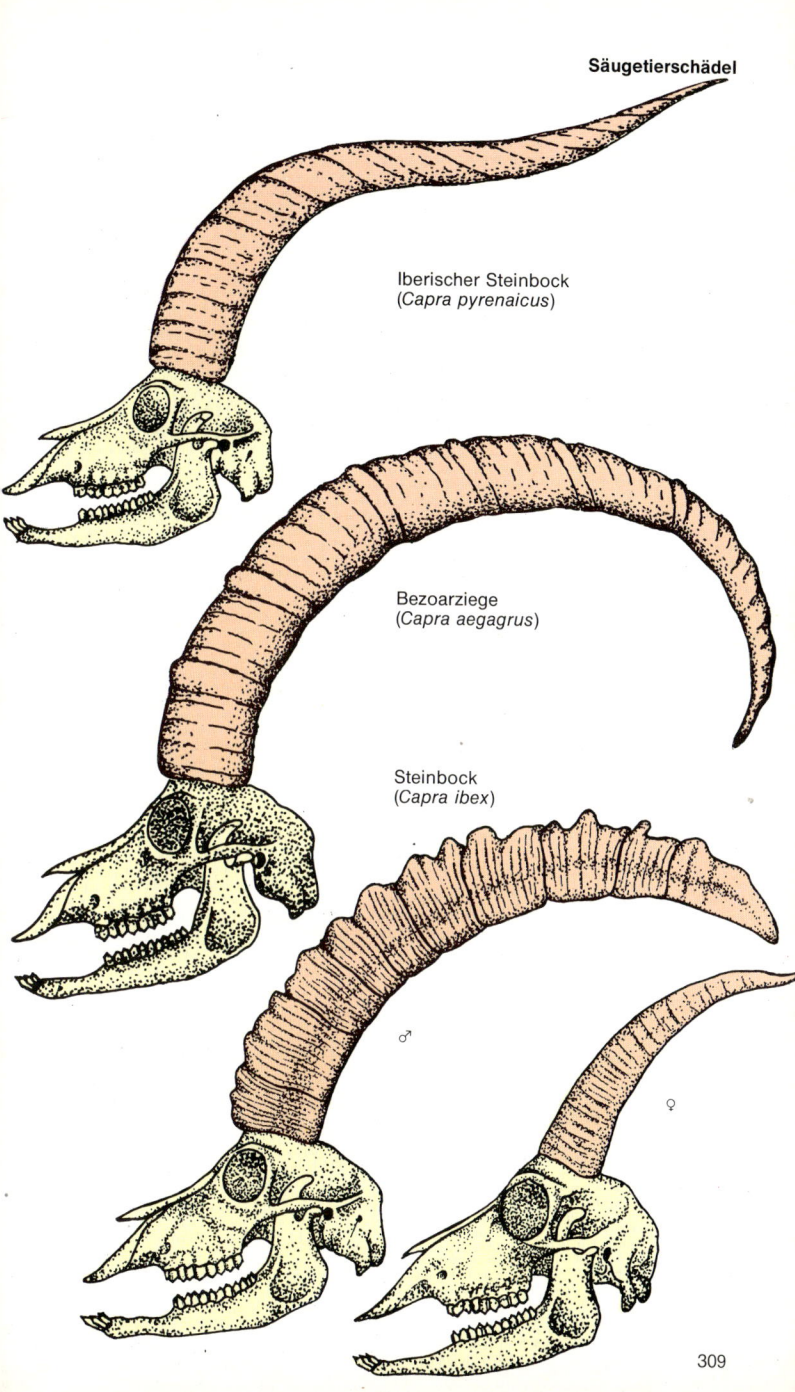

Iberischer Steinbock
(*Capra pyrenaicus*)

Bezoarziege
(*Capra aegagrus*)

Steinbock
(*Capra ibex*)

♂

♀

Säugetierschädel

Pferd
(*Equus caballus*)

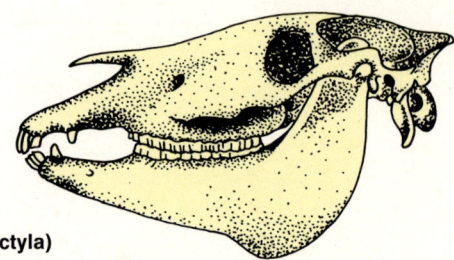

Unpaarhufer (Perissodactyla)
Einhufer (Equidae)
Schädel kräftig und groß, Männchen mit Eckzähnen, Weibchen ohne; Schneidezähne in Ober- und Unterkiefer meißelförmig, Backenzähne kräftig, hochkronig.
Oberkiefer: 3 Schneidezähne, 1 oder kein Eckzahn, 6–7 Backenzähne
Unterkiefer: 3 Schneidezähne, 1 oder kein Eckzahn, 6 Backenzähne

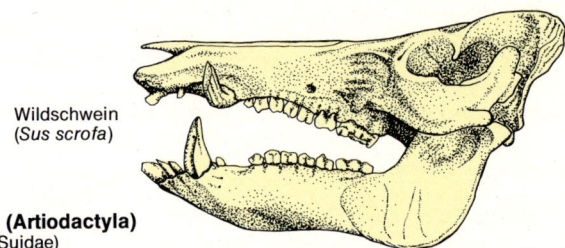

Wildschwein
(*Sus scrofa*)

Paarhufer (Artiodactyla)
Schweine (Suidae)
Schädel kräftig, Bezahnung unterscheidet sich deutlich von der der anderen Paarhufer; Eckzähne beim Männchen als kräftige Hauer ausgebildet (beim Hausschwein weniger stark als beim Wildschwein), Backenzähne niedrigkronig mit Höckern.
Oberkiefer: 3 Schneidezähne, 1 Eckzahn, 7 Backenzähne
Unterkiefer: 3 Schneidezähne, 1 Eckzahn, 6 Backenzähne

Beuteltiere (Marsupialia)
Känguruhs (Macropodidae)
Von dieser Familie ist der einzige in Europa eingebürgerte Vertreter das Benett-Känguruh, das in Südengland ausgesetzt wurde und dort noch in zwei wild lebenden Populationen vorkommt.

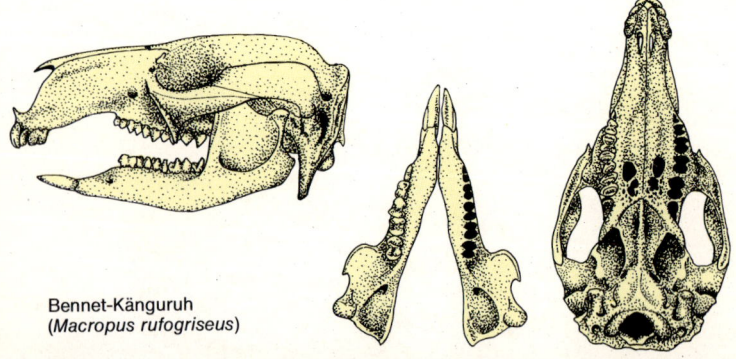

Bennet-Känguruh
(*Macropus rufogriseus*)

Literaturverzeichnis

ANGEL/WOLSELEY: Das Kosmos-Familienbuch Lebensraum Wasser. Kosmos-Verlag Stuttgart, 1983

BANG/DAHLSTRÖM: Tierspuren. BLV Verlag München, 1973

BOUCHNER, M.: Der Kosmos-Spurenführer. Kosmos-Verlag Stuttgart, 1982

BRUUN/SINGER/KÖNIG: Der Kosmos-Vogelführer. Kosmos-Verlag Stuttgart, 5. Auflage 1982

CAMPBELL, A.: Der Kosmos-Strandführer. Kosmos-Verlag Stuttgart, 1977

CAMPBELL, A.: Was lebt im Mittelmeer? Kosmos-Verlag Stuttgart, 1983

CHINERY, M.: Kosmos-Familienbuch der Natur. Kosmos-Verlag Stuttgart, 5. Auflage 1983

CORBET/OVENDEN: Pareys Buch der Säugetiere. Paul Parey Verlag Hamburg – Berlin, 1982

FELIX/TOMAN/HISEK: Der Große Naturführer. Kosmos-Verlag Stuttgart, 7. Auflage 1984

JONES, D.: Der Kosmos-Spinnenführer. Kosmos-Verlag Stuttgart, 1984

KELLE/STURM: Tiere leicht bestimmt. Dümmler Verlag Bonn, 1977

KOSCH/SACHSSE: Was find ich in den Alpen? Kosmos-Verlag Stuttgart, 12. Auflage 1976

MAURER, G.: Wer war denn das? Verlag Jugend und Volk Wien – München, 1978

MORRIS, P.: Was lebt in Feld, Wald und Wasser? Kosmos-Verlag Stuttgart, 1983

SCHILLING/SINGER/DILLER: Säugetiere. BLV Verlag München, 1983

ZAHRADNIK, J.: Der Kosmos-Insektenführer. Kosmos-Verlag Stuttgart, 1982

Register

Halbfett gesetzte Seitenzahlen verweisen auf Abbildungen.